Sie möchten keine Neuerscheinung verpassen?
Dann tragen Sie sich jetzt für unseren Newsletter ein!

www.ylva-verlag.de

Poppy Jenkins liebt das Leben

CLARE ASHTON

Kapitel 1

Mit einem Lächeln auf den Lippen dachte Poppy Jenkins darüber nach, wie gut sich das Leben für sie anließ. Die meisten Leute würden sicherlich meinen, dass es nicht perfekt sei. Aber Poppy war nicht wie die meisten Leute. Ein Spaziergang am Fluss an einem sonnigen Morgen, der strahlend Gutes für das kommende Jahr verhieß, war für sie der Inbegriff von Vollkommenheit.

Versonnen betrachtete sie das sonnenglitzernde Wasser mit zusammengekniffenen Augen. Der River Rhiw wand sich durch fruchtbares Grün vorbei an geschwungen Kiesstränden und ergoss sich über Felsgestein in stille Seen, deren Anblick selbst die achtbarsten Menschen zu einem Bad im Freien verführen konnte. Überall brachen Frühlingsblumen aus den Hecken hervor. Wiesenkerbel und Butterblumen zogen die ersten Bienen an, und Poppy sog die frische Luft tief ein, als wolle sie so dem Duft ihres Paradieses besondere Anerkennung zollen.

Es war warm genug für ihr Sommerkleid, einen leichten Baumwollstoff mit weithin leuchtendem Muster aus grünen Blättern und gelben Zitronen. Der weiche Stoff umfloss sanft ihren Körper und verlieh ihr ein Gefühl genüsslicher Freiheit, das sie sonst nur mit Nacktheit verband. Sie wandte ihr Gesicht der Sonne zu und streckte ihre Hände aus, um die Wärme mit jedem Teil ihres Körpers zu empfangen. Sogar ihre Frisur saß an diesem Tag perfekt. Die dunklen Locken, die sich in einer steifen Meeresbrise üblicherweise zu einem Gewirr kräuselten, das jeden Pudel vor Neid erblassen lassen würde, hatten sich heute brav zu kastanienbraun glänzenden Wellen bändigen lassen.

Ein Stück voraus tanzte ihre kleine Schwester Pip so energiegeladen den Weg entlang, wie es nur Elfjährige können – um dann schmollend zusammenzusacken und zu behaupten, sie könnten keinen Finger mehr rühren. Pips buntkariertes Kleid und weiße Kniestrümpfe blitzten immer wieder durch die Hecke, und auf ihrem Rücken hüpfte ein Schulrucksack bei jedem ungelenken Sprung auf und ab.

»Nicht weiter als bis zur Brücke!«, rief Poppy ihrer Schwester hinterher, bevor sie sie an einer Kurve aus den Augen verlor. In der Ferne war jetzt das Dorf Wells zu sehen mit seinem Kern aus alten Fachwerk- und georgianischen Backsteinhäusern, umgeben von merkwürdig anmutenden viktorianischen Reihenhäusern und noch seltsameren Baustilen der Dreißigerjahre. Diese Zeit war wohl der Höhepunkt der Dorfentwicklung gewesen, denn neuere Häuser waren selten und Bauten aus dem 21. Jahrhundert gab es schlicht und ergreifend nicht.

Der Ort war typisch für diese Region von Wales - dies hier waren weder die Täler im Süden noch die Berge im Norden, sondern der mittlere Teil, der, über den kaum jemand etwas zu berichten hatte. Allzu viel gab es auch nicht zu erzählen. Meist wurde die Gegend einfach als »Mid-Wales« abgetan. Aber gerade das gefiel Poppy: ein ländliches Idyll, an dem die Zeit und die Touristen vorbeigegangen waren, wo sich Wales dicht an England drängte und leicht auszusprechende Ortsnamen wie Clun gleich neben Zungenbrechern wie Llansantffraed-Cwmdeuddwr anzutreffen waren.

Pip wartete gehorsam bei der kleinen Metallbrücke am Ufer. Sie warf Blumen in den Fluss und sah zu, wie sie unter der Brücke verschwanden. Als sie Poppy entdeckte, galoppierte sie sofort wieder los. Poppy hatte kaum den Mund zu einer weiteren Warnung geöffnet, da winkte Pip schon ab und rief: »Ich weiß, ich weiß, im Dorf auf dich warten!« Poppy musste lächeln und ließ sie laufen.

Nach kaum hundert Metern kamen die ersten Fachwerkhäuschen in Sicht. Neben dem Weg erschien Mrs Morgans Garten, umgeben von weiß getünchten Steinmauern. Zu dieser Jahreszeit eroberten rosarote Malvenblüten und königsblauer Rittersporn die Beete. Zwischen ihren leuchtenden Farben bewegte sich ein grauer Fleck eifrig auf und ab.

»Guten Morgen, Mrs Morgan!«, rief Poppy.

Der graue Haarschopf fuhr hoch und ließ ein überraschtes wettergegerbtes Gesicht erkennen. »Ah, *cariad*!« Mrs Morgan lächelte erfreut. »Es ist wirklich ein guter Morgen. Fast so schön wie dein Kleid.« Sie gestikulierte mit der Gartenschere in ihrer behandschuhten Hand. »Ich wollte beinahe schon sagen, so schön wie dein Lächeln – aber etwas Schöneres gibt es ja nicht.«

Poppy kicherte geschmeichelt, und ihre Wangen röteten sich.

Mrs Morgan war eine der Dorfbewohnerinnen, die Poppy schon immer als alte Frau betrachtet hatte. Seit ihrer Kindheit war Mrs Morgans Haar immer mit Lockenwicklern starr in Form gelegt gewesen, und es war schwer zu erkennen, ob es in den letzten dreißig Jahren überhaupt gewachsen war. Aber nun hatte sich das geändert. Mrs Morgan hatte aufgehört, sich die Haare zu färben, und ein natürliches Silbergrau hatte jede Strähne erfasst. Poppy wurde zu ihrer Verblüffung klar, dass Mrs Morgan um die Vierzig gewesen sein musste, als Poppy klein war – eine alarmierende Erkenntnis, da dieses Alter für sie selbst nun nur noch weniger als ein Jahrzehnt entfernt lag.

»Und wo geht es heute Morgen hin in dem schönen Kleid?«, fuhr Mrs Morgan fort.

»Ich bringe Pip zur Schule, und dann geht's ins Café wie immer. Ich dachte nur, ich führe das Sommerkleid mal aus.«

»Na, wenn es hier im Dorf eine interessierte junge Dame gibt, dann wird sie ohne Zweifel heute ein Auge auf dich werfen.«

Poppy freute sich aufrichtig über das Kompliment und strahlte. Aber sie war sich bewusst, dass sie nicht nur heute die einzige Frau in Wells war, die auf diese Art und Weise an einer anderen Frau interessiert wäre.

»Und die kleine Pip – wie geht's, *bach*?« Mrs Morgan wandte sich an Pip, die auf dem Weg umherwirbelte und mit den Füßen scharrte.

»Sehr gut, danke«, erwiderte Pip und setzte stirnrunzelnd hinzu: »Aber ich bin nicht mehr klein.«

Mrs Morgan prustete belustigt. »Oh, dich nenne ich noch *bach*, wenn du einmal größer bist als ich. Und auch noch dann, wenn du verheiratet bist – falls ich so lange lebe. Aber wie geht's in der Schule? Was ist dein Lieblingsfach?«

»Geschichten schreiben«, antwortete Pip etwas zugänglicher. »Und Kunst.«

»Ah, künstlerisch begabt! Genau wie deine Mam!«

Sofort verdüsterte sich Pips Miene wieder, und sie sah zu Poppy auf. »Kann ich mir jetzt was Süßes kaufen?«

»Aber Pip!«, wies Poppy sie zurecht.

»Schon gut, *cariad*. Lauft nur weiter.« Mrs Morgan wandte sich wieder ihrem Garten zu und winkte zum Abschied mit der Gartenschere.

Poppy lief ein Stück, um ihre Schwester einzuholen. »Das war sehr unhöflich von dir.«

Pip verdrehte die Augen. »Sie sagt immer dasselbe. Ich wette, das hat sie im letzten Frühjahr wörtlich genauso gesagt.«

»Sie will bloß freundlich sein. Das macht man so.«

Pip sah nicht überzeugt aus.

»Es ist nett.« Poppy musste lachen. »Und es gefällt den Menschen.«

»Du bist einfach zu allen zu lieb«, tadelte Pip sie.

»Das ist auch ein Glück, bei derart vorpubertären Mädchen um mich herum.«

»Ach, du lässt den Leuten immer alles durchgehen. Die reden nur immer darüber, was es zum Mittag gibt oder welche Farbe vor zehn Jahren mal die Gardinen hatten.«

Poppy beugte sich verschwörerisch zu Pip hinunter. »Ich verrate dir mal was: Gardinen sind ganz und gar faszinierend. Ich habe eine absolute Vorliebe dafür. Ich liebe Kurzwaren.«

Pip stieß ihr den Ellbogen in die Seite. »Du solltest es so machen wie Mum: So tun, als würdest du geistig gerade an einem Gemälde arbeiten, und dann einfach weggehen.«

»Ich befürchte, sie tut nicht nur so«, erwiderte Poppy milde. »Sie ist tatsächlich die meiste Zeit geistig ganz woanders.«

Sie bogen vom Uferweg ab und auf den Marktplatz ein, an dem die Hauptstraße begann. Pip hakte sich bei Poppy unter und verfiel in das freudige Auf und Ab eines Kindes in der Erwartung von Süßigkeiten.

Poppy musste beim Anblick ihres Dorfes lächeln. Wie jeder richtige walisische Ort hatte es eine Burg. Die graue Ruine bewachte den Marktplatz von einem abgelegenen Grashügel aus. Die Menschen machten gern Scherze darüber, was für ein kriegerisches Völkchen die Waliser im Mittelalter gewesen sein mussten. Aber es war doch verständlich, dass sie die ständigen Überfälle der Engländer irgendwann leid waren. Wäre so eine Invasion nur einmal geschehen, könnte man das englische Vorurteil gegen die reizbaren Waliser vielleicht noch nachvollziehen. Aber nach ein paar hundert Jahren solcher Invasionen wäre wohl auch das heiterste Volk ein wenig verärgert.

Die Burg lag im Norden und darunter war direkt der Marktplatz mit seinen Fachwerkhäuschen. Sich auf das Burggelände mit seinen hervorspringenden Brüstungen und geneigten Mauern zu begeben, sorgte meistens dafür, dass man leicht orientierungslos wurde. Es schien ständig in Bewegung zu sein, und es kam nicht selten vor, dass Besucher, die dort die Architektur bewundern wollten, ins Straucheln kamen wie auf hoher See.

Am Südende des Platzes führte eine steinerne Brücke über den Fluss, auf die genau ein Handkarren passte, dem Fußgänger in dreieckig gemauerten Buchten ausweichen mussten.

Hinter dem Fluss lag die Marienkirche Llanfair. Im Ort gab es so viele Dinge, die zu seinem früheren Namen beigetragen hatten, dass selbst der geübteste Waliser bei dem Versuch, diesen Namen auszusprechen, einen Zwerchfellbruch riskieren musste. Schließlich hatte jemand mit den armen Ortsschildschreibern und Touristen Mitleid gehabt und den Ortsnamen zu Wells abgekürzt. Ironischerweise war das Wissen um die Lage der historischen Quellen im Ort schon lange verloren gegangen. Und so waren die *wells* der einzige Bestandteil des Originalnamens, der gar nicht mehr existierte.

Der Dorfladen duckte sich in eine Ecke hinter der Burg. Er war eine Mischung aus Lebensmittelgeschäft, Zeitungskiosk und Apotheke und in zwei alten Häusern einer Fachwerkreihe untergebracht.

Davor parkte ein sportlicher schwarzer Jaguar. Der Wagen hätte überall Blicke auf sich gezogen. Hier, mitten im Nirgendwo, wo das übliche Transportmittel ein schlammbespritzter Geländewagen war, war er eine echte Attraktion.

Der wahre Blickfang für Poppy aber war die Rückseite der schlanken Erscheinung, die sich gerade ins Innere des Wagens beugte: lange Beine in engen Jeans, ein herzförmiger Po und ein dünnes T-Shirt, das den sonnengebräunten Rücken kaum verhüllte. Das Gesicht der Frau war hinter schulterlangen blonden Haaren verborgen, die ihre Wangen glatt umspielten. Die Frisur war teuer. Das erkannte sogar Poppy, die selbst am liebsten zum kostengünstigen Super Snip ging. Die Frau beugte sich weiter in den Fußraum hinunter, und das locker fallende T-Shirt erlaubte Poppy einen kurzen Blick auf ihren BH. Ebenfalls von allerfeinster Qualität – genau wie die verheißungsvolle Rundung, die er verhüllte. Zarte, volle Brüste.

Poppy schluckte und warf Pip einen nervösen Blick zu. Doch ihre Schwester hatte weder die Frau noch Poppys bewundernde Blicke bemerkt. Sie war voll auf ihre eigene süße Verlockung im Ladeninnern konzentriert. Poppy wandte den Kopf. Jetzt stand die Frau aufrecht neben ihrem Wagen. Ihr Gesicht war klar zu erkennen und ergänzte die elegante Figur perfekt. Es war eines der schönsten Gesichter, die Poppy je gesehen hatte, und sie hätte es überall wiedererkannt.

»Rosie«, flüsterte sie und spürte die Erinnerung wie eine eiserne Faust im Magen.

Selbst unter Schock sah die Frau schlicht umwerfend aus. Blitzblaue Augen funkelten unter hochgezogenen Brauen, deren elegante Bögen jede Emotion von

Entzücken bis hin zu vernichtender Ablehnung ausdrücken konnten, wie Poppy nur allzu gut wusste. Die vollen Lippen hatten sich gern zu einem göttlichen Lächeln verdichtet, aber heute sahen sie nicht danach aus. Die ganze Miene war reifer, als Poppy sie in Erinnerung hatte. Damals hatte der Babyspeck der Pubertät noch die hohen Wangenknochen verborgen. Das schmale Gesicht der zweiunddreißigjährigen Rosalyn Thorn aber war atemberaubend.

Poppy stockte buchstäblich der Atem.

Kapitel 2

Rosalyn Thorn aus Rhiw Hall. Geheimnisbewahrerin, Vertraute und die beste Freundin, die sich ein Mädchen nur wünschen konnte. Seit ihrem sechsten Lebensjahr waren sie sich näher gewesen als Schwestern. Bis sie dann sechzehn wurden und auf einmal alles anders war.

Poppy hätte lügen müssen, wenn sie behauptet hätte, nie an Rosalyn gedacht zu haben. Auch wenn mittlerweile Wochen oder gar Monate vergehen konnten, kehrte der Gedanke an ihre frühere Freundin stetig zurück. Und nun stand sie hier, wenige Schritte von Poppy entfernt.

»Poppy.« Rosalyn hauchte den Namen förmlich aus. Sie stand mit offenem Mund und bleichen Wangen da.

Poppy durchfuhr es eiskalt. Sie konnte sich nicht rühren.

Rosalyn entfuhr ein nervöses Lachen. Sie griff sich mit der Hand an die Stirn. Als sie den Arm wieder sinken ließ und sich ein paar Schritte näher wagte, erschien ein verlegenes Lächeln auf ihren Lippen.

»Ich habe mich schon gefragt, ob ich dir wohl zufällig begegne, aber ich hab's nicht wirklich geglaubt … Poppy Jenkins!« Rosalyn musterte Poppy von Kopf bis Fuß, ließ ihren Blick über ihr Haar, ihre nackten Arme und den Ausschnitt ihres Sommerkleides gleiten.

»Du siehst gut aus. Wirklich gut!« In ihrem Lächeln schien ein Bedauern mitzuschwingen, das Poppy nicht ergründen konnte. Rosalyn streckte die Hand aus, aber Poppy war noch immer zu gelähmt, um darauf einzugehen.

»Du besuchst sicher deine Eltern? Deine Familie?«, fragte Rosalyn freundlich.

»Nein«, versuchte Poppy es mit einer Antwort – aber ihre erstarrten Züge ließen nicht einmal das richtig zu. Sie blinzelte und beschloss, sich zusammenzureißen. »Nein, ich wohne hier. Ich lebe tatsächlich in Wells.«

Für diese Auskunft entschuldigte sich Poppy im Allgemeinen nicht. Aber jetzt vor Rosalyn machte ihr Wohnort ihr plötzlich zu schaffen. War es vielleicht diese Stimme, die sie so in Aufruhr versetzte? Hatte Rosalyn schon immer mit einem derart glasklaren BBC-Akzent gesprochen, der jede Silbe zur Perfektion modulierte? Waren es ihre Eleganz und Körperhaltung bis hin zu dem anmutigen Schwung, mit dem sie Poppy die Hand zur Begrüßung angeboten hatte? Vielleicht war es auch ihr Auto, das so weit außerhalb von Poppys eigenen finanziellen Möglichkeiten lag, dass es ebenso gut hätte aus Gold sein können.

»Hier?« Rosalyn versuchte nicht einmal, ihre Überraschung zu verbergen. »Du lebst *hier*? Wirklich?« Dann überlegte sie kurz. »Warst du denn nicht auf der Uni? In York, dachte ich.«

»Ja, schon. Aber ich bin zurückgezogen. Wieder nach Haus. Wieder hierher. Zu meinen Eltern. Ja, ich lebe hier.« Die Sätze reihten sich in einem sonderbar einsilbigen Stakkato aneinander.

Rosalyn runzelte die Stirn, fragte aber nicht weiter. Stattdessen wanderte ihr Blick zu Poppys Arm. Irgendetwas dort schien sie zu irritieren. Erst dann bemerkte Poppy, dass sie Pip die ganze Zeit fest umklammert hielt.

»Entschuldige Schatz, tut mir leid!« Erschrocken entließ sie Pip aus ihrem Schraubstock-Griff und rieb das Handgelenk des Kindes, um die Durchblutung wieder anzuregen. Sie hatte glatt die Existenz ihrer Schwester vergessen!

»Mach mal nicht so viel Wind«, grummelte Pip und schlug Poppys Hand weg.

Poppy ließ es gut sein, und Pip verstummte wieder. Alles war still. Auffallend still.

»Ähm …?« Rosalyn sah auffordernd von Poppy zu Pip.

»Ja?«

»Und das ist …?«

»Ach so, das ist Pip«, stieß Poppy hervor, als ihr ihr erneuter Fauxpas bewusst wurde. Sie legte ihrer kleinen Schwester den Arm um die Schultern und lachte in dem verzweifelten Bemühen, die Situation zu normalisieren. »Wir sind auf dem Weg zur Schule. Nur noch ein paar Bonbons, nicht wahr, meine Kleine?« Poppy sah Pip beschwörend an und schluckte nervös. Mit jeder Sekunde kam ihr ihre Kehle enger vor.

Pip und Rosalyn nickten und tauschten einen Blick, aus dem zu gleichen Teilen Besorgnis und Argwohn sprach. Rosalyn sagte betont freundlich: »Ich bin übrigens Rosalyn.« Sie lächelte Pip kameradschaftlich zu.

»Danke«, sagte Pip mit einem vorwurfsvollen Seitenblick auf ihre pflichtvergessene Schwester.

Dann war es wieder still. Sehr still.

»Äh …«, begann Rosalyn, »ich lasse euch jetzt wohl mal besser weitergehen. Nicht, dass ihr noch zu spät kommt. Ich schätze, es gibt immer noch Strafen für Verspätungen?«

»Ja, das stimmt. Leidige Angelegenheit.«

Leidig? Wo war das Wort hergekommen? So geschraubt sprach Poppy sonst nicht. Sie und Pip hatten den Akzent ihrer Mutter übernommen, eine Art neutrale Hochsprache mit einem Hauch weichem Walisisch. Jetzt aber hatte ihre Stimme eine ganze Oktave zugelegt, und Poppy hatte das Gefühl, sie müsse ihren Hals nach oben recken wie ein Vogel Strauß. Das sah bestimmt wenig attraktiv aus, aber sie wurde und wurde einfach nicht lockerer.

Rosalyn nickte und öffnete schon den Mund zu einem Abschiedsgruß. Dann aber fragte sie: »Wie sieht es denn später aus?«

»Wie bitte?«

»Was hast du später vor? Hast du Zeit?«

»Oh, ach so. Nein. Das Café.« Zum ersten Mal im Leben sprach Poppy das Wort Café aus wie die Queen es auch tun würde. Sie versuchte es mit Lässigkeit und senkte betont die Stimme. »Tja, das ist mein Job, ich arbeite in so einem Schuppen.« Na toll, jetzt klang sie wie jemand aus einer Castingshow.

»Aha«, sagte Rosalyn.

Poppy konnte ihr die knappe Erwiderung kaum übelnehmen. »Und wie ist es um dich selbst bestellt?« Und wieder verfiel sie in dasselbe Oxford English, das auch die Queen benutzte. Poppys Augenbrauen hatten indessen ein Eigenleben auf Höhe ihres Haaransatzes begonnen. Ihr Mund fühlte sich so verkrampft an wie eine geschlossene Auster.

Pip stellte sich demonstrativ neben Rosalyn, verschränkte die Arme vor der Brust und starrte ihre große Schwester mit offenem Mund an.

»Ich lebe jetzt in London«, sagte Rosalyn zu Poppy. »Clerkenwell. Kennst du das?«

»Nein, ich fürchte nicht.« Mittlerweile war ihr ganzer Körper so verkrampft wie ihr Mund, aber sie konnte nichts dagegen tun.

»Ich hab ein Loft in einer ehemaligen Uhrenfabrik. Da bin ich nach meinem Abschluss am King's College hingezogen.«

»Klingt ja kolossal.«

»Ich hatte Glück. Ich war gerade zur Event Managerin bei Clean Water befördert worden. Das ist die gemeinnützige Organisation, für die ich arbeite. Das war noch bevor die Preise für solche Immobilien ins Unermessliche stiegen. Heute könnte ich es mir dort nicht mehr leisten.«

Poppy warf einen Blick auf den Jaguar und fragte sich, ob das die Wahrheit war. »Dir geht es ja offenbar glänzend.« Sie schloss die Augen, um das Elend wenigstens nicht mehr mitansehen zu müssen. Als sie die Augen wieder aufschlug, verabschiedete sich Pip gerade mit einem besorgten Seitenblick.

»Ich geh Bonbons kaufen«, murmelte sie.

»Okay, Schatz.« Poppy strahlte Pip an, um ihr zu versichern, dass alles in schönster Ordnung war.

Als sich die Ladentür hinter Pip schloss, standen sich die beiden ehemaligen Freundinnen allein gegenüber.

Rosalyn stand jetzt so nah bei ihr, dass Poppy gut erkennen konnte, wie gnädig die Zeit mit ihr verfahren war. Sie hatte eine Spur Lachfältchen um die Augen, einen Anflug von Sorge zwischen den Augenbrauen, aber alles in allem sah sie fantastisch aus. Ihre vollen Lippen, ihre glatte, zarte Haut waren ebenso einladend wie früher. Auch die kleine Narbe auf ihrer linken Wange war noch da und zeugte von einer unliebsamen Begegnung mit Brombeersträuchern in früher Kindheit. Und diese blitzblauen Augen, wie sie funkelten! Seit vielen Jahren hatte Poppy nicht mehr die Gelegenheit gehabt, diesen Glanz aus der Nähe zu bewundern. Eisblaue Tiefen – Augen, in denen man sich verlieren konnte.

Ein Hauch von rosa kroch über Rosalyns Wangen.

Ob ihr Poppys Bewunderung aufgefallen war, oder ob sie sie gar ebenso prüfend gemustert hatte, war Poppy nicht ganz klar. Aber sie war wirklich rot geworden.

»Ich muss mich entschuldigen«, sagte Rosalyn schnell. Sie trat einen Schritt zurück und hob die Hand. »Ich weiß, du bist in Eile.« Sie zögerte kurz. »Vielleicht sieht man sich ja mal wieder?«

»Denkbar«, flötete Poppy und wünschte, sie hätte etwas zur Hand, mit dem sie sich selber hätte knebeln können.

Rosalyn winkte kurz und schlenderte dann zu ihrem Wagen zurück. Ihr Abgang war ein echtes Schauspiel: schwingende Hüften, elegante Armhaltung, kurze Einblicke auf den straffen Körper unter ihrem T-Shirt. Poppy sah ihr gebannt nach.

In einer einzigen fließenden Bewegung ließ sich Rosalyn ins Auto gleiten und zog anmutig ihre langen Beine nach.

Die Ladentür schwang auf, und die Glocke riss Poppy aus ihrer Erstarrung. Einen Moment lang füllte die gewaltige Statur von Dai Edwards den ganzen Eingang aus, dann erschien er schon neben ihr. Mit zwei Metern Körpergröße und der Schulterbreite eines Kleiderschranks verkörperte Dai das Klischee des typischen Rugbyspielers. Ein wenig von seiner massigen Gestalt hatte sich zwar in letzter Zeit körpermittig angesetzt, nachdem immer mehr Trainingswochenenden den Kneipenabenden gewichen waren. Aber Dai besaß auf jeden Fall die Art physischer Präsenz, die man lieber nicht gegen sich aufbringen wollte. Obwohl er auf dem Rugbyplatz kämpfen konnte wie ein Löwe, verhielt er sich außerhalb des Spielfelds eher wie ein Lamm.

»Poppy! Es tut mir so leid, Süße! Ich hatte gehofft, sie wäre weg, bevor ihr kommt.«

Poppy musste über seinen schmelzenden walisischen Bariton schmunzeln. »Ist schon gut, Dai. Alles okay. Ich war einfach nur überrascht, sonst nichts.«

Er beugte die Knie, bis sich sein Gesicht auf einer Höhe mit Poppys Gesicht befand, und sie erkennen konnte, dass er die Stirn runzelte.

»Du siehst blass aus, Liebes. Erzähl mir also nichts von okay. Komm mal her!« Und bevor sie sich wehren konnte, zog er sie an seine breite Brust. Als diese Arme vom Umfang eines durchschnittlichen Oberschenkels sie umfingen, hatte keine missliche Regung in ihrem Innern mehr eine Chance. Dais stürmische Umarmung vertrieb sie einfach.

Als er Poppy losließ, legte er fürsorglich den Arm um sie, und beide beobachteten Rosalyn dabei, wie sie sich an einigen Sachen auf dem Beifahrersitz des Jaguars zu schaffen machte.

»Hast du mit ihr gesprochen?«, fragte Poppy.

»Ja, aber nur kurz. Ich wusste ja, du würdest vorbeikommen, und wollte dich unbedingt rechtzeitig warnen, dass sie hier ist.«

Poppy sah schräg zu Dai herauf und zog die Mundwinkel hoch. »Mir geht's gut. Danke dir. Es ist ja schon lange her. Ich war eigentlich überrascht, dass sie sich noch an meinen Namen erinnert.«

»An deinen Namen erinnert?« Dai schaute sie konsterniert an. »Pah, Poppy, du machst Witze, weil du so ein unglaublich positives und fröhliches Ding bist. Aber mir musst du nichts vormachen. Vollkommen egal, wie lange es her ist, Rosalyn Thorn wird dich immer aus der Bahn werfen. Es gibt nichts, das den Horizont so verdüstern kann wie eine ehemals beste Freundin, besonders eine, die dich so wenig verdient wie diese hier.«

Unangenehm berührt wechselte Poppy das Thema. »Weißt du, wie lange sie bleiben will?«

»Eine oder zwei Wochen, sagt sie. Keine Ahnung warum. Ich kann mich nicht erinnern, dass sie vorher je ihre Eltern besucht hat. Muss wohl einen besonderen Anlass geben.«

Poppy zuckte die Achseln, und beide starrten auf Rosalyns Wagen. Was hatte die erfolgreiche Großstädterin wohl nach all den Jahren wieder nach Wells geführt?

»Ihre Eltern leben immer noch in Rhiw Hall, oder?«, fragte Dai.

Poppy nickte. Die Thorns wohnten seit 25 Jahren in dem Herrenhaus, und obwohl es kaum einen Fünf-Minuten-Fußmarsch entfernt lag, hätten sie doch ebenso gut am anderen Ende von Wales leben können. »Ich sehe sie zwar nie, aber sie sind immer noch da.«

»Vielleicht will sie heiraten«, mutmaßte Dai.

Poppys Herz tat einen unliebsamen Satz.

»Das Herrenhaus wäre ein toller Ort für eine Hochzeit.« Dai sah Poppy schmunzelnd an. »Ich wette, das ist es. Soll ich sie mal fragen?«

»Nein, auf keinen Fall! Nein!« Von der Vehemenz in ihrer Stimme war Poppy selbst überrascht. Was war denn nur los? Ihr Herz raste, und sie musste ein paarmal tief Luft holen, um sich zu beruhigen.

Dai warf ihr einen verwirrten Blick zu. Es war genau der Blick, mit dem er auch seine feste Freundin ansah, wenn er sie nicht recht verstand und sich vor ihren wahren Beweggründen fürchtete. »Schon gut«, murmelte er beschwichtigend. »Vielleicht auch nicht. Ich würde aber ein Pint drauf verwetten. Der laufen ganz sicher genügend Kerle nach.«

Poppy hätte die Gedanken, die sich in ihrem Kopf überschlugen, und die Gefühle, die ihr den Magen zu verdrehen drohten, nicht in Worte fassen können. Die unerwartete Begegnung mit ihrer früheren Freundin hatte ein verwirrendes Chaos in ihr hinterlassen.

Dai beobachtete Poppy konzentriert.

Sie hatte Mitgefühl mit dem armen Kerl, der ihre Gedanken zu ergründen versuchte. Sie verstand sie ja selbst nicht.

Wieder erklang die Ladenglocke, und eine zufriedene Pip erschien mit einer Papiertüte in der Hand. Die dünne Karamellspur um ihren Mund und das theatralische Kauspektakel, das sie veranstaltete, ließen Poppy vermuten, dass sie wohl ihre Lieblingstoffees erstanden hatte.

»Issie weg?«, brachte Pip kauend hervor.

»Wer?« Poppy war immer noch ein wenig benommen.

Pip verdrehte die Augen. »Na Rosie.«

»Oho.« Dai sog scharf den Atem ein. »So würde ich sie nicht mehr nennen. Definitiv eine Rosalyn mittlerweile.«

Pip ließ sich mit einem kleinen Grunzen von den beiden an sich ziehen. Poppy legte ihrer Schwester die Hand auf die Schulter, und Dai drückte Poppy tröstend die Hand.

Gedankenverloren betrachtete sie Rosalyns Gesicht im Rückspiegel, noch immer gebannt von ihrer Schönheit. Und einen Augenblick lang richteten sich auch Rosalyns Augen ein letztes Mal im Spiegel auf Poppy. Doch dann wirbelte sie den Kopf herum und starrte das Trio an. Was auch immer sie von Dai, Poppy und Pip denken mochte, war offensichtlich enttäuschend, denn ihre vorherige Freundlichkeit verlor sich. Resigniert wandte sie sich wieder der Straße zu. Dann startete sie den Motor, und der Jaguar schoss mit einem kraftvollen Aufheulen davon.

Kapitel 3

Dai und Pip unterhielten sich angeregt über Toffees. Ihre Stimmen verklangen, als Poppy wie betäubt über den Platz lief. Der Jaguar war schnell verschwunden – aber Rosalyns Gegenwart klang spürbar nach.

Mary hat ein kleines Lamm,
das wirft sie in den Himmel.
Sie fängt es auch gleich wieder auf,
und zwar an seinem P...

Poppy hatte die Gesänge der achtjährigen Rosie noch im Ohr. Auf der Bank am Ende des Marktplatzes hatten sie sich im Schneidersitz gegenübergesessen. Sie erinnerte sich so lebhaft daran, dass sie meinte, die Berührung ihrer klatschenden Hände spüren zu können. Klatsch – links über Kreuz – klatsch – rechts über Kreuz.

Pim, der kleine Vogel,
pfeift fröhlich einen Marsch.
Da kommt ne dicke Hummel
und sticht ihm in den A...

Sie konnte noch Rosalyns verschwörerisches Lachen sehen, das ihre Augen im Reiz des Verbotenen aufleuchten ließ.

»Pass auf, die nächste ist sogar noch besser.« Rosalyn hatte sich zu Poppy gebeugt und leise weitergesungen.

Mary hat ein kleines Huhn
und den Hahn, der Körner pickt.
Mary schaut und wartet ab,
ob er es wohl f...

»Rosalyn Thorn!«, hatte damals eine Stimme hinter Poppy gehallt. Alarmiert war sie von der Bank hochgeschossen. Mrs Morgan Morgan war ihnen auf den Fersen gewesen, hochrot im Gesicht.

»Rosalyn Thorn, dein Vater würde sich ja schämen! Und die kleine Poppy verleitest du auch noch.«

Rosalyn war ganz ruhig geblieben und hatte sanft gelächelt. »Ob er es wohl flattern sieht, Mrs Morgan. So geht die Strophe weiter.«

Poppy hatte Rosalyns Worte wieder im Ohr. Diesen glasklaren Akzent. Sie hatte schon immer so gesprochen, das war Poppy als Kind nur nie aufgefallen. Zu dieser Zeit war Rosalyn ihre Freundin, und sie waren eins und einig in allem gewesen, das Poppy wichtig war.

Die Bank stand heute noch am selben Ort. Dort hinten am Marktplatz, dessen loses Kopfsteinpflaster ihr immer wieder einen anderen Sitzwinkel verlieh. Die Bank hatte etliche der älteren Dorfbewohner zur Verzweiflung gebracht, die stets aufs Neue versuchten, ihren Sitz so auszurichten, dass sie nicht schräg saßen oder mit jeder Bewegung fürchten mussten, das Gleichgewicht zu verlieren. Ein hoffnungsloses Unterfangen.

Poppy wurde von einem lauten Kaugeräusch aus ihren Tagträumen gerissen.

Pip wedelte mit einer Hand vor ihrer Nase herum. In der anderen hielt sie eine deutlich schlanker gewordene Tüte mit Süßigkeiten.

»Aber Pip! Du sollst sie doch nicht alle auf einmal essen!«

Pip grinste sie mit toffeeverklebten Zähnen an.

»Du kannst doch in der Schule nicht gleich mit einem Zucker-High auftauchen.« Poppy wollte streng klingen, wusste aber, dass ihr liebevoller Blick sie verriet.

Pip grinste noch breiter und ließ die klebrige Masse zwischen den Zähnen quietschen.

»Komm schon!« Poppy schnappte Pip die Tüte aus der Hand und verschloss sie, so fest sie konnte. »Mum gibt sie dir zurück, wenn sie dich von der Schule abholt« sagte sie, als sie sich wieder auf den Weg machten.

Pip kaute geräuschvoll zu Ende, und Poppy erwartete schon Widerworte, als Pip stattdessen fragte: »War Rosalyn deine feste Freundin?«

»Was?« Das hatte Poppy nicht erwartet.

»Rosalyn – wart ihr beide ein Paar?«

»Um Gottes willen, nein. Wie kommst du denn darauf?«

Pip zuckte die Achseln.

»Waren wir nicht.« Ihr gereizter Ton tat Poppy sofort leid.

Pip starrte sie an, und Poppy fühlte sich zu weiteren Ausführungen genötigt. »Das ist lange her, und wir waren noch sehr jung. Das letzte Mal, als wir miteinander gesprochen haben, waren wir erst sechzehn.«

Der Blick, den Pip ihr zuwarf, drückte Verachtung gegen alle Nicht-Teenager aus.

»Ja-ja, ich weiß, dass man auch mit sechzehn schon Sex haben kann – äh, feste Freundinnen haben kann. Aber auf mich traf das nun mal nicht zu. Kein bisschen.«

Pips Blick schwankte zwischen Belustigung und Entrüstung. Poppy hielt den Atem an, aber Pips Verhör schien tatsächlich ein Ende gefunden zu haben. Schweigend setzten sie ihren Weg fort.

»Aber du bist in sie verknallt.«

»Bin ich nicht!« Poppy spie die Worte nur so heraus und verschluckte sich dann fast an ihrem eigenen ungläubigen Lachen. Wie kam Pip denn auf so etwas?

»Bist du doch.«

»Bin ich nicht.«

Pip nickte und grinste altklug.

»Wirklich nicht!« Poppys Stimme überschlug sich, und sie bremste sich mit Mühe, bevor der kindische Streit ihre Verzweiflung allzu deutlich zu erkennen gab. »Na schön«, lenkte sie mit gespielter Gleichgültigkeit ein. »Und warum bin ich deiner Meinung nach in sie verknallt?«

»Weil du dich voll merkwürdig aufgeführt hast.«

»Ach ja? Hab ich das?« Poppy versuchte, einen belustigten Ton anzuschlagen.

»Ja. Total bescheuert!«

»Wie denn genau?«

»Genauso wie Owen Davies mit Joanne. Ich dachte schon, als Nächstes boxt du sie auf den Arm oder zerrst sie den Hügel runter.«

»Oh.« Poppy sah Pip alarmiert an. »Na ja, tut mir leid, dass du den Eindruck hattest. Aber ich bin nicht in Rosalyn Thorn verknallt.«

»Okay.« Pip zog die Schultern hoch. »Schade.«

»Was? Warum?«

»Weil sie in dich verknallt ist.«

»Ist sie nicht!« Poppy hielt abrupt an.

»Warum denn nicht?«

»Darum!« Poppys aufheulender Ton hatte das Potenzial einen Hund im Dorf zum Jaulen zu bringen. Sie schluckte und rang um Fassung. »Erstens weil Rosalyn Thorn nicht lesbisch ist. Und zweitens …«

Weil Rosalyn Thorn schon mit sechzehn Jahren viel eleganter und kultivierter als Poppy gewesen war. Und dass sie als erfolgreiche Karrierefrau aus der Großstadt für eine kleine Cafébesitzerin vom Dorf auch nur einen freundlichen Blick übrighätte, schien mehr als unwahrscheinlich.

Poppy schenkte Pip ein bedauerndes Lächeln. »Zweitens fand sie mich nicht gut.«

Pip schwieg immerhin, und sie konnten ihren Weg fortsetzen.

»Also.«

Poppy ahnte nichts Gutes, als Pip das Thema nicht ruhen ließ.

»Warum hast du ihr dann nicht gesagt, dass ich deine Schwester bin?«

Oje. Warum hatte sie das nicht gesagt? »Ich weiß nicht. Spielt das eine Rolle? Glaubst du, es spielt eine Rolle? Glaubst du, sie glaubt, es spielt eine Rolle?«

Pip verzog verwirrt den Mund. »Na ja, sie wird denken, ich sei deine Tochter. Das denken doch alle, wenn sie uns nicht kennen.«

Ja, das stimmte.

»Versuchst du, dich zu schützen?«

»Was?«

»Du weißt schon, so wie Anne Jones, wenn sie behauptet, sie hätte schon einen festen Freund, nur damit Glyn Davies sie in Ruhe lässt. Weil er ein betrügerisches Arschloch ist und sie nichts mit ihm zu tun haben will, obwohl er von allen Jungs auf der Schule am besten aussieht. Rosalyn sieht auch echt gut aus.«

»Okay.« Poppy war ehrlich verblüfft und fühlte sich ertappt. »Zunächst einmal möchte ich nicht, dass du das A-Wort benutzt.«

»Welches? Arsch…«

»Genau das.«

Pip verdrehte die Augen.

»Und außerdem …« Poppy seufzte. Sie wusste nicht, was bemerkenswerter war: dass Pip, deren Erfahrungshorizont kaum über ein paar picklige Schuljungen hinausging, Rosalyns Schönheit zu würdigen wusste, oder dass sie Poppys Bewunderung für die Fremde sofort durchschaut hatte.

Poppy nahm das Gesicht ihrer Schwester liebevoll in beide Hände. »Meine süße Pip. Es ist wirklich lieb von dir, dass du tatsächlich glaubst, eine Rosalyn Thorn könnte sich in mich verlieben. Und ja, sie ist schön.« Oh Gott, wie wunderschön sie war. Sie war auch als Mädchen schon hübsch gewesen, aber nie hätte Poppy sich träumen lassen, zu welch umwerfender Frau sie eines Tages heranwachsen würde. »Ich finde sie sehr attraktiv, aber ich bin nicht in sie verknallt.«

Pip wollte widersprechen.

»Glaub mir. Und wenn ich der letzte Mensch auf der Welt wäre, würde sich Rosalyn ganz sicher nicht in mich verlieben.«

Pip seufzte resigniert. Das schwesterliche Gleichgewicht war wiederhergestellt. Poppy war die Erwachsene und Pip das Kind.

»Jetzt aber los, du kommst noch zu spät«, ermahnte Poppy sie. »Lauf!«

Pip schaute auf ihre Armbanduhr und fluchte so leise, dass Poppy sie nicht einmal dafür tadeln konnte. Pip sprang mit großen Schritten los, wobei ihre Gliedmaßen in alle Richtungen ruderten und es allen Regeln der Physik zu widersprechen schien, dass sie überhaupt vorankam.

»Bis heute Abend!«, rief ihr Poppy nach und lächelte versonnen, als Pip hinter der Brücke verschwand.

Seit Poppy laufen konnte war ihre Mutter Emma Jenkins bereits Inhaberin des Bioladens in Wells. Der Laden hatte sich seitdem kaum verändert. Ihr Vater Iwan hatte das hölzerne Ladenschild geschnitzt, je eine Weizenähre links und rechts vom Schriftzug, und das Haus hatte seine ursprünglichen georgianischen Sprossenfenster behalten. Der ordentlich aufgebrachte weiße Putz verbarg das wahre Alter des Gebäudes nach außen, aber im Innern bog sich das uralte Eicheninterieur ebenso schief und krumm wie alles andere.

Auf dunklen Regalen stapelten sich Tüten mit Vollwertflocken, Vollkornmehl und jeder vorstellbaren Sorte getrockneter Hülsenfrüchte. Reihen voller großer bernsteinfarbener Gläser hielten alle Gewürze bereit, die sich eine Köchin nur wünschen konnte. Eine Lage winziger Papiertüten hing neben einem Schäufelchen aus Metall, an dem Reste von Kurkuma noch den jüngsten Kauf erahnen ließen. Als Poppy klein gewesen war, hatten alle Räume nach Tee und Gewürzen geduftet: Jasmin, Lapsang Souchong, Koriander und Sternanis. Mittlerweile dominierten der Duft nach frisch gebackenem Brot und Kuchen aus der Caféküche. Denn am oberen Ende der Wendeltreppe begann mit dem Real Food Café Poppys

Verantwortungsbereich, während ihre Mutter sich unten entweder um den Laden kümmerte oder in einem kleinen Atelier malte, das sie hinter der Verkaufstheke angebaut hatten.

An diesem Morgen starrte ihre Mutter mit auf den Händen aufgestütztem Kinn in die Ferne. Ohne zu blinzeln, fixierte sie eine leere Stelle mitten im Laden. Das war kein ungewohnter Anblick für Poppy, schien aber eine ältere Kundin zu irritieren, die neben ihr stand.

Cerys Mathews, Kopf bis Fuß in khakifarbene Wolle gekleidet, rückte zu Poppy auf. »Geht es ihr auch gut? Ich hab nur gefragt, ob sie neue Bilder zu verkaufen hat.«

»Ah.« Poppy lächelte. »Das reicht manchmal schon aus.«

Ihre Mutter wandte sich um, wobei die Quasten an ihrer lebhaft gemusterten Outdoor-Strickjacke im kleinen Bogen mitschwangen. Dann teilte sie versonnen den Bambusvorhang und war im hellen Atelier dahinter verschwunden.

»Ich glaube, sie kommt noch mal zurück«, erklärte Poppy.

»Das ist gut.« Beide Frauen spähten gespannt in Richtung des Geräusches klappernder Rahmen und Leinwände.

»Hattest du an etwas Bestimmtes gedacht?« Poppy wollte sich sicherheitshalber erkundigen, denn vermutlich hatte ihre Mutter versäumt, das zu tun.

Cerys runzelte die Stirn. »Ich suche nach einem hübschen Gemälde von der Gegend hier für meine Schwester. Sie ist auch hier aufgewachsen, dann aber weggezogen. Jetzt fehlt ihr ihre Heimat.«

Poppy nickte aufmunternd.

»Jemand hat mir deine Mam empfohlen. Ich hatte aber ohnehin vorher schon ein Auge auf ihre Bilder geworfen. Ich finde, es sollte von einer Künstlerin sein, die aus der Gegend stammt.«

Poppy nickte wieder, diese Denkweise teilte sie. »Welchen Untergrund oder welchen Stil hattest du denn im Sinn?«

»Ach, ich weiß nicht. Einfach was Hübsches für an die Wand. Was Nettes. Das mögen doch die meisten, oder?«

In diesem Augenblick kam Poppys Mutter zurück, schwer beladen mit bemalten Sperrholztafeln und Leinwänden. Sie drehte das erste Gemälde zu den beiden um: eine düstere Aquarellstudie der Schlossruine im Winter. Darauf nahmen Krähen mit

Skelettgesichtern die großen grauen Tore in Beschlag. Ihr schwarzes Gefieder ging in einen dunkelgrauen Himmel über.

»Oh«, sagte Cerys. »Ähhm … Hast du vielleicht noch ein hübsches Bild von der Kirche irgendwo?«

Poppys Mutter zog ein weiteres Aquarell hervor, eine Szenerie mit verschneiten Grabsteinen, die es absolut unmöglich machte, beim Betrachten *nicht* an den Tod zu denken.

Poppy mischte sich ein: »Du bevorzugst sicher etwas weniger Trübsinniges?!«

»Ach, hallo Liebling.« Ihre Mutter bemerkte sie erst jetzt und schenkte ihr das mütterliche Lächeln, das sich fest in Poppys Psyche eingenistet hatte und dort stets eine Portion Herzenswärme aktivierte. Ihre Mutter hatte ein breites Gesicht, das auch dann noch zufrieden aussah, wenn sie innerlich mit ganz anderen Dingen beschäftigt war. Derselbe Ausdruck war klar bei der kleinen Pip zu erkennen.

»Ich denke, Cerys will eher ein fröhliches Landschaftsgemälde, Mum.«

»Ja, das stimmt«, pflichtete Cerys ihr eifrig bei. »Es soll ein Geburtstagsgeschenk für meine Schwester sein. Und ich hoffe, sie hat noch viele Geburtstage vor sich. Da möchte ich lieber nicht andeuten, dass es ihr letzter sein könnte.« Sie lachte auf und verlagerte ihr Gewicht dann verlegen von einem Fuß auf den anderen.

Poppys Mutter nickte nachdenklich und überprüfte die verbleibenden Gemälde.

»Vielleicht möchtest du ein bestimmtes Motiv bestellen? Mum malt auch Auftragsarbeiten, und die kleineren sind nicht so furchtbar teuer.«

»Na, ich weiß nicht. Ich hatte gehofft, gleich etwas zu finden, das gut passt.«

»Magst du denn Aquarelle?«

»Ach ja, schon. Aber in hellen, bunten Farben, weißt du? Eher so wie die Strickjacke deiner Mam.« Sie deutete neidisch auf die lebhaften Wollfarben. »Nicht schwarz oder grau.«

Poppy sah ihre Mutter an, Emma aber blieb ganz ungerührt.

»Wie wäre es mit einer Frühlingslandschaft?«, schlug Poppy vor.

»Oh ja, ein bisschen Sonne wäre schön!«

»Vielleicht ein Bild vom Schloss mit Osterglocken im Vordergrund?«

»Oh, *da iawn*. Gute Idee! Genau so etwas suche ich. Ein hübsches Frühlingsbild.« Cerys klatschte begeistert in die Hände.

Emma hatte für Pip schon ein ganz ähnliches Bild gemalt, und Poppy wusste, dass sie ihrer Mutter das zumuten konnte. Wenig später einigte sich Emma dann auch mit Cerys auf einen guten Preis, wie Poppy fand, und beide waren am Ende zufrieden.

»Ich freu mich schon auf das fertige Bild«, erklärte Cerys. »Vielleicht behalte ich es doch lieber selbst.« Sie kicherte und verließ den Laden leichten Schrittes. Die Ladentür schloss sich mit leisem Klimpern.

»War das in Ordnung, Mum?«

Emma sah zerstreut aus dem Fenster. Sie ließ sich leicht ablenken. Die meisten Menschen schrieben das entweder ihrem kreativen Temperament zu oder weniger freundlich dem Gras, das sie in den Siebzigerjahren geraucht hatte. Poppy fand den Gemütszustand ihrer Mutter sehr beruhigend und machte sich über seinen Ursprung keine weiteren Gedanken.

»Hm?« Ihre Mutter richtete ihre Aufmerksamkeit wieder auf Poppy. »Aber ja. Es ist schön, etwas zu tun zu haben. Das ist der erste Auftrag in diesem Jahr.«

Die Zeiten standen nicht gut für den Umsatz. Davon zeugte die große Anzahl vorhandener Gemälde einerseits und der auf den Gewürzgläsern angesammelte Staub andererseits. Ihre Mutter blätterte die Aquarelle durch und hielt kurz inne, um eines näher zu betrachten.

»Ich weiß wirklich nicht, warum die Krähen auf dem Friedhof keinen Käufer finden«, sagte sie. »Das ist mein Lieblingsbild.«

»Dann solltest du es für dich behalten.« Poppy lächelte.

»Warum wollen alle immer nur Sonne und Blümchen?«

»Weil sie die Menschen glücklich machen, Mum.« Poppy hätte fast laut gelacht, als ihre Mutter das Gesicht verzog. »Sie wollen ein hübsches Bild an der Wand, dessen Anblick sie im grauen Alltag aufheitert. Es ist eine so einfache Quelle der Freude.«

»Hm.« Ihre Mutter nickte. »Aber die Winterlandschaften sind für mich eine Freude.«

»Ich mag beide.« Poppy lächelte ihre Mutter nachsichtig an.

Sie war mit den Gedanken schon bei ihrer Arbeit im Obergeschoss, als ihre Mutter sie noch einmal zurückhielt. »Bist du glücklich, Poppy?« Emma richtete einen durchdringenden Blick auf sie. Offenbar war es einer jener Momente, in denen sie aus ihrer Wolke herabstieg und den anderen eine verblüffend klare Erkenntnis präsentierte. »Ich fürchte, mir entgeht da einiges. Du bist ja immer so gut gelaunt. Aber hast du selbst in deinem Leben auch eine einfache Quelle der Freude?«

Hätte ihre Mutter vor nur einer Stunde gefragt, hätte Poppy ohne zu zögern geantwortet. Doch jetzt musste sie einen Moment innehalten, während sich ein nervöser Knoten in ihrem Inneren zusammenzog. Sie sah ihre Mutter an. »Ja, Mum. Natürlich bin ich glücklich.« Rasch stieg sie die Treppe hinauf. Niemand musste wissen, dass es eine kleine Sache gab, die ihrem Glück im Weg stand: Rosalyn Thorn.

Kapitel 4

Die Erinnerung an Poppys erste Begegnung mit Rosalyn war so klar, wie das Wasser in den Bächen von Wales.

»Poppy!«, hatte ihre Mutter sie damals von der Ladentür gerufen. »Komm runter und lern Rosie kennen.«

Draußen hatte ein Mann gestanden, groß und attraktiv. Er hatte mit gleichmäßig weißen Zähnen gelächelt. Poppy hätte nicht sagen können, wie alt er war. Erwachsene sahen für sie alle gleich alt aus – entweder so alt wie ihre Eltern oder noch älter, wie ihre Großeltern Nain und Taid. Er trug ähnliche Schuhe wie ihr Vater, glänzend geputzte hellbraune Schnürschuhe mit winzigen Löchern vorn im Leder. Ihr gefielen diese Schuhe. Ihr Vater bewahrte sie für besondere Anlässe wie Hochzeiten, Beerdigungen oder für Weihnachten auf. Dieser Mann aber trug sie so selbstverständlich, als wären es Gummistiefel.

»Hallo Poppy«, sagte er.

Seine Stimme klang tief und bestimmt. Poppy kam sie beruhigend vor, so als wäre er es gewöhnt, dass man ihm mit Respekt begegnete. Das flößte Poppy Vertrauen ein.

»Ich heiße David. Das ist meine Tochter Rosalyn. Wir nennen sie Rosie.«

Schützend umfasste er mit beiden Händen die Schultern eines kleinen Mädchens, das allerdings nicht so aussah, als bräuchte es viel Schutz.

Rosie strahlte die gleiche nonchalante Selbstsicherheit wie ihr Vater aus. Ihr weißblondes Haar war zu zwei perfekten Zöpfen geflochten, und ihre Stirn schmückte ein beneidenswert gerader Pony. Klare blaue Augen schauten unter außerordentlichen Brauen hervor, die dem Mädchen Reife und Autorität verliehen. Sie trug ein Kleid aus rosa und lila Karostoff, das Poppy bekannt vorkam. Es hatte in einem Schaufenster gehangen, an dem Poppy mit ihrer Mutter manchmal vorbeikam. »Tut mir leid, mein Schatz. Hier ist es zu teuer für uns«, hatte sie gehört.

Die Beine des Mädchens waren ungewöhnlich braungebrannt, was durch ihre reinweißen Strümpfe und glänzenden Lackschuhe umso mehr auffiel. Poppys eigene

Beine unter dem selbstgenähten Kleid waren frühjahrsbleich; ihre knochigen Knie krönten Schienbeine voller grau verschorfter Schürfwunden.

»Rosie kommt morgen auf deine Schule, Poppy«, sagte David. Er ging neben ihr in die Knie. »Ich hoffe, ihr werdet Freundinnen.« Er lächelte, und Poppy hoffte, ihm mit ihrer Freundschaft gefallen zu können. »Wir können Rosie nicht gleich nach der Schule abholen, also nimmt deine Mutter sie nachmittags mit hierher in euren Laden. Ich denke, ihr werdet viel Spaß zusammen haben.« Er erhob sich wieder. »Sag hallo, Rosie!«

Ohne zu zögern, trat das Mädchen vor und lächelte. Ihr waren schon richtige Schneidezähne gewachsen, anders als bei Poppy mit ihrer klaffenden Zahnlücke.

»Deine Haare sind schön«, sagte Rosie. Mit den Fingern fuhr sie durch Poppys Locken und zog eine davon hervor.

Die Berührung kitzelte.

»Ich wünschte, ich hätte auch Locken!«

Poppy hätte gern blondes Haar gehabt. Ihres war immer schon dunkel gewesen.

»Mum sagt, meine Haare werden immer glatt sein wie trockene Spaghetti«, erklärte Rosalyn. »Aber Oma meint, wenn ich die Brotrinde mitesse, kriege ich Locken. Isst du die Brotrinde mit?«

Poppy rümpfte die Nase und schüttelte den Kopf.

»Ich glaube das auch nicht«, sagte Rosie. »Mein Dad sagt, sie redet ganz schön viel Unsinn.«

»Aber Rosie! Tut mir sehr leid, Mrs Jenkins.« David sprang beruhigend ein, obwohl das gar nicht nötig gewesen wäre, so amüsiert wie Emma dreinschaute.

Rosalyn blieb ungerührt. »Gehen wir spielen!«, entschied sie.

Poppy grinste. »Nach oben!«, rief sie und stiefelte los zur alten Holztreppe, die sich zur ersten Etage hinaufwand.

Dort war ihr Lieblingsort, der Lagerraum. Zartes Sonnenlicht drang durch die staubigen Fenster. Große Papiersäcke voller Mehl und Haferflocken lagen hoch gestapelt neben Kisten voller Tomatendosen und Saftflaschen. Poppy nahm Rosalyn an der Hand und führte sie zum Fenster. Mit einem beherzten Sprung saß sie auf der Fensterbank, und ihre neue Freundin tat es ihr mühelos nach.

Rosalyn ließ die Beine baumeln und stieß mit den Füßen an die Wand. »Was ist dahinter?«

»Eine alte Küche«, antwortete Poppy. »Mum sagt, der Mann, dem der Laden früher gehörte, hat hier auch gewohnt.«

»Und da oben?« Rosalyn deutete auf eine eiserne Wendeltreppe.

»Nur ein leeres Zimmer. Mum lässt mich da nicht spielen. Sie sagt, der Boden hält nicht mehr.«

»Ein bisschen so wie Rhiw Hall«, meinte Rosalyn. »Die Hälfte der Zimmer oben sind leer. Es gibt sechs Schlafzimmer. Mum und Dad sagen, ich kann das zweitgrößte haben. Aber das liegt ganz am Ende vom Flur, das ist unheimlich.«

Mehrere Zimmer übrig zu haben klang vornehm. Poppys Vater hatte ihr versprochen, dass sie eines Tages auch ein eigenes Zimmer haben würde, wenn er mit dem Umbau fertig wäre. Bis dahin schlief sie noch in einem Kinderbett im Elternschlafzimmer.

»Was ist das?« Rosalyn zeigte auf einen Werkzeugkasten aus Metall.

»Der gehört meinem Dad. Er ist Tischler. Im Moment arbeitet er für meine Mum.« Aus dem Werkzeugkasten ragten bedrohliche Meißel, Ahlen und Sägen mit grässlichen Zähnen. Poppy wollte es Rosalyn ganz genau erklären: »Er zerschneidet Holz und baut daraus Sachen.«

Rosalyn sah sie an. »Mein Vater ist Chirurg. Er zerschneidet Menschen.«

»Oh.« Poppy war überrascht. Das schien so gar nicht zu der beruhigenden Erscheinung von David Thorn zu passen. »Warum?«

»Um sie gesund zu machen«, antwortete Rosalyn. »Er schneidet nur die Teile heraus, die kaputt sind.«

Poppy gefiel die Vorstellung nicht, dass sie beschädigte Teile von sich verlieren könnte. Es ging doch ständig etwas kaputt. Der Toaster röstete nur noch von einer Seite. Und seit der Schalter vom Wasserkocher abgefallen war, musste ihre Mutter immer ein Messer hineinstecken, wenn sie heißes Wasser brauchte.

Rosalyn aber blieb ungerührt. »Dad hat einem Mann die Zehen abgeschnitten, weil sie vergammelt waren.«

Poppy stellte sich Zehen vor, die braun wurden wie ein alter Apfel. »Tat das weh? Musste er weinen?«

»Dad sagt, er macht das, wenn die Leute schlafen.«

In dem Moment wurde bei Poppy der Grundstein einer Lebensangst vor nächtlichen Operationen und dem Aufwachen ohne Gliedmaßen gelegt.

»Magst du ›Operation‹?« Rosalyn beugte sich zu ihrer Schultasche herunter und zog eine nagelneue gelbe Schachtel heraus. »Zu Hause spielt keiner mit mir. Hast du noch Geschwister?«

Poppy schüttelte den Kopf und betrachtete das Spiel mit Neid. Sie hatte die Fernsehwerbung dafür gesehen.

Rosalyn klappte das Spielbrett mit dem rundlichen rosa Patienten auf, der erschrocken dreinschaute. Sie fügte die kleinen weißen Plastikknochen nacheinander in die vorgesehenen Lücken ein. »So, fertig.« Sie betrachtete stirnrunzelnd ihr Werk. »Der sieht albern aus.«

»Wieso?« Poppy selbst hatte nichts auszusetzen.

»Er hat keinen Pimmel.«

Poppy kicherte. »Vielleicht soll das ein Mädchen sein.«

»Dann hat sie keinen Busen … Ich weiß, was wir machen.« Rosalyns Augen funkelten unternehmungslustig. Sie griff in ihre Schultasche und holte einen Kugelschreiber hervor.

»Du darfst da nicht drauf malen!« Poppy war entsetzt, dass Rosalyn ihr neues Spielzeug verunstalten wollte.

Rosalyn aber reckte entschlossen das Kinn vor und ergänzte einen großen Penis bis zu den Knien des Patienten. Trotzig verschränkte sie die Arme, als wollte sie Poppy herausfordern, sie zu verpetzen.

Poppy dachte einen Moment nach und sagte dann: »Du hast die Hoden vergessen.«

Rosalyn grinste und zeichnete das Gewünschte ein.

»Du bist okay und deine Mum auch«, erklärte sie ihrer neuen Kameradin zufrieden. »Hier wird es mir bestimmt gefallen.«

> ~ ~ ~ <

Poppy betrat ihr Café. Statt der gestapelten Säcke standen in dem Raum jetzt acht Tische und etliche Stühle mit geschwungener Rückenlehne. Durch die blitzblanken Fensterscheiben schien die Sonne herein. Derek, ein Student vom Tech College, stampfte in der modern ausgestatteten Küche umher. Poppys Vater hatte das Obergeschoss renoviert, in dem nun zehn weitere Tische Platz fanden.

Wie meist zu dieser Tageszeit war ihr einziger Gast der alte Geraint Jones. Er beugte sich hinten in der Ecke über seinen Kaffee und eine gebutterte Scheibe

Bara Brith. Mit gesenktem Kopf kritzelte er etwas in ein schwarzes Notizbuch. Sein graues Haar stand wirr vom Kopf ab.

»*Bore da*, Geraint«, begrüßte ihn Poppy.

Er nickte knapp und wandte sich wieder seinen Notizen zu, deren Inhalt allen ein Rätsel war.

Poppy stemmte die Arme in die Hüften, atmete tief ein und schloss die Augen. In Gedanken sah sie sich und Rosalyn im Schneidersitz zwischen den Säcken, Gläsern und Flaschen auf dem Boden hocken. Seit Jahren schon hatte sie sich nicht einmal mehr die Erinnerung an Rosalyn in diesen Mauern gestattet. Jetzt aber spürte sie ihre Gegenwart so deutlich, dass sie sich auf der Stelle hätte hinknien und »Operation« spielen können.

Was machte Rosalyn bloß in Wells? Warum war sie gerade jetzt zurückgekommen? Dai hatte ganz recht, sie war sehr lange nicht mehr dagewesen. Nain wüsste genau, wie lange nicht. Sie wusste alles, was sich hier abspielte.

Poppy fiel Rosalyns schockierter Gesichtsausdruck von vorhin wieder ein, und ihr Magen zog sich nervös zusammen. Ihr Zusammentreffen hätte nicht qualvoller ausfallen können. Dennoch, Rosalyn schien weicher geworden zu sein, oder nicht? Sie hatte sogar gefragt, ob Poppy für ein weiteres Gespräch Zeit hätte.

Sicherlich aus Höflichkeit. Reiner Höflichkeit. Gott, was für ein himmelweiter Unterschied zu früher, dachte Poppy. Was an Rosalyn als Kind schon hübsch gewesen war, wirkte in der erwachsenen Person noch schöner. Poppy wurde rot, als sie sich ins Gedächtnis rief, wie attraktiv sie Rosalyn gefunden hatte, bevor sie wusste, wer sie war. Ihre wohlgeformten Beine, der Schwung ihrer Hüften, der aufreizende Anblick ihres bloßen Rückens. Und erst ihre Brüste – Poppy errötete noch tiefer.

Sie schüttelte sich kurz, um sich von dem Gefühl peinlicher Scham zu befreien. Rosalyn war sicher bald wieder fort. Was hatte Dai noch gesagt? Eine oder zwei Wochen? Und danach würde es zweifelsfrei ein weiteres Jahrzehnt dauern, bis sie sie wieder zu Gesicht bekäme.

»Immer noch keine neuen Gäste?«

Automatisch sah sie zur Treppe und dann zur Küche, ob dort jemand gesprochen hatte. Da alles leer war, blieb nur ihr einsamer Stammgast. Poppy war nicht daran gewöhnt, dass Geraint mit ihr redete.

»Geraint?« Poppy strahlte ihn an. »Hast du gerade etwas gesagt?« Erfreut trat sie zu ihm an den Tisch.

»Immer noch nicht mehr los hier?«

»Nein, ich fürchte nicht.«

»Denen entgeht was Feines.« Er hielt seine Scheibe Kuchen hoch. »Das Beste *Bara Brith*, das ich je probieren durfte.«

Das klebrige Früchtebrot mit einer guten Portion schwarzem Tee war Nains besondere Spezialität.

»Die werden schon noch kommen. So etwas Gutes muss sich einfach durchsetzen.«

»Ich hoffe es, Geraint.« Poppy hätte den kleinen alten Mann dafür küssen können, dass er sie so aufmunterte – und auf andere Gedanken brachte. Mit frischer Energie marschierte sie in die Küche, um dort das Mittagessen vorzubereiten und weitere Kuchen zu backen für die belebtere Tageszeit, wenn die Schule aus war. Poppy kochte, servierte, schwatzte und lachte bis sechs Uhr abends. Sie schätzte, sie hatte dabei höchstens noch zehn weitere Male an Rosalyn Thorns schönes Gesicht gedacht. Allerdings war der Tag noch nicht vorbei.

Kapitel 5

Poppys größter Wunsch als Jugendliche war es gewesen, auch einen Busen zu haben. So wie Rosalyn, die bereits einen B-Cup-BH trug, seit sie zehn war, während Poppy weiterhin aussah wie ein Kind.

»*Oeufs sur le plat*«, erklärte Rosalyn. »So heißt das auf Französisch.«

Poppy strich sich mit den Fingern über die flache Brust. Eier auf dem Teller.

Sie kamen von der Schule und liefen über die Brücke zum Marktplatz, wo der Schlossberg mit seinen alten Ruinen schon lange Schatten warf. Dann scharf links hinunter zum Fluss, ihr gemeinsamer Heimweg. Hier neben der alten Brücke lag der reizvollste Teil des River Rhiw. In schäumenden Kaskaden stürzte das Wasser von oben herab in ein großes Sammelbecken, in dem Kinder problemlos schwimmen konnten.

Es herrschte reges Treiben. Die Sommersonne ließ das Wasser unter den Felsen gleißen. Überall plantschten und kreischten Kinder in Badeanzügen, Shorts oder Unterhosen.

Der große Dai Edwards vom Dorfladen winkte Poppy zu. »Komm spielen!«

Poppy winkte lachend zurück und wandte sich zu Rosalyn um. »Badest du mit?«

Rosie schüttelte den Kopf. »Ich hab keinen Badeanzug.«

Poppy wollte schon erwidern, dass sie doch in der Unterhose gehen könnte, als ihr klar wurde, dass das für Rosie nicht mehr angemessen war. Was kein Problem für Poppy mit dem flachbrüstigen Kinderkörper war, war für die hochgewachsene, kurvenreiche Rosalyn definitiv eins.

Poppy ließ ihre Tasche auf den Boden fallen und warf die Kleider von sich. Zwei Mädchen in der Nähe musterten sie verstohlen. Poppy wollte nicht lauschen, aber ihr Walisisch drang klar herüber. ›Warum spielt sie nur mit dieser englischen Sau?‹ So lautete noch die höflichste Übersetzung, die Poppy einfiel.

»Kannst du denn allein nach Hause?«, fragte Poppy ihre Freundin laut, um die beiden zu übertönen. »Lässt dein Dad dich ganz allein gehen?«

Rosalyn sah ihr in die Augen und lächelte. »So viel Walisisch verstehe ich schon noch.«

»Oh.«

»Mach dir keinen Kopf. Ich weiß ganz gut, dass die Welshies mich nicht leiden können.«

Poppy runzelte die Stirn. Sie fühlte sich unwohl, weil die anderen so über Rosie sprachen, aber dass Rosie »Welshies« sagte, gefiel ihr auch nicht.

»Keine Ahnung, warum die so sind«, murmelte Poppy. »Beachte sie gar nicht.«

»Dad sagt, das liegt daran, dass wir das große Haus gekauft haben. Sie finden, jemand aus Wales sollte dort wohnen.

»Warum?«

Rosie zuckte die Achseln.

»Aber daran bist du doch nicht schuld! Du hast dir das Haus ja nicht ausgesucht!«

Rosie machte eine wegwerfende Handbewegung. »Ist schon okay. Du und deine Mum seid nett zu mir, und nur das ist wichtig. Bis morgen!« Lässig warf sie sich ihre Schultasche über die Schulter und schlenderte davon.

Trotz der heißen Sonne war das Wasser kalt, und Poppy hüpfte bibbernd im seichten Uferbereich auf und ab. Als ein Stein direkt vor ihr ins Wasser klatschte und sie über und über bespritzte, schrie sie auf. »Du …« Sie warf Dai, der oben stand und lachte, einen vernichtenden Blick zu.

»Pass auf, sonst rutscht dir noch etwas Ungehöriges heraus, Poppy Jenkins!«

Sie tauchte ihre Hand tief ins Wasser und schöpfte einen großen Schwall mit viel Kraftanstrengung nach oben. Das hohe Kreischen und zugleich tiefe Ächzen von Dais Stimme, die auf der Schwelle zur Männlichkeit hörbar brach, war süße Rache für sie.

»Das ist verdammt eiskalt!«, rief Dai. Sofort griff er nach einem noch größeren Stein und ließ ihn ins Wasser fallen. Ein dichter Wasserschleier durchnässte Poppy vom Kopf bis zu den Knöcheln. Sie prustete und spuckte und rieb sich die Augen. Gerade als sie zu einer weiteren Tirade ansetzen wollte, bemerkte sie eine Bewegung am Flussufer.

Alan Watkins, ein dicklicher Junge aus ihrer Klasse, näherte sich mit ungewohnter Geschwindigkeit. Er hatte ihre Anziehsachen gefunden und watschelte mit heraushängender Zunge auf sie zu.

»He!«, schrie Poppy, den Mund noch immer voller Wasser. »Was soll das?«

Alan sammelte die Kleidungsstücke und ihre Tasche auf und grinste sie höhnisch an. Dann krabbelte er unbeholfen das Ufer herauf, wobei er stolperte. Poppys Sachen fielen in den Schmutz. Außer Atem und mit rotem Gesicht drehte er sich zu ihr um. »Die schmeiß ich von der Brücke, wenn ich von dir nicht etwas kriege.«

»Was soll das heißen? Ich hab doch gar nichts.« Poppy fühlte sich hilflos und ausgeliefert.

»Einen Kuss hinter den Büschen.«

Die beiden Mädchen in der Nähe kicherten.

Poppy zitterte vor Kälte und Ekel. »Gib mir meine Sachen zurück, Alan!«

»Erst knutschen!«, forderte er und verzog das Gesicht zu einer lüsternen Grimasse.

»Ey, Watkins!«, mischte sich Dai ein. »Hör auf damit, das ist nicht lustig!«

Alan tat, als hätte er Dai nicht gehört. »Komm schon, ein Kuss und du kriegst die Tasche zurück. Mit Zunge und du kriegst deine Klamotten.«

Poppy schlang die Arme um ihren dünnen Körper; sie zitterte und hatte überall Gänsehaut.

»Rück die Sachen raus, Watkins!«, brüllte Dai und watete durchs Wasser auf ihn zu.

»Verpiss dich, Dai.« Alan versuchte sich an einem draufgängerischen Ton, wich aber gleichzeitig nervös zurück.

»Rück sie raus, oder du fliegst selbst von der Brücke!« Niemand hätte angezweifelt, dass Dai das tatsächlich tun würde.

Panisch flackerte Alans Blick von Poppy zu Dai, der gerade im Begriff war, ans Ufer zu steigen. »Du siehst deine Sachen nie wieder, Poppy, wenn der Blödmann mir zu nahekommt.« Doch ein Blick auf Dai genügte, und Alan ergriff kreischend die Flucht.

Dai rutschte auf bloßen nassen Füßen aus, und Alan konnte seinen Vorsprung zum Dorf vergrößern. Das Bündel mit Poppys Sachen hatte er fest an die Brust gepresst.

»Den kriege ich, Poppy, keine Sorge!« Und schon war auch Dai verschwunden.

Poppy setzte sich auf einen großen Stein am Ufer und zog die Knie an die Brust. Sie konnte die beiden Mädchen hinter sich noch immer kichern hören, und die Jungs im Fluss warfen ihr neugierige Blicke zu.

Vom Kirchturm her schlug es fünf, und die Kinder machten sich langsam auf den Weg nach Hause zum Abendessen. Poppy schaute starr aufs funkelnde Wasser, damit sie niemanden ansehen musste. Sie wappnete sich innerlich für einen sehr unangenehmen und demütigenden Heimweg.

»Hier sind deine Sachen, Poppy.«

Poppy blinzelte ins Gegenlicht. Vor ihr stand Rosalyn, umgeben von einem goldenen Kranz aus Abendsonnenschein. Poppy erschien sie in diesem Moment gigantisch.

»Oh – danke!« Poppy zitterte noch immer, aber eher aus Widerwillen gegen das mit Alan Watkins Erlebte als vor Kälte. Rasch zwängte sie sich in ihre Kleidung. »Hat Dai sie geholt?«

»Nein, der ist mir nicht begegnet. Ich …« Sie grinste stolz. »Ich habe sie gefunden.«

Poppy schüttelte sich, ihr war noch immer unwohl. »Ich will nach Hause. Begleitest du mich?«

»Na klar.« Rosalyn lächelte und streckte ihre Hand aus, um Poppy aufzuhelfen.

Den ganzen Heimweg über ließ Rosie Poppys Hand nicht mehr los, dabei summten beide *The Love Cats* und schwangen die Arme im Takt. Die Hecken wuchsen in diesem Hochsommer turmhoch. An beiden Wegesrändern formte der Bärenklau Tunnel aus weißen Blütenmeeren, sodass es unmöglich war, um die nächste Wegbiegung zu sehen.

Dennoch hätte Poppy schwören können, dass sie einen Po gesehen hatte. Ein rundes weißes Hinterteil erschien einen Moment lang in ihrem Blickfeld und wackelte dann außer Sicht in die Büsche.

»Hast du das gesehen?«

Rosie wandte sich um. »Hm?«

»Ich dachte, da wäre …« Die dichte Wand aus Vegetation stand ungerührt und reglos. »Na, egal …«

Rosie begann wieder zu summen und ermunterte Poppy mit einem sanften Stups. Misstrauisch sah Poppy sich um. Dann, als sie gerade die nächste Flussbiegung erreichten, wurde sie mit dem Anblick von Alan Watkins' nackten Schultern und verschrecktem Gesicht zwischen den Bärenklau-Büschen belohnt. Er schaute reichlich belämmert drein.

»Rosie, warte mal!« Aufgeregt zupfte sie Rosalyn am Ärmel, aber als diese sich umdrehte, war das Gesicht schon wieder verschwunden. »Ich hätte schwören können, dass Alan Watkins da nackt in den Büschen hockt.«

Rosalyn sah sich um. Dann schaute sie Poppy mit einem zufriedenen Lächeln in die Augen. »Wirklich? Wie merkwürdig!« Und festen Schrittes setzte sie ihren Weg fort.

Bei der Erinnerung daran, wie Rosalyn damals ihre Kleidung und ihre Würde gerettet hatte, musste Poppy lachen. Sie ging jetzt auf demselben Weg nach Hause, den sie an diesem und an vielen weiteren Tagen Hand in Hand mit Rosalyn Thorn entlanggeschlendert war. Sie konnte noch heute ihre Finger spüren, die sich an ihre eigenen geschmiegt hatten, immer enger und immer länger. Sie vermisste ihre Freundin. Und wie sie sie vermisste! Die leere Stelle in Poppys Innerem klaffte schmerzlich auf.

Sie hatte Rosalyn eigentlich lange erfolgreich aus ihren Gedanken verbannt. Nun aber kamen die Erinnerungen mit Macht zurück. Fast jeder Ort hatte irgendeinen Bezug zu ihrer Freundschaft. Beinahe jeder Anblick, jeder Duft und jedes Geräusch riefen lebhafte innere Bilder hervor. Das Café, die Schule, ihr Zuhause, Rhiw Hall – überall war Rosalyn auf einmal wieder zu spüren.

Jeder Uferabschnitt gehörte zu einer besonderen Erinnerung mit Rosalyn: als sie sich einmal vor Nain versteckt hatten, nachdem ihnen die Küchenhandtücher am Herd verkohlt waren; als sie mit neun nackt schwimmen gegangen waren und winzige Fische an ihren Zehen geknabbert hatten; als sie sich im Dunkeln neben einem kleinen Lagerfeuer zusammengekuschelt hatten und Rosalyns Körper ihr mehr Wärme gespendet hatte als die Flammen.

Poppy schloss die Augen und seufzte. »Warum ist sie bloß zurückgekommen?« Mit zusammengekniffenen Augen versuchte sie, der Erinnerungsflut Einhalt zu gebieten. »Warum nur?«

Wie zur Antwort ertönte ein Keuchen, eigentlich eher ein Hecheln. Poppy öffnete rasch die Augen und sah sich einem fröhlich schnaufenden Border Collie gegenüber. Er legte den Kopf schief und sah sie an.

»Jacob! Was hast du wieder angestellt?«

Ihr dreibeiniger Hund hatte eine ungute Vorliebe für Schmutzfänger an Autos – und für Schafdung. Er war vom Kopf bis zur Schwanzspitze mit grünlichem Schlick bedeckt. An den längeren Fellbüscheln klebten noch einzelne Köttel.

»Oh nein«, grummelte Poppy. Sie hatte sich den Abend eigentlich etwas anders vorgestellt, als einen stinkenden Hund zu baden. Dann lachte sie und schüttelte den Kopf. »Ich nehme an, das Leben ist leicht, wenn das Highlight des Tages daraus besteht, sich in Schafdreck zu suhlen.« Und sie war tatsächlich ein wenig neidisch.

Jacob antwortete mit einem erfreuten Bellen.

»Na los, mein Junge. Dann beichten wir das Ganze mal Nain. Ich wette, sie kann dich schon von hier aus riechen!« Poppy seufzte. »Und mit Sicherheit hat Nain auch schon gehört, dass Rosalyn wieder da ist.«

Kapitel 6

Dort stand das Cottage. *Ty Bach*. Zuhause.

Zu dem kleinen Grundstück am Fluss gehörte ein Fachwerkbau mit großem Rasen und Blumengarten. Es war von einer Steinmauer umgeben, hinter der sich dichte Ginster- und Brombeerhecken drängten. Im Frühjahr erblühten sie gelb, im Herbst standen sie voller dunkler Früchte. Die Hecken verdeckten den Blick auf das Cottage so erfolgreich, dass Fußgänger es vom Weg aus meist nicht einmal bemerkten.

Den Namen hatte Poppys Mutter gewählt. Als Poppy fünf Jahre alt war, hatte Emma Jenkins die alte Farm mit kleinen Anbauten und einem Heuboden entdeckt. Sie war schon seit Jahren verlassen, und Poppys Vater hatte eigenhändig ein Zimmer nach dem anderen renoviert, bis sie schließlich das ganze Gebäude bewohnen konnten. Als Poppys Taid verstarb, hatten sie die Scheune für Nain zu einer Wohnung mit eigenem Eingang umgebaut. In derselben Scheune führte eine Treppe zu Poppys Zimmer im Dachgeschoss. Und als all das fertig war, wollte ihre Mutter einen neuen Namen für das verjüngte Haus. Poppy wusste noch, wie sie nach einer walisischen Übersetzung für »kleines Haus« gesucht hatte und auf *Ty Bach* gestoßen war – ein freundlich klingender Name für ihr behagliches Zuhause.

Poppys Vater und Nain hatten über ihre Wahl gelächelt. Emma hatte das als Anerkennung ihrer Versuche verstanden, sich mit der walisischen Sprache anzufreunden.

Nain hatte ein Namensschild vorgeschlagen. Also sägte Poppys Vater Iwan ein dickes Oval aus einem Birkenstamm und überreichte es Emma feierlich. Poppy bestand darauf, die Birkenrinde am Schild zu belassen, und Iwan schnitzte den Namen gut gelaunt ins naturbelassene Holz. Dann pinselte Emma die Buchstaben noch schwarz an, und das gemeinsame Familienwerk war vollendet.

Erst als Poppys Mutter das neue Schild über die Haustür gehängt hatte, rückten ihr Vater und Nain mit der Wahrheit heraus. Nain hielt sich vor Lachen den Bauch unter dem wogenden Busen, und Iwan wischte sich die Lachtränen aus den Augen.

»Was ist denn mit euch beiden los?«, fragte Emma verblüfft.

»Es bedeutet Toilette, Liebling«, antwortete Poppys Vater.

»Was sagst du, Schatz?«

»*Ty Bach*. Das bedeutet Klo.« Er konnte vor Lachen kaum weitersprechen.

Poppys Mutter betrachtete ihr neues Schild zweifelnd. Dann aber breitete sich, wie so oft, ein warmes Lächeln auf ihren Zügen aus. Liebevoll strich sie über das glatte Holz und die raue Birkenrinde. »Zu spät. Für mich wird das Haus immer *Ty Bach* sein.« Sie sah die beiden an und erklärte: »Selbst dann, wenn es bedeuten würde ›Haus voller walisischer Schufte‹.«

Poppy musste bei der Erinnerung kichern. Die beiden konnten wirklich ziemlich gemein gegen ihre Mum sein. Aufmunternd rief sie ihrem Hund zu: »Komm schon, Jacob«, und mit einem gewagten Sprung übers Tor und einem kurzen Lauf über das Feld waren sie zu Hause.

Poppy linste durchs Fenster. Durch das wellige Glas in den alten Bleirahmen, die den Wind hinein- und Gespräche hinausdringen ließen, konnte sie angeregte Stimmen hören. In der Küche stand ihre Mutter und rührte in einem Topf. Auf dem Schieferboden strichen ihr zwei schwarze Katzen mit weißen Pfoten um die Beine. Der alte Bauerntisch war schon mit Suppenschalen gedeckt, und Poppy witterte das tröstliche Wohlfühlaroma von Emmas Tomaten-Basilikum-Suppe.

Die Küche und das Esszimmer waren durch eine Mauer mit alten Balken vom Wohnzimmer getrennt, deren ursprüngliches Lehmfachwerk vor langer Zeit schon fachmännisch ersetzt worden war. Sie konnte Nain und Pip auf dem Sofa vor dem Fernseher erkennen. Nains Mund bewegte sich wie üblich im Schnellfeuertempo, und Pip schien auch wie immer – grundzufrieden hinter einer mürrischen Fassade.

Poppys Vater saß ihnen gegenüber in einem uralten Ledersessel. Vor ihm lag die Tageszeitung aufgeschlagen, aber er beteiligte sich ebenso eifrig wie Nain am Gespräch. Poppy konnte das *rat-a-tat-tat* ihrer hitzigen walisischen Debatte hören.

Das rasche Sprechtempo war eine ihrer wenigen Gemeinsamkeiten. Poppys Vater war ein schlanker, schöner Mann mit fein ziselierten Zügen und bernsteinfarbenen Augen. Selbst mit Bartstoppeln, in zerschlissener Alltagshose und abgetragenem Karohemd ließ sich seine elegante Erscheinung kaum verbergen.

Nain hingegen war eine Frau von schwerer Statur. Ihr Gesicht erinnerte selbst jemanden, der ihr so zugetan war wie Poppy, an einen Blumenkohl. Ihre Nase schien flachgedrückt, und alle anderen Gesichtszüge wurden von den gewaltigen Ausmaßen ihrer Wangen überdeckt. Trotz ihrer Zuneigung war Poppy dem Schicksal zutiefst dankbar, dass sich in ihrem Äußeren das Erbe ihres Vaters so deutlich durchgesetzt hatte.

Nain ließ sich in ihrem Gesprächsfluss nicht von ihrem ähnlich rapiden Stricktempo stören. Die Stricknadeln mit rubinroter Wolle flogen nur so durch die Luft. Dabei wackelte ihre gewaltige Oberweite beeindruckend in dem enormen Drahtgebilde ihres Büstenhalters. In nur einem Körbchen dieses legendären Kleidungsstücks fand ein Baby bequem Platz. Das hatte sich beweisen lassen, als eines Tages, nachdem der schwere BH von der Wäscheleine gefallen war, die neun Monate alte Pip darin fröhlich über den Rasen krabbelte.

Poppy lächelte. Denn unter Nains ausladender Kleidung und wogendem Busen schlug ein noch größeres Herz – das sie ihrem Sohn und ihrer Enkeltochter vererbt hatte. Allerdings waren beide froh, nicht auch ihr aufbrausendes Gemüt mitbekommen zu haben.

Poppy ging um das Haus herum zur Eingangstür und musste wieder lächeln. Sie streckte die Hand nach dem verwitterten Namensschild aus. Egal, wie schlimm ihr Tag gewesen sein mochte, diese Geste erfüllte sie mit tiefer Freude. Es war immer gut, nach Hause zu kommen.

Als Poppy eintrat, fand die lautstarke Debatte zwischen Mutter und Sohn ein abruptes Ende. Nains Stricknadeln blieben in der Luft stehen, Iwans Zeitung erstarrte. Poppy sah sich nach ihrer Mutter in der Küche um, die hatte jedoch ihr Kommen gar nicht bemerkt und rührte gedankenverloren weiter in der Suppe.

Pip richtete sich aufgeregt auf dem Sofa auf. »Sie haben gerade über Rosalyn geredet.«

Iwan ließ seine Zeitung und Nain ihre Nadeln sinken, und Mutter und Sohn riefen im Chor: »Oh, Pip!« Iwan sah seine Jüngste streng an: »Ehrlich, *bach*, zeig mal etwas Taktgefühl!«

Poppy lachte. »Und woher wussten sie, dass Rosalyn wieder hier ist?«

»Ich hab es ihnen erzählt, sobald ich hier war.«

»Na, recht schönen Dank!« Poppy verdrehte die Augen.

Ihr Vater knüllte die Zeitung zusammen und warf sie nach Pip. »*Dew dew*, Pip. Du musst endlich lernen, besser zu lügen, du bist doch schon fast ein Teenager!«

Nain hievte ihren schweren Leib schneller vom Sofa, als man es ihr zugetraut hätte, und schlang die Arme um Poppy. »Schön, dass du da bist, *bach*. Wir haben uns schon Sorgen gemacht.«

»Warum denn, Nain?«

»Nun, wegen dieses blonden Gifts Rosalyn Thorn natürlich.«

»Mir geht es gut.«

Nain trat einen Schritt von Poppy zurück und starrte sie über den Rand ihrer Brille an. »Red keinen Unsinn. Ich weiß immer noch am besten, wie es dir geht.«

Poppy errötete wie ein junges Mädchen.

»Oh, *bach*. Ich meine das ernst. Es ist doch eine schöne Sache, dass du deine Gefühle so offen zeigst, insbesondere, weil es meist so gute Gefühle sind. Es ist ganz wundervoll, im Leben nicht auf List und Tücke angewiesen zu sein und sich hinter keiner Fassade verstecken zu müssen. Aber mir machst du nichts vor, Poppy Jenkins. Ich durchschaue dich.«

Poppy seufzte. »Also schön, es war ein Schock, heute Morgen Rosalyn zu begegnen.«

»Na bitte, wusste ich's doch.«

»Aber seitdem habe ich kaum noch einen Gedanken daran verschwendet.«

»Pah, sehr wahrscheinlich …«

Poppy errötete noch mehr. Sie warf ihrer Schwester einen anklagenden Blick zu. Aber Pip war mit einem Papierkugelkampf gegen ihren Vater beschäftigt.

Nain sah sie streng an. »Und gib Pip nicht die Schuld. Ich weiß es von Dai.«

Poppy machte eine entnervte Handbewegung. »Vielen Dank auch, Dai!«

»Es war ganz richtig, dass er es mir erzählt hat. Er meint, sie will heiraten.«

»Das hat Dai sich nur ausgedacht.«

»Aber es ist doch gut möglich. Sie ist im passenden Alter. Und Rhiw Hall wäre eine perfekte Kulisse für eine Hochzeit.«

»Ich wette, das hast du auch von Dai.«

Nain ignorierte ihren Einwand. »Alan Watkins glaubt, sie will ein Haus hier in der Gegend kaufen. Noch so ein Schnäppchen wie das ihrer Eltern. Und du weißt ja noch, wie viel Ärger es hier gab, als die sich das Herrenhaus unter den Nagel gerissen haben.«

Poppy hob die Augenbrauen. Sie hatte Alan Watkins, dem Quälgeist ihrer Kinderzeit, längst verziehen, konnte sich aber dessen Vermutung nicht anschließen. »Hier wäre der letzte Ort auf der Welt, an dem Rosalyn leben wollte.«

»Ach, sagt sie das?«

»Nein, nicht direkt. Aber sie hat es hier immer gehasst. Konnte es kaum abwarten wegzuziehen.«

»Und was verrät uns das über sie? Was für ein Mensch würde denn Wells freiwillig verlassen wollen?«

»Sie war hier nicht glücklich. Das ist doch ein verständlicher Grund.« Poppy war nicht sicher, wie sie sich in diese Lage manövriert hatte, aber auf einmal schien sie Rosalyn zu verteidigen. Sie musste sich kurz gedanklich sammeln und schloss die Augen. »Ich meine nur, niemand weiß wirklich, warum sie hier ist.«

»Na ja, Mrs Morgan Morgan …«

Oje, sogar Mrs Morgan Morgan wusste Bescheid. Poppy massierte ihre Schläfen, während Nain jede Bewohnerin und jeden Bewohner von Wells auflistete, die eine Theorie dazu hatten, warum Rosalyn Thorn nach Hause gekommen war. Irgendwann bemerkte Poppy, dass Nain nicht mehr weitersprach. Langsam entspannte sie ihre Finger und öffnete zaghaft die Augen.

Nain stand mit in die Hüften gestemmten Armen vor ihr und schaute zufrieden drein. »Ich habe nichts mehr zu sagen. Du weißt ja, wie gern ich mich aus fremden Angelegenheiten heraushalte.«

Pip hüstelte.

»Ich will meine Zeit nicht mit Rosalyn Thorn oder irgendeinem anderen Thorn verschwenden«, fuhr Nain kopfschüttelnd fort. »Eingebildetes Volk!«

Poppy lächelte. Schon als Poppy sechzehn gewesen war, hatte Nain einen ganzen Haufen Gründe dafür vorgebracht, warum Rosalyn Thorn nicht gut genug für Poppy war und ihre Freundschaft nicht verdient hatte.

»Also ehrlich, dieser David Thorn glaubt Wunder was für ein Superstar-Chirurg er wäre. Jettet pausenlos durch die Weltgeschichte. Nimmt sogar einen Flieger nach Birmingham. Jemand hat mir erzählt, er ist nur für eine Konferenz bis nach Frankreich geflogen. Und sie erst …« Nain redete sich jetzt in Rage, die Arme vor der voluminösen Brust verschränkt. »Die Mutter, die ist sich zu fein, um mit uns anderen einzukaufen. Dai sagt, sie war seit Jahren schon nicht mehr im Dorfladen. Oh nein, sie bekommt ihre Einkäufe jetzt von Ocado.« Sie nickte wissend und flüsterte Poppy zu: »Ich hab herausgefunden, dass Ocado zu einem Supermarkt namens Waitrose gehört, und in Wells gibt es keinen Waitrose. Ich wüsste auch nicht wieso. Wo wir doch Dais Laden haben und Harry Tuffin um die Ecke. Aber Lillian Thorn muss ihre Einkäufe ja speziell für sich anliefern lassen.«

Poppy berührte sie sanft am Arm. »Ist schon gut, Nain. Das ist alles schon lange her. Ich werde es sicher überleben, dass ich Rosalyn Thorn begegnet bin.«

»Rosalyn ist wieder da?« Die Stimme ihrer Mutter kam von der Küche herüber. Sie klang sanft und überrascht. Emma stand vor ihrem Suppentopf. Sie hatte aufgehört zu rühren. »Hast du gesagt, Rosalyn ist wieder in Wells?«

Poppy holte tief Luft. Sie befürchtete, sie müsste jetzt das ganze Gespräch noch einmal überstehen.

»Ja, Mum. Ich habe heute Morgen Rosalyn getroffen.«

Aber ihre Mutter verzog keine Miene. Kein Stirnrunzeln schlich sich ein und auch kein Sorgenfältchen. »Wie schön«, sagte sie nur. »Schön. Ich mag Rosalyn.«

Kapitel 7

»Das duftet ja fantastisch.« Der aromatische Dampf aus Tomaten und Basilikum stieg Poppy in die Nase, als sie sich über den Topf beugte.

»Probier mal.« Ihre Mutter lächelte und bot ihr einen Löffel an.

Poppy nahm einen Schluck der samtigen Suppe, und ihr ganzer Mund begann zu prickeln. Die durchdringende Würze trieb ihr beinahe das Wasser in die Augen. »Wow. Wie hast du den Geschmack so intensiv hinbekommen?«

»Ich habe die Tomaten vorher geröstet. Da ist genauso viel Balsamico drin wie sonst, auch dieselben Kräuter, aber das Rösten macht den Unterschied, denke ich.«

»Allerdings. Die servieren wir zum Mittagsmenü am Dienstag. Derek kann eine seiner feinen Brotsorten dazu backen. Am Markttag wird wieder mehr los sein.«

Dienstags machten sie immer den besten Umsatz, wenn sich die Markstandbetreiber bei ihnen etwas zu essen holten und sich auch etliche ihrer Kunden im Lokal einfanden. Leider war der Wochenmarkt in letzter Zeit nicht mehr so gut besucht wie früher, und Poppy musste sich eingestehen, dass es sowohl für das Café als auch für den Markt immer weniger gute Tage gab.

Ihre Mutter hatte scheinbar ihre Gedanken gelesen. »Bald ist Sommer«, sagte sie. »Das Schlimmste haben wir hinter uns. Und wir haben auch noch die Anzeige in der *County Times*.«

»Hm«, murmelte Poppy.

»Sie haben sie doch gebracht?«

»Ja, diesmal schon, aber …« Poppy holte die Tageszeitung vom Sideboard und schlug sie auf. Sie zeigte auf ihre sorgfältig komponierte Werbeanzeige für das Café und den Laden, in der das Ladenschild über einem appetitlich dampfenden Topf zusammen mit einem Sonderangebot für ein Abendessen zu sehen war. Poppy konnte den Text nur deshalb entziffern, weil sie ihn selbst geschrieben hatte.

Ihre Mutter runzelte die Stirn. »Das ist kleiner, als ich dachte.«

»Ja. Ich dachte, wir hätten für die Postkartengröße bezahlt. In dieser Größe kann man die Wörter nicht erkennen. Entschuldige, Mum.«

»Ach, mach dir keine Gedanken, mein Schatz. Das hätte jedem passieren können.«

»Dennoch ist es verschwendetes Geld. Das können wir uns nicht noch einmal leisten.«

Das Inserat war vollkommen unscheinbar neben der ganzseitigen Werbung für das rund 3 Kilometer entfernte Hotel und Restaurant, das Alan Watkins betrieb. Es beherbergte fünfzig Luxuszimmer, und die Küche bot die Spezialitäten eines Sternekochs, den er einem nicht namentlich benannten Londoner Restaurant abspenstig gemacht hatte.

»Na, wenigstens einem geht es gut«, seufzte Poppy. Es war und blieb ihr ein Rätsel, warum ihr Café und der ganze Ort dem Rest der Welt so wenig attraktiv erschienen. Wells war für sie das Paradies. Sie und ihre Mutter sorgten dort mit ihrem Essen für ein wenig zusätzliche Würze, doch anscheinend konnten sie sonst kaum jemanden überzeugen.

Ihre Mutter schmeckte die Suppe ein letztes Mal ab und servierte sie dann zusammen mit einem Holzbrett voll frischem Brot am Esstisch. Der ganze Clan versammelte sich erwartungsvoll.

Poppys Vater rieb sich die Hände. »Das sieht köstlich aus, Em.«

Sie schenkte ihm ein Lächeln und streichelte seinen Hinterkopf in einer anerkennenden Geste, die Wertschätzung für ihren Mann und seine Aufmerksamkeit zum Ausdruck brachte.

»Deine Mam ist eine gute Köchin«, sagte Nain. Auf ihrem Teller stapelte sich bereits das lockere, knusprige Brot. Sie führte einen Löffel Suppe zum Mund und schlürfte genussvoll. »Mmmh. *Da iawn.*«

Pip äußerte ihre Freude und Dankbarkeit eher still. Wortlos stippte sie große Stücke von ihrem Brot in die Suppe und schaufelte sich die aromagetränkten Bissen in den Mund.

Poppy spürte in sich eine Wärme aufsteigen, die sie nicht nur der Suppe zuschrieb. Zufrieden betrachtete sie ihre Familie beim Essen: ihre Mum mit stillem Ernst, Nain mit Gusto, Pip mit dem Appetit der Jugend und ihren Dad mit aufrichtiger Bewunderung für seine Frau. Beim Abendessen im Kreis der Familie erschien selbst der härteste Tag nicht mehr so schlimm.

Pip wischte sich den Mund mit dem bloßen Handrücken ab und hinterließ dabei eine orangefarbene Spur. »Also …«, setzte sie an und schluckte den letzten Rest Suppe hinunter. »Wie war Rosalyn denn früher so?«

»Pip!«

»*Bach*!«

»Das ist aber nicht sehr nett, Kind!«

Poppy lachte. »Liebe Pip. Meistens halte ich dich ja für ein kleines Wunder, das eines Tages in unser Leben kam. Aber manchmal bist du eine echt satanische Brut.«

»Also ein ganz normaler Teenager?« Ihr Dad lachte.

»Satanische Brut? Poppy, *bach*, bezeichnest du etwa deinen Vater als Teufel?«

»Entschuldige, Nain.« Einen Moment lang war Poppy nicht sicher, ob sie Nain nicht in ihrer gottesfürchtigen Überzeugung gekränkt hatte.

»Na, da ist schon etwas dran. Er war wirklich ein kleiner Teufel. Schlimmer als Pip. Aber …« Nain hob mahnend ihre Gabel. »Aber dein Taid, Gott hab ihn selig, war genauso. Ein echtes Schlitzohr. Ich erkenne dasselbe diebische Leuchten in Pips und Iwans Augen.«

Weder Poppys Schwester noch ihr Vater hatten etwas gegen diesen Vergleich einzuwenden. Iwan tat so, als wolle er Pip darauf die Hand schütteln, zog sie aber im letzten Moment weg, drehte ihr eine lange Nase und streckte ihr scherzhaft die Zunge heraus. Pip verdrehte die Augen.

»Ich glaube sogar«, fuhr Nain fort, »dass es in eurem Hirn keine einzige Ecke gibt, die nicht mit Unfug beschäftigt ist.« Nain schüttelte den Kopf. »Poppy, *cariad*, du bist die Einzige hier, die einen vernünftigen Gedanken fassen kann. Ich weiß wirklich nicht, von wem du das hast.«

Alle hörten kurz auf zu essen und sahen Poppys Mutter an.

Ihr auf dem Tellerboden kratzender Löffel war das einzige Geräusch, das noch zu hören war. Sie sah grundzufrieden aus, wie sie die letzten Bissen der guten Mahlzeit genoss. Die plötzliche Stille musste aber doch irgendwie zu ihr durchgedrungen sein. Mit unschuldigem Blick und argloser Miene hob sie den Kopf. »Hm?«

»Ach, meine liebe Mum!« Poppy musste lächeln.

»Ach, meine liebe Frau!«, schloss sich Iwan an.

Poppy wünschte, sie könnte den ganzen liebenswerten Clan auf einmal in die Arme nehmen und knuddeln.

»Aber jetzt weiß ich immer noch nicht mehr über Rosalyn.«

Das letzte Brotstück flog quer über den Tisch auf Pip zu. Möglicherweise aus Nains Richtung.

»Lass es gut sein«, sagte Iwan.

Pip strahlte. Sie war offensichtlich von der allgemeinen Reaktion begeistert.

Poppy holte tief Luft und versuchte, eine einigermaßen angemessene Beschreibung von Rosalyn für Pip zu formulieren.

»Ärger.« Nain fuchtelte mit ihrem Messer herum. »Ich hab immer gesagt, dieses Mädchen bringt nichts als Ärger.«

»Ach was, Mam«, erwiderte Iwan. »Rosalyn Thorn? Die Kleine mit den langen blonden Haaren und dem perfekten Outfit, das nie auch nur einen Spritzer Dreck abzubekommen schien? Sie hat mich einmal sogar mir *Sir* angeredet, als ich ihr Fahrrad repariert habe. ›Danke, Sir‹.« Seine Imitation eines englischen Upper-Class-Akzents klang immer noch eindeutig nach Wales.

»Nein, nein, nein.« Nain schüttelte den Kopf. »Ich meine ja auch nicht die Sorte mit Sicherheitsnadel durch die Nase und lila Haaren auf irgendeinem Motorradrücksitz. Oh nein. Sie war viel raffinierter. Sie war clever.«

»Was hat sie denn angestellt?« Pip riss neugierig die Augen auf.

»Wisst ihr noch, die Pfadfinderhütte?«, fragte Nain. »Nicht du, Pip, aber ihr anderen erinnert euch doch?! Als sie die für die Pfadfinder neu gebaut hatten, herrschte große Aufregung, weil es ein echtes Haus war, nicht nur so ein alter Schuppen. Richtig mit Steinen und Bauplan und allem. Also, Rosalyn war erst zehn, kam aber prompt mit ›Warum kriegen die Mädchen nicht auch eine neue Hütte? Warum wird alles Geld für die Jungs ausgegeben?‹«

»Hatten die Pfadfinder das Geld nicht selbst gesammelt?«, fragte Iwan.

»Das haben damals alle gesagt«, antwortete Nain. »Aber die kleine Rosalyn nahm die Angelegenheit selbst in die Hand, und eines Nachts brannte die alte Brownie-Hütte der Mädchen ab. Komischer Zufall, oder? Ein paar Jugendliche mit Zigaretten, hieß es damals. Aber ich wette, es war Rosalyn.«

»Und haben sie dann eine neue Hütte gebaut?« Pip konnte es kaum glauben.

»Allerdings.« Nain nickte verschwörerisch. »Und weil Rosalyn so ein Geschrei deswegen gemacht hatte, mussten wir alle für ein großes Haus zusammenlegen, so wie für die Pfadfinder.

Poppy lachte. Sie erinnerte sich noch gut an das Verhör, dem Nain sie am nächsten Tag unterzogen hatte. Wo hatte Poppy am Abend gesteckt? War sie mit dieser Rosalyn zusammen gewesen? Sie hatte an Poppys Kleidung nach Rauch geschnüffelt und sie dann – immer noch misstrauisch – zu Bett geschickt.

»Was Nain jetzt nicht erwähnt hat«, ergänzte Poppy, »ist, dass Rosalyn herausgefunden hatte, wer den Pfadfindern das Geld gegeben hatte und warum die Leute nicht so viel für die Brownies gespendet hatten. Es stellte sich heraus, dass die größte Summe vom Stadtrat gekommen war. Das war einigen dann schon peinlich. Zwei Ratsmitglieder hatten dafür gestimmt, zwar in die Freizeit ihrer Söhne zu investieren, aber nicht in die ihrer Töchter. Das fanden ihre Ehefrauen gar nicht gut. Also war der Stadtrat beim nächsten Mal etwas großzügiger.«

»Gut gemacht, Rosalyn.« Pip reckte die Faust in die Luft.

»*Dew dew*.« Nain schüttelte den Kopf.

»Aber sie hatte doch recht, oder?«, hakte Pip nach. »Das war doch nicht fair.«

»Nein, war es nicht. Aber sie hatte auch nicht recht.« Nain war empört. »Brandstiftung ist nicht der richtige Weg zur Gerechtigkeit.«

Iwan nickte mit ernster Miene. »Hör auf deine Nain, kleine Pip, und stifte weder Brände noch Unruhe.«

Pip kicherte.

Bevor Nain ärgerlich werden konnte, mischte sich Poppy ein. »Versteh das aber nicht falsch, Pip. Rosalyn konnte auch sehr nett sein.«

»Ja?«

Poppy nickte. »Du weißt ja, wie ich immer schlafe.« Seit sie denken konnte, hatte Poppy immer beim Einschlafen ein Kissen ans Gesicht gedrückt. Es vermittelte ihr ein tröstliches Gefühl, als letzte Handlung eine Hand zwischen den weichen Bettbezug und das kühle Laken zu schieben. »Rosalyn hat mir kleine Botschaften geschrieben und mir die Zettel unter das Kopfkissen gelegt.« Poppy lächelte ihre Mutter an. »Mum hat sie damals immer reingelassen.«

»Was denn für Botschaften?«, wollte Pip wissen.

»Meist etwas Tröstliches, wenn ich Angst vor einem Test hatte oder jemand in der Schule blöd zu mir gewesen war.« Poppy starrte gedankenverloren vor sich hin. »In der Nacht vor einer Prüfung schlief sie normalerweise bei mir. So konnten wir uns vorher gegenseitig beruhigen. Aber am Abend vor unserem GCSE-Abschluss konnte sie nicht. Da wollte ihr Vater, dass sie zu Hause bleibt. Ich dachte, ich bekäme einen Herzinfarkt, so nervös war ich. Aber sie wusste das und schrieb mir eine Nachricht: ›Ich bin immer da.‹ An dem Zettel habe ich mich dann festgeklammert und konnte schlafen wie ein Baby.«

Ihr Herz zog sich wehmütig zusammen. Was für eine unsagbare Freude war es gewesen, so eine Freundin zu haben, die sie vollkommen verstand und für sie da war, immer auf ihrer Seite. Poppy hatte jede einzelne Nachricht in einer alten Zigarrenschachtel aufbewahrt.

»Ich wusste nicht, dass ihr so gut befreundet wart.« Pip runzelte die Stirn.

»Oh ja, deine Schwester und Rosalyn waren die besten Freundinnen«, meinte Nain. »Rosalyn war öfter hier und im Laden als in Rhiw Hall. Sie blieb ständig über Nacht. Wir waren wohl ihr zweites Zuhause.«

»Aber was ist denn dann passiert?«

»Pip, das reicht jetzt.« Zum ersten Mal äußerte sich ihre Mutter. Sie erhob nicht die Stimme und sah Pip auch nicht streng an, sondern legte bloß ihre Hand auf die ihrer Jüngsten.

»Jetzt wird es doch erst richtig interessant«, schmollte Pip.

Poppy fehlten die Worte. Buchstäblich. Sie hätte es ihrer kleinen Schwester gern erklärt, denn sie hatte vor ihr keine Geheimnisse. Das Problem war, dass sie selbst nicht wusste, was genau geschehen war. »Tut mir leid, Pip, ich …« Sie schüttelte verwirrt den Kopf,

»Pip, *bach*«, ermahnte Nain sie. »Nun mach es deiner Schwester doch nicht so schwer.«

Emma lenkte Pip mit einer zweiten Portion Suppe ab, und alle kratzten ihre Suppenschalen bis auf den letzten Rest aus. Pip hielt tatsächlich kurz den Mund. Aber Poppy konnte sehen, dass sie darauf brannte, mehr zu erfahren.

Da öffnete Pip auch schon den Mund, und Poppy wappnete sich innerlich. »Immerhin nerven wir dich nicht damit, dass du immer noch solo bist.«

Ihr Vater lachte so laut, dass alle zusammenzuckten.

Poppys Liebesleben war – je nachdem, welches Familienmitglied gefragt wurde –, ein Anlass für Heiterkeit, Sorge oder Unverständnis. Sie hatte an der fortschrittlichen Universität, an der sie studierte, ihre sexuelle Identität auf unkomplizierte Art entdecken und zeigen können. Dort war sie ihrer ersten festen Freundin begegnet. Ihre Eltern hatten nur freundlich gelächelt, als sie ihnen die reizende Rachel vorgestellt hatte. Nain hatte für mehr Verständnis gebetet, und auch wenn es damit noch immer ein wenig haperte, hatte doch die Liebe zu ihrer Enkelin gesiegt. Die Beziehung hielt nicht sehr lange, es war immerhin ihre erste. Poppy hatte dann gehofft, die perfekte Sarah würde bei ihr bleiben, ihre Londoner Liebe, die sie im letzten Studienjahr getroffen hatte.

»Wir machen es dir nicht leicht, Liebes, was?« Ihr Vater sah sie liebevoll an.

»Warum?«, fragte Pip.

»Er meint Sarah«, erklärte Poppy. Streng genommen galt dasselbe aber auch für ihre nächsten zwei Partnerinnen, die beide aus der Stadt gewesen waren.

»Sarah kam eines Nachts mit dem Taxi an«, erzählte Iwan. »Sie ging direkt zu Poppy rauf, ohne auch nur hallo zu sagen. Am nächsten Morgen kam sie ziemlich zerzaust herunter.« Ihr Vater lächelte, und Poppy wurde rot. »Sie sah aus dem Fenster und fragte: ›Wo sind denn all die Häuser? Was ist mit euren Nachbarn passiert?‹« Er schmunzelte. »Sie konnte überhaupt nicht verstehen, wie irgendjemand auf dem Land leben konnte, jedenfalls nicht länger als ein Wochenende.«

Poppy konnte sich noch sehr gut daran erinnern. Sarah hatte einen Blick aus dem Fenster geworfen, nichts als Schafe entdeckt und erklärt, so könnte sie nicht leben. Sie hatte schnurstracks ihre Sachen gepackt und war zurück in die Stadt gefahren.

»Nach einer Weile hast du, glaube ich, dann die Großstädterinnen aufgegeben und dich den einheimischen Mädchen zugewandt«, sagte Iwan.

»Oh, ich erinnere mich noch an Sherri«, krähte Pip aufgeregt.

»Die hatte nicht alle Tassen im Schrank«, murmelte Nain.

»Völlig bekloppt«, bestätigte Iwan. »Hielt sich für eine Künstlerin. Weißt du noch, wie sie diese Skulpturen angeschleppt hat, Em?«

Poppys Mutter nickte.

»Das waren so kleine Figuren, Scotch-Terrier und Schafe«, fuhr Iwan fort. »Sie wollte sie im Laden verkaufen. Und vielleicht hätte das sogar geklappt – wenn sie sie nicht aus Tampons gebastelt hätte!«

»Mir haben sie gefallen.«

»Danke, Mum«, sagte Poppy. »Sie war ein sehr ehrlicher und lieber Mensch.« Sie musste allerdings einräumen, dass die anderen nicht ganz unrecht hatten. Großherzig, wie Poppy nun einmal war, hatte sie über Sherris Marotten hinweggesehen. Zum Beispiel, dass sie die Schnauze des Hundes ablecken wollte, um sich angemessen mit allen Familienmitgliedern anzufreunden… »Jacob!«, rief sie erschrocken.

»Ganz genau«, lachte ihr Vater. »Wer käme schon auf die Idee, an dem Vieh zu lecken? Wälzt sich den ganzen Tag in der Scheiße.«

»Ja, ich weiß«, meinte sie kleinlaut. »Hat er gerade eben wieder gemacht. Das hab ich ganz vergessen.«

Nain schoss von ihrem Stuhl hoch. »Wo ist dieser Köter?«

»Ich habe keine Ahnung.«

Nain warf Pip einen bohrenden Blick zu. »Ich hoffe sehr, du hast diesmal die Tür zur Scheune ordentlich geschlossen, junge Dame. In eure Zimmer geht er ja nicht, aber in meins schleicht er sich bei jeder Gelegenheit.«

»Ich glaube schon«, erwiderte Pip unsicher und zog beunruhigt die Augenbrauen hoch.

Poppy und Pip stürzten hinaus, Nain dicht hinter ihnen.

»Oh Gott!«, stöhnte Pip. Die Tür zur umgebauten Scheune stand offen, und auf Hundehöhe waren verdächtige Schmierspuren zu sehen.

»Schau in deinem Zimmer nach«, sagte Poppy. »Ich sehe in meinem nach, und wir werden sicher bald hören können, ob Jacob in Nains Zimmer gelandet ist.«

Pip erklomm je zwei hölzerne Stufen auf einmal und rannte nach rechts zum ehemaligen Heuboden. Poppy lief ihr nach, bog aber nach links zu ihrem Dachboden über dem Wohnhaus ab.

»Jacoooooob!« Nains Schrei war aller Wahrscheinlichkeit nach noch in Wells zu hören.

»Oh nein.« Poppy sah über die Treppe nach unten. Dort lugte auch eine verschreckte Pip um die Ecke.

»Ich will da nicht runtergehen«, flüsterte Pip. »Ich bin zu jung, um zu *cawl* verarbeitet zu werden.«

Poppy lächelte beim Anblick ihrer verängstigten Schwester nachsichtig. »Ich denke, du bist zu mager, um eine anständige Brühe abzugeben.«

»Ernsthaft, Poppy, ich kann jetzt keinen von Nains Kollern ertragen.«

Nains Wutausbrüche waren tatsächlich ein Phänomen, das schon erwachsene Männer hatte erzittern lassen wie Espenlaub.

»Ist schon in Ordnung, Pip«, beruhigte Poppy sie. »Es war auch meine Schuld. Ich hab den Hund ganz vergessen.«

Pip nickte, schien aber nicht weniger nervös zu sein. »Das stimmt. Sag ihr das. Ich muss noch Hausaufgaben machen.« Schon war sie in ihrem Zimmer verschwunden und hatte die Tür zugezogen.

Auch Poppy als erwachsener Frau fiel es nicht ganz leicht, sich ihrer wutentbrannten Großmutter zu stellen. Aber sie nahm sich zusammen und machte sich an den Abstieg.

Sie drückte die Eichentür auf, die zu Nains Schlafzimmer führte. Ihr bot sich ein farbenfroher Anblick.

Nains Teint leuchtete in Purpur- und Bordeauxtönen. Die ehemals reinweiße Leinenbettwäsche mit einer Fadendichte, die man sich höchstens einmal als besonderes Geschenk erlauben konnte, hatte einen khakifarbenen Grundton angenommen. Jacob hatte darauf einen Abdruck hinterlassen. Man konnte genau erkennen, dass er sich von rechts nach links gewälzt und dann zügig den Raum verlassen hatte.

»Wo ist dieses Kind?«, knurrte Nain.

»Warte. Das war doch meine Schuld.« Poppy streckte begütigend die Hände aus, auch um Nain daran zu hindern, an ihr vorbei die Treppe hinaufzustampfen. »Ich hätte mit ihm gleich zum Fluss gehen sollen, als ich ihn entdeckt habe.«

Die Augen ihrer Großmutter erschienen blutrot.

Poppy senkte den Blick und fuhr rasch fort: »Ich beziehe das Bett neu und stecke das Bettzeug in die Kochwäsche. Dann mache ich Jacob sauber.«

»Ertränk das verdammte Vieh. Fessle ihn vorher mit den Laken. Und deine Schwester wirfst du gleich hinterher.«

»Ich weiß, wie viel dir diese Bettwäsche bedeutet, Nain. Pip und ich sparen für neue, wenn diese hier nicht wieder blütenweiß werden sollte.«

»Das ist auch das Mindeste.« Nain stürmte aus dem Zimmer. »Dein Glück, dass du eine so nette Schwester hast, Pip!«, brüllte sie hinauf und verschwand türenschlagend aus der Scheune.

Poppy besah sich noch einmal den Schaden am Tatort. Jacob hatte auf dem Bett ganze Arbeit geleistet. Zum Glück war der Matratze nichts geschehen, da unter den geheiligten Bettlaken ein Inkontinenz-Matratzenschoner wachte.

»Wenn du älter bist, wirst du etwas undicht«, hatte Nain zu Pip gesagt, die von der Vorstellung ebenso entsetzt war wie vermutlich jeder andere unter 60. »Vier Tage Wehen und 80 Jahre Leben gehen eben nicht spurlos an den Rohrleitungen vorbei.«

Poppy seufzte beim Gedanken an die bevorstehende Schafdung-Reinigung. »Na schön, dann lege ich besser mal los.«

»Ist alles in Ordnung, mein Schatz?« Ihre Mutter erschien an der Zimmertür. »Ach, je.« Sie schlug die Hand vor den Mund, als sie das ganze Ausmaß der Verwüstung erkannte. Dann begannen Emmas Schultern zu zucken; sie konnte sichtlich schwer an sich halten.

Poppy unterbrach den Lachanfall. »Schhhh«, flüsterte sie. »Sie kann noch nicht weit sein.« Sie ließ sich aber selbst von der Komik der Situation anstecken.

»Wenn ich zurückkomme, riecht dieses Bett gefälligst nach nichts anderem als Rosenduft.« Nains grantige Warnung ließ die beiden Frauen prompt stumm strammstehen. Sie wagten es nicht, sich zu rühren, bis sie den grummeligen Motor von Nains altem Morris Minor hören konnten, der sich zur Straße hin entfernte.

»Ach, herrje«, meinte Emma lächelnd. »Ist Pip noch am Leben?«

»Ja, und sie zeigt auf einmal großes Interesse an ihren Hausaufgaben.«

»Pass auf, ich kümmere mich um die Bescherung hier. Und du fängst Jacob ein und schrubbst ihn ab. Das Badeset hängt an Ort und Stelle.«

»Du bist lieb, Mum.« Poppy küsste ihre Mutter dankbar auf die Wange.

Kapitel 8

Das Hundebadeset der Familie war mit den Jahren immer zweckdienlicher geworden. Jetzt legte Poppy die Sommerversion an: rosa Duschhaube, Schutzbrille, extrastarke gelbe Gummihandschuhe und schwarze Gummistiefel. Im Winter gehörte noch ein Regenmantel dazu, der bis über die Knie reichte, aber an diesem lauen Tag zog sich Poppy einfach bis auf ihre kirschrote Unterwäsche aus. So bot sie, wie sie vermutete, bestenfalls einen unterhaltsamen Anblick. Aber je öfter sich ein halb nasser und halb verköttelter Hund ausgiebig im Haus schüttelt, desto früher hört man auf, sich um Äußerlichkeiten zu sorgen.

»Okay, Jacob«, verkündete sie dem Hund mit einem Schwamm in der einen und Shampoo in der anderen Hand. »Du und ich haben jetzt eine Verabredung mit dem Wasser.« Jacob ließ den Kopf hängen und folgte Poppy mit eingekniffenem Schwanz über die Felder zum Fluss.

Poppy watete bis ins flache Wasser, wo Jacob gottergeben Position bezog. Poppy stimmte eine beruhigende Strophe von *Go to Sleep* an und drückte dann den Schwamm über ihm aus.

Sie war mit dem Einschäumen und Ausspülen beinahe fertig, als sie ein kicherndes Prusten vernahm. Ihre Brille war beschlagen, und sie konnte am Flussufer nur undeutliche Umrisse ausmachen. Aber als sie auf sie zugingen, erkannte sie eine massige männliche und eine kleinere rundlichere Erscheinung, die ihr bekannt vorkamen.

»Dai Edwards, bist du das?«

Es folgte sonores Gelächter. »Schade, dass du dich nicht selbst sehen kannst, Poppy Jenkins. Was für ein Anblick!«

Sie warf einen Handschuh zu Boden und nahm die Schutzbrille ab. Dai und seine Freundin Mary strahlten ihr entgegen. Dai hatte sein Smartphone auf Poppy gerichtet.

»Dai! Du machst doch wohl hoffentlich keine Fotos!«

»Nein, natürlich nicht.« Er grinste bis über beide Ohren. »Ich mach ein Video.«

»Du …«

»Vorsicht, oder du verletzt noch das Anstandsgefühl deiner Nain.«

»Nain kann mich nicht hören, und gerade im Moment ist sie eher anstandsloser Stimmung. Wenn du nicht so nah bei Mary stehen würdest, würde ich diesen Schafdung-Schwamm nach dir werfen.«

»Tu es, Poppy!«, feuerte Mary sie an. »Du zielst sicher gut genug.«

»Red ihr bloß keinen Unsinn ein«, rief Dai und duckte sich eilig.

Poppy musste lächeln, als sie Dais gewaltigen Körper am Ufer kauern sah. Sie watete an Land und rief nach Jacob. »Lauf, mein Junge, du hast es geschafft.« Der Hund reckte seinen Kopf weit vor und schüttelte den ganzen Körper so frenetisch, dass ein wahrer Schauer niederging.

Poppy zog ihre Haube, den zweiten Handschuh und die Gummistiefel aus und stieg in ihr Kleid. »Na, was habt ihr zwei Hübschen denn heute Abend vor?« Als sie zu ihnen aufsah, war sie überrascht, denn Dai schien es die Sprache verschlagen zu haben.

»Kleiner Spaziergang … wir wollten uns ein wenig die Beine vertreten«, murmelte er.

»Aha.« Poppy nickte.

Mary stieß Dai in die Seite. »Das kauft sie dir nicht ab. Sie weiß genau, dass du dir nur auf dem Rugbyplatz oder in der Bar vor der Sperrstunde die Beine vertrittst.«

»Hm.« Dai schwieg.

»Was ist denn los?«, hakte Poppy nach.

»Also …« Der große Mann holte tief Luft. »Wir wollten zu dir.«

»Das ist ja schön«, erwiderte Poppy. »Mögt ihr auf eine Tasse Tee hereinkommen?«

»Nein, schon gut.« Dai trat verlegen von einem Fuß auf den anderen und verzog das Gesicht. »Ich möchte dich nämlich etwas fragen.«

»In Ordnung.«

»Willst du …« Er schickte einen stummen Blick zum Himmel.

»Will ich?«

»Willst du mein … äh…« Er hielt wieder inne.

»Dein was? Raus damit, wir sind doch schon so lange beste Freunde.«

»Willst du mein Trau … ach nein.« Er schien verwirrt.

Mary sah ihn streng an. »Wie würdest du das denn sagen?«, fragte Dai hilflos.

Mary stemmte die Hände in die Hüften. »Ich würde ihr vielleicht erst einmal sagen, dass wir heiraten wollen.«

Die beiden standen sich in der für sie typischen Mischung aus Streitlust und Anziehungskraft gegenüber.

»Ihr wollt heiraten?«, rief Poppy. »Aber das ist ja großartig!« Ein aufrichtig begeistertes Lächeln breitete sich auf ihrem Gesicht aus. »Komm mal her.« Sie schlang Dai beide Arme um den Hals. Er umfasste ihre Taille und wirbelte sie mühelos im Kreis.

»Danke, Poppy.« Seine Stimme klang rau vor Rührung. »Ich bin froh, dass du dich freust.«

Er setzte sie ab, und sie sah ihm in die Augen. »Natürlich freue ich mich. Wer würde das nicht? Ihr beiden seid doch eine Naturgewalt.«

Mary lachte, und Poppy umarmte auch sie. »Herzlichen Glückwunsch, Mary. Das sind wirklich tolle Neuigkeiten.« Dann warf sie Dai einen fragenden Blick zu: »Hast du ihr einen richtigen Antrag gemacht?«

»Jawohl, das habe ich.« Stolz streckte Dai die breite Brust heraus.

Mary musterte ihn kritisch. »Sozusagen.«

»Auf jeden Fall hatte ich es vor«, verteidigte sich Dai.

»Ich hab ihn dabei erwischt, wie er an einer Ringschachtel herumfummelte, als ich früher nach Hause kam. Er wollte sie an einen Herzballon binden, kam aber mit der Schleife nicht klar. ›Was tust du da, Dai?‹, habe ich ihn gefragt, und er wäre vor Schreck fast durch die Decke gegangen.« Mary gab ihm einen liebevollen Stups. »Er sah mich verschreckt an und knurrte: ›Was glaubst du, wonach sieht das denn aus?‹ Ach, so romantisch!«

»Dann sag ihr mal, Miss Romantik, was du geantwortet hast«, erwiderte Dai spöttisch.

»Ich hab gesagt ›Schätze schon‹.« Mary lächelte ihn hingebungsvoll an.

»Perfekt«, sagte Poppy. »Das ist für euch zwei genau das Richtige.«

»Also, Poppy Jenkins«. Dai sprach mit extratiefer Stimme weiter: »Willst du meine Trauzeugin werden?«

Poppy antwortete in ähnlich gesetztem Tonfall: »Ja, Dai Edwards, ich will deine Trauzeugin werden.«

»Toll. Ich hatte gehofft, du sagst ja.«

»Meinst du das tatsächlich im Ernst?«, fragte Poppy aufgeregt.

»Natürlich. Ich kann mir niemand Besseren vorstellen. Du bist mein bester Kumpel. Und ich werde ganz sicher nicht meinen Cousin oder irgendeinen Blödmann aus dem Rugbyteam fragen, nur weil er ein Kerl ist.«

»Oh Dai!« Poppy traten die Tränen in die Augen, so sehr rührte sie diese Geste der Freundschaft. »Ich fühle mich sehr geehrt.« Sie nickte und schniefte.

»Danke, Poppy-Süße «, sagte er und drückte sie. »Du musst auch keine Rede halten, das erspare ich dir.«

Poppy drückte ihn noch fester zurück. Öffentlich vor Menschen zu sprechen, gehörte zu den wenigen gesellschaftlichen Anlässen, vor denen ihr graute. »Ich halte aber doch eine Rede.« Sie lächelte. »So glücklich bin ich über euch zwei.«

Die drei machten sich Arm in Arm auf den Heimweg, Poppy in der Mitte. Sie plauderten so angeregt miteinander, dass schon die Nacht hereinbrach, als sich das Paar auf den Rückweg zum Dorf machte. Als Dai sich von Jacob verabschiedete, der ihm durchnässt und fröhlich vor die Füße lief, stahl sich Mary ein wenig abseits zu Poppy.

»Ich hab es nicht vergessen, weißt du.«

Poppy sah sie verständnislos an.

»Was Dai dir versprochen hat.«

»Oh, das.« Poppy errötete leicht.

»Das gilt auch weiterhin. Ich würde nie von ihm verlangen, ein Versprechen zu brechen.« Mary ergriff ihren Arm. »Wenn du ihn als Spender willst, ist mir das recht.«

»Mary, das ist lieb, aber es ist zu viel verlangt.«

»Ist es nicht. Du machst Dai glücklich, und das kannst du nicht mehr, wenn wir nicht gut für dich sorgen.«

Poppy nahm Marys Hand und drückte sie fest. »Danke dir. Es ist unheimlich nett von dir, dass du mit mir darüber sprichst. Aber ich erwarte da gar nichts. Außerdem …« Sie seufzte. »Außerdem bin ich so weit davon entfernt, eine eigene Familie zu gründen, dass das wohl kaum je ein Thema sein wird.«

»Ach, Unsinn. Du könntest dich morgen verlieben. So eine schöne und warmherzige Frau wie du? Jede mit ein bisschen Verstand im Kopf sollte dich schleunigst wegschnappen.«

Poppy lächelte zwar, aber heute machte sich ein bisschen von der Angst, die sich bei dem Gedanken an die Zukunft tief in ihr regte, allzu deutlich bemerkbar.

Das Brautpaar wanderte einträchtig am Fluss entlang, und Poppy winkte den beiden nach. Dann setzte sie sich ans Ufer und starrte aufs Wasser hinaus. Sein metallischer Glanz verschwamm ihr vor den Augen, während sie ihren Tag Revue passieren ließ. Es fiel ihr nicht leicht, sich an all die Veränderungen im Leben der anderen zu gewöhnen. Ihr bester Freund war bald glücklich verheiratet, Pip wurde immer schneller erwachsen und ihre Eltern waren sich selbst genug und brauchten ihre großen Kinder nicht mehr. Sie fühlte sich einsam.

Gedankenverloren zog sie ihre Halskette hervor und nahm den Anhänger in die Hand. Diese Geste war ihr schon lange Zeit zur Gewohnheit geworden, aber heute hatte sie besondere Bedeutung. Dieses Geschenk hatte sie an einem verborgenen kleinen Kieselstrand ganz in der Nähe bekommen. Rosie hatte sie an ihrem sechzehnten Geburtstag mit einem Picknick und diesem Schmuckstück überrascht, das seitdem ihr Favorit war.

Poppy hatte die Kette schon Monate zuvor bei einer Auktion im Gemeindehaus entdeckt, doch das Gebot war bald schon über die Grenzen ihres ersparten Taschengeldes gestiegen. Und dennoch lag sie dann damals vor ihr auf den weichen Polstern von Rosies Handfläche. Ein Silberkettchen mit einem Medaillon, in das ein keltischer Liebesknoten aus verbundenen Herzen eingraviert war.

»Die hast du mir gekauft?« hatte Poppy mit leichtem Zittern in der Stimme gefragt.

Rosalyn nickte mit einem Glänzen in den Augen.

»Das ist das schönste Geschenk, das ich je bekommen habe.«

»Komm, ich lege sie dir um den Hals.« Aufgeregt hatte sich Rosalyn dicht hinter Poppy gekniet. »Die wird dir gut stehen.«

Poppy erinnerte sich daran, wie das kühle Medaillon damals auf ihrer Haut kitzelte.

»Perfekt!« Rosalyn war einen Schritt zurückgetreten. »Ich bin der Frau hinterhergerannt, die am höchsten geboten hatte. Erst wollte sie sie mir nicht verkaufen. Aber ich hab einfach nicht aufgegeben, und ein paar Wochen später hat sie sie mir schließlich überlassen.

Poppy lächelte bei dem Gedanken an die Mühe, die sich Rosalyn gemacht hatte – nur für sie. Sie betrachtete den Kettenanhänger, der sich zwischen ihre Brüste schmiegte. Es hatte zwar einige Jahre gedauert, aber schließlich hatte Poppy doch noch den ersehnten Busen bekommen.

Damals hatte sie das Medaillon geöffnet und auf die zwei leeren Hälften geschaut. »Ich möchte ein Foto von dir darin. Gibst du mir eins?«

»Ja klar, gerne.« Rosalyn hatte zufrieden über die Wirkung ihres Geschenks gestrahlt. »Ich wollte erst schon eins reinlegen, aber dann erschien mir das etwas anmaßend.«

»Nein, gar nicht. Ich möchte eins. Hier, leg mal deinen Finger da rein.« Daraufhin hatte sie Rosalyn das offene Medaillon hingehalten. »Dann habe ich wenigstens schon einen Fingerabdruck von dir bei mir.«

Ihre Freundin hatte den Anhänger in die Hand genommen, wobei ihre Finger Poppys Brust gestreift hatten. Daraufhin drückte Rosalyn ihre Fingerspitze langsam ins Innere des Anhängers. Sie ließ sie dort einen Augenblick lang verweilen. Ihre Hand ruhte immer noch auf Poppys Herz, während sie sich tief in die Augen sahen.

»Hier bin ich«, hatte Rosie geflüstert.

»Oh Gott.« Die erwachsene Poppy schloss die Augen und legte eine Hand darauf. Sie konnte immer noch Rosalyns Hände auf ihrer Brust spüren. Sie hatte sich mit ihrer Freundin so tief verbunden gefühlt, so nah und im Einklang mit ihr, als seien sie zwei Teile desselben Wesens.

Noch immer bewahrte sie Rosalyns Berührung in ihrem Medaillon auf. Poppy hatte das Foto niemals bekommen, die Halskette aber dennoch behalten. Jetzt griff sie nach ihrer Kette, hielt sich daran fest, suchte Halt. Schweren Herzens stand sie schließlich auf und trat den Heimweg an.

Das Cottage lag tief im Nachtdunkel. Durch die Fenster schien oranges Licht. Poppy riskierte einen Blick hinein. Iwan saß bei Pip am Küchentisch und löste mit ihr Rechenaufgaben. Nain saß strickend auf dem Sofa und hatte fast wieder ihre normale Gesichtsfarbe angenommen. Emma lehnte sich entspannt im Ledersessel zurück, und in ihrem Kopf spielte sich sicherlich eine andere Geschichte ab als in dem Buch auf ihrem Schoß.

Poppy war erschöpft. Die Aufregungen des Tages machten sich bemerkbar, und ausnahmsweise wollte sie einmal nicht an der Wärme ihres Familienlebens teilhaben. Sie wollte allein sein. Also klopfte sie nur ans Fenster und gab ihrer Mutter durch die Scheibe hindurch zu verstehen, dass sie gleich ins Bett gehen wollte.

Emma verstand und winkte ihr zu: »Ich hab dich lieb.«

Poppy schleppte sich müde die Treppe hinauf. Die schwere Eichentür quietschte in den Angeln, wie sie es immer schon getan hatte. Poppy schloss die Welt hinter sich aus.

Der Mond schien silbern durch das große runde Fenster am Ende ihres langgestreckten Lofts. Der Dachboden war gerade so hoch, dass Poppy in der Mitte stehen konnte. Dachschrägen fielen zu beiden Seiten ab.

Ihr Vater hatte beim Umbau jeden Quadratzentimeter und jede Ecke für sie ausgenutzt. Er hatte zwei dreieckige Kommoden nach Maß angefertigt. Vom ebenfalls maßgeschreinerten Bett aus genoss sie die volle Aussicht durch das Bullaugenfenster. Schmale Bücherregale zogen sich unter der Decke entlang, sodass der Blick nach oben wie ein Kaleidoskop aus bunten Buchrücken erschien. Es war ein ganz besonderer Raum, Poppys Heiligtum.

Sie ließ sich aufs Bett fallen und sah durch das Bullauge in die Ferne.

Draußen schimmerten die hügeligen Felder im Mondlicht wie das Meer, als seien die Hecken Wellenkämme und die Schafe Möwen über dem wogenden Wasser. Sie schloss die Augen und ließ ihr Bewusstsein träge verschwimmen.

»Dieses Zimmer ist magisch«, wisperte Rosalyn in ihrer Erinnerung. »Ich bin so gern mit dir hier oben! Wir sind wie zwei blinde Passagiere auf einer alten Galeone mitten im Atlantik, die zusammen neue Länder entdecken wollen.«

Poppy konnte förmlich Rosalyns Körperwärme spüren. Sie hatte sich immer von hinten an sie gekuschelt und den Arm über ihren Bauch geschlungen. So hatten sie von Kopf bis Fuß aneinandergeschmiegt gelegen.

Schon halb im Schlaf lächelte Poppy entspannt und zufrieden, weil sie sich Rosalyn so nah fühlte. Und zum ersten Mal seit vielen Jahren gab sie ihrer Sehnsucht nach und murmelte: »Ich vermisse dich, Rosalyn.«

Kapitel 9

Poppy schlief lang und tief, bis die Morgensonne durchs Fenster schien und das Zimmer erwärmte. Schläfrig räkelte sie sich unter ihrer Decke. Halb im Traum ging ihr durch den Kopf, wie es gewesen war, als sie Dai geküsst hatte.

Sie hatten damals die Grundschule erst kurze Zeit hinter sich gelassen, aber die dünnen Bartstoppeln auf seinem Kinn waren schon spürbar genug gewesen, um das Küssen für Poppy zu einer eher unschönen Angelegenheit zu machen. Außerdem roch er irgendwie sonderbar.

Auch abgesehen von diesen Ablenkungen hatte sie das Ganze nur wenig beeindruckt, und es blieb ihr ein Rätsel, warum Filmheldinnen dabei den Verstand und anderes verloren. Poppy hatte den Verdacht, dass es sie vielleicht kalt ließ, weil Dai ein guter Freund war. Aber als sie es mit einem anderen Jungen versuchte, der in ihrer Klasse als gutaussehend galt, verlief das Ereignis ebenso enttäuschend.

Vielleicht küsste sie einfach nicht gut.

Sie übte mit einem Apfel. Das hatte ihr ein anderes Mädchen empfohlen, aber das unnachgiebige Fruchtfleisch und die wächserne Textur waren nicht allzu verlockend. Als Poppy ihre Lippen um die Frucht geschlossen hatte, spürte sie nichts als das Verlangen hineinzubeißen. Also biss sie herzhaft zu, und wenigstens schmeckte der Apfel zufriedenstellend.

Übungen am eigenen Unterarm erschienen schon realistischer, brachten ihr aber auch keine neuen Erkenntnisse. Die geröteten Spuren, die zurückblieben, versetzten ihre Mutter in Sorge und führten zu einer Reihe peinlicher Fragen. Als man sie dann auch noch ärztlich auf einen Bandwurm untersuchte, gab Poppy die Methode endgültig auf.

Schließlich fragte sie Rosalyn. Zu der Zeit hatte Poppy schon den Überblick über die zahlreichen Verehrer ihrer Freundin verloren, nahm aber an, dass sie mittlerweile viel Erfahrung im Küssen haben musste. Sie ging gerade mit dem Sohn eines Chirurgen, der eine Privatschule in Shrewsbury besuchte. Er war schon drei

Jahre älter. Und anscheinend hatte er Rosalyn tatsächlich eine Menge beibringen können – denn sie küsste unglaublich gut.

Rosalyn zu küssen, war überhaupt nicht mit Poppys Versuchen mit den Jungen zu vergleichen. Sie fühlte sich so weich, warm und gut an. Sobald ihre Lippen Rosalyns berührten, stellte sich ein einzigartiges Gefühl ein. Sie schien über dem Boden zu schweben. Sie fühlte sich ganz leicht und spürte ein Kribbeln bis in die Fingerspitzen. Sie war zu jung und ahnungslos, um zu verstehen, was diese Signale ihres Körpers und Geistes zu bedeuten hatten. Aber dass dieses Gefühl etwas unerhört Wunderbares war, stand außer Zweifel.

Poppy kam zu dem Schluss, dass es besser war, jemanden zu küssen, den man liebte, denn sie liebte ihre Freundin sehr. Also beschloss sie, dass sie warten wollte, bis sie einen Jungen fand, den sie ebenso liebte. Und sie wartete. Und wartete und wartete … bis eine junge Frau an der Uni sie schließlich überzeugte, damit aufzuhören.

Die Erinnerung ließ Poppys Gesicht warm werden und sie warf die Bettdecke von sich. Im Bett hatte sie geschwitzt, und an der Luft wurde ihr plötzlich kühl. Nachdenklich legte sie beide Hände an den Kopf.

»Oh Gott, das hatte ich ja ganz vergessen.« Oder sie hatte sich nicht gestattet, sich daran zu erinnern.

Wenn sich nun Rosalyn auch daran erinnerte? Bei der Vorstellung errötete Poppy noch heftiger. Es gab tausend Dinge, die Rosalyn noch von ihr wissen konnte – kleine Gewohnheiten, peinliche Begebenheiten, heimliche Besitztümer. Nichts Großes. Aber wenn sie darüber nachdachte, dass die elegante, kühle Rosalyn so viel über sie wusste, war es ihr doch peinlich.

»Warum ist sie nur zurückgekommen?« Poppy stöhnte. Jetzt in dieser Minute lag Rosalyn Thorn wahrscheinlich keine fünf Minuten Wegstrecke entfernt in ihrem Bett. Und erinnerte sich vielleicht auch gerade an jenen Kuss.

Poppy sprang aus dem Bett. Sie trug noch immer das Kleid von gestern, das inzwischen ganz zerdrückt war. Als sie geduscht hatte und umgezogen war, hatten ihre Eltern bereits das Haus verlassen und Nain wollte sich eben mit Pip auf den Schulweg machen.

Die Eingangstür zur Scheune stand offen, und von draußen drangen die Stimmen von Nain und Pip zu ihr herein.

»Guten Morgen, ihr zwei.«

»*Bore da, cariad*«, antwortete Nain, ohne den Kopf zu wenden. Sie und Pip standen rechts und links vom Morris Minor und kämpften mit einer Harfe und einigen Seilen auf dem Dachgepäckträger. Das monströse Instrument drohte immer wieder herunterzurutschen, während Pip und Nain es mit hundert kunstvollen Knoten zu bändigen versuchten.

»Ich hab meine Noten vergessen!« Schon hatte Pip ihr Ende vom Seil losgelassen und war ins Haus galoppiert.

»Pip!«, brüllte Nain.

»Ich mach das schon.« Poppy umrundete eilig den Wagen und befestigte die Harfe auf Pips Seite.

»*Dew dew*«, murmelte Nain kopfschüttelnd. Poppy wusste schon, was als Nächstes kommen würde. So spielte es sich jeden Donnerstag ab, wenn Pip Musikunterricht und Poppy frei hatte. Dann nahm Nain die Fahrt zur Schule mit der widerspenstigen Harfe auf sich.

»Ich habe sicher nichts gegen die walisische Kultur«, begann Nain. »Aber warum in Gottes Namen müssen wir eine Harfe als Nationalinstrument haben? Hätte es nicht auch etwas Praktischeres getan? Eine Blockflöte?«

Poppy lächelte.

»Warum kein Instrument mit vier oder sechs Saiten, hm? Nein, wir nehmen das mit 40!« Nain zurrte weiter am Seil. »Und noch etwas: Warum muss sich Miss Pip, die sonst nicht das kleinste bisschen Interesse für unser kulturelles Erbe aufbringen kann, ausgerechnet eine Harfe aussuchen, um ihre stolze walisische Herkunft zu feiern? Kann mir das mal jemand verraten?«

Poppy lachte. »Viel Glück dabei, Pips ganz besondere Gedankengänge zu durchschauen.«

Aus dem offenen Fenster im Obergeschoss drang das Geräusch von raschelndem Papier.

»Was tust du denn da, Pip? Wir kommen noch zu spät!«, rief Nain ungeduldig.

»Nur eine Minute«, gab Pip mit dämpfter Stimme zurück.

»Eine Minute.« Nain verdrehte die Augen. »Um Himmels willen!«

Poppy zurrte den letzten Knoten auf ihrer Seite fest. »So. Fertig.«

Nain trat einen Schritt zurück und rieb ihre Hände aneinander. »Weiß der Himmel, wie lange es dauern wird, bis wir das wieder losgebunden haben. Aber schön.« Sie seufzte. »Und was ist mit dir? Was hast du heute vor?«

»Ich weiß nicht. Bislang hatte ich nur Ausschlafen eingeplant.«

»Und das haben wir mit unserem Streit hier wohl verhindert?«

»Nein, ich war schon wach. Vielleicht packe ich mir ein Buch ein, gehe spazieren und warte ab, wohin der Tag mich trägt.« Über Nains Schulter hinweg konnte sie die Straße erkennen. Dahinter schützte ein kleines Wäldchen aus Zedern, Eichen und hohen Buchen Rhiw Hall vor neugierigen Blicken. Die Spitze des Schieferdachs lugte gerade noch durch die Baumgipfel.

»Oh nein. Du willst doch nicht etwa Rosalyn besuchen?«

»Nein, natürlich nicht. Sei nicht albern.« Poppy errötete. Das stimmte doch? Sie hatte nicht vor, zu Rosalyn zu gehen. Oder?

»Du solltest die Vergangenheit nicht wieder aufrollen«, riet ihr Nain.

»Nein, das sollte ich nicht«, stimmte ihr Poppy zu. Aber vielleicht etwas Neues anfangen?

Was hatte sie denn jetzt auf diese Idee gebracht? Das Bild von Rosalyns schönem Körper ließ sich nicht einfach aus ihrer Vorstellung vertreiben. Die langen Beine, die festen Brüste … Ach, wenn sie nur noch einen Blick unter dieses T-Shirt werfen könnte!

Nain beäugte ihre Enkelin misstrauisch. »Ich weiß, es ist lange her seit deiner letzten Freundin.« Sie schüttelte den Kopf. »Aber Poppy, ich kann mir in ganz Wales kein heterosexuelleres, unpassenderes und unzugänglicheres Mädchen vorstellen.«

»Nain.« Poppy gab sich entrüstet. »Wie kannst du nur denken, ich hätte es auf Rosalyn Thorn abgesehen?«

Nain hob vielsagend die Augenbrauen. »Nicht nur die Libido eines Mannes kann zu Fehltritten führen. Frauen sind keineswegs immun dagegen.«

Oh Gott. Poppy schoss das Blut in die Wangen. Sie fühlte sich ertappt. »Es ist nichts dergleichen, Nain. Sie hat nur vorgeschlagen, dass wir uns vor ihrer Abreise noch einmal treffen könnten. Vielleicht habe ich es tatsächlich erwogen … vielleicht.«

»Ist das so, Poppy Jenkins?« Nain stemmte entrüstet beide Hände in die Hüften. »Du hast aber kein Wort darüber verloren, dass du Rosalyn wiedersehen willst.«

»Ich habe Rosalyn gestern nur auf dem Weg zur Schule getroffen, nur dieses eine Mal. Und sie hat das nur beiläufig erwähnt. Dass wir uns noch einmal treffen könnten, meine ich. Ich weiß nicht mal, warum sie überhaupt hergekommen ist.

Vielleicht hielt ich es also für vorstellbar, vor ihrer Abreise noch einmal mit ihr zu sprechen.«

»Warum?«

Das war eine sehr gute Frage.

»Weil ich …« Poppy holte tief Luft. Wenn Rosalyn Thorn sie jetzt wie eine Person mit Menschenwürde behandelte, könnte Poppy es vielleicht künftig zulassen, sich der ganzen Flut von Kindheitserinnerungen zu ergeben. Es wäre eine echte Erleichterung, diese Erinnerungen nicht ständig in eine dunkle Ecke ihres Verstandes verbannen und sich dagegen behaupten zu müssen. Poppy lächelte, fast schon selbst überzeugt. »Weil ich mit der Vergangenheit abschließen will.«

»Und das ist alles?«

»Ja. Ich glaube, auf mehr kann ich nicht hoffen.« Poppy nickte ernst.

»Klingt für mich wie ein Haufen Mist.« Nain nahm kein Blatt vor den Mund. Sie testete noch einmal den Halt der vertäuten Harfe. »Manche Dinge sollten begraben bleiben. Es hat keinen Sinn, einen alten Kadaver auszugraben, nur um sich davon zu überzeugen, dass er verfault und verdorben ist. Lass es sein, *bach*. Du bist glücklich. Das ist alles lange her. Und wenn sie sich entschuldigen wollte, hätte sie das vor Jahren schon getan.«

Poppy seufzte. »Du hast wahrscheinlich recht.«

»Natürlich habe ich recht!« Nain beugte sich vor und drückte Poppys Hand. »Du bist ein gutes Mädchen. Lass dir das Leben nicht von unfreundlichen Menschen verderben.«

»Ich hab sie.« Pip stürzte aus dem Haus und wedelte mit ihren Noten.

»Das wurde auch Zeit. Rein mit dir!«, rief Nain. »Entschuldige, Poppy. Wir sind furchtbar spät dran.«

Pip sprang auf dem Beifahrersitz, und Nain ließ den Motor an. Er kam ächzend in Gang, und der Auspuff sonderte etwas schwarzen Ruß ab. Dann kroch der Morris Minor den steinigen Weg hinauf, während die Harfe auf dem Dach klagend protestierte.

»Halt dich fern von Rhiw Hall!«, rief Nain und winkte Poppy durchs Fenster zu.

»Alles klar.« Poppy winkte zurück und sah zu, wie der alte Wagen hinter dem Hügel Richtung Wells verschwand.

Von ihrem Standort aus konnte Poppy den schmalen Pfad zum Herrenhaus erkennen. Er begann auf der anderen Seite der Hauptstraße. Sie lachte. Nain hatte recht. Was hatte sie sich nur gedacht? Rosalyn besuchen? Das war eine furchtbare Idee. Nach all den Jahren, in denen sie sich so bemüht hatte, sie aus ihrer Erinnerung zu verbannen.

Rosalyn wollte sie auch gar nicht wiedersehen. Es war nur eine Floskel gewesen, die eine weltgewandte Frau eben so fallen ließ. Albern. Als ob eine so wunderschöne, gebildete Frau mit Honigstimme und Traumkörper wirklich an ihr interessiert wäre. Überhaupt keine gute Idee, dorthin zu gehen …

Warum also war sie bereits auf dem Weg nach Rhiw Hall?

Kapitel 10

Poppys Magen schlug Purzelbäume, als sie auf den kleinen Pfad einbog. Sie hatte ihn seit Jahren nicht mehr betreten, und dem wild wuchernden Gras nach zu urteilen, hatte das auch sonst kaum jemand getan.

Der Haupteingang von Rhiw Hall lag etwas weiter die Straße hinauf, mit einem prunkvollen Tor vor der kiesbestreuten Auffahrt zu dem klassischen Regency-Herrenhaus. Aber als Kind hatte Poppy auf dem Weg zu ihrer Spielkameradin immer den Dienstboteneingang genommen, zu dem dieser Trampelpfad auf direktem Weg führte.

Sie kam an alten kleinen Ziegelsteinhäusern vorbei, in denen früher die Farmarbeiter gewohnt hatten. Heute standen sie leer. Dahinter kam eine Anordnung von Pferdeställen, Scheunen und Heuböden. An deren Wänden lehnten rostige Pflüge. Von den riesigen Doppeltoren blätterte die graue Farbe ab, die schadhaften Bretter ragten wie Zahnstümpfe in die Luft. Hier hatten Poppy und Rosalyn am liebsten gespielt, in einer schier unendlichen Fülle alter Bierflaschen, Tierschädel und ausrangierter Hofgerätschaften. Hier ließen sich Kinderbuchklassiker von Schweinchen Wilbur bis zur Schatzinsel vortrefflich nachspielen.

Poppy lächelte. Sie hatte jede Ecke dieser Ställe noch genau vor Augen. Und sie bezweifelte, dass sich dort seit damals zwischen Staub und Stroh irgendetwas geändert hatte.

Sie ging um die Ecke und zögerte kurz. Vor dem weißen Herrenhaus inmitten einer gepflegten runden Rasenfläche erstreckte sich eine lange Weißdornhecke. So konnte sie sich dem Gebäude noch ein ganzes Stück unerkannt nähern. Nur von zwei Fenstern im Obergeschoss aus war der Pfad zu sehen. Der Haupteingang mit seinem verzierten eisernen Verandageländer, um das sich weiß blühende Rosen rankten, lag rechts von Poppy. Sie wagte sich etwas näher und linste zum Eingang. Die weißen Metallbänke waren leer, alles war still. Vielleicht war niemand zu Hause.

Poppy sammelte sich innerlich. In ihrem Bauch spürte sie Zweifel nagen. Nun stand sie hier. Und auch wenn wirklich niemand da war, konnten die Hausbewohner jeden Moment zurückkehren. Was sollte sie sagen?

Sie starrte zu Boden. In ihrem Kopf breitete sich Leere aus.

Sie versuchte, sich auf eine mögliche Begrüßung zu konzentrieren, ein warmherziges Hallo und die passenden Fragen nach der Familie. Aber alles, was ihr nach aller Anstrengung probeweise gelang, war ein gepresstes »Hi.«

»Entspann dich«, ermahnte sie sich selbst. Rosalyn hatte vorgeschlagen, sie könnten sich noch einmal treffen, und Poppy hatte gerade etwas Zeit, um genau das zu tun. Sie war immerhin eine vielbeschäftigte Frau mit einem eigenen Café. Da war es doch nur vernünftig, wenn sie Rosalyn in einer ihrer seltenen freien Minuten aufsuchte. Genau. Nur vernünftig.

Sie versuchte zu lächeln, was ihr ungewohnt schwerfiel. »Ich kann das«, erklärte sie mit zusammengebissenen Zähnen. Aber sie rührte sich nicht vom Fleck.

Poppy ballte die Fäuste, kniff die Augen zusammen und knurrte: »Das ist ja lächerlich. Ich bin eine erwachsene Frau. Ich werde jetzt zu diesem Haus gehen, an der Tür klingeln und Guten Morgen sagen. Nichts leichter als das!«

Poppy atmete hörbar aus und öffnete die Augen. Ihre Füße taten nun tatsächlich einen Schritt vorwärts. Erleichtert setzte sie wieder ihr charmantes Lächeln auf.

Aber nach einem weiteren Schritt kam eine Frau aus dem Haus gestürzt. Poppy war noch ein Stück entfernt, erkannte aber Rosalyns Mutter sofort.

Ihr Herz machte einen Satz beim Anblick der finster dreinblickenden Lillian Thorn. Deren Miene war noch genauso versteinert wie beim letzten Mal, als Poppy hier gewesen war – mit 16 Jahren. Die älter gewordene, aber noch immer schöne und ungebeugt stolze Erscheinung ließ keinen Zweifel daran, von wem Rosalyn ihre Figur und ihre kühle Art geerbt hatte.

Poppy hechtete hinter einen Weißdornbusch. Mit klopfendem Herzen stand sie still, und es war ihr unmöglich, nicht an diesen letzten Besuch vor vielen Jahren zu denken. Sie erinnerte sich, wie Lillian Thorn an der Eingangstür gestanden hatte, die hinter ihr nur einen Spalt breit offenstand, so als wolle sie Poppy am Eintreten hindern.

»Was willst du, Poppy Jenkins?«, hatte sie damals streng gefragt.

Poppy war erschrocken einen Schritt zurückgetreten. »Ich möchte zu Rosie. Ist sie da? Geht es ihr gut?«

Es war Silvesterabend, und Rosalyn war länger fort gewesen, auf Skiurlaub. Poppy hatte sich jeden Tag nach ihr gesehnt, die lange Trennung war ungewohnt. Sie wusste ganz genau, wann die Thorns zurückgekehrt waren. Sie hatte das Licht in den oberen Etagen über den Baumwipfeln leuchten sehen. Das war zwei Tage her.

»Wie ich dir schon am Telefon erklärt habe, kannst du nicht zu Rosalyn.«

»Ist sie krank?«

Lillian Thorn sog hörbar die Luft ein, was ihre Verärgerung ebenso klar zum Ausdruck brachte wie ihr säuerlicher Ton.

»Das wird langsam peinlich. Lass sie einfach in Ruhe, Poppy. Sie will dich nicht sehen.«

»Was? Wieso?«

»Vielleicht ist sie eurer Kinderfreundschaft entwachsen. Und das wurde auch Zeit. Für euch beide. Geh jetzt bitte.«

»Ich versteh das nicht.« Poppy spürte, wie sie bleich wurde. Ihr war schwindlig, und sie musste nach dem Verandageländer greifen. »Was ist denn geschehen?«

»Hör mal, wenn Rosalyn selbst es dir nicht sagen will, kannst du wohl kaum von mir Aufklärung erwarten.«

Poppy fröstelte, nicht nur wegen der Winterluft, sondern auch wegen der noch kühleren Zurückweisung. »Aber ich weiß überhaupt nicht, was los ist!«

Lillian zögerte einen Moment. Würde sie doch noch nachgeben und Poppy hereinlassen? Sie zumindest hören lassen, was Rosalyn zu sagen hatte?

»Poppy, geh einfach. Sie hat genug von dir.« Und Lillian Thorn schloss die Tür.

Tränenblind lief Poppy los. Sie rannte den ganzen Weg nach Hause. Die kalte Luft schmerzte in ihrer Brust. Sie lief direkt in ihr Zimmer hinauf und verkroch sich dort unter der Bettdecke, wo sich die aufgestaute Nervosität der letzten Tage, der Schock und die Enttäuschung in einem unaufhaltsamen Tränenstrom entluden.

Die nächste Zeit blieb Poppy krank vor Kummer. Sie zog sich von ihrer Familie zurück. Dann wandelte sich der Kummer in Furcht, als das nächste Schulhalbjahr begann. Am ersten Schultag war es, als existiere Poppy gar nicht.

Rosalyn hatte sich mit einer neuen Mitschülerin zusammengetan und würdigte Poppy keines Blickes. Jedes Mal, wenn Poppy sich in den Klassenraum wagte, starrten die anderen sie neugierig an. Was würde Rosalyn sagen? Würde Poppy vernichtende Blicke kassieren? Warum waren die beiden plötzlich nicht mehr beste Freundinnen?

Die Mädchen kicherten, und Poppy konnte sie miteinander wispern hören. Rosalyn hatte eine Urlaubsaffäre gehabt, hieß es. Mit einem gutaussehenden Collegestudenten und Footballspieler, der in der Hotelbar gearbeitet hatte. Sein Blick hatte Rosalyns getroffen, sobald sie durch die Tür kam, und anschießend hatten sie die gesamten zehn Tage im Bett verbracht. Rosalyn war jetzt eine Frau.

Rosalyn hatte sich in der Tat verändert. Sie strahlte eine Arroganz aus, die Poppy vorher nicht bemerkt hatte. Rosalyn hatte für niemanden mehr Zeit außer für die Neue, die Tochter eines erfolgreichen Politikers, die sich mit Begeisterung an Rosalyn hängte und Poppy mit hämischer Schadenfreude nachglotzte.

Poppy und Rosalyn sprachen nur noch ein einziges Mal miteinander. Es geschah eines späten Nachmittags nach der Schule, als Poppy noch einmal zurückgekommen war, um ihre Englischlektüre zu holen. Sie hatte nichtsahnend die Tür zum Klassenraum aufgestoßen und war bestürzt stehengeblieben, als sie Rosalyn an ihrem Pult sitzen sah.

Rosalyn sprang auf, nicht weniger entgeistert als Poppy. Einen kurzen Moment lang sah Poppy die alte Rosalyn aufblitzen, die ihr warmherzig und bewundernd entgegensah. Aber dann fror ihre Miene ein, und sie setzte ein verächtliches Grinsen auf. Ohne ein Wort machte sie sich wieder an ihren Aufsatz.

Poppy sah sie nur an. Sie konnte sich nicht rühren. Ihre geliebte Spielkameradin, die beste Freundin ihres Lebens schien unerreichbar entfernt.

»Was war es?« stieß Poppy hervor. Ihre Stimme ließ sie im Stich, und es klang wie ein Schluchzen. »Was habe ich falsch gemacht?«

Rosalyn sah auf. Sie biss sich auf die Lippe und antwortete nicht.

»Warum willst du nicht mehr meine Freundin sein?«

Rosalyn lachte auf. »Warum willst du nicht mehr mit mir spielen?«, äffte sie Poppy in kindisch-weinerlichem Ton nach.

»Warum bist du so?«

»Mir reicht's einfach«, rief Rosalyn und warf ihren Füller hin. »Ich hab die Nase voll von Schule und *eisteddfod* und Jahrmarkt. Ich hab es satt, wie ein Kind behandelt zu werden von Idioten, die nicht zwei und zwei zusammenzählen können. Habt ihr alle denn keinen blassen Dunst, dass es mehr im Leben gibt als dieses Scheißkaff? Wenn ich hier nicht reinpasse, dann heißt das noch lange nicht, dass irgendwas mit mir nicht stimmt – im Gegenteil. Da draußen wartet eine ganz unglaubliche Welt, Poppy, voller intelligenter Menschen, die sich trauen, etwas Neues auszuprobieren. Schöne, aufregende Menschen, deren Horizont weit über Mid-Wales hinausgeht.« Sie starrte Poppy an. »Also warum sollte ich auch nur noch eine verdammte Sekunde mit dir verbringen wollen?«

Rosalyns durchdringender Blick war feindselig. Ihre schönen Züge waren hassverzerrt.

Poppy war damals sprachlos. Sie hatte einfach keine Energie mehr für eine Erwiderung gehabt. Die Ablehnung, die aus den Worten ihrer Freundin sprach, war unerträglich. Ihr Inneres zog sich verletzt zusammen.

Es mochten mehrere Minuten vergangen sein. Poppy hätte es nicht sagen können. Schließlich wandte Rosalyn den Blick ab, peinlich berührt durch Poppys offensichtlichen Schock. Scheinbar abgestoßen von der bloßen Anwesenheit ihrer Freundin packte sie ihre Sachen.

Rosalyn war bereits auf dem Weg zur Tür, als Poppy leise sagte: »Ich hab nichts falsch gemacht.«

»Nein«, entgegnete Rosalyn knapp, »aber du hast es auch nicht richtig gemacht.«

»Ich verstehe das nicht. Was ist denn plötzlich schiefgegangen?«

»Ich bin erwachsen geworden.« Rosalyn musterte Poppy, deren Figur sich zwar kürzlich gerundet hatte, aber noch lange nicht Rosalyns volle weibliche Reife erlangt hatte. »Gott weiß, wann es bei dir mal soweit ist.«

Und sie ging hinaus.

Kapitel 11

Die Erinnerung schmerzte wie immer. Vielleicht etwas mehr, so nah, wie sie dem Haus jetzt war.

Mit steinerner Miene ließ sich Lillian Thorn auf dem Beifahrersitz des schwarzen Jaguars nieder, der im Wendekreis vorm Haus geparkt war. Einen Moment darauf trat Rosalyn aus der Tür, mit einem nicht weniger frostigen Ausdruck als ihre Mutter. Poppy blieb unentdeckt, und der Wagen rollte die Auffahrt hinunter.

Es war Jahre her, dass Poppy sich der vollen Kraft dieser speziellen Episode gestellt hatte. Hatte sie denn geglaubt, sie könnte einfach vergessen, wie grausam es gewesen war, so verlassen zu werden? Ganz zu schweigen von den noch verbleibenden eineinhalb Jahren Schulzeit, die sie danach durchstehen musste, als jeder einzelne Tag sie aufs Neue an die demütigende Abfuhr erinnerte.

Damals hatte Dai sie gerettet. Er hatte sich von seinen Rugby-Freunden losgerissen und sich in Geschichte und Erdkunde auf den leeren Stuhl neben Poppy gesetzt. Sie war ihm so dankbar gewesen, dass sie hätte weinen können, hatte aber nur ein geflüstertes »Danke« herausgebracht. Er hatte sie sanft angestupst. »Ach, du kennst mich doch. Ich lass mir doch nicht die Chance entgehen, neben dem hübschesten Mädchen im Raum zu sitzen«, hatte er in beruhigendem Ton geantwortet, der sich zu einem warmen Bariton gemausert hatte. Sie hatte ihm ihre Freundschaft nur allzu gern geschenkt.

Bei dem Gedanken daran rollte eine Träne Poppys Wange hinab. Frustriert und verlegen ballte sie die Fäuste. »Warum bin ich nur hierhergekommen?«, schalt sie sich selbst. Sie hatte sich von ein paar Kindheitserinnerungen und einem freundlichen Wort der erwachsenen Rosalyn verführen lassen. »Ich bin so dumm!«

Aber bevor sie sich abwenden konnte, knallte eine Tür im Haus. Erschrocken sah Poppy zum Eingang. Aber die Veranda blieb leer. Stattdessen kam von der anderen Seite hinter dem Haus das Geräusch von jemandem, der sich durch die Gartenbepflanzung schlug – laut und deutlich.

Poppy ging ein paar Schritte auf das Haus zu. Dahinter hörte das Geraschel auf. Durch die Hecke hindurch konnte sie in einiger Entfernung nun den Arm eines Mannes ausmachen, gebräunt und mit grauen Haaren darauf.

Sie ging noch etwas näher heran. Hinter den feinsäuberlich abgetrennten Blumenbeeten neben dem Haus lagen weitläufige Rasenflächen mit Gartenwegen aus Kies. Im Zentrum wachte eine große Äskulap-Statue über allem. Unter anderem über einen Mann, der vornübergebeugt an ihrem Sockel stand.

Er stand mit dem Rücken zu Poppy, und seine Schultern hoben und senkten sich unter einer schweren, erkennbar angestrengten Atmung. Obwohl er sich offenkundig ganz und gar nicht wohl fühlte, nahm er seinen Gehstock auf und schleppte sich von der Statue weg. Nun konnte Poppy auch sein Gesicht erkennen.

»David Thorn?«, flüsterte sie.

An die Stelle ihrer Befürchtungen trat jetzt Sorge. Sie lehnte sich vor, um besser erkennen zu können, was vor sich ging.

Rosalyns Vater lehnte sich weit nach rechts, er stützte sich ganz auf den Stock. Der linke Arm hing schlaff an seiner Seite, das linke Bein zog er nach. Entschlossen nahm er den Zaun ins Visier, der den gepflegten Garten vom freien Feld trennte. Poppy befürchtete, er könnte stürzen, bevor er ihn erreichte.

Also lief sie los, so schnell sie konnte, um die Hecke herum und unter den Zedernästen hindurch.

»Mr Thorn!«, rief sie ihm zu.

Mit einem einzigen Satz war sie über den Zaun gehechtet, wie damals als Kind, und in wenigen Sekunden hatte sie den angeschlagenen Mann erreicht. »Mr Thorn. Ist alles in Ordnung?«

Er erschrak, als sie neben ihm auftauchte – zumindest sah sein Gesicht zur Hälfte erschrocken aus. Das linke Auge und die linke Wange und Mundhälfte hingen schlaff herab, ein Speichelfaden wurde sichtbar. Seine rechte Körperhälfte wirkte im Vergleich grotesk angespannt.

»Oh Gott!«, entfuhr es Poppy.

Mitleid mit diesem einst gutaussehenden Mann überkam sie, der so tragisch verändert war, aber auch mit Rosalyn und sogar mit ihrer Mutter. Hier sah sie den Grund für ihre grimmigen Mienen. Und auch den Anlass für Rosalyns Rückkehr. Poppy fasste ihn am Arm. »Es tut mir leid. Ich hatte keine Ahnung.«

Einen Moment lang dachte sie, er würde vor ihr zurückschrecken, aber dann streckte er den Arm aus und hing sich schwer an ihre Schulter. »Hilf mir.« Die Worte kamen nur undeutlich heraus, aber ihre Bedeutung war klar. Er stieß seinen Gehstock unbeholfen nach vorn. »Ich will raus.«

Poppy stützte sein volles Gewicht ab, so gut sie konnte, und beide schwankten auf das Tor zu.

»Da rauf«, stieß er hervor und starrte auf den höchsten Punkt des Hügels.

Ein staubiger schmaler Weg wand sich zwischen dem Wald auf der einen und dem grünen Weideland auf der anderen Seite nach oben. Allein hätte Poppy den Gipfel wohl in einer Minute erreichen können. Aber wie die Dinge standen, war der Gipfel heute ein weit ehrgeizigeres Ziel.

David spürte ihr Zögern und sah sie an – ein Auge flehte verzweifelt, das andere blieb leer und starr.

»Na schön.« Poppy nickte. »Versuchen wir's!« Sie legte sich Davids Arm um die Schulter und betrat mit ihm den Pfad.

Es ging schmerzhaft schleppend voran. David musste seine gesamte Energie darauf verwenden, sich aufrecht zu halten. Ständig drohte er, das Gleichgewicht zu verlieren, und er hängte sich immer schwerer an Poppy. Sein Atem ging rau und keuchend. Die Anstrengung brannte auf seinen Wangen, und der Schweiß floss ihm in feinen Strömen von den Schläfen den Hals hinunter. Sie kamen immer langsamer voran, und Poppy konnte mit jedem Schritt die Entschlossenheit aus seinem Körper weichen spüren, bis er nur noch schlaff an ihrer Seite hing.

»Wir legen besser eine kleine Pause ein«, sagte sie.

Sie führte ihn an den Rand des Wäldchens auf eine kleine Erhebung aus weichem Gras und trockenen Wurzeln. Schwer keuchend ließ er sich zur Erde sinken. Er schloss die Augen und legte die rechte Hand auf die Brust.

Poppy kniete sich neben ihn und hielt ihn am Arm. Sie bemühte sich, nicht allzu alarmiert zu wirken, und betrachtete stattdessen den Ausblick auf Rhiw Hall und seine Stallungen. Dahinter lag ihr Zuhause. Glänzend wand sich der Fluss im Schatten ehrwürdiger Buchen durch das grüne Tal. Eine leise Brise strich durch die Blätter.

Davids Atem wurde ruhiger, bis er wieder einen leichteren Rhythmus gefunden hatte. Dann öffnete Rosalyns Vater die Augen und suchte nach Poppy.

»Ich bin hier«, sagte sie und lächelte.

Er setzte sich auf und schaute zum Gipfel des Hügels hinauf. »Wir sind nicht …«, begann er zögernd und gab es dann auf.

Poppy schüttelte den Kopf. »Nein, wir sind noch nicht oben.«

Sein Atem kam jetzt in keuchenden Stößen voll Bedrängnis. Ein verzweifelter Schluchzer entrang sich seiner Brust. Er ballte eine Faust und verzog voller Wut die rechte Gesichtshälfte. »Sch…«, spie er hervor. Aber selbst dieses Wort gehorchte ihm nicht mehr.

»Sch…«, versuchte er es noch einmal.

Poppy wünschte ihm so sehr, dass es ihm gelänge.

»Schei…« Verbittert schlug er mit der Hand auf die Erde.

Poppy fasste ihn wieder am Arm und stützte ihn, wollte ihre Kraft auf ihn übertragen.

Er öffnete wieder den Mund, doch diesmal blieb er ganz stumm. Seine Miene verzog sich gequält, als ihm klar wurde, dass ihm nicht einmal mehr dieses Ventil vergönnt war. Mutlos sackte er in sich zusammen.

»Nein«, rief Poppy, »wir kriegen das hin.«

Sie sprang auf, entschlossen, ihm wenigstens diese kleine Erleichterung zu ermöglichen. Poppy sah zum Herrenhaus, holte tief Luft, stieß die Arme in den Himmel und schrie so laut und langgezogen, dass das ganze Tal daran teilhaben konnte: »Scheeeeeiiiiißeeee!«

Sie schloss die Augen und kostete die letzte Silbe der befriedigenden Profanität so lange aus, wie es nur ging. Danach rang sie kurz nach Atem. Sie fühlte sich schwindelig vor Anstrengung und Erleichterung. Es hatte etwas ungemein Befreiendes, negative Gefühle mit einem lauten Schimpfwort auszutreiben.

David starrte sie verblüfft an. Vielleicht war es das unerwartet unschöne Wort aus Poppys Mund, vielleicht auch nur ihre enorme Lautstärke, auf jeden Fall war er beeindruckt.

Dann breitete sich ein Grinsen auf seiner lebendigen Gesichtshälfte aus. Er streckte die Hand nach ihr aus, und sie zog ihn hoch. Die beiden fassten sich an den Händen, holten synchron tief Luft und brüllten unerwartet klar, ungetrübt und machtvoll: »Scheeeeeeeiiiiiiißeeeeee!«

Anschließend schnappten sie beide nach Luft, lachten aber auch befreit. David sank erschöpft auf das Gras-Wurzelbett zurück, noch immer lächelnd. Poppy ließ sich auf die Knie fallen und strahlte ihn an. Sie fühlte sich wundersam entlastet, sowohl von ihrer Sorge um ihn, als auch von ihren eigenen Ängsten.

David sah Poppy an, während er wieder zu Atem kam. Mit der rechten Hand rieb er seine taube linke Wange und den hängenden Unterkiefer. »Schlaganfall«, murmelte er.

»Das dachte ich mir«, antwortete Poppy. »Tut mir leid.«

David schüttelte den Kopf. »Muss dir nicht leidtun.«

»Wie lang ist das her?«, fragte Poppy besorgt.

»Ein paar Wochen.« Er wurde ernster. »Hatte Glück. Bei der Arbeit. Haben's schnell gemerkt.«

»Gut.« Poppy vermutete, dass er so wohl bessere Heilungschancen hatte. »Sind Sie schon lange wieder hier zu Haus?«

Er schüttelte wieder den Kopf. »Eine Woche. Zum ersten Mal allein. Musste raus!«

Poppy nickte. Sie fragte sich, wie dieser renommierte Chirurg wohl damit zurechtkam, plötzlich Patient zu sein. Die Einschränkungen, die Hilflosigkeit mussten besonders schwer erträglich sein für jemanden, der es gewohnt war, über die Gesundheit anderer zu bestimmen. Sie empfand tiefes Mitleid für diesen Mann, den sie immer gemocht hatte, und der sich jetzt zu solch verzweifelten Akten kleiner Rebellion getrieben sah.

»Lillian«, brummte er. »Jede Menge Tamtam.«

»Sie macht sich sicher Sorgen.« Poppy mochte sich kaum vorstellen, wie es war, einen geliebten Menschen so am Abgrund zu erleben, ihm dabei zusehen zu müssen, wie er sich unter Schmerzen und Leid ins Leben zurückkämpfte. »Sie muss entsetzliche Angst haben.«

Er grunzte zwar, in seine Miene hatte sich aber doch ein Hauch von Demut geschlichen. »Rosalyn auch«, sagte er schließlich. »Sie ist wieder da.«

Poppy gelang es, zu lächeln, ohne dass ihre verletzten Gefühle in Bezug auf Rosalyn den liebevollen Ausdruck getrübt hätten. »Ich weiß«, antwortete sie. »Ich bin ihr gestern im Ort begegnet, wusste aber nicht, warum sie hier ist. Ich bin froh, dass sie sich jetzt um Sie kümmert.«

Er runzelte die Stirn und sah Poppy so durchdringend an, als wolle er noch etwas zu ihr sagen. Aber es ging nicht.

Poppy nahm ihn an der Hand und verschränkte ihre Finger. »Wir sollten nach Hause gehen. Kommen die beiden bald zurück?«

»Rosalyn.« David nickte.

»Dann los. Wenn sie merken, dass Sie allein hinausgegangen sind, lassen sie Ihnen künftig bestimmt keine Ruhe mehr.«

Er schnalzte unwillig mit der Zunge, kam aber auf die Beine.

Der Rückweg war einfacher. Poppy legte ihren Arm um seine Schultern, und sie gingen ganz langsam den Hügel hinunter und genossen den Ausblick.

»Danke«, sagte er und drückte kurz ihren Arm.

»Aber Sie sagen in Zukunft Lillian oder Rosalyn Bescheid, wenn Sie raus möchten. Versprochen?«

»Tamtam«, knurrte er und schüttelte den Kopf.

»Nicht einmal Rosalyn?«

Er sah sie stirnrunzelnd an, schien aber seine Bedenken nicht in Worte fassen zu können.

Sie wanderten durch den Garten, dessen helle Farben in der Sonne leuchteten. David wurde merklich müder, als sie sich dem Haus näherten, und als sie an der Hintertür ankamen, erschlaffte sein Körper völlig.

»Ich helfe Ihnen ins Haus.«

Aber er lehnte ab. »Ich schaffe das.«

Poppy drückte zum Abschied seine Hand. Sie wollte unbedingt seinem Urteil vertrauen und sich ihre Nervosität nicht anmerken lassen. Also hielt sie die große Doppeltür für ihn auf, während er sich ins Haus schleppte. Sie sah ihm nach, wie er zum Flur schlurfte.

»Möchten Sie das einmal wiederholen?«, rief sie ihm nach.

Er wandte sich um.

»Nach dem Wochenende? Bis dahin muss ich arbeiten, aber montags habe ich frei.«

So erschöpft er war, zuckte doch sein rechter Mundwinkel, und in seinem Blick glomm eine Mischung aus Dankbarkeit und Schwermut auf.

»Ich komme dann also am Montag?« Sie lächelte.

»Bitte. Wieder zur selben Zeit. Dann bin ich hier allein.«

»Ist gut. Aber …« Sie versuchte, streng zu klingen. »Sie müssen auf dieser Bank hier auf mich warten, okay? Ich kann Sie auf keinen Fall noch einmal ganz allein losziehen lassen.«

Er lächelte mit einem Mundwinkel und nickte.

Poppy wandte sich um und winkte. Dann machte sie sich auf den Heimweg.

Auf der Hauptstraße hörte sie ein Auto näherkommen. Der schwarze Jaguar kam ihr entgegen. Er wurde langsamer, als er sich der Einfahrt zu Rhiw Hall näherte.

Am Steuer saß Rosalyn, ihre Miene so streng wie bei ihrer Abfahrt. Als sie Poppy erkannte, schien sich ihr Ausdruck noch zu verhärten. Es sah kurz so aus, als wolle sie Poppy einfach ignorieren, dann grüßte sie aber doch kurz mit erhobener Hand und fuhr an ihr vorbei.

Poppy wurde kalt. Enttäuscht sah sie dem Wagen nach.

»Was habe ich dir nur angetan? Womit habe ich das verdient?«

Kapitel 12

Trotz der aufwühlenden Begegnung wachte Poppy am nächsten Morgen gut ausgeruht auf. Sie schwang ihre Beine aus dem Bett und genoss den grandiosen Ausblick aus ihrem Bullaugenfenster. Staubteilchen tanzten in der Luft. Sie reckte die Arme in den Sonnenschein und lächelte aus purer Freude über ihr geliebtes Zuhause.

Poppy hatte schon viel zu viel Zeit damit verbracht, sich wegen Rosalyn Thorn zu quälen. Es war höchste Zeit, wieder in ihre angenehme Normalität zurückzukehren. Wenn es etwas gab, das Poppy stets herausragend gelungen war, dann, sich nicht unterkriegen zu lassen.

Sie nahm den keltischen Kettenanhänger von ihrem Nachttisch, den Rosalyn ihr damals geschenkt hatte, und legte sich die Kette trotzig um den Hals. Sie zog ein cremefarbenes Kleid an, das ihr dank seiner engen Taille und seines tiefen Ausschnitts jedes Mal bewundernde Blicke einbrachte. Dann ging sie hoch erhobenen Hauptes und bester Laune hinunter. Ihre Familie würde froh sein, Poppy wieder fröhlich wie eh und je zu erleben.

Hauptsache, es ging den anderen gut!

»Ist alles in Ordnung, Pip?«, fragte Poppy, als sie am Flussufer entlang zur Schule gingen. Ihre kleine Schwester ließ ihren üblichen schwungvollen Gang vermissen und hielt sich auffällig nah an Poppys Seite, anstatt wie üblich die Grenzen ihrer Nerven auszutesten. Jetzt gab sie zur Antwort nur ein Grunzen von sich.

»Hast du deine Hausaufgaben gemacht?«, hakte Poppy nach.

Keine Antwort.

»Stimmt was nicht in der Schule?«

»Nee.« Immerhin ein Laut. Das war schon ein Fortschritt.

»Läuft alles gut beim Netball?«

Keine Reaktion.

»Hast du dich verliebt, liebe Pip?«

Pip verdrehte nur die Augen.

»Möchte deine besten Freundin Abigail vielleicht unbedingt Opernsängerin werden und besteht darauf, bei jeder Gelegenheit *Madame Butterfly* zu trällern?«

»Hä?« Jetzt starte Pip ihre Schwester verwirrt an. »Nee.«

»Hat Mr Ellis bei der Morgenandacht plötzlich Ägyptisch gesprochen, und nur dir ist es aufgefallen?«

Ein kleines Lächeln umspielte Pips Mundwinkel. »Diesmal nicht.«

Poppy lachte. Wenigstens drang sie jetzt zu ihr durch. »Haben Außerirdische dich entführt und dir das Taschengeld abgenommen, um eine intergalaktische Umgehungsstraße damit zu finanzieren?«

Pip blieben stehen und wandte sich zu Poppy um. Sie wollte etwas erwidern, doch dann wanderte ihr Blick zum Fluss hin.

»Was ist denn da?«

Pip stellte sich auf die Zehenspitzen und lugte an Poppy vorbei. »Da liegt jemand am Ufer.«

»Na, wie schön! Es ist ja auch genau das richtige Wetter dafür.«

Sie folgte Pips Blickrichtung und erkannte am anderen Ufer zwei nackte Beine auf einem weichen Bett aus Frühlingsgras. Es waren sehr wohlgeformte, weibliche Beine. Wunderschöne Beine, um genau zu sein.

Zwei schlanke, glatte Füße genossen das Spiel des Flusswassers auf der Haut. Die Frau hatte ein Bein angewinkelt, sodass die geschmeidigen Schenkel sich berührten. Dieser verführerischen Linie folgte weiter oben eine so kurz abgeschnittene Jeanshose, dass kein Zweifel blieb, wie gut und regelmäßig sich diese Frau pflegte.

Über den Shorts war ein Stück Bauch zu sehen, dann nur noch Blätter von ein paar Zweigen, die Poppy im Sichtfeld hingen. Pip war schon weitergegangen, und Poppy konnte ihrer Neugier freien Lauf lassen. Sie schob die Zweige beiseite.

Ein Leinenhemd war unter zwei Brüsten zusammengeknotet, deren perfekte Form dadurch noch betont wurde. Das Dekolleté sah unglaublich verlockend aus – Stoff, aus dem Träume und Treuebrüche waren. Oberhalb setzte sich die elegante Linie in den Nacken fort bis zu den fein gemeißelten Gesichtszügen einer einzigartigen Schönheit. Rosalyn Thorn.

»Oh nein!«

Rosalyn schien in der Zwischenzeit noch schöner geworden zu sein. Sie hatte die Wangen zu einem Sonnenbad geneigt und hielt ihre perfekten Augenlider geschlossen. Die Augenbrauen hoben sich verzückt, und ihre vollen Lippen öffneten sich leicht. Ihr beim Genuss dieses Sonnenbades zuzusehen, war an sich schon ein lustvolles Erlebnis.

»Nicht schon wieder!«, stöhnte Poppy, die sich selbst einiger warmer Gefühle bewusst wurde.

Sie nahm sich zusammen und schaffte es, dass die Hitze aus den Wangen und anderen Körperregionen langsam abklang.

Dann setzte sie ihren Weg energisch fort, in der Hoffnung, wie jemand zu wirken, der zu wichtigen Geschäften unterwegs ist und keine Gedanken an Göttinnen am Flussufer verschwenden kann – egal, wie attraktiv oder halb nackt oder unwiderstehlich erotisch sie sein mochten.

»Das ist Rosalyn.« Pip kam zurückgerannt und grinste über beide Ohren. »Rosalyn!« Sie winkte.

»Nicht!«, zischte Poppy. »Hör auf damit, Pip.«

»Rosaaaaaalyyyyyn!« Pip schwenkte jetzt die Arme und hüpfte mit einer Begeisterung auf und ab, die darauf schließen ließ, dass sie sich dieses wunden Punkts bei ihrer großen Schwester sehr bewusst war.

Poppy wurde rot und wandte den Blick ab, als Rosalyn drüben aufsprang, ihr Hemd entknotete und es rasch wieder züchtig über den BH zog.

»Morgen«, murmelte Poppy und versuchte, ihren Blick daran zu hindern, sich Rosalyns Ausschnitt genauer anzusehen. Sie hob die Hand zu einem Gruß, der, wie sie hoffte, als nonchalant durchging.

»Bis gleich an der Brücke«, rief Pip.

Oh nein, sie kamen gleich schon über die Brücke. Wenn Pip weiterhin darauf bestand, würden sie miteinander sprechen müssen.

»Pip, wir sollten Rosalyn lieber in Ruhe lassen. Sie hat sich gerade so schön …« Sündhaft schön. »… entspannt. Lass uns einfach weitergehen.«

»Bleib, wo du bist!«, brüllte Pip zu Rosalyn hinüber. »Wir kommen rüber.«

Na großartig. Und nach Rosalyns Gesichtsausdruck zu schließen, dachte sie gerade genau dasselbe.

Als die Schwestern die Brücke überquerten, hatte auch Rosalyn den Weg erreicht und wartete mit bleicher, unbewegter Miene auf sie.

Poppy dachte an David Thorn und erriet den eigentlichen Grund für Rosalyns Verhalten. Als sie an den schwer kranken Mann dachte, griff Poppy nervös nach ihrem Anhänger, eine alte Gewohnheit, wenn sie Unruhe verspürte.

O je, der Anhänger! Ihr frühmorgendlicher Trotz hatte sich verflüchtigt. Sie wollte auf keinen Fall, dass Rosalyn das geliebte Schmuckstück entdeckte. Also nestelte Poppy rasch den Verschluss auf und steckte die Halskette in ihre Tasche. Dann trat sie Rosalyn gefasster entgegen. »Guten Morgen.«

»Hallo.« Rosalyn runzelte die Stirn und nickte Pip kurz zu. Dann herrschte Stille.

Poppy versuchte verzweifelt, ein Gesprächsthema zu finden, das weder ihre Begegnung mit Rosalyns Vater verriet noch ihre eigene Verletzlichkeit und das sie nicht dumm oder langweilig erscheinen ließ.

»Äh, was für ein wunderschöner Morgen«, bemerkte sie und hätte sich sofort dafür ohrfeigen können, derart zu versagen.

Rosalyns Erwiderung fiel entsprechend aus. »Ja.« Und wieder Stille.

Poppy starrte entmutigt auf den Kiesweg herunter. Sekunden vergingen. Oder waren es Minuten? Jedenfalls vergingen sie schmerzlich.

Rosalyn scharrte verlegen im Kies. »Ich gehe mal besser nach Hause.«

»Tut mir leid, das mit deinem Vater«, platzte Poppy heraus und gab sich innerlich gleich die nächste Ohrfeige.

Rosalyn wurde noch blasser. »Ich wusste nicht, dass du es weißt. Also, ich hätte nicht gedacht, dass es sich schon rumgesprochen hat.«

»Vielleicht hat es das noch nicht«, erwiderte Poppy sanft. »Aber du weißt ja, wie es hier so zugeht.«

»Oh ja. Man kann nicht die Brotsorte wechseln, ohne dass jeder eine Meinung dazu hat und sie auch bis zum Erbrechen äußert. Undenkbar, dass eine so pikante Geschichte wie David Thorns Schlaganfall unentdeckt bleiben würde!« Sie wandte sich ab, sodass Poppy ihren Gesichtsausdruck nicht erkennen konnte.

»Es tut mir trotzdem leid«, sagte Poppy. »Ich habe deinen Vater sehr gern.«

Rosalyn legte die Stirn in Falten, zögerte dann aber und sagte: »Danke. Ich nehme an, du zumindest meinst das auch ernst.«

»Aber natürlich. Er war immer so nett zu mir. Als Kind fand ich, dass er ein ganz erstaunlicher und sehr liebenswerter Mensch war.«

»Schön, dass du so von ihm denkst.«

Und wieder schwiegen sie.

Pip wurde zwar sichtlich unruhig, hatte aber den Anstand, den Mund zu halten.

»Na ja, wir müssen dann weiter«, erklärte Poppy, als das Gespräch wieder stockte. »Ich hoffe, es geht ihm bald wieder besser. Richte ihm bitte unsere Genesungswünsche aus.«

Rosalyn nickte, blieb aber stumm.

»Na los, Pip. Die Schule wartet.«

Pip zupfte sie am Arm und wollte offenbar dringend etwas loswerden. »Darf ich nur eine Frage stellen? Bitte!« Sie sah Poppy mit großen runden Augen an.

»Was denn für eine Frage?«

»Zu der Hütte«, flüsterte Pip.

»Welcher Hütte?«

»Rosalyn weiß schon, was ich meine.«

Rosalyn sah sie überrascht an.

Pip strahlte. »Wir haben neulich Abend über dich geredet.«

»Pip!« Poppys warnender Blick sagte nur allzu deutlich ›Klappe halten‹, aber Pip täuschte Unverständnis vor.

»Ach, tatsächlich?« Rosalyns Stimme ließ nun eine Spur Amüsiertheit erkennen.

Poppy sah betreten beiseite. Warum tat sich die Erde nie auf, wenn man das dringend brauchte?

»Ja«, bestätigte Pip. »Sie haben gesagt, du machst Ärger.«

»Ich habe das nicht gesagt«, protestierte Poppy.

Rosalyn überlegte einen Moment. »Einige Leute haben es wohl so empfunden.«

»Hast du die Hütte der Brownies angezündet?«

Rosalyn lachte. »Deiner Nain zufolge habe ich das wohl.«

»Und hast du?«

»Frag deine Mutter«, antwortete Rosalyn. Sie lächelte bedeutungsvoll und wandte sich zum Gehen.

»Mum?«, fragte Pip erstaunt. »Mum kriegt doch nie was mit!«

»Oh, mich kannte sie aber sehr gut. Es gibt nicht vieles, was deine Mutter nicht über meine Kindheit weiß.«

»Wirklich?« Pip sah sie ungläubig an.

Poppy wurde rot, als sie Rosalyns Irrtum erkannte. Bei Pip fiel der Groschen einen Moment später, und sie zupfte Poppy aufgeregt am Ärmel. »Ich hab dir doch gesagt, sie wird denken, du wärst meine Mutter. Das denken immer alle.«

Rosalyn blieb stehen und ließ den Blick zwischen Poppy und Pip wandern. »Ihr seid also nicht … verwandt?«

»Doch schon, aber …«

»Sie ist meine Schwester«, stellte Poppy klar. Sie legte Pip den Arm um die Schultern. »Meine gar nicht mehr so kleine, sehr nervtötende Schwester.«

Pip grinste zufrieden.

Rosalyn hingegen war sprachlos. Ihr schön geschwungener Mund formte nur ein tonloses »Oh.«

Pip zuckte die Achseln. »Den Fehler machen auch andere. Das liegt daran, dass sie so viel älter ist als ich. Sie ist alt genug, um meine Mutter zu sein. Und Mum ist alt genug, um meine Nain zu sein.«

»Danke, liebe Pip«, schaltete sich Poppy ein, um ihre Schwester zum Schweigen zu bringen. Ohne Erfolg.

»Ich finde, Poppy hätte es dir schon neulich sagen sollen.«

»Danke, Pip.«

Rosalyn war noch immer mit ihrer neuen Erkenntnis beschäftigt. »Und ich dachte, als ich dich mit Dai gesehen habe … Also, er hatte den Arm um dich gelegt, und da habe ich angenommen, ihr seid eine Familie.«

Pip kicherte. »Keine Chance. Das passiert garantiert nie. Poppy würde Dai niemals heiraten. Schon deshalb nicht, weil sie doch eine …«

Diesmal stellte Poppy ihre Schwester körperlich ruhig, indem sie ihr die Hand über den Mund legte. »Ich sagte danke, Pip.«

Poppy hatte normalerweise nicht so große Probleme, zu ihrem Lesbischsein zu stehen. Aber jetzt war sie einfach nicht in der Stimmung, es Rosalyn Thorn zu offenbaren.

Pip war über den unerwarteten Knebel gleichermaßen verblüfft wie empört.

»Du bist also nicht mit Dai verheiratet.« Rosalyn kam langsam wieder auf die beiden zu. Jetzt sah sie interessiert aus.

»Nein«, erwiderte Poppy. »Ich bin mit niemandem verheiratet.« Sofort bereute sie ihre Worte.

»Sorry. Ich hatte einfach angenommen, du wärst direkt nach der Uni schwanger geworden und gleich wieder hierhergezogen.« Rosalyn lachte, als sei das eine lächerliche Vorstellung.

Poppy war verlegen – aber auch verärgert über das Lachen. »Das bin ich auch«, erklärte sie entschieden. »Also, zumindest direkt nach der Uni wieder hierhergezogen.«

»Oh«, sagte Rosalyn wieder, und auch das ärgerte Poppy. »Warum?«

»Ich hatte meine Gründe.« Poppy sah auf die Uhr. »Jetzt müssen wir aber los.«

»Du könntest doch mit uns gehen«, schlug Pip vor, die Poppys Unbehagen sichtlich auskostete.

»Ich bin sicher, Rosalyn hat Wichtigeres zu tun …«

»Ich begleite euch gern«, unterbrach Rosalyn sie. Sie streifte ihre Leinenschuhe über und gesellte sich zu den beiden. Ihre Augen glänzten, und sie lächelte erwartungsvoll.

»Dann verrat mir doch mal, Poppy Jenkins, warum du von all den faszinierenden und lebensbereichernden Orten der Welt ausgerechnet Wells zu deinen Lebensmittelpunkt auserkoren hast.«

Kapitel 13

Pip hüpfte zufrieden neben den beiden Frauen her.

Rosalyn strahlte trotz ihrer abgeschnittenen Shorts und Leinenschuhe eine Eleganz aus, die viel mit ihrer selbstsicheren und anmutigen Haltung zu tun hatte. Sie schritt voran, als betrete sie einen Ballsaal. Dann warf sie einen Seitenblick auf Poppy und lächelte. »Bitte, erzähl.«

Poppy atmete tief ein. Was immer Rosalyn davon halten mochte, sie würde niemals bereuen, nach Hause zurückgekehrt zu sein. »Es war wegen Pip«, sagte sie. »Mums Entbindung war direkt nach meinen Abschlussprüfungen, also bin ich nach Hause gefahren. Ich wollte eigentlich nur so lange bleiben, bis das Baby einen Monat alt war. Ich dachte, ich würde ihr in der ersten Zeit im Haus helfen und mich nützlich machen. Aber es war eine schwere Geburt. Dad war nicht da, und Mum hatte einen Kaiserschnitt hinter sich. Sie hatte keine Probleme damit, zuzugeben, wie schwer es ist, mit über 40 noch ein Kind zu bekommen. Ich denke, das ist eine Riesenherausforderung für jede Frau.«

Poppy warf einen Blick auf Rosalyn, um sich zu vergewissern, dass die verstand, was sie sagte. »Keine leichte Zeit, in der du dein Baby nach der Operation noch nicht selbst an die Brust legen kannst und auch noch bei jeder Dusche Hilfe brauchst. Mum war es lieber, dass ich ihr half anstatt Nain.«

»Das glaube ich gern«, meinte Rosalyn mitfühlend.

»Dad half ihr natürlich immer, wenn er zuhause war. Aber da Mum den Laden über den Sommer geschlossen hatte, hatte er mehr Aufträge angenommen. In den ersten Wochen wurde ich für Pip also so etwas wie eine zweite Mutter.« Sie zuckte die Achseln. »Das war schon eine besondere Zeit. Dieses süße, zerbrechliche kleine Mädchen zu umsorgen. Sich vorzustellen, dass sie ohne mich nicht überleben konnte. Eine unglaubliche Erfahrung. Also blieb ich etwas länger. Und dann begann Pip, mir in die Augen zu sehen.« Sie hielt inne, um den aufwallenden Emotionen etwas Raum zu geben. »Sie hat mich angelächelt.« Mit Tränen in den Augen strahlte Poppy bei der Erinnerung. »Ich hatte dieses wunderschöne kleine Wesen zum Lächeln gebracht. Sie hat nach meinem Gesicht gegriffen und mich mit solch liebevoller Begeisterung angeschaut – da ist mein Herz schlicht übergelaufen.«

»Also bist du geblieben.«

Poppy nickte. »Erst habe ich noch gesagt, ich würde nach drei Monaten gehen. Aber schon da hätte ich es kaum ertragen, nicht mitzuerleben, wie sich Pip entwickelt. Sie schien jeden Tag etwas zu wachsen. Das erste Krabbeln, die ersten Schritte, und dann waren ihre ersten Worte *ych a fi*, als Nain ihr Brokkoli geben wollte. Ich konnte mich einfach nicht losreißen. Also habe ich den Laden übernommen. Als Pip dann in die Schule kam, habe ich mein Café eröffnet. Und ich bin immer noch hier.«

Rosalyn sah sie nachdenklich an. »Das sieht dir ähnlich. Etwas so fürsorgliches zu tun.«

»Ich habe es nicht aus Pflichtgefühl getan. Ich weiß schon, Leute wie Mrs Morgan betonen immer, was für eine gute Tochter ich bin, wie gut ich für meine Mum sorge und so weiter. Aber das war es gar nicht. Jedenfalls nicht nur.« Poppy lächelte. »Es war aus Liebe. Ich habe es getan, weil ich einfach nicht anders konnte.«

Rosalyn runzelte zweifelnd die Stirn. »Trotzdem ein großes Opfer.«

»Aber wieso denn?« Poppy musste lachen.

»Denk doch nur an all die Dinge, die du stattdessen hättest tun können. All die Städte und Länder, die du hättest kennenlernen können. Hattest du nicht eigene Träume? Verlegerin zu werden oder Lektorin? Ich schätze, das hat sich geändert, aber du musst doch noch immer Ziele für dein Leben gehabt haben?!«

Poppy wurde rot. Zwar hatte sie nie bereut, die Hoffnung auf eine respektable Karriere endgültig begraben zu haben, aber es ärgerte sie, dass sie sich bei Rosalyns drängenden Fragen dennoch schämte.

»Du warst doch nicht wie die anderen, Poppy«, beschwor Rosalyn sie. »Du warst intelligent und lebenslustig; die ganze Welt stand dir offen.«

»Was willst du damit sagen: ›die anderen‹?«, fragte Poppy misstrauisch.

»Na, die Leute hier in Wells. Du weißt schon, wen ich meine. Die, die nach der Schule in Aberystwyth studiert haben und dann gleich wieder hierher zurückkamen, um in der Dorfschule zu unterrichten. Die, die mit 19 Mutter und mit 38 schon Großmutter wurden. Dai, dessen Familie diesen Laden schon seit Generationen betreibt. Die Mrs Morgan Morgans dieser Welt, deren größte Errungenschaft ihr schädlingsfreier Rittersporn ist!«

Poppy schnappte empört nach Luft. »Das sind gute Menschen. Was ist denn schlecht daran, früh eine Familie zu gründen? Was ist so schlimm daran, dort zu leben, wo man geboren ist?«

»Nichts. Für die anderen. Aber du warst etwas Besseres.«

»Ach, und nach wessen Maßstab, wenn ich fragen darf?« Poppy blieb stehen und stemmte die Hände in die Hüften. »Nach welcher Skala menschlicher Wertigkeit sollen wir uns hier richten?«

Rosalyn blieb ebenfalls stehen und sah sie an. »Du weißt, was ich meine, Poppy.«

»Allerdings, und ich finde es unglaublich arrogant und noch dazu dumm.«

Die unerwartete Heftigkeit, mit der Poppy ihre Worte tadelte, überraschte Rosalyn sichtlich. Aber Poppy war zu entrüstet, um aufzuhören.

»Du bist wie diese Egoisten beim Ehemaligentreffen meiner Uni.« Sie war in Fahrt gekommen. »Ehrlich, ich musste mich an meinem Tisch eine geschlagene Stunde langweilen, während drei Typen sich über ihre Gehälter und Boni ausließen. Zwei waren Anwälte und einer ein angehender Minister. Außer Geld gab es für die kein Thema. Natürlich hat mein Beruf nichts als Heiterkeit hervorgerufen. Irgendwo am Arsch der Welt ein Café betreiben? Dabei springt doch viel zu wenig heraus.«

Poppy wurde immer lauter vor Empörung.

»Nach ein paar Flaschen Wein wurde dann einer sentimental und schwärmte von einem alten Fischerdorf, in dem er Urlaub gemacht hatte. Da hieß es auf einmal, wie schön so ein ursprünglicher Lebensstil doch wäre. Die drei waren sich einig, dass sie sich, sobald sie reich genug waren, aufs Land zurückziehen wollten, in den Bergen wandern und in einem entzückenden kleinen Dorf wohnen würden.«

Poppy rang entnervt die Hände. »Und sie haben noch nicht einmal die Ironie des Ganzen bemerkt.« Sie sah Rosalyn ernst an. »Warum soll ich denn erst bei der ganzen Tretmühle mitmachen, wenn ich jetzt schon das idyllische Ende genießen kann? Alles, was ich mir wünsche, ist hier.«

Rosalyn verzog keine Miene. Dann lachte sie. »Eine nette Anekdote. Aber das ist doch gar nicht der Punkt.«

»Aha, dann klär mich mal auf.«

Rosalyn seufzte. »Na schön, dann will ich mal deutlicher werden. Nachdem du auf der Uni andere Leute kennengelernt hattest, die genauso klug waren wie du, die liberal dachten, offen waren für neue Meinungen und Ideen, andere Kulturen und Lebensweisen – fandest du es da nicht etwas erdrückend, wieder hier zu sein?

Es kann schon sein, dass viele sich ihren Lebensabend in einem Ort wie diesem vorstellen. Aber wenn du noch jung und abenteuerlustig bist? Hattest du gar keine Sehnsucht nach gleichgesinnten …«

Rosalyn machte eine Pause, und in ihrem Gesicht lag ein Ausdruck, den Poppy nicht ganz ergründen konnte. Nervosität? Oder Schuldbewusstsein?

»Also, du hast doch gesagt, du bist zur Uni gegangen?«, ruderte Rosalyn zurück. »War das eine gute Universität?«

Ein Gedanke schlich sich in Poppys Kopf ein, der ihr eigentlich nicht gefiel. Aber angesichts Rosalyns Überheblichkeit fiel es schwer, ihm nicht nachzugehen. »Sag mal, versuchst du vielleicht, dein Gewissen zu erleichtern?«, sagte Poppy. »Suchst du nach anderen Gründen dafür, dass ich in deinen Augen im Leben versagt haben könnte? Außer, dass du mich in der zwölften Klasse fallengelassen hast wie eine heiße Kartoffel?«

Rosalyn wurde bleich, aber Poppy gab nicht nach. »Ja, das hat mich wirklich zurückgeworfen. Weit zurück. Und nein, ich bin nicht auf die Uni gegangen, die ich eigentlich besuchen wollte. Aber das war okay. Ich hab meine Sache gut gemacht. Und ich würde diese Zeit und meine Freunde für nichts in der Welt hergeben wollen. Ich kann dich also beruhigen: Du hast mein Leben nicht ruiniert. Ich gebe dir nicht die Schuld daran, dass ich wieder hier gelandet bin. Wenn überhaupt, dann hat es mir geholfen, dass du unsere Freundschaft aufgekündigt hast.«

Poppy schaute weg. Ihr Herz hämmerte in der Brust. Sie konnte kaum glauben, dass sie diese Worte tatsächlich laut ausgesprochen hatte, und dann auch noch Rosalyn ins Gesicht.

Sie gingen schweigend weiter. Rosalyns Miene war undurchdringlich und bleich. Das Geräusch ihrer Schritte auf dem staubigen Weg viel zu laut. Poppy rechnete schon damit, dass Rosalyn wortlos fortgehen würde.

Aber die Sekunden vergingen, und nichts geschah. Die angespannte Stille hielt an, bis sie am Ortsrand angekommen waren.

»Poppy?«, flüsterte Rosalyn. »Ich …«

»*Bore da*, ihr Lieben!« Mrs Morgan Morgan tauchte hinter ihrer Gartenmauer auf und winkte ihnen herzlich zu.

»*Bore da*«, antwortete Poppy etwas unwirscher als beabsichtigt. Rosalyn hatte sie wirklich aufgewühlt.

»Guten Morgen, Mrs Morgan«, begrüßte Rosalyn die ältere Frau. Alles von ihrem Lächeln bis hin zu ihrer samtweichen Stimme war der Inbegriff guter Manieren. »Sie sehen heute Morgen ganz besonders gut aus, wenn ich das sagen darf.«

»Oh, danke dir, *cariad.* Du aber auch, Rosalyn.« Und sie betrachtete Rosalyns lange, nackte Beine mit Wohlgefallen.

»Danke, Mrs Morgan. Wie geht es Ihrem Rittersporn? Ich bin kürzlich daran vorbeigekommen und dachte, er würde sich gut in der Shrewsbury Flower Show machen.«

»Ah.« Mrs Morgan errötete vor Stolz. »Ja, er sieht dieses Jahr sehr gut aus. Wie schön, dass dir das aufgefallen ist. Ich habe aber gar nicht viel dafür getan. Nur ein bisschen gute Muttererde und jeden Frühling etwas Dünger. Dann kommen die schönen Blüten von ganz allein.«

»Nicht doch, Sie unterschätzen sich. Ich bin ganz sicher, Sie haben den Grünen Daumen.«

»Wohin seid ihr beiden Hübschen denn an diesem schönen Morgen unterwegs? Und die kleine Pip?«

Pip hatte sich schon vor einiger Zeit aus der Schusslinie begeben und war bis zur Brücke vorgelaufen.

»Ich halte mich nur fit und leiste Poppy etwas Gesellschaft.« Rosalyn lächelte liebenswürdig.

»Und du, Poppy, Liebes? Geht es dir gut?« Mrs Morgan machte sich zweifellos Sorgen angesichts von Poppys untypischer Gesichtsfarbe und Schweigsamkeit.

»Danke, Mrs Morgan. Ich bin nur ein wenig müde und spät dran.«

»Na, dann möchte ich euch nicht aufhalten. War nett, dich zu sehen, Rosalyn. Grüß bitte deine Eltern von mir.«

Mrs Morgan winkte ihnen fröhlich zu, und Rosalyn erwidert die Geste.

Als sie weitergingen, warf Poppy Rosalyn einen vorwurfsvollen Blick zu. »Na siehst du, das war doch sehr nett.«

»Was war daran sehr nett, Poppy?«

»Na, ihr wart freundlich zueinander, interessiert. Wie kannst du über die Menschen hier nur so schlecht reden und dich dann so gut mit Mrs Morgan unterhalten?«

»Ich bitte dich, das war das idiotischste Geplänkel, dem ich ausgesetzt war, seit ich … na, seit ich hier weggezogen bin.«

»Das ist doch unglaublich.« Poppy schlug entnervt die Hände über dem Kopf zusammen.

Zu ihrem Verdruss grinste Rosalyn nur darüber.

An der Brücke wartete eine kleinlaute Pip auf sie, die nervös von Rosalyn zu Poppy sah. »Ich gehe dann jetzt zur Schule. Ist das okay?«

»Ja, Pip«, beeilte Poppy sich zu antworten. »Natürlich ist das okay. Entschuldige.« Sie beugte sich zu ihrer Schwester herunter und gab ihr drei Küsse, zu denen sie skandierte: »Weil du lieb bist und süß und ich dich jetzt schon vermiss. Und jetzt ab mit dir.«

Pip zog los und winkte den beiden zu.

Poppy sah ihr nach und versuchte dann, so ungerührt wie möglich fortzufahren. »Ich muss jetzt auch zur Arbeit. Danke, dass du uns begleitet hast.«

»Es tut mir leid.« Rosalyn schenkte ihr ein erstes aufrichtiges Lächeln und setzte sich wieder in Bewegung, wobei sie Poppy bedeutete, ihr zu folgen. »Ich meinte nicht, dass du eine Versagerin bist. Ganz im Gegenteil. Deine Großzügigkeit hat dich meiner Meinung nach schon immer zu etwas Besserem gemacht. Ich wollte auch deine Freunde hier nicht heruntermachen. Sie sind eben nicht gerade besonders weltoffene oder interessante Menschen. Ich bin einfach nur froh, dass du nicht zu so einem Wells-Klon geworden bist.«

»Was soll das denn nun wieder heißen?«

»Ach, komm schon, Poppy! Du weißt doch genau, was ich meine. Früher hättest du es zumindest gewusst: sonntags Kirche, ansonsten Rugby, ein Ausflug nach Shrewsbury gilt als etwa so exotisch wie ein Urlaub in Istanbul. Sich in der Kneipe zu besaufen ist hier doch der verdammte Inbegriff von kulturellem Erleben. Ein Glück also, dass du dich nicht als typische Wellser Ehefrau hast abstempeln lassen – ›Mrs Dai Edwards‹.«

Sie waren vor dem Café angekommen – und Poppy am Ende ihrer Geduld. Natürlich hatte es Rosalyn damals schwer gehabt als das reiche Mädchen, die Außenseiterin. Aber ihre Arroganz schien seitdem stetig gewachsen zu sein. Poppy war rechtschaffen empört.

»Du hast keine Ahnung vom Wert der Menschen hier«, sagte sie und stemmte die Hände fest in die Hüften. »Nur, weil sie nicht in einer schicken Großstadt leben und keine glänzenden Karrieren hingelegt haben, heißt das doch nicht, dass sie keinen Respekt verdienen. Jeder hier kann oder tut etwas ganz Besonderes. Etwas, das ihn oder sie auszeichnet. Wusstest du zum Beispiel, dass Mrs Morgan viele tausend Pfund gesammelt hat für ein Erholungsheim für Menschen mit Behinderung? Damit hat sie die Aufenthalte ihres Neffen dort finanziert, aber als er verstarb, hat sie sich weiter ehrenamtlich für das Heim engagiert. Weil ihr diese Arbeit lag und weil sie so vielen sehr verzweifelten Familien helfen konnte. Und Dai ist mehr als nur der Krämer in Wells. Er singt im Waliser Männerchor und war mit ihm in den USA und in der Ukraine auf Tour. Der lustige Geraint, an den du dich vermutlich nicht mal mehr erinnerst, war Historiker, bis er seine Stelle an der Uni aufgeben musste, um zu Hause seine alte Mutter zu pflegen. Derek ist zwar nur auf einem kleinen Tech College, das für dich vermutlich nicht zählt, aber es gibt keinen besseren Croissantbäcker als ihn diesseits von Paris. Er ist wirklich ein Könner. Sie sind also keineswegs alle gleich. Und was ›Mrs Dai Edwards‹ betrifft: Wenn Dai mir je einen Heiratsantrag gemacht hätte, wäre ich sehr, sehr geschmeichelt gewesen.« Poppy reckte trotzig den Kopf in die Höhe, überlegte dann aber doch noch einmal und setzte hinzu: »Ich wäre auch sehr, sehr überrascht gewesen, wenn man das eine oder andere bedenkt, aber dennoch geschmeichelt.«

Sie schaute Rosalyn an, halb stolz und halb erschrocken über ihre eigene Tirade.

Rosalyns Miene blieb unbewegt, und Poppy konnte sie nicht recht deuten. Sie schien Poppy aber von oben bis unten zu betrachten, von der schlanken Taille bis zum üppigen Ausschnitt, vom vorgereckten Kinn bis zur strengen Falte auf der Stirn.

Als sie Poppy schließlich direkt in die Augen sah, begann Rosalyn zu lächeln. »Es war wirklich schön, dich zu sehen, Poppy!« Aus dem Lächeln wurde ein breites Grinsen. »Wirklich wunderbar. Ich würde gern mit in dein Café kommen, aber ich fürchte, ich bin nicht gerade stadtfein. Verzeih mir. Das müssen wir wohl ein andermal nachholen.«

Was? Ernsthaft? Poppy war enttäuscht. Das war es schon? »Du gehst jetzt einfach?«

»Ja, ich muss wirklich los. Also, bis zum nächsten Mal.« Rosalyn strahlte noch immer, als sie sich umwandte und mit selbstbewusstem Hüftschwung zurück zur Brücke schlenderte.

Poppy war sprachlos. Das war doch die Höhe. Jetzt einfach davonzulaufen! Und ›nicht stadtfein‹ – was glaubte sie denn, wer sie war?

Doch Poppys Entrüstung wurde unterbrochen, als Rosalyns bislang bemerkenswertestes Körperteil in ihr Blickfeld geriet. Die Shorts, die von vorn schon kaum etwas bedeckt hatten, überließen von hinten betrachtet erst recht nichts mehr der Fantasie. Das war zweifellos der kurvenreichste, köstlichste knackigste Po, den Poppy je erblickt hatte. Ein Po, der sie mit der brennenden Sehnsucht erfüllte, sich voller Hingabe auf dieses weiche, zarte Paradies zu stürzen.

Nein. Poppy zwang sich, den Blick abzuwenden. Nein, nein, nein. Das konnte einfach nicht sein.

Sie war nicht in Rosalyn Thorn verknallt. Egal, wie einladend ihr Ausschnitt oder ihr Po sein mochten, egal, wie sehr Poppy sich wünschen mochte, sie wie eine Tigerin zu Boden zu ringen und …

Sie errötete bei dem Gedanken daran, was sie dann gern tun würde. Dann ermahnte sie sich selbst, ihre Fantasie zu zügeln. Sie würde sich nicht von Ms Thorns Reizen verführen lassen. Gottseidank war sie spät dran und alle waren schon fleißig bei der Arbeit. Ihre vertrauliche Auseinandersetzung gerade hätte unerträgliche Spekulationen zur Folge, wenn jemand sie beobachtet hätte.

Poppy holte tief Luft, richtete sich auf und machte sich bereit, den Laden hoch erhobenen Hauptes zu betreten. Erst da bemerkte sie ihre Mutter, Derek und Geraint, die ihre Nasen am Schaufenster plattdrückten.

Kapitel 14

Als Poppy durch die Tür trat, hastete Derek die Treppe hinauf, Emma sortierte beflissen ein paar Flyer und Geraint interessierte sich ungewöhnlich intensiv für ein Glas vegane Brühe.

Poppy tat ungerührt und strich wie nebenbei ihr Kleid glatt. »Guten Morgen«, sagte sie in immer noch strengem Ton.

Zum Glück ertönte just in diesem Moment die Ladenglocke, und Alan Watkins' runde Figur füllte den Türrahmen. Er nahm seine Kappe ab, zog ein Taschentuch heraus und verrieb damit den Schweiß auf seinem kahlen Oberkopf, bevor er die Kappe wieder auf den feuchten Ring aus Haar setzte.

»Morgen allerseits«, grüßte er. Auf seiner schlaffen Oberlippe standen dicke Schweißperlen. »Schon wieder eine solche Hitze!«

Poppy trat reflexartig einen Schritt zurück, um nicht unfreiwillig in die Schwitzattacke einbezogen zu werden. »Guten Morgen, Alan.«

Alan schob das Becken vor und verschränkte die Hände hinter dem Rücken. »War das Rosalyn Thorn, die da eben abgerauscht ist?«

»Ja, das war sie«, entgegnete Poppy.

Er grinste süffisant. »Oh je. Sind wir also keine Freundinnen mehr?«

Poppy biss sich auf die Lippe. »Wir hatten lange nicht mehr miteinander gesprochen.«

»Seit der Schulzeit, würde ich wetten.«

»Das stimmt.«

»Sah nach einem schönen Schwätzchen aus. Weißt du denn, warum sie wieder hier in der Gegend ist?«

Alans Augen glänzten. Er schien Poppys Unbehagen zu genießen. Vermutlich wusste er längst, warum Rosalyn zurückgekommen war.

»Nein, leider nicht«, antwortete Poppy, die das Thema keineswegs vertiefen wollte. »Wie kann ich dir helfen, Alan?«

Mit kurzen, dicklichen Fingern schob er einen Stapel Flyer zu ihr hinüber. »Ich bringe Nachschub.« Die Hochglanzbroschüren für sein Hotel Bryn Mawr verteilten sich auf dem ganzen Tresen, und Poppys Mutter musste sie wieder zurechtschieben.

»Wie gehen die Geschäfte?“, erkundigte sich Poppy eher aus Höflichkeit als aus Interesse.

»Hervorragend, alles läuft bestens. Ganz besonders das Restaurant in Welshpool. Es ist schon deutlich leichter, dort Gäste anzulocken. Viel Laufkundschaft. Nicht so wie hier. Hier in Wells gibt es ja nicht viel, warum sollten die Leute also hierherkommen?«

Poppy fand, dass sich ein Aufenthalt in Wells aus vielen Gründen ungemein lohnte, sagte aber nur: »Wie schön, dass es dir so gut geht.«

»Möchtest du auch Flyer von uns mitnehmen, Alan?«, fragte ihre Mutter leise.

Alan rümpfte seine platte Nase und schüttelt den Kopf. »Tut mir leid. Aber kaum jemand interessiert sich dafür. Ich lasse sie immer mit den anderen Empfehlungen aus der Gegend vorne am Empfang liegen, aber …« Er zuckte die Achseln. »Ich an eurer Stelle würde mir das Geld sparen. Gar keine neuen mehr nachbestellen.«

Emma nahm es gelassen, aber Poppy wurde das Herz schwer. »Und die Gemälde? Hat jemand etwas gekauft?«

»Oh, die Bilder von deiner Mam? Nein. Es sind tolle Bilder, muss ich zugeben, und die Leute bleiben schon davor stehen. Aber keine Käufer. Ich lasse sie aber weiter im Hotel hängen. Vielleicht findet ja eines Tages doch jemand eines schön genug und kauft es.«

Poppy tat es sofort leid, dass sie gefragt hatte.

»Das ist sehr nett, Alan«, bedankte sich Emma freundlich.

»Aber klar doch«, antwortete Alan gönnerhaft und wischte sich noch einmal den Schweiß vom Kopf, bevor er die Ladentür öffnete.

Dann fiel ihm noch etwas ein. »Sag mal, du hältst doch wohl auch nichts von Cerys' Versammlung heute Abend, oder?«

»Oh doch«, entgegnete Poppy. Die schmale kleine Strickmeisterin des Ortes, die kürzlich noch ein Gemälde ihrer Mam erstanden hatte, hatte eine Versammlung einberufen, mit der sie das ehrgeizige Ziel verfolgte, den örtlichen Kunsthandwerksmarkt zu vergrößern. Poppy hielt das für eine hervorragende Idee und ihre Teilnahme für Ehrensache.

»Die reinste Zeitverschwendung, wenn du mich fragst«, meinte Alan mit einer wegwerfenden Handbewegung. »Wie gesagt, es gibt ja kaum einen Grund dafür, hier etwas zu kaufen. Wo es doch alles, was man braucht, in Welshpool gibt!«

»Ja, danke, Alan«, erwiderte Poppy und schloss die Tür hinter ihm mit ungewohntem Nachdruck. »Nein«, grummelte sie wütend, »ich bin heute Morgen ganz und gar nicht in der Stimmung für Leute, die Wells schlechtmachen.«

Ihre Mutter lächelte sie liebevoll an. »Sie weiß einfach, wie sie es anstellen muss, dich aufzuregen.«

»Wer weiß das?«

»Rosalyn, Schatz. Niemand ist dir je so unter die Haut gegangen wie sie – in guter wie in schlechter Hinsicht.«

Poppy errötete. »Du hast recht. Ich hätte mehr Geduld mit Alan haben sollen. Ich hab meine schlechte Laune an ihm ausgelassen.«

Ihre Mutter schürzte die Lippen. »Vielleicht.«

»Ach Mum«, seufzte Poppy. »Warum ist sie nur zurückgekommen?«

»Sie bleibt bestimmt nicht mehr lange. So, wie du es erzählt hast, geht es David schon bald besser. Dann muss sie sicher schnell nach London zurück.«

Poppy verzog den Mund. »Egal wie lange sie bleibt, ich denke nicht, dass ich sie wiedersehen werde.«

»Ach nein?« In der Stimme ihrer Mutter schwang eine gewisse Belustigung mit.

»Wir hatten Streit.«

»Worüber denn?«

»Über ihre Ansichten.« Poppy runzelte die Stirn. »Dai hat schon immer gesagt, sie würde auf die Menschen hier in Wells herabschauen. Jetzt nach all der Zeit in London ist sie einfach unausstehlich geworden.«

»Ich nehme an, hier kommt ihr wohl alles ziemlich fremd vor«, meinte Emma nachsichtig. »Und es ist ja gerade keine leichte Zeit für sie.«

Poppy verzog das Gesicht zu einem Schmollmund, der eher zu Pip zu passen schien als zu ihr. »Ich weiß ja. Aber heute Morgen hat sie es mir echt nicht leicht gemacht, Mitleid zu empfinden.«

Sie holte tief Luft und zwang sich zu einer heiteren Miene. »Das muss uns keine Sorgen mehr machen. Sie traut sich hier bestimmt nicht mehr her.«

Aber am späten Nachmittag erschien Rosalyn doch. Emma hatte den Laden verlassen, um Pip aus der Schule zu holen. Der Ansturm nach Schulschluss hatte gerade mit einer Kakophonie von Schulkindern im Zuckerrausch geendet, und Poppy wischte oben die Tische, als die Ladenglocke läutete.

»Ich komm gleich runter«, rief Poppy.

Sie hörte keine Antwort, nahm aber an, dass sie sie im Geklapper der Teller und Bestecke schlicht überhört hatte. Als sie sich die Hände gewaschen und die Schürze gerichtet hatte, war es ganz still. In die Stille hinein tropfte nur ein Wasserhahn über dem Abfluss, was von den gekachelten Wänden widerhallte.

Vorsichtig schlich Poppy zur Treppe und spähte durch die Stäbe des Geländers.

Rosalyns blondes Haar wehte ihr förmlich entgegen. Sie trug einen höchst eleganten Trenchcoat, wie eine französische Filmheldin. Ihre weiße Bluse betonte die Perfektion ihrer Brüste, und die engen schwarzen Hosenbeine verschwanden scheinbar übergangslos in Stiefeln, die ihr Sexappeal noch selbstbewusster wirken ließen.

Rosalyn streckte die Hand nach den bernsteinfarbenen Krügen mit exotischen Gewürzen aus. Ihre schlanken Finger glitten langsam und sinnlich über die Rundungen der Gefäße. Sie nahm einen Krug vom Regal, öffnete den Deckel und steckte andächtig die Nasenspitze hinein. Eine Wolke gemahlener Zimt stäubte auf, und auf ihr Gesicht trat ein träumerischer Ausdruck.

Geschickt und geräuschlos stellte sie den Krug wieder ins Regal und wandte sich dem Verkaufstresen zu. Mit allen fünf Fingern strich sie an den Eichenregalen entlang und genoss die Berührung sichtlich. Dann schien sie etwas im Atelier zu bemerken. Sie lehnte sich über den Tresen, Poppy hatte freien Blick auf die zarten Halbrunde, die sich wunderbar ebenmäßig unter Rosalyns Bluse erhoben.

Auf einmal fühlte sie sich schuldbewusst, wie sie Rosalyn nach dem morgendlichen Streit so heimlich beäugte.

Da drehte sich Rosalyn um. Das Lächeln auf ihrem Gesicht wurde noch wärmer, als sie Poppy entdeckte. Auf dieses Lächeln war Poppy nicht vorbereitet. Keine Spur von Hochmut oder Herablassung. Nichts als reine Freude und echtes Entzücken.

»Hier ist alles noch wie früher«, strahlte Rosalyn. »Ich dachte, ihr hättet den Laden renovieren lassen, als ihr das Café eröffnet habt, aber es ist alles noch so wie in meiner Erinnerung.« Sie deutete mit der Hand in Richtung Atelier. »Ich habe gerade ein Bild deiner Mutter bewundert. Das mit den Krähen, die schwarz in den Himmel zu bluten scheinen.«

Poppy wusste sofort, welches sie meinte. Es war das Bild, das Cerys abgelehnt hatte. Emma hatte es an die Wand gehängt.

»Es ist von verbotener Schönheit«, erklärte Rosalyn. »Ich mochte die düsteren Gemälde deiner Mutter schon immer am liebsten. Ich weiß noch genau, wie sie immer hier stand und malte. Sie war so konzentriert, dass sie nicht mal merkte, dass wir da waren. Ich hab gern zugesehen, wie da eine Szenerie vor meinen Augen entstand. Weißt du noch?«

Poppy wusste es noch. Auch sie fand die Arbeiten ihrer Mutter noch immer faszinierend. Sie liebte es, zuzusehen, wie die feinen Zobelpinsel ein Bild komponierten. Es war äußerst entspannend, jemanden bei so einer akkuraten und konzentrierten Arbeit zu beobachten.

»Wir haben immer da drüben gesessen«, sagte Rosalyn. »Auf der anderen Seite vom Tisch. Eigentlich hätten wir Hausaufgaben machen sollen, aber wir hatten nur Augen für deine Mum. Ich glaube nicht, dass wir hier je irgendetwas fertiggekriegt haben.« Sie sah zu Poppy hinauf. »Weißt du, ob etwas zum Verkauf steht? Ich hätte gern eins davon.«

Poppy fand die aufrichtige Wärme und Begeisterung in Rosalyns Worten entwaffnend. Sie hatte diese begeisterte, freudige Seite an Rosalyn seit vielen Jahren schon nicht mehr erlebt.

»Ich frage sie gern«, antwortete sie. »Ich denke schon, dass sie etwas zu verkaufen hat.«

»Dafür wäre ich wirklich dankbar.« Rosalyn strahlte Poppy mit leuchtenden Augen an.

Poppy fühlte sich unwiderstehlich angezogen.

»Ich wollte dich fragen …« Rosalyn klang fast schüchtern. »Also, hättest du etwas dagegen, wenn ich raufkomme? Würdest du mir wohl dein Café zeigen?«

Kapitel 15

Unter Rosalyns Blick wurden Poppy das marode Dekor ihres Cafés und der kuriose Stil-Mix mit Holzmöbeln aus alten Tea Shops, Gemeindesälen und Wohnhäusern deutlich bewusst. Ihr ganzer Stolz war die Kuchentheke aus Kirschholz, ein Original aus den 1950er-Jahren, das ihr Vater aus einer heruntergekommenen Teestube gerettet hatte. Auf den Tischen gaben sich die Krümel vom Frühstück, der verschüttete Saft lauter Schulkinder und die Kaffeepfützen ihrer übermüdeten Eltern ein Stelldichein.

»Was für eine Veränderung!« Rosalyn stand neben ihr und betrachtete den Raum voller Erstaunen. »Ich hatte diesen Anbau schon ganz vergessen.« Sie deutete auf die neue Küche über dem Atelier und die besten Sitzplätze mit direktem Blick auf die Straße.

»Und ihr habt auch den zweiten Stock renoviert?« Ihr Blick wanderte die Wendeltreppe hinauf.

»Ja. Dad hat alle Bodendielen ersetzt.« Poppy lächelte. Früher hatte Rosalyn immer dort oben spielen wollen.

»Kann ich rauf?« Neugierige Vorfreude erhellte Rosalyns Züge.

»Natürlich.«

Mit klappernden Stiefelabsätzen lief Rosalyn die schmiedeeisernen Stufen hinauf. Poppy folgte ihr.

Auch im oberen Raum herrschte ein bunter Mischmasch an Einrichtung: aus alten Eichentüren gezimmerten Tischen, ausrangierten Kirchenbänken und Emmas einzigartigen Gemälden.

»Wie wunderschön!«, strahlte Rosalyn. »Das ist einfach perfekt. Und was für eine tolle Aussicht!«

Die Fensterfront gab den Blick auf den Marktplatz in all seiner georgianischen Pracht frei. Aber die Schlossruine auf dem Hügel darüber und die schäumenden Wasserströme unter der Brücke machten das Panorama vollends entzückend.

»War es hier immer schon so schön?« Rosalyn zog die Stirn kraus.

»Aber ja. Hast du das nie auch nur für einen Moment erkennen können?«

Rosalyn schüttelte den Kopf. Ihre Miene wurde ernst. »Aber ich scheine es doch vermisst zu haben.«

»Ehrlich?«

»Zum Teil.«

Poppy wagte nicht zu fragen, welchen Teil sie meinte, und sah aus dem Fenster.

»Schau, da ist Mrs Morgan Morgan!« Rosalyn zeigte quer über dem Platz. Dort schaukelte die alte Dame gerade in ihrem hüftkranken Gang heran. »Hast du sie je in einer anderen Farbe als Schwarz gesehen?«

Poppy schüttelte nachdenklich den Kopf. Sie hatte sich an Mrs Morgans Standardkleidung gewöhnt: langes schwarzes Kleid, Wollmantel und Fransenschal, bei jedem Wetter.

»Ist sie denn in Trauer?«, fragte Rosalyn.

»Eigentlich nicht. Mr Morgan ist noch sehr lebendig, auch wenn er vermutlich seinen Sessel seit 1998 nicht mehr verlassen hat.«

»Warum dann also?« Rosalyn wandte sich Poppy zu. »Warum fühlt sie sich verpflichtet, von Kopf bis Fuß Schwarz zu tragen?«

»Ich stelle sie mir gerne als verkannte Gothic-Braut vor.«

Rosalyn kicherte. »Nach der Pflege ihres Rittersporns hockt sie also düsteren Mutes im Haus und hört Joy Division?« Lachend stimmte sie an: »Love will tear us apart again …«

»Ja.« Poppy lachte. »Wir alle brauchen unsere Prise Melancholie, sogar Mrs Morgan Morgan.«

»Und was ist mit Cerys?«, fragte Rosalyn gutgelaunt und deutete auf die kleine schmale Gestalt, die sich aufs Rathaus zu bewegte. »Wie erklärst du dir ihren Woll-Look in allen Grüntönen von Salbei bis Moos?«

»Ich denke, sie ist Live-Action-Rollenspielerin. Sie rennt als SAS-Commander in den Hügeln herum, mit Schlamm im Gesicht und in Tarnfarben. Die eignen sich ideal für die Waliser Berge, und sie kann sich damit auch beim Rückzug ins Dorf tarnen.«

Sie hätte Rosalyn gern noch einmal zum Lachen gebracht. Aber stattdessen sah sie Poppy nur an, reglos und mit konzentriertem Interesse.

»Eben hast du genau wie in der Schulzeit geklungen.«

»Tatsächlich?«

»Ja. In der zwölften Klasse.«

Poppy wurde rot. Es überraschte sie, dass Rosalyn in diesen Jahren überhaupt etwas an ihr bemerkt hatte.

»Weißt du noch, als wir in der Schule *Stolz und Vorurteil* gelesen haben?«, fuhr Rosalyn fort. »Mr Griffith hat es als Mädchenkram mit Teegesellschaften abgetan und sich tatsächlich dafür entschuldigt, dass auf dem Lehrplan nicht mehr ›echte‹ Literatur stand wie zum Beispiel Hemingway.«

»Oh ja, das weiß ich noch.«

»Du hast gesagt: ›Ich denke, es geht darin um Liebe, Glück und Selbstbestimmung – all die wichtigen Dinge also. Ich finde, die kann man bei einer Tasse Tee ebenso behandeln wie auf einem Fischerboot.«

Poppy fehlten die Worte.

»Du hast das so aufrichtig gesagt, mit echter Leidenschaft, weil du das Buch so geliebt hast. Der alte Griffith faselte irgendwas vom Tod, der Natur und der Menschheit – aber er hatte schon verloren.«

»Dass du das noch weißt«, staunte Poppy.

»Das war so typisch für dich, Poppy.« Rosalyn sah sie bewundernd an. »Klugheit und Herz.«

Rosalyn beugte sich weiter zu Poppy hinüber, sodass diese jede Einzelheit in ihrem schönen Gesicht genau betrachten konnte.

Es war faszinierend, die wohlvertrauten Züge zu studieren, die durch die vergangene Zeit zu etwas Exotischem geworden waren. Winzige Fältchen um Rosalyns Augen ließen ihr Lächeln geheimnisvoller wirken. Der Ausdruck auf ihrem Gesicht hatte an Tiefe und Charakter gewonnen. Die erhobenen Brauen, der lachende Mund – atemberaubend.

Poppys Wangen brannten, und ihr Atem ging schneller. Die eisblauen Augen ihres Gegenübers nahmen einen tiefen Saphirton an, fesselten, hypnotisierten, lockten sie. Sie konnte Rosalyns Wärme spüren, war nah genug, um sie zu berühren. In Poppys Kopf drehte sich alles. Sie schloss die Augen.

»Tut mir leid.« Rosalyn räusperte sich. »Ich halte dich sicher von der Arbeit ab.«

Poppys Kopf ruckte zurück. »Ja … ja. Das heißt, eigentlich nicht. Ich erwarte im Moment keine Gäste mehr und habe genug Zeit zum Aufräumen. Aber du hast schon recht, ich sollte mich langsam mal an die Arbeit machen.«

Sie wandte sich um und marschierte entschlossen zur Treppe.

»Poppy?«

»Ja?« Ihre Antwort fiel etwas zu hoch aus, um gefasst zu klingen. Rosalyn sah verwirrt aus, und Poppy war ihre offensichtliche Reaktion auf die körperliche Nähe peinlich. Rosalyn musste etwas gemerkt haben.

»Würdest du mir wohl …?«

Poppy wappnete sich innerlich. Was sollte sie jetzt für Rosalyn tun? Ihr aus dem Weg gehen? Ein für allemal Abschied nehmen?

»Könnte ich wohl etwas bei dir bestellen? Ich würde sehr gern etwas von deinem Essen probieren.«

Poppy entfuhr ein erleichterter Seufzer. »Ja, natürlich. Sehr gerne. Du kannst alles haben. Such dir einfach etwas aus.« Poppy biss sich auf die Zunge, als sie die Treppe hinunterstiegen. »Hier. Nimm doch am Fenster Platz.«

Geschäftig wandte Poppys sich um und hoffte, ihr Gebahren ginge als Tüchtigkeit durch. Doch die unerwartete Bewegung überraschte Rosalyn, die sich umdrehte. Poppy prallte direkt gegen ihren Ausschnitt.

Da waren die beiden – herrlich zart, halbrund und von exquisiter Elastizität.

»Oh«, entfuhr es Poppy. Und sie hatte Mühe, es mehr nach Bestürzung als nach Erregung klingen zu lassen.

Erschrocken starrte Rosalyn auf die Kontaktpunkte zwischen ihnen hinab, die sich in Poppys Fall bereits deutlich zuspitzten.

Poppy entzog sich der Liebkosung durch Rosalyns Brüste mit einem nicht unauffälligen Ausfallschritt rückwärts. »Fenstertisch«, krächzte Poppy. »Setz dich.«

»Gut«, antwortete Rosalyn.

»Speisekarte?«

»Klar.«

Poppy huschte quer durch den Raum in der Hoffnung, nicht nur eine Karte, sondern auch ihre Fassung wiederzufinden. Die Speisekarten lagen am Kuchenbüffet gestapelt, und Poppy hatte das Gefühl, sich dringend etwas Luft zufächeln zu müssen. Also strich sie mit der obersten Karte um ihre Wangen, als wolle sie so die Röte darin vertreiben.

Was war nur los mit ihr? Innerhalb weniger Stunden hatten sich ihre Gefühle für Rosalyn von Abwehr über Schmerz zu Lust entwickelt, waren dann in Empörung übergegangen, in Lust, in etwas Ähnliches wie Abneigung (einer für Poppy sehr ungewohnten Regung), wieder in Lust, in Verwirrung und schließlich in ein

Begehren, das Poppy ehrlicherweise der Lust zurechnen musste. Es fühlte sich an, als beherrsche sie ihren eigenen Körper nicht mehr.

»Unwiderstehlich«, wisperte Rosalyn.

Poppys Herz tat einen Satz.

»Der Kuchen sieht ja köstlich aus.« Rosalyn war ihr gefolgt und beäugte die zur Schau gestellten Leckereien. »Die antike Kuchentheke auch«, begeisterte sich Rosalyn. »Wo hast du die her? Sie ist wunderschön.«

»Aus einer alten Teestube in Llanidloes.«

Rosalyn strich mit den Fingern am Lack entlang, der so glatt aufgetragen war, dass sich der Raum darin spiegelte. Sie berührte die Blütenintarsien aus Buchsbaum und Ebenholz. Dort, wo ein Stück herausgebrochen war, ließ sie ihren Zeigefinger verweilen, direkt über einem Loch in der Mitte einer Blüte. Mit langsamen Kreisbewegungen streichelte sie die Blüten und drang mit der Fingerspitze in die Mitte ein. Die rhythmische Bewegung, die sie gegen die geschwungenen Blütenblätter vollführte, hatte etwas fast Ungehöriges.

Poppy musste schlucken. »Sie ist nicht ganz makellos.«

»Macht sie nur umso attraktiver. Wer möchte schon Vollkommenheit berühren?«

Poppy wusste, wen sie gern berühren würde. Sie fächerte ein wenig schneller. »Möchtest du vielleicht ein Stück Kuchen?«

Rosalyn legte einen Finger an ihre Unterlippe. Ihre Zungenspitze glitt langsam und verführerisch die Oberlippe entlang. Ihr Mund öffnete sich leicht, die feuchten Lippen glänzten. »Lass mich mal sehen«, murmelte Rosalyn. »Was würde ich gern mal schmecken?«

Poppy hörte nur noch ein lautes Klappern, als ihr die Speisekarte aus der Hand fiel. »Entschuldigung. Sehr ungeschickt von mir – sorry.« Sie ging auf die Knie und suchte die verlorene Karte. Zumindest konnte sie hier unten ihr hochrotes Gesicht verbergen.

Sie stand wieder auf und studierte wild entschlossen die Karte. »Also«, begann sie. »Wir haben eine mediterrane Tomatensuppe im Mittagsangebot, Pasta mit Parmesan und frischen Kräutern oder sautierte Hähnchenfilets.«

»Ich würde am liebsten alles probieren«, antwortete Rosalyn. »Vor allem kann ich den süßen Verlockungen nicht widerstehen.«

»Oh.« Poppy räusperte sich verlegen. »Du möchtest also nur Kuchen?« Sie versuchte sich an einem Lächeln, hatte aber den Verdacht, dass sie genauso aufgewühlt aussah, wie sie sich fühlte.

Als sie die Kuchentheke umrundete, war sie plötzlich nur noch wenige Zentimeter von den verlockenden Lippen entfernt. Aus Rosalyns Shirt schienen ihr die perfekten Brüste mit einem sanften Auf und Ab zuzuwinken. Poppy konnte den Blick kaum von ihnen abwenden und plapperte hastig weiter: »Welche Sorte magst du? Ich würde auf Brownies titten … äh, tippen.«

Oh nein! Hatte sie das wirklich gerade gesagt? Bitte nicht! Ihre Wangen brannten vor Verlegenheit. »Entschuldige«, sagte sie und warf Rosalyn einen zerknirschten Blick zu.

Aber die hatte den Versprecher scheinbar gar nicht bemerkt. Etwas an Poppys Kleid schien ihr Interesse geweckt zu haben. Etwas auf Brusthöhe. Poppy schaute verlegen an sich herab und merkte, dass die Röte inzwischen ihren Hals und ihren Ausschnitt hinabgekrochen war. Sie erglühte roséfarben vom Scheitel bis zu den Nippeln. Poppy hätte losheulen können.

»Was?«, fragte Rosalyn zerstreut nach.

»Tut mir leid. Ich hab mich nur …«, stotterte Poppy. »Ich meinte nicht … Ich habe mich versprochen.«

Rosalyn fixierte sie mit ihrem Blick. Sie schien auf etwas ganz anderes konzentriert zu sein.

Poppy lächelte erleichtert. »Vergiss es.« Sie wechselte das Thema. »Die Lust ist heute so feucht.« Sie erstarrte. »Die Luft, meine ich.«

Oh Gott.

Kapitel 16

Glücklicherweise schien Rosalyn den Blick gar nicht von dem Gebäck abwenden zu können.

Lautes Telefonklingeln unterbrach die Stille.

»Das ist meins«, sagte Rosalyn und zog ihr Handy aus der Tasche.

Auf dem Display erschien das Bild eines gutaussehenden Mannes. Sein volles Haar saß perfekt, die Bartstoppeln waren zu einem gepflegten Schatten zurechtgestutzt. Die Pose, mit der er das Kinn in die Hand stützte, strotzte vor Selbstbewusstsein, und sein Blick war ausgesprochen charmant.

Poppy erwartete, dass Rosalyn den Anruf annehmen würde, aber sie drückte den Anrufer weg.

»Das Büro«, erklärte sie.

Poppy nickte, glaubte in dem Foto aber mehr als nur eine Arbeitsbeziehung erkannt zu haben.

»Also …« Rosalyn lächelte.

Dann wurden sie wieder von lautem Klingeln unterbrochen.

»Tut mir echt leid«, sagte Rosalyn und schaute stirnrunzelnd auf das Bild einer Frau mit kurz geschnittenen dunklen Haaren und ernster Miene. »Die Chefetage. Da muss ich dran gehen. Sorry.« Sie lächelte Poppy zu, setzte eine geschäftige Miene auf und ging zum Fenster.

Poppy holte tief Luft. Sie musste sich jetzt zusammenreißen. Sie würde ein paar Tische abräumen. Nichts half besser beim Abkühlen heißer Leidenschaft als ein angesabbertes Stück Toast und ein halbes Glas mit Milch vermischter Orangensaft. Also kümmerte sie sich um die Tische in der zweiten Etage, danach erledigte sie alles Nötige in der ersten. Dabei konnte Poppy einfach nicht umhin, Rosalyn zu beobachten. Der plötzliche Stimmungsumschwung der Frau, die eben noch so träumerisch in Erinnerungen geschwelgt hatte, faszinierte sie.

Rosalyn saß jetzt mit einem Stift in der einen und dem Handy in der anderen Hand da und feuerte Zahlen ins Telefon. Sie sprach in demselben samtweichen, aber bestimmten Ton, den Poppy noch von ihrem Vater kannte. Schlagworte wie »Bilanzierungszweck«, »Gemeinnützigkeit« und »Steuerentlastung« drangen vage in Poppys Bewusstsein. Doch es war, als spreche Rosalyn eine Fremdsprache. Jetzt war es der Unterschied zwischen ihrem Bild vom kleinen Mädchen Rosie und der erwachsenen Managerin, der sie reizte.

Rosalyn war eine beeindruckende Erscheinung, und Poppy war früher immer stolz darauf gewesen, ihre Freundin zu sein. Sie war so intelligent, so selbstsicher, so unnachgiebig gegen jede Art von Dummheit. Poppy, als durch und durch anpassungswilliger Charakter, hatte diese Eigenschaften sehr bewundert – bis sie sich gegen sie selbst wandten.

Würde sie Rosalyn je verstehen? Als Kind hatte Poppy ihre Freundin so gut gekannt wie sich selbst. Doch dann hatte sie sich quasi über Nacht in eine Fremde verwandelt. Und jetzt saß sie hier: eine wunderschöne Frau, eben noch freundlich und anziehend, dann wieder kühl und herablassend – und in der Zwischenzeit ungeheuer erregend.

Wen hatte sie wohl jetzt zurückgerufen? Den aalglatten, gepflegten Chef mit dem charmanten Grinsen oder die Sekretärin? Wer auch immer es war, Rosalyns Ton blieb knapp und sachlich, bis sie am Ende auf Fortschritte ihres Vaters zu sprechen kam und Poppy sich diskret außer Hörweite begab.

Als Rosalyn auflegte, kam Poppy mit zwei Bechern Kaffee in einer Hand und einem Probierteller mit verschiedenen Kuchensorten in der anderen zu ihr. Während sie geduldig darauf wartete, dass Rosalyn ihre Notizen beendete, vertiefte sie sich in den Anblick Rosalyns konzentrierter Miene, ihres hinters Ohr zurückgestrichenen blonden Haars und der zusammengezogenen Augenbrauen.

Rosalyn sah auf, und ihre Züge entspannten sich. Sie lächelte. »Entschuldige. Das hat länger gedauert als geplant.«

»Ich habe einfach mal etwas für dich zusammengestellt«, sagte Poppy und stellte den Probierteller auf den Tisch. Dann setzte sie sich ebenfalls. »Ich weiß nicht, wie du inzwischen deinen Kaffee trinkst; dieser hier ist stark und weiß.«

Rosalyn umfasste den Becher und sog den Duft ein. »Perfekt. Daran hat sich nichts geändert.« Und das Lächeln, das sie Poppy schenkte, hätte jede Kränkung vergessen lassen.

Aber Poppy wollte einen kühlen Kopf bewahren und sich, was Rosalyn Thorn betraf, nicht mehr von ihrem Herzen oder gar von südlicher gelegenen Stellen ihres Körpers leiten lassen.

»Alles in Ordnung im Büro?«, fragte sie. »Entschuldige, aber ich weiß gar nicht, was du beruflich machst?!«

»Ich bin Kampagnenleiterin bei Clean Water. Das ist ein Non-Profit-Betrieb. Leider ist gerade sehr viel los. Wir haben eine große Kampagne zusammen mit UNICEF gestartet, und ich sollte eigentlich längst wieder bei der Arbeit sein.« Sie zuckte die Achseln. »Zum Glück sind alle sehr verständnisvoll und haben mir heute ein Meeting in Telford arrangiert anstatt in London. Daher auch …« Sie hob die Arme und deutete auf das elegante Outfit, das Poppy vorher aufgefallen war.

»Ah.« Poppy setzte sich auf. »Das klingt ja beeindruckend.«

»Ach, ich hatte viel Glück. Ich hab gleich nach der Uni anfangen im gemeinnützigen Bereich zu arbeiten und dann immer zur rechten Zeit eine Gelegenheit zum Aufstieg gefunden.«

»Du leistest sicher gute Arbeit.«

»Danke, ich denke, das tu ich auch. Aber …« Sie seufzte. »Im Moment ist es schwierig. Die Geschäftsführung war sehr großzügig mit meiner wochenlangen Abwesenheit, aber ewig kann das nicht mehr so gehen.«

»Wie geht es denn deinem Vater?« fragte Poppy vorsichtig.

Rosalyns Züge verdüsterten sich besorgt. »Sehr schlecht.« Sie musste eine Pause machen, um sich wieder zu fassen. »Es war ein schwerer Schlaganfall.« Ihre Stimme brach, und sie presste die Lippen fest zusammen, als wolle sie ihre Gefühle zurückdrängen.

Poppy wusste, dass Rosalyn es sich nie erlaubt hätte, ihren Kummer öffentlich zu zeigen, und sie gab ihr Zeit. Erst nach einer Weile fragte sie leise: »Und jetzt? Wird es besser?«

Rosalyn blinzelte die Tränen weg. »Na ja, gestern und heute etwas besser.« Ein kleines Lächeln erhellte ihr Gesicht. »Ich hab mir solche Sorgen gemacht, als er nach Hause kam. Er konnte kaum sprechen, und seine Laune war furchtbar. Ständig gab es Streit mit meiner Mutter. Und mit mir – ich weiß nicht recht, wie ich es sagen soll: Er hat sich regelrecht an mich geklammert. Und ich bin nicht sehr gut damit umgegangen.«

»Das wäre doch für jeden eine schwierige Situation.« Poppy hätte am liebsten Rosalyns Hand genommen, war aber nicht sicher, ob ihr das recht wäre.

Rosalyn sah plötzlich unsicher aus und suchte nach Worten. »Ich bin es einfach nicht gewöhnt, zu Hause zu sein« sagte sie schließlich. »Und so viel Zeit mit ihnen zu verbringen. Ich habe sie so lange auf Abstand gehalten, dass ich vergessen habe, wie ich ihnen nah sein soll.«

»Wirklich? Aber du …« Aber du hast dich doch mit David immer so gut verstanden, wollte Poppy sagen, überlegte es sich aber anders. »Du bist jedenfalls jetzt hier. Du bist zu Hause und gibst dein Bestes.«

Rosalyn lachte unfroh auf. »Danke. Aber ich bin nicht wie du, Poppy. Ich bin keine gute Tochter.«

Poppy hatte sich über Rosalyns Verhältnis zu ihren Eltern keine Gedanken mehr gemacht. Sie war einfach davon ausgegangen, dass sie sich gut vertrugen. Obwohl sie Rosalyns Mutter schon immer kühl und abweisend gefunden hatte, brachte sie doch David großen Respekt entgegen und hatte immer geglaubt, dass er und seine Tochter sich mochten. »Wie nimmt deine Mutter es auf?«

Rosalyn lächelte. »Nur du kannst so großherzig sein und dich nach dem Befinden einer derart eiskalten Person erkundigen.« Rosalyn nickte. »Aber sie ist okay. Es war natürlich anstrengend für sie. Und erschreckend, Dad in diesem Zustand zu sehen. Aber ich glaube, langsam wird es tatsächlich besser.«

Sie lehnte sich über die Tischplatte zu Poppy. »Dad scheint gestern endlich ein wenig Frieden gefunden zu haben. Ich habe Mum nach Welshpool zum Bahnhof gebracht, und als ich zurückkam, lag er im Wohnzimmer auf dem Sofa und schlief in der Sonne. Als er aufwachte, war er viel besser gelaunt.«

Poppy wurde klar, dass sie von der Zeit nach ihrem gemeinsamen Spaziergang sprach. »Gut«, sagte sie schnell. »Darüber bin ich froh. Ich hoffe, es geht weiter so.«

»Ich auch«, seufzte Rosalyn, und in ihren Augen lag ein Ausdruck voller Schmerz und verzweifelter Hoffnung. Einen Moment lang schien es, als wollte sie noch etwas sagen, doch dann nahm sie sich zusammen und lehnte sich zurück. »Aber genug von mir und meiner Familie. Jetzt zu deinem Kuchen.« Sie lächelte.

»Du kannst mit mir über alles reden«, erinnerte Poppy sie. »Wenn du jemanden zum Reden brauchst, oder nur, um etwas loszuwerden, komm bitte zu mir. Jederzeit. Du bist mehr als willkommen.«

Rosalyn nickte. »Der hier sieht aus wie … was ist das?« Sie deutete auf eines der Kuchenstücke, und Poppy verfolgte das Thema nicht weiter.

Sie erklärte ihrem Gast jedes Stück: »Das hier ist Baklava mit Rosenwasser und Kardamom. Darauf sind wir echt stolz. Derek und ich machen den Strudelteig selbst, weil er so frischer schmeckt.«

Sie freute sich, als Rosalyn erstaunt die Augenbrauen hochzog. »Und das ist unser Mandel-Orangen-Brownie.« Sie zeigte auf ein kleines Viereck. »Ein Stückchen Schokohimmel. Und noch etwas Traditionelleres.« Hier deutete sie auf ein goldgelbes Stück Rührkuchen mit violettem Zuckerguss, der mit winzigen violetten Blüten dekoriert war. »Honig-Lavendel-Kuchen.«

»Wow«, sagte Rosalyn. »Also, das hätte ich jetzt nicht erwartet.« Sie nahm die Baklava vorsichtig zwischen Finger und Daumen und biss ein Stückchen ab. »Mmm!« Ihre Miene spiegelte pures Entzücken. »Das ist ja noch besser, als ich dachte.« Rasch steckte sie sich den Rest in den Mund, und ein kleiner Tropfen Sirup rann über ihren Mund. »Das war köstlich. Was kommt als Nächstes?«

Rosalyn griff nach dem Brownie und biss beherzt hinein. »Oh, das schmeckt guuut.« Ihr Lob wurde mit jedem Bissen sinnlicher.

Die Brownies waren Poppys Favoriten. Sie hatte das alte Rezept selbst verbessert – mit Orangenöl und genau der richtigen dunklen Schokolade, die sie nach langen Probierstunden sorgfältig ausgewählt hatte. Während der Kuchen noch den Mund wärmte, erfüllten und berauschten die Zitrus- und Schokoladenaromen alle Sinne. Die zartschmelzende Textur zerging unterdessen auf der Zunge und umhüllte sie süß.

Rosalyn schloss ihrer Augen und genoss jeden einzelnen Sinneseindruck. »Das ist ja sündhaft«, murmelte sie, und auf ihrem Gesicht erschien ein Ausdruck solch sinnlicher Befriedigung, dass sich wieder Regionen in Poppys Körper meldeten, die sie eigentlich hatte abschalten wollen.

Rosalyn blinzelte und sah Poppy direkt in die Augen. »Das regt mehr an als nur die Geschmacksknospen«, urteilte sie, und tatsächlich reagierten bei Poppy noch ganz andere Knospen.

»Und jetzt das hier«, fuhr Rosalyn fort, während sie den Blick nicht von Poppy abwandte. Sie führte den Honig-Lavendel-Kuchen zum Mund und begann, am Zuckerguss zu lecken. Doch dann hielt sie inne und betrachtete den Kuchen genauer. »Der ist etwas Besonderes.« Rosalyn biss langsam ein kleines Stück ab und ließ es sich genüsslich auf der Zunge zergehen. »Als ob dir deine liebe alte Großmutter in den Ferien einen Kuchen backen würde. Ich kann fast schon den frischen Duft in der Küche riechen. Ich stelle mir vor, wie ich ihn draußen in der Sonne esse, umgeben von Blumen und Schmetterlingen.« Ihr Lächeln war echt und glücklich. »Der hier ist mein Stück Himmel.«

Poppy senkte bescheiden den Blick. »Das ist mein eigenes Rezept.«

Rosalyn strahlte Poppy voll Bewunderung an. »Das ist sehr gut, Ms Jenkins. Sehr sehr gut!« Rosalyn schob die Krümel in die Mitte des Tellers und schleckte ihre vom Honig klebrigen Finger ab. »Gehen die gut, diese Probierteller?«

»Oh, die servieren wir normalerweise nicht. Ich dachte nur, du hättest vielleicht Freude daran.«

»Da hast du richtig gelegen. Du solltest sie regulär anbieten.«

Poppy zuckte die Achseln. »Vielleicht. Aber ehrlich gesagt sind es doch die einfachen Schoko- und Blaubeermuffins, die wir am besten verkaufen können, wenn die Kinder nach der Schule vorbeikommen. Und dann noch die regionalen Spezialitäten, Welsh Cakes und *Bara Brith*. Aber ich habe Spaß an meinen kleinen Experimenten und Derek auch.«

Rosalyn runzelte die Stirn. »Und deine Hauptgerichte? Frühstück, Mittagessen? Wie verkaufen die sich?«

»Gar nicht schlecht. Wir haben auch da eine kleine Auswahl, etwas Traditionelles, das die meisten Leute mögen, und noch ein oder zwei ausgefallenere Gerichte, etwa aus der nordafrikanischen oder der Mittelmeerküche.«

»Aha. Woher kommt denn dieser Einfluss?«, wollte Rosalyn wissen.

»Aus meinen Semesterferien. Ich habe einmal im Sommer in Südspanien Englisch unterrichtet. Da habe ich zwei Monate lang bei einer marokkanischen Familie in Sevilla gelebt und danach bin ich noch mit einer Freundin einen Monat lang herumgereist. Ich glaube, mein Essen ist eine Mischung aus den Mahlzeiten, die ich dort kennengelernt habe, und denen meiner Mutter.«

Rosalyn lachte. »Und meinst du, deine herzhaften Gerichte können es mit diesen sagenhaften Kuchen aufnehmen?«

»Ich denke schon.« Poppy hoffte, damit nicht die Grenzen der Bescheidenheit zu überschreiten.

Rosalyn sah sie nachdenklich an. »Du hast hier ein sehr schönes Unternehmen. Ein Café mit Charakter und innovativer Küche, alles wunderbar präsentiert und geführt. Das müsste sehr gut funktionieren. Überall außer hier in Wells.«

Poppy lachte. »Für mich muss es aber in Wells funktionieren.«

»Ach Poppy!«, Rosalyn seufzte. »Du bist doch so eine intelligente Frau. Du hättest alles schaffen können!« Poppy wollte protestieren, aber Rosalyn fuhr energisch fort: »Aber du bist immer noch hier, und du verkaufst dich immer noch unter Wert. Stell dir nur vor, was du mit deinem Talent in Bath oder Oxford oder wenigstens in Shrewsbury erreichen könntest!«

Poppy lächelte, »Aber ich will bei Mum und bei Pip sein.«

Rosalyn sah sie an, als versuche sie, ihr zu folgen. »Reicht dir das hier denn? Willst du nicht mehr? Mehr für dein Café und dein großartiges Essen?«

Poppy dachte ernsthaft über Rosalyns Frage nach. »Na ja, ich hatte immer gehofft, wenn ich Erfolg hätte, könnten wir ein zweites Café aufmachen, vielleicht auch noch Catering anbieten – für Feiern und Events.«

Rosalyn horchte auf. »Und das ist dein Traum?«

»Ja, ein Traum – aber nicht mehr. Ich will hier jedenfalls nicht wegziehen. Ich möchte Pip aufwachsen sehen und möchte erleben, zu was für einer Persönlichkeit sie sich entwickelt.«

»Verdienst du denn genug?«

»Ja. Zumindest meistens«, gab Poppy zu.

»Hmm.« Rosalyn rieb sich gedankenverloren die Hände mit den eleganten langen Fingern, während sie aus dem Fenster sah. »Kommt mir das nur so vor, oder ist Wells noch stiller als früher? Ich meine, gab es hier nicht mal mehr Touristen, als wir klein waren? Ich kann mich dunkel an welche erinnern.«

Poppy nickte. »Das stimmt schon. Wells hat es in letzter Zeit nicht leicht.«

»Niemand wollte das Schloss besichtigen, seit ich zurück bin. Und hat nicht früher immer die Montgomeryshire-Show hier im Ort stattgefunden?«

»Dafür kriegt Welshpool inzwischen den Zuschlag.«

»Warum?«

Poppy seufzte. »Ich weiß es nicht. Welshpool scheint neuerdings das Glück anzuziehen und Wells nur Pech zu haben. Die Unternehmen hier bekommen keine Fördermittel mehr; es werden weniger Genehmigungen erteilt. Der Stadtrat behauptet dann als Begründung, sonst würde das historische Zentrum zerstört. Aber niemand tut etwas, um Wells attraktiver für Touristen zu machen.« Sie zuckte resigniert die Achseln. »Mrs Morgan Morgan hat erzählt, die Buchungen im Bed & Breakfast ihrer Freunde fallen jedes Jahr schlechter aus, und wir hätten unseren Laden ohne die Einkünfte vom Café schon schließen müssen.«

»Weißt du eigentlich, dass Wells keine Website hat?«

Poppy war überrascht, dass Rosalyn sich die Mühe gemacht hatte, das herauszufinden. »Ich glaube, jemand hat es mal damit versucht, konnte sie aber nicht zum Laufen bringen.«

Rosalyn runzelte die Stirn. »Und schaltest du Anzeigen oder Werbeaktionen, um neue Gäste anzulocken?«

»Ja. Und nein …«, stammelte Poppy. »Wir haben es mit der *County Times* versucht. Aber das hat nie etwas gebracht, entweder weil ich etwas falsch gemacht habe oder die Redaktion.«

»Aha.« Rosalyn schien sich in ihrer Meinung bestätigt zu sehen. Gedankenverloren sah sie zum Fenster hinaus.

Poppy folgte ihrem Blick. Draußen leuchtete der Abendhimmel kobaltblau, und der Marktplatz erstrahlte in warmen Terrakottatönen. Die Rathausuhr ließ ihren sonoren Glockenklang ertönen, was Poppy mit ebensolch vertrautem Trost erfüllte wie das Rauschen des Flusses am Ende der Straße. Erst als sie sechs Glockenschläge zählte, erschloss sich ihr Sinn auch Poppys höherem Bewusstsein. »Tut mir leid.« Sie stand auf. »Es ist schon sechs. Ich muss los, gleich fängt eine Versammlung im Rathaus an, die ich nicht verpassen möchte.«

»Ja, natürlich.« Rosalyn griff nach ihrer Tasche.

»Es war schön, mit dir zu reden.« Poppy war selbst überrascht, wie aufrichtig sie das meinte. Sie hatte sich in Rosalyns Gesellschaft ehrlich wohl gefühlt.

»Mit dir auch«, antwortete Rosalyn und lächelte. »Sehr sogar.«

Sie sahen sich an, beide noch sichtlich erfüllt von ihrer Begegnung. Rosalyns Miene war vollkommen ungekünstelt. All die fremden Schutzmauern waren verschwunden, und es war wieder die alte Rosie, die sie verschmitzt und voller Zuneigung angrinste.

Poppy kicherte. Einen Moment lang war ihr, als stünde wieder die Freundin ihrer Teenagerzeit vor ihr und sie beide träumten davon, was sie später einmal werden wollten. Die Falten im Gesicht, die Business-Kleidung, die jahrelangen Spuren von Verantwortung und Erfahrung erschienen ihr auf einmal aufgesetzt – so als spielten sie nur, erwachsen zu sein. Die altvertraute Wärme zwischen ihnen war wieder greifbar. Beinahe hätte Poppy die Hand nach Rosalyn ausgestreckt.

»Ich … äh«, flüsterte Rosalyn. »Sollen wir … Würdest du …?«

»Ja?«

»Also, ich meine, ich frage mich, ob …« Rosalyn unterbrach sich verlegen. Dann schlug sie sich mit der Hand auf die Stirn. »Was rede ich denn? Ich hab ja noch gar nicht bezahlt …«

»Du musst das doch nicht bezahlen«, lachte Poppy. »Das geht aufs Haus.«

»Natürlich zahle ich«, beharrte Rosalyn und nahm Poppys Hand.

Das Gefühl dabei war ebenso angenehm wie surreal. Poppy war es nicht mehr gewohnt, die Hand einer Erwachsenen zu halten. Sie war schon so lange Single, dass sie kaum noch etwas anderes kannte als den schwesterlichen Griff um Pips Kinderfinger.

Rosalyns Finger lagen fest, aber auch aufregend weich in den ihren. Instinktiv drückte Poppy ihre Hand, um die Berührung zu verstärken und länger hinauszuzögern. »Du sollst mir nichts bezahlen«, sagte Poppy ernst. »Ich habe mich auf eine Tasse Kaffee und ein paar Probierhäppchen zu dir gesetzt. Das berechne ich doch nicht!«

»Du wirst niemals reich werden, Poppy Jenkins«, entschied Rosalyn. »Du bist einfach zu großzügig.« Rosalyn betrachtete ihre ineinander verschlungenen Finger und drückte Poppys Hand noch etwas fester. »Dann muss ich mich damit begnügen, dein Café weiterzuempfehlen und dir hoffentlich ein paar mehr Gäste zu bescheren.«

Die Abmachung stand. Damit gab es leider keinen Grund mehr, aneinander festzuhalten. Mit Bedauern entzog Poppy der anderen ihre Hand. »Es wird Zeit.«

Rosalyn nickte, rührte sich aber nicht.

Auch Poppy verharrte reglos.

Schließlich räusperte sich Rosalyn: »Holst du deinen Mantel? Ich warte hier auf dich.«

Poppy sah sie verwirrt an. »Wo steht denn dein Auto?«

»Ich bin zu Fuß gekommen. Aber ich muss in deine Richtung.«

»Was, zum Rathaus?«

»Ja.«

»Aber da findet nur unsere Versammlung statt. Sonst nichts.«

»Ich weiß.« Rosalyn sah sie belustigt an.

»Du gehst auch zu Cerys' Veranstaltung?«

»Ja.«

»Wegen eines Kunsthandwerksmarkts? In Wells?«

Rosalyn lachte. »Genau deswegen.«

»Oh.« Poppy stand mit offenem Mund da.

Rosalyn würde wohl nie aufhören, sie zu überraschen.

Kapitel 17

Rosalyn begleitete Poppy durch die großen Flügeltüren des historischen Rathauses. Der Versammlungssaal war einst für die Größe einer bescheidenen Ballgesellschaft entworfen worden, und den Parkettboden hatte man über die Jahrhunderte durch großzügige Behandlungen mit Bohnerwachs erhalten.

Es war erfreulich voll heute Abend. Cerys und die unscheinbare Mari Ellis saßen vorne hinter einem Tisch. Die meisten der rund 50 aufgestellten Stühle waren bereits besetzt. Die Leute unterhielten sich angeregt, auch Alan Watkins und Dai. Sogar Geraint saß in der vordersten Reihe und beugte seinen ergrauten Kopf über ein Notebook. Es herrschte eine lebhafte, interessierte Atmosphäre, die Poppy Hoffnung verlieh.

»*Noswaith dda*, Poppy.« Mrs Morgan Morgan schlenderte an Poppy und Rosalyn vorbei und schenkte ihnen ein Lächeln.

»Guten Abend, Mrs Morgan«, erwiderte Poppy.

Sofort wandten sich einige Köpfe zu ihnen um und mehrere Augenpaare starrten sie an. Es wurde merklich stiller im Saal, und Poppy war das peinlich, obwohl sie wusste, dass eigentlich Rosalyn im Mittelpunkt der Aufmerksamkeit stand.

Und das war auch kaum verwunderlich. Einige sahen in ihr eine elegante Fremde aus der Stadt, andere erkannten in ihr die rebellische Tochter aus Rhiw Hall. Manche wussten noch, dass sich hier gerade zwei alte Freundinnen wiederbegegnet waren. Sie alle waren neugierig, ganz besonders Nain, die mit gerunzelter Stirn und erstarrten Stricknadeln zu ihnen herübersah.

»Ich schätze, du willst bei deiner Familie sitzen«, meinte Rosalyn. »Ich gehe nach vorne.«

»Du kannst auch bei uns sitzen.«

»Danke. Aber obwohl ich sonst nicht dazu neige, mich von anderen Menschen ins Bockshorn jagen zu lassen, muss ich doch zugeben, deine Nain macht mir Angst.«

Poppy grinste. »Sie ist nicht mehr so schnell wie früher.«

»Dafür ist sie mit Stricknadeln bewaffnet. Wenn sie die schwingt, brauche ich ein paar Sekunden Vorsprung.« Sie lächelte Poppy an. »Wir sehen uns später.«

Als Poppy ihr nachsah, konnte sie Rosalyns Wärme noch immer spüren. Leicht errötet und bester Laune ließ sie sich auf den Stuhl hinter Nain gleiten.

»Geht's dir auch gut, Poppy, *bach*?«, fragte Nain und linste misstrauisch über den Rand ihrer Brille.

»Mir geht es sehr gut, Nain«, erwiderte Poppy munter.

»Na schön. Wenn du das sagst«, brummelte Nain und drehte den Kopf wie eine Eule auf Beutefang.

Inzwischen hatten sich fast alle gesetzt, und Cerys machte Anstalten, die Versammlung zu eröffnen.

Da kratzte der Stuhl neben Poppy über den Boden und wurde von Dais beachtlicher Statur eingenommen. Seine Miene spiegelte Zweifel und Besorgnis. »Geht's dir gut, Poppy?«

»Ja, tatsächlich sagte ich eben zu Nain, wie außerordentlich gut es mir geht.«

»Bist du ganz sicher? Du bist doch gerade mit Rosalyn hereingekommen. Was hat sie denn gewollt?«

»Nichts. Sie kam einfach nur im Café vorbei und wir haben geplaudert.«

»Worüber denn geplaudert?«

»Na, wie alte Freundinnen eben plaudern.« Poppy lachte. »Sie war sehr nett. Okay, heute Morgen hatten wir Streit, aber …« Poppy sah zu Rosalyn hinüber, die entspannt vor sich hin lächelte. »Wir konnten die Sache klären, und es war dann noch ein schöner Nachmittag.«

Dai grunzte. Er klang nicht überzeugt, behielt seine Einwände aber für sich. »Sei bloß auf der Hut«, murmelte er.

»Ist schon gut, Dai. Das ist alles lange her, und ich sollte ihr eine Chance geben. Sie war wirklich sehr nett. Und wir haben ein paar alte Fragen bereinigt.«

»Hm.« Dais tiefes Knurren klang nicht überzeugt. »Die Katze lässt das Mausen nicht.«

Poppy legte ihm beruhigend die Hand auf den Arm. »Alles in Ordnung, danke, Dai.«

»Na schön. Aber sei vorsichtig.« Er lehnte sich zurück und verschränkte die Arme über der breiten Brust.

Vorne hatte Cerys zu sprechen begonnen. Die zerbrechliche kleine Gestalt umklammerte ein Blatt Papier mit all ihren knochigen Fingern und hatte sich auf die Zehenspitzen gestellt, um sich besser bemerkbar zu machen.

»Warte mal, Cerys«, ertönte eine kräftige Stimme von hinten. Alan Watkins watschelte herbei und übertönte die alte Dame. »Könnten wir ein bisschen Ruhe einkehren lassen? Miss Cerys Mathews möchte ein paar Worte zu ihrem kleinen Kunsthandwerksmarkt sagen. Und deshalb sind wir doch alle hier, oder?«

Nach einigem Gemurmel wurden die Zuhörer schließlich ruhiger, und Cerys befreite sich aus Alans Schatten. »Danke, Alan, sehr freundlich von dir.«

Alan ließ sich an dem kleinen Tisch neben Mari Ellis nieder. Er saß mit ausgestreckten Beinen da, die seine grauen Hosenbeine fast zu sprengen schienen, und hatte die Ellbogen weit gespreizt. »Bitte, Cerys, fahr fort.«

Die arme Frau schien von Alans ausladender Gegenwart am Tisch eher verunsichert. »Ähm …«, begann sie in einem furchtsam wimmernden Tonfall, während ihre Notizen zu zittern begannen.

»Soll ich vielleicht etwas sagen, Cerys?«, bot Alan an.

»Nein, nein, es geht schon, Alan. Danke.« Cerys nahm sich zusammen und holte tief Luft. »Wie ihr alle wisst, bieten Mari und ich jeden Sommer auf dem Marktplatz unsere Waren an. Nichts Besonderes, nur mein Gestricktes und Maris Getöpfertes, aber es ist doch immer eine schöne Sache. Also dachte ich mir, das ließe sich doch vergrößern?!«

»Ah, wollen jetzt noch mehr alte Damen ihrer Handarbeiten verkaufen?«

»Nein, das trifft es nicht ganz. Eigentlich wollte ich verschiedene Menschen dazuholen. Ich dachte an einen Handwerksmarkt mit kulinarischen Spezialitäten. Leckeren Kuchen mag doch jeder, nicht wahr? Wir könnten einen Backwettbewerb ausrufen, um Geld für unser Dorf zu sammeln.«

»Eine großartige Idee, Cerys. Du solltest unbedingt so einen Kuchenstand organisieren.« Alan sagte das, als spräche er das Schlusswort, und stand auf.

»Und dann dachte ich noch, haben wir ja Poppys entzückendes Café, nicht wahr?«, fuhr Cerys unbeeindruckt fort und suchte Poppys Blick im Publikum. »Wenn sie einverstanden ist, könnten wir das Café an dem Tag bis auf den Marktplatz erweitern.«

Poppy nickte begeistert.

»Dann solltet ihr aber lieber für gutes Wetter beten«, mischte sich Alan wieder ein.

Zustimmendes Gemurmel erhob sich.

»Jede Wette, unser walisisches Wetter wird auf Cerys' Feuer pissen.«

Ein paar dumpfe Lacher ertönten.

»Und …« Angsterfüllt starrte Cerys auf ihre Notizen. Diese bebten noch bedenklicher in ihren Händen. Sie war blass geworden und rang nach Worten.

»War's das dann?« Alan erhob sich mit solcher Entschlossenheit, dass einige Zuschauer es ihm bereits gleichtaten.

»Schluss mit den Unterbrechungen!« Diese selbstsichere Forderung kam von keiner anderen als Rosalyn Thorn.

Diejenigen, die aufgestanden waren, setzten sich verlegen wieder hin, und sogar Alan nahm wieder Platz.

»Wenn wir alle hier sind, um Cerys sprechen zu hören, sollten wir ihr vielleicht auch die Chance dazu geben.« Rosalyns Stimme klang laut und klar, ihr Ton traf genau die Schnittstelle von Autorität und Vernunft. »Fahr bitte fort, Cerys. Ich denke, jetzt hören alle zu.«

Cerys' Augen leuchteten auf. Ihre Schultern entspannten sich, das Zittern ließ nach und sie lächelte Rosalyn voller Stolz zu. »Danke dir Rosalyn. Also, kommen wir zur Sache. Viele kleine Geschäfte und Kunsthandwerker hätten Vorteile von so einem Markt. Er wäre ein weiterer Anlass für Touristen, Wells zu besuchen, und nicht zuletzt hätten auch wir Einwohner unseren Spaß dabei. Nun, wie gesagt, wir haben Poppys Café, meine Strickerei, Maris Töpferei und Emma Jenkins' Gemälde. Wir könnten einen Bastelstand für Kinder aufstellen. Und ich sehe keinen Grund, nicht auch größere Unternehmen anzusprechen. Montgomery Ice Creams weiter oben im Tal ist landesweit im Geschäft. Und Aberrhiw Cider ist doch auch sehr beliebt.«

»Na, wir wollen uns mal nicht übernehmen«, hüstelte Alan und stand auf. »Cerys, das sind richtig große Firmen, die gehören den großen Jungs. Und die geben ihr Geld lieber bei Großveranstaltungen aus, als auf kleinen Märkten in Wells.«

»Ach, meinst du?«, gab Cerys enttäuscht zurück. Ihr Selbstbewusstsein schien sofort wieder dahin. »Und ich hatte gehofft, so würden wir vielleicht interessanter für Investoren.«

»Vielleicht. Aber das ist auch riskant. Hast du das nötige Kapital, um ein schlechtes Jahr zu überstehen? Wenn nun niemand einen Stand mietet?«

»Es kostet ja nicht viel …«

»Und du willst das schon dieses Jahr? Wie lange hast du dann noch? Sechs Wochen? Das ist nicht viel Zeit, nicht mal für einen Profi.«

»Aber …«

»Du müsstest auch die nötigen Fristen für Werbung beachten. Wirklich, du hättest damit gleich zu mir kommen sollen.« Er klopfte auf den Stuhl neben sich, um Cerys ungestört an seiner Weisheit teilhaben zu lassen.«

»Das einzig Zeitaufwendige daran ist ja wohl, die Genehmigung vom Stadtrat einzuholen.« Wieder hatte Rosalyn sich eingeschaltet, und das Publikum wandte ihr gebannt die Köpfe zu. »Und da es hier um eine bereits bestehende Veranstaltung geht, hat Cerys das wohl schon erledigt, oder?«

Cerys nickte heftig.

»Natürlich gibt es Risiken, das ist bei jeder Veränderung so. Aber was Cerys vorschlägt, ist ja nur eine kleine Erweiterung des Marktes. Das ist keineswegs unrealistisch.«

»Nun, Rosalyn«, widersprach Alan ungehalten. »Dir ist die Situation wohl kaum geläufig. Du warst ja lange nicht zu Hause, und hier hat sich einiges verändert.«

Poppys Nackenhaare stellten sich auf.

»Wells ist kein beliebtes Urlaubsziel mehr«, fuhr Alan fort. »Warum sollten die Leute hierher kommen, wenn es doch alles in Welshpool gibt?«

Einige nickten, denn das hatten sie oft genug zu hören bekommen.

»Warum sollten sie nicht hierher kommen, wo es so schöne Läden und ein besonderes Restaurant gibt?«, gab Rosalyn zurück.

Ein kollektives Raunen ging durch den Saal.

»Warum sollten sie einen wunderschönen Ort samt mittelalterlichem Schloss und pittoresker Flusslandschaft nicht besuchen? Das habe ich mich in der Tat gefragt.«

Die Zuhörer wurden unruhig.

Dai knurrte: »Was glaubt die denn, was sie hier zu sagen hat?«

Poppy runzelte die Stirn. »Ich denke, sie hat recht.«

»Die muss sich gerade über Unterbrechungen beschweren. Sie macht es doch genauso.«

Poppy lächelte. »Da hatte sie auch recht. Er hat die arme Cerys gar nicht erst zu Wort kommen lassen.«

Dai schnaubte verächtlich. »Ich sage trotzdem, Rosalyn sollte ihn ausreden lassen.«

»Darf sie nicht anderer Ansicht sein?«

Sein Gesicht rötete sich. »Sie ist unhöflich. Und überhaupt, warum verteidigst du sie dauernd?«

»Warum verteidigst du *ihn*?« Dais Empörung ärgerte Poppy, amüsierte sie aber auch ein wenig.

»Ach, Poppy, ich weiß, dass er früher in der Schule ein lästiger kleiner Stinker war. Aber schau ihn dir jetzt an!« Er streckte den Arm aus und deutete auf den stämmigen Mann vorn im Saal. »Ihm geht es besser als uns allen zusammen, sogar besser als einer intelligenten Frau wie dir. Er hat ein Hotel und mehrere Restaurants – der Mann weiß, wovon er redet. Niemand kennt sich besser aus als er, was die Geschäfte bei uns hier angeht. Cerys kann von Glück sagen, wenn er ihr hilft.«

Es wurde ruhiger, als Alan mit großer Geste beschwichtigend die Hand hob. »Na schön, du bist also nicht meiner Meinung, Rosalyn. Ich bin zwar ein erfolgreicher Geschäftsmann und werde von Kollegen, vom Stadtrat und dem Fremdenverkehrszentrum häufig um Rat gefragt – aber bitte, es ist nur meine Meinung. Vergesst bitte nicht, ich bin nur hier, um zu helfen.«

Zustimmendes Gemurmel erhob sich im Saal.

»Ach ja? Wer hat dich denn um Rat gefragt?« Rosalyn klang klar und streng.

Es wurde still. Alle Augen richteten sich auf Alan. Er rutschte unruhig auf dem Stuhl hin und her und sah hilfesuchend in Cerys' Richtung, doch die schien in ihre Notizen vertieft.

Ein aufgeregtes Wispern erhob sich. Immer mehr schienen unsicher zu werden, ob sie Alan glauben sollten.

»Was soll denn das?«, regte sich Dai auf. »Das ist ganz und gar nicht in Ordnung. Sie versucht ihn ja absichtlich zu erniedrigen!«

Poppy schwieg. Rosalyns scharfer Ton war ihr unangenehm, aber Alans aufgeplusterte Borniertheit erschien ihr weit schlimmer.

Nain schaute über die Schulter zu ihnen herüber. »Ich sag's euch ja, das Mädchen macht nichts als Schwierigkeiten!«

»Allerdings«, stimmte Dai ihr zu. »Damit macht sie sich sicher auch keine Freunde.«

»Was soll das heißen?«, fragte Poppy stirnrunzelnd.

»Na, damals in der Schule konnte sie doch keiner leiden. Wärst du nicht mit ihr befreundet gewesen, hätten alle sie links liegen lassen.«

»Das stimmt nicht!«

»Und ob das stimmt. Da kannst du jeden fragen.« Er reckte trotzig das Kinn vor. »Ich weiß sowieso nicht, warum du dich mit ihr abgegeben hast. Niemand weiß das.«

»Ihr hattet alle nur Angst vor ihr. Sie war intelligent, unabhängig, redete niemandem nach dem Mund und hielt sich nicht an jede Regel.«

»Klingt nach mehr als einem guten Grund«, sagte Dai ernst.

Poppy lachte überrascht auf. »Komm schon, Dai. Sie hat diese Regeln oft genug mit Recht angezweifelt.«

»Vielleicht. Aber sie hat auch Spaß am Provozieren. Du kannst mir nicht erzählen, dass es ihr keine diebische Freude macht, Alan so vorzuführen.« Dais Stimme wurde weicher. »Dir geht es immer um Harmonie.«

Poppy war verwirrt.

Dai nahm ihre Hand zwischen seine großen Pranken. »Du würdest für jeden von uns hier alles tun. Dein ganzes Leben dreht sich darum, dich um andere zu kümmern und dafür zu sorgen, dass es ihnen gut geht.«

»Wohingegen Rosalyn …«, unterbrach ihn Nain, »gern eine Handgranate in einen Raum voller Leute wirft und dann mit einem Lächeln auf den Lippen verschwindet.«

»Also, das ist nun wirklich übertrieben!«, protestierte Poppy.

»Ach tatsächlich?«, fragte Dai. Er sah sie besorgt an, bevor er sich wieder dem Geschehen vorn im Saal zuwandte.

Dort begann sich die Versammlung aufzulösen. Alan war verschwunden, andere unterhielten sich in Grüppchen. Nain spießte ihr Wollknäuel auf eine der Nadeln. »So eine Zeitverschwendung«, schimpfte sie und schlurfte dem Ausgang entgegen.

Poppy sah sich um und entdeckte Rosalyn neben Cerys. Die kleine alte Dame sah verstört aus, und Rosalyn hatte sie am Arm gefasst, um sie zu trösten. Poppy wurde warm ums Herz und sie lächelte unwillkürlich, als sie diese wunderschöne Frau ansah, die sich die Zeit nahm, Cerys zu helfen.

»Sei vorsichtig, Liebes«, sagte Dai leise zu ihr. »Sie hat dich damals so verletzt. Und hast du je herausgefunden warum?«

Poppys Magen krampfte sich zusammen. Langsam schüttelte sie den Kopf.

»Da hast du es. Gib auf dich acht. Bitte! Sie hat dir schlimm zugesetzt – dir, dem liebsten Menschen, den man sich nur vorstellen kann!«

Kapitel 18

Dais Warnung ließ Poppy den ganzen Abend keine Ruhe, und in der Nacht träumte sie entsprechend schlecht von zwei reifen Nektarinen mit verführerisch glatter Haut, die gerade so weit von ihr entfernt lagen, dass ihre Fingerspitzen sie nicht erreichen konnten. Im Traum versuchte sie verzweifelt, sie mit durstigen Lippen zu schmecken, doch wollte es ihr nicht gelingen. Sie erwachte frustriert und ohne den geringsten Zweifel, wessen prallen Rundungen ihre Fantasie gegolten hatte.

Verschlafen und abgelenkt ließ sie sich von Pip auf dem Schulweg über die neueste *ménage a trois* in ihrer Klasse berichten. Sie stieß die Tür zum Laden auf und blieb überrascht stehen, als sie drinnen nicht nur ihrer Mutter, sondern auch einer unerwartet verjüngten Cerys begegnete.

»Cerys!«, strahlte Poppy und tauchte aus ihren versponnenen Gedanken auf. »Du siehst toll aus.« Die alte Dame errötete ein wenig und blinzelte verschämt auf ihr farbenfrohes Ensemble.

»Deine Mutter hat mich überzeugt, es mit etwas Lebhafterem zu versuchen.«

Die dumpfen Grau- und Grüntöne waren einer knallroten Jeanshose und einem gestrickten Baumwolloberteil in Rot, Ocker und Blau gewichen.

»Ich habe schon immer gerne in diesen Farben gestrickt, nur nie gewagt, sie auch zu tragen. Und jetzt dachte ich, so etwas verkauft sich vielleicht besser auf unserem Markt.«

Poppy lächelte erfreut. »Dann machst du es also doch?«

»Ich habe lange darüber nachgedacht«, verkündete sie entschlossen, »und ich denke, wir sollten es tun.«

»Richtig so!« Poppy reckte triumphierend die Fäuste.

Cerys nickte. »Aber es wird viel von dir und deiner Mam abhängen.« Der Blick über die Brillenränder war nicht mehr der eines ängstlichen Spatzes, sondern erinnerte Poppy eher an die scharfen Augen eines stolzen Adlers.

»Wir sind dabei, nicht wahr, Mum?«

Ihre Mutter nickte und bekräftigte ihre Zusage mit einem rebellischen Lächeln.

»Oh, *da iawn*«, freute sich Cerys. »Ich hatte gehofft, du stellst an dem Tag dann mehr Stühle draußen auf und servierst etwas ganz Besonderes. Was das sein könnte, überlasse ich gerne dir, da bist du die Expertin. Was sagst du dazu, Poppy?«

»Ich werde mir etwas überlegen, Cerys.«

»Und natürlich will ich einen eigenen Stand für Emma und ihre Gemälde. Für alle – sogar die düsteren. Ich gewöhne mich langsam an sie. Und ich werde kommunale Fördergelder beantragen, um das Risiko zu decken. Wir haben auch schon ein paar neue Ideen zu kosteneffizienter Werbung.« Cerys trat einen Schritt an die beiden Frauen heran und senkte die Stimme: »Jemand hat mir verraten, dass die Zeitungen immer auf der Suche nach billigem Content sind. Wenn wir der *County Times* also einen Artikel über den Kunsthandwerksmarkt zuschicken, dann werden sie ihn wohl auch drucken. Und das ist ja keine schlechte Werbung, so für umsonst, was?« Sie stupste Poppy mit dem Ellbogen an.

»Das klingt fantastisch, Cerys. Und wie sieht es mit Montgomery Ice Creams und Aberrhiw Cider aus?«

»Denen muss ich wohl einen persönlichen Besuch abstatten, sagte man mir. Aber ich hoffe, die beiden werden teilnehmen, und noch so einige mehr.«

Poppy lächelte breit. Die Veränderung, die in der kleinen Frau nach einem so denkbar schlechten Start bei dem Treffen am vorigen Abend vorgegangen war, war bemerkenswert.

Cerys rieb sich die Hände. »Ich muss los. Es gibt viel zu tun.«

»Das stimmt, es ist wirklich ein Haufen Arbeit, Cerys«, erinnerte Emma sie sanft. »Glaubst du, du schaffst das wirklich noch rechtzeitig?«

Cerys richtete sich auf und hob das Kinn. »Ich werde es schaffen«, verkündete sie. »Als Rentnerin habe ich jede Menge Freizeit, und noch dazu hatte ich nie einen Ehemann, der mir das Haus in Unordnung bringt. Also kann ich mich ganz auf meine neue Aufgabe konzentrieren. Und jetzt habe ich mit Geraint auch noch jemanden gefunden, der bereit ist, mir mit dem Computerkram zu helfen. Er wird sich um die Flyer und die Website kümmern.«

Poppy war beeindruckt, nicht nur von Cerys' Verwandlung, sondern auch von Geraints heimlichen technischen Talenten. »Viel Glück, Cerys«, rief sie der munter ausschreitenden kleinen Frau durch die Ladentür nach.

Dann drehte sie sich zu ihrer Mutter um, die ebenso amüsiert schien. Beide Frauen mussten lachen und hielten sich die Hand vor den Mund, damit Cerys es nicht hörte.

»Ich finde das großartig«, sagte Poppy. »Ich hoffe, sie zieht das wirklich durch.«

»Ich auch«, meinte ihre Mutter, wurde dann aber ernst. »Können wir uns den Stand dort denn überhaupt leisten?«

Poppy holte tief Luft. »Gerade noch so. Wir könnten ein reges Sommergeschäft wirklich gebrauchen.«

Emma machte ein besorgtes Gesicht, nickte aber. »Wir müssen es eben versuchen.«

»Genau«, sagte Poppy. »Und ich habe ein gutes Gefühl dabei.«

Beschwingt lief sie die Treppe hinauf, immer noch mit einem Lächeln auf dem Gesicht. Das Café war leer, bis auf Geraint, der den Mund voller *Bara Brith* hatte und die Nase in sein Notizbuch steckte. Draußen auf dem Marktplatz konnte Poppy Cerys' vergnügte Stimme hören. Sie schlenderte zum Fenster, um hinauszusehen.

»Rosalyn«, flüsterte sie.

Da stand sie, in ein angeregtes Gespräch mit Cerys vertieft, und soweit Poppy das beurteilen konnte, mit aufrichtiger Freude bei der Sache. Sie war schöner denn je, den Kopf lachend zurückgeworfen, mit rosigen Wangen und einer Fülle aus glänzend blonden Haaren, die ihr locker gewellt um die Schultern fielen.

Poppy wurde aus Rosalyn einfach nicht schlau. War sie die manipulative Unruhestifterin, als die Nain und Dai sie zu sehen schienen? Oder die außergewöhnliche, blitzgescheite und unnachgiebige Freundin, die Poppy in der Schulzeit bewundert hatte und die heute Cerys Mathews neuen Mut machte? Sie seufzte. Beide Versionen waren umwerfend schön. Sie hätte vor Sehnsucht dahinschmelzen können.

War es das vielleicht? Vernebelte die Lust ihr Urteilsvermögen? Hatte sie schon so lange mit keiner Frau mehr geschlafen, dass die erste attraktive Frau, die ihren Weg kreuzte, nun genügte, um sie in eine sabbernde Idiotin zu verwandeln?

Vielleicht. Aber es ging hier nicht um die erstbeste Frau. Poppy war sicher, dass Rosalyn die schönste Frau war, die sie je gekannt hatte. Und sie wollte sich diese Schwärmerei nun gönnen. So eine Gelegenheit würde sie nicht oft bekommen, und Rosalyn wäre bald schon wieder fort. Sie würde es nie erfahren, und danach müsste Poppy ihre frustrierte Sinnlichkeit wieder an kreativen Desserts ausleben.

Draußen vor dem Fenster lachte Rosalyn.

Poppy musste einfach lächeln, solch ansteckendes Entzücken lag in dem hellen Klang. Rosalyn sprach nicht aus Höflichkeit mit Cerys, sondern mit echter

Begeisterung. Ihre ganze Miene leuchtete auf dabei. Heute schien sie sich im Dorf ganz zu Hause zu fühlen. Sie trug lässige Jeans und ein enges weißes Shirt, das bis zum Ansatz ihres Ausschnitts aufgeknöpft war.

Einfach unwiderstehlich. Ihr schönes Gesicht. Ihre Brust.

»Oh, diese Brust«, seufzte Poppy halblaut.

»Was sagst du, Schatz?«

»Mum?« Poppy erschrak. »Ich hab dich gar nicht raufkommen hören.«

Ihre Mutter stand jetzt direkt vor ihr. »Ich dachte, wir trinken einen Kaffee zusammen. Was hast du eben gesagt?«

»Äh …« Poppy überlegte fieberhaft. »Hähnchenbrust«, erklärte sie dann. »Wir sollten Hähnchenbrust auf die Karte setzen. Auf jeden Fall.«

Ihre Mutter schien verwundert. »Aber haben wir Hähnchen nicht schon im Angebot?«

Verdammt. Dieses eine Mal hätte sie die typische Zerstreutheit ihrer Mutter wirklich brauchen können. »Ja«, begann sie hastig, »aber ich würde gerne einen Anbieter aus der Region finden. Das fände ich gut. Schöne regionale Brüste.«

Emma zog die Augenbrauen zusammen und strich Poppy besorgt über die Wange. Dann entdeckte sie die Menschen draußen auf dem Platz und hielt in der Bewegung inne. »Ach so, klar, Brüste.« Sie sah ihre Tochter amüsiert, aber liebevoll an. »Jetzt wird mir klar, warum du so versessen auf regionale Brüste bist.«

Poppys Wangen brannten. Und als ihr klar wurde, in welch flammendem Rot sie sie gerade verrieten, glühten sie noch eine Spur intensiver.

»Vielleicht machst du dir erst mal einen Drink zum Abkühlen«, schlug ihre Mutter lächelnd vor und zog sich diskret ins Erdgeschoss zurück.

»Oh Gott«, murmelte Poppy. Da hatte sich ihre Mutter einen wahrhaft passenden Moment ausgesucht, um ausnahmsweise einmal nicht mit dem Kopf in den Wolken zu stecken.

Mit glühenden Wangen sah Poppy aus dem Fenster. Cerys winkte Rosalyn gerade übermütig zum Abschied. Doch bevor Rosalyn sich zum Gehen wandte, warf sie noch einen Blick zum Café hinauf.

Poppy tat einen erschrockenen Satz rückwärts. Ihr Herz klopfte wie wild. Einen Moment später hörte sie die Ladenglocke und gleich darauf Rosalyns samtweiche Stimme.

»Emma, wie geht's Ihnen?«

Vorsichtig spähte Poppy durchs Geländer hinunter.

»Rosalyn!« Ihre Mutter klang erfreut. »Danke, sehr gut. Dich muss ich wohl kaum fragen – du siehst fantastisch aus!« Sie breitete die Arme aus und drückte Rosalyn fest an sich.

»Danke. Scheinbar war so ein Kurzurlaub auf dem Land genau das Richtige für mich. Ich wünschte nur, ich hätte einen fröhlicheren Anlass gehabt …«

Emma nahm Rosalyns Hände in ihre. »Wie geht es David?«

»Es geht ihm besser, danke. Natürlich ist er lange noch nicht wieder so fit wie früher, aber er macht echte Fortschritte.«

»Wie schön. Sag Bescheid, wenn wir irgendetwas tun können.«

»Vielen Dank. Eigentlich wollte ich gerade fragen, ob Sie wohl neue Gemälde anbieten?«

»Ja, sicher«, rief Emma überrascht. »Möchtest du sie sehen? Es hat sich nicht so viel verändert, seit du und Poppy damals hier gespielt habt.«

»Sehr gerne. Ich selbst mag die düsteren Bilder am liebsten, aber ich würde auch etwas Fröhliches nehmen, um Dad aufzuheitern.«

Poppy stand perplex auf dem Treppenabsatz. Sie war nicht sicher, welches ihrer Gefühle die Oberhand hatte: Freude über Emmas warmherzige Begrüßung oder Verstimmung, dass Rosalyn nicht wegen ihr da war.

Da klingelte die Türglocke ein zweites Mal und zwei ältere Paare kamen die Treppe hinauf. Poppy wunderte sich über die frühen Gäste und darüber, dass keiner von ihnen zur Stammkundschaft gehörte.

»Guten Morgen!« Sie strahlte die vier an.

Sie sahen sich entzückt im Café um.

»Genau so hübsch wie in der Beschreibung!«, sagte eine der ergrauten Damen.

»Ja, tatsächlich«, stimmte die andere ihr zu.

»Ein Tisch für vier?«, fragte Poppy.

»Ja bitte, Fräulein«, antwortete der ältere Mann. »Wir würden gern Ihren wunderbaren Kuchen und den Ausblick aufs Schloss genießen.«

Poppy freute sich. »Bitte kommen sie mit mir, ich zeige Ihnen gern unsere Auswahl.« Dann zögerte sie kurz. »Und falls Sie Interesse haben: Wir bieten auch Probierteller mit unseren Spezialitäten an.«

»Das klingt verlockend«, antwortete eine der Damen lächelnd.

Jetzt hatte Poppy gar keine Zeit mehr, über Rosalyn nachzugrübeln. Die neuen Gäste waren anspruchsvoll und bestellten ausgiebig. Die Auswahl an Poppys

Kuchen schien sie zu entzücken. Poppy servierte zu jeder Tasse Kaffee ein winziges Stück Kuchen auf einer Extrauntertasse, damit die Kaffeetrinker nicht allzu deutlich zugeben mussten, dass auch sie ein Stück Kuchen genossen.

Als die Gäste versorgt waren, wagte Poppy wieder einen Blick aus dem Fenster. Ob Rosalyn schon fort war? Auf dem Marktplatz war kein Mensch zu sehen. Poppy konnte einen Stich der Enttäuschung nicht verhindern.

»Hi«, erklang Rosalyns melodische Stimme hinter ihr.

Die Welt stand still. Die neuen Gäste und das ganze Café schwanden aus ihrer Wahrnehmung. Einzig Rosalyns Wärme neben ihrem Körper zählte noch, ihr Atem dicht an ihrer Wange. »Hi.« Poppy wandte sich um und lächelte.

Rosalyns Züge erhellten sich. »Sorry, dass ich gestern Abend nicht zu dir gekommen bin«, murmelte sie.

»Du warst ja mit Cerys beschäftigt. Da wollte ich nicht stören.«

»Du störst nicht«, flüsterte Rosalyn rau. Ihr Blick verdunkelte sich, und Poppy ergab sich ganz dem wohligen Schwindel, der sie erfasste. Einen Augenblick lang standen beide nur stumm nebeneinander und genossen jede die Nähe der anderen. Poppy hätte dahinschmelzen können.

Rosalyn brach das Schweigen. »Ich wollte wissen, ob du mich noch einmal treffen magst, bevor ich wieder abreise.«

»Mmh.«

»Ich bin nur noch ein paar Tage hier, aber ich möchte dich sehr gern wiedersehen.«

Poppy konnte nur nicken, so hypnotisiert war sie von Rosalyns tiefem Blick und ihren vollen Lippen, die sich erwartungsvoll geöffnet hatten. »Ja«, murmelte sie wie in Trance. »Morgen Abend?«

»Wunderbar.«

Poppy schloss die Augen und genoss Rosalyns Atem so nah an ihrem Mund. Sie schluckte. »Also morgen.«

»Ich hol dich um acht ab.«

Poppy musste sich zusammenreißen, um die Augen zu öffnen. »Okay. Ich warte auf dich.«

»Bis dann«, wisperte Rosalyn ihr zu und war schon die Treppe hinunter, bevor Poppy ganz klar war, worauf sie sich da eingelassen hatte.

Oh Gott. Einen ganzen Abend lang allein mit Rosalyn? Wein, romantisches Ambiente, ungestört zu zweit … Wie um Himmels willen sollte sie da ihre Lust im Zaum halten, wenn es ihr heute nicht einmal fünf Minuten lang gelungen war?

Kapitel 19

»Ihr habt also ein Date.« Pip lag auf dem Bett und schaute nachdenklich durchs Bullauge, während Poppy ihre Schubladen durchforstete.

»Nein, es ist kein richtiges Date.« Poppys Stimme klag dumpf unter dem Kleid hervor, das sie sich über den Kopf zog und glattzustreichen versuchte. Aber keine Chance – es war zu zerknittert. Mit einem frustrierten Stöhnen zog sie es wieder aus und warf es auf einen Haufen voller weiterer abgelehnter Kleidungsstücke. »Wir verbringen nur den Abend miteinander.«

»Wie gute Freundinnen oder was?«

»Ja«, pflichtete Poppy ihr bei. »Genau: ›oder was‹.«

»Also habt ihr ein Date.«

»Nein.« Poppy warf spielerisch ein T-Shirt nach Pip. »Na ja, gute Freundinnen sind wir allerdings auch nicht«, setzte sie zögernd hinzu. »Möglicherweise fast Freundinnen. Vielleicht …«

»Aber sie steht auf dich?«

»Nein, Pip. Sie steht nicht auf mich.«

»Warum nicht?«

Poppy sah ihre Schwester verblüfft an. »Sieh sie dir doch mal an! Sie ist eine Frau, wie man sie auf Filmpremieren bewundern kann. Sie ist wunderschön. Schön wie ein Fotomodel.«

»Du doch auch.«

Poppy, bekleidet mit farblich abweichender Unterwäsche und einem einzelnen Socken, begegnete ihrer kleinen Schwester mit liebevollem Blick. »Danke, Pip. Sehr lieb von dir, dass du das sagst.«

»Also steht sie doch auf dich.«

»Nein.« Poppy wurde ernst. »Rosalyn Thorn steht nicht auf mich. Es ist nicht so wie bei dir auf der Schule, Pip. Nicht jede steht auf irgendwen hier.« Außer Poppy offensichtlich. »Und überhaupt, ich wüsste nicht, dass sie lesbisch wäre«. Poppy dachte an das Foto vom lächelnden Chef auf Rosalyns Handy.

»Aber du stehst auf sie?«

»Herrje, Pip, es ist durchaus möglich, mit einer schönen Frau befreundet zu sein, ohne sie anzuschmachten.« Das hatte Poppy zumindest bis vor Kurzem geglaubt.

»Dann also Freundschaft Plus?«

Poppy starrte sie mit offenem Mund an. »Wo … Woher hast du denn diesen Ausdruck?«

»Aus dem Fernsehen.«

»Also, das kam garantiert nicht auf dem Kinderkanal. Was schaust du dir eigentlich auf deinem Computer an?«

Pip rollte sich zu ihr herum und überging die Frage »Wenn es also kein Date ist und du nicht auf sie stehst, warum lässt du dann nicht einfach Jeans und T-Shirt an?«

»Weil …« Poppy starrte die Zimmerdecke an, fand dort aber auch keine Erklärung. »Eben darum«, schloss sie lahm.

»Zieh doch das cremefarbene Kleid an. Darin kommt dein Busen gut zur Geltung.«

Poppy wurde rot. »Erzähl mir nicht, ich sollte ein Kleid anziehen, in dem mein Bu… also meine Brüste zur Geltung kommen. Das ist einfach nicht angemessen.«

»Wieso hast du dann überhaupt ein Kleid für deine *Brüste*?« Pip grinste triumphierend.

»Alles klar. Ich werde ein Poloshirt tragen.« Poppy versenkte sich tief in eine Schublade voller hochgeschlossener Shirts. Dann klopfte es an der Tür. Poppy fuhr auf: »Wie spät ist es?«

»Fünf vor acht« erwiderte Pip.

»Du meine Güte! Eine volle Stunde verschwendet, und ich bin noch nicht mal angezogen!« Sie lehnte sich in ihrem Push-up-BH vor und wühlte panisch in der Schublade.

Pip verdrehte die Augen und hievte sich mit einem missbilligenden »tz-tz« vom Bett. »Ich geh runter und rede mit ihr.«

»Warte!« Poppy hielt Pip am Arm zurück. »Sag ihr nicht, dass …«

Dass Poppy seit einer Stunde nicht wusste, was sie anziehen sollte und noch immer in einem Spitzen-BH und einem roten Strumpf dastand? Dass Poppy lesbisch war und ihr letztes Kein-richtiges-Date über drei Jahre her war? Dass Poppy liebend gern gewusst hätte, ob Rosalyn auf sie oder jemand anderen stand? Oh je …

»Natürlich nicht. Hältst du mich für blöd?«

»Nein, aber für eine vorpubertäre Göre mit losem Mundwerk.«

Pip lächelte stolz. »Ich werde brav sein – größtenteils«, versprach sie und polterte die Treppe hinunter.

Poppy linste durch die Tür. Unten konnte sie ein Paar Leinenschuhe und wohlgeformte Beine in Jeanshosen sehen.

»Hallo Pip. Ist Poppy da?«

»Rosalyn! Komm doch herein. Poppy ist gleich fertig.«

»Danke.«

»Dein Outfit sieht gut aus.« Pip betrachtete Rosalyns einfaches T-Shirt und warf Poppy oben in ihrem Zimmer ein freches Grinsen zu.

Rosalyn trat einen Schritt vor und folgte Pips Blick. »Hi«, sagte sie, als sie Poppy entdeckte, und lächelte breit.

Poppy winkte zur Tür heraus und verbarg ihren Körper, so gut es ging.

»Ich dachte, vielleicht gehen wir spazieren«, schlug Rosalyn vor. »Draußen ist Superwetter, und ich war schon lange nicht mehr oben auf dem Moel Gwyrdd. Was meinst du?«

»Ja, klar, klingt toll«, antwortete Poppy. Ihre Stimme klang gepresst, weil sie gleichzeitig versuchte, sich waagerecht zu halten und nur den Kopf aus der Tür zu stecken.

»Sie versucht, etwas zum Anziehen zu finden«, erklärte Pip mit wissendem Blick.

»Aha.« Rosalyn hatte nur Augen für Poppy.

»Ich finde, sie sollte das Kleid anziehen, in dem ihr Busen gut zur Geltung kommt.«

»Wie bitte?« Rosalyn sah Pip verblüfft an.

»Das Cremefarbene.«

»Pip!«, knurrte Poppy.

»Das mit dem Ausschnitt bis runter zum BH.«

»Pip, ich warne dich!«

»Das ist dir sicher auch schon aufgefallen. Ich bin sicher, neulich früh schon. Sogar Mrs Morgan meint …«

»Pip!!« Entnervt sprang Poppy vor, um ihrer Schwester zur Not eigenhändig Einhalt zu gebieten. Dann versuchte sie erschrocken, mit einer Hand ihr Dessous-

Höschen zu bedecken und mit der anderen ihre Brüste zurückzuhalten, die aus dem Push-up-BH zu springen drohten. Diese Unterwäsche passte definitiv nicht zu einer sportiven Wanderung auf den Hügel. Der einzelne rote dicke Socken allerdings schien zweckmäßig.

»Komm doch gleich so mit.« Rosalyn grinste sie frech an.

»Ich bin sofort unten«, murmelte Poppy und versuchte, sich mit möglichst geringem Würdeverlust seitlich ins Zimmer zurückzuschieben.

Hektisch suchte Poppy ihr Lieblingsshirt aus dem Haufen Klamotten heraus und schlüpfte in eine alte Jeans mit zerschlissenen Knien. Nur der andere rote Socken blieb unauffindbar, sodass sie schließlich auf einem blauen und einem roten Socken die Treppe hinunterhastete.

Unten war Pips und Rosalyns Gelächter zu hören. Die beiden so gelöst miteinander zu sehen, war gleichzeitig schön und erschreckend. Poppy blieb stehen und lauschte.

»Poppy hat früher nie etwas angestellt«, meinte Pip gerade in anklagendem Tonfall.

»Wie kommst du denn darauf?«

»Mum ist nie ungeduldig mit ihr, und Nain erzählt mir dauernd, dass Poppy *immer* ihre Hausaufgaben gemacht oder gelernt oder ihr Zimmer aufgeräumt hat.«

»Na, da blendet deine Nain aber bestimmte Dinge aus der Vergangenheit aus. Deine Schwester konnte auch unartig sein.«

»Echt?«

»Du weißt doch, wie knallrot deine Nain immer wird, wenn sie wütend ist.«

Pip nickte kichernd.

»Sie hat noch eine tiefere Farbschattierung für besonders heftige Empörung. Die hast du noch nicht gesehen, aber Poppy schon.«

»Wirklich? Was hat sie denn angestellt?« Pips Stimme war voller Ehrfurcht und Vorfreude.

Rosalyn senkte ihre Stimme und beugte sich verschwörerisch zu Pip hinunter. »Sie hat gelogen und behauptet, sie hätte bei mir übernachtet.«

»Das ist ja nicht gerade rebellisch.«

»Na ja, sie war 14 und wollte unbedingt zu Lucifer Jones gehen, die im Fridge in Shrewsbury gespielt haben.«

»Wer ist denn Lucifer Jones?«

»Ach, das war so eine drittklassige Gothic Band, die deine Schwester gut fand. Sie hat auch Siouxsie and the Banshees und The Cure verehrt.«

Pip zog erstaunt die Stirn kraus. »Aber ein Foto von ihr als Gothic-Braut habe ich noch nie gesehen.«

»Sie war auch nicht gut darin. Sie hat sich zwar ganz in Schwarz gekleidet und sich Mühe gegeben mit schwarzem Lippenstift und allem – aber dann ihr strahlend freundliches Lächeln dazu, und alles war dahin. Hoffnungsloser Fall.«

»Das glaub ich gern.«

»Deine Nain wollte sie nicht gehen lassen: ›Ich lasse doch ein hübsches junges Ding wie dich nicht an einen solchen Ort! Da gibt es Alkohol, und nach diesem Teufelstrank hat ein Kerl nichts anderes mehr im Kopf als Sex. Vorher auch schon kaum.‹«

Sie machte Nains entrüsteten Tonfall und Akzent so perfekt nach, dass Pip nicht aufhören konnte zu lachen. »Ist sie trotzdem hingegangen?«, fragte sie kichernd.

»Oh ja. Ich meinte, wir könnten einfach behaupten, jede würde bei der anderen übernachten, dann zusammen per Anhalter nach Welshpool fahren und von dort den Zug nehmen.«

Pip schien enttäuscht. »Ach, das war also dein Plan. Wusste ich doch, dass es nicht Poppys Idee gewesen sein konnte.«

»Vielleicht. Aber ich bin nicht diejenige, die nachher zehn Cinzano-Orange intus hatte.«

»Sie war betrunken?« Jetzt lag Entzücken und Entsetzen zu gleichen Teilen in Pips Stimme.

»Allerdings. Und ich bin auch nicht diejenige, die allein nicht mehr aus der Klokabine herausfand.«

Poppy war sicher, dass Pips Gesichtsausdruck geradezu ekstatisch war.

»Ich habe mich auch danach nicht am Kondomautomaten festhalten müssen, um nicht umzufallen. Und ich habe vor allem nicht tütenweise Kondome geklaut, als der Automat schließlich von der Wand krachte und aufsprang.«

»Und Nain ist dahintergekommen?«

»Es ist uns noch gelungen, uns zu Hause wieder hineinzuschleichen, ohne dass jemand etwas gemerkt hat. Und es wäre auch alles gutgegangen – hätte nicht eine Spur aufgeblasener Kondome von Wells bis zu eurer Haustür geführt.«

»Oh Poppy!« Pip zog ihren Tadel genüsslich in die Länge.

Poppy musste einschreiten. Sie baute sich streng vor den beiden auf. »Seid ihr jetzt fertig?«

Rosalyn und Pip strahlten ihr mit demselben listigen Entzücken entgegen.

»Da betrinke ich mich einmal im Leben, und du erzählst das meiner leicht beeinflussbaren kleinen Schwester!«

»Ich glaube kaum, dass es sie vom rechten Weg abbringen wird«, meinte Rosalyn milde.

»Ach nein?«

»Pip«, wandte sich Rosalyn mit gespieltem Ernst dem Mädchen zu. »Möchtest du deine Nain einmal so dermaßen wutentbrannt erleben, dass ihr Gesicht nicht nur lilafarben anläuft, sondern einen beängstigenden Grauton annimmt?«

Pip machte große Augen und schüttelte den Kopf.

»Na bitte, da hast du es.«

»Hm.« Poppy wollte das so nicht auf sich sitzen lassen. »Ich sollte aber ergänzen, dass du selbst weit mehr als einmal eine höchst unvernünftige Menge Alkohol zu dir genommen hast.«

Rosalyn wechselte lieber das Thema. »Bist du dann soweit?«

Poppy nickte und band sich einen Pullover um die Hüften. Dann entdeckte sie Rosalyns Rucksack. »Sag mal, wie weit gehen wir denn?«

»Nicht weit. Aber wenn wir den Einbruch der Dunkelheit abwarten, können wir uns die angekündigten Sternschnuppen am Himmel ansehen.«

»Oh, ich will auch mit!« Pip wippte ungeduldig auf den Zehenspitzen.

»Nein. Du machst deine Hausaufgaben und gehst dann zeitig ins Bett.«

»So wie du früher?« Pip zog frech eine Augenbraue hoch.

»Da siehst du, was du angerichtet hast!«, rief Poppy, aber Rosalyn lachte nur.

»Sorry, Pip, aber leider hat Poppy recht. Ihre Hausaufgaben hat sie immer gemacht. Sie war ein absoluter Streber. Da kann man nichts sagen.«

»Ach, menno«, jammerte Pip, »das kann ich doch morgen noch machen.«

»Nein, Pip. Heute Abend gehen wir ganz sicher nicht zu dritt.«

»Du hast doch gesagt, ihr hättet kein Date.«

»Nein!« Dann fuhr Poppy besänftigender fort: »Morgen ist Schule, und du brauchst deinen Schlaf.«

Pips Schmollmund hätte ebenso einer Zweijährigen wie einer Fünfzehnjährigen alle Ehre gemacht, und Poppy war nicht sicher, welcher Version ihre Schwester gerade näher war.

»Bis dann, Rosalyn«, grummelte Pip und zog ab.

Als Poppy sich zu Rosalyn umwandte, hatte sie das Gefühl, dass sie sie schon länger beobachtet hatte.

Rosalyns Augen glänzen. »Also, Poppy Jenkins – der Abend gehört dir und mir.«

»Ja.« Poppy holte tief Luft. »Dir und mir.« Und ihr Magen tat einen kleinen Salto rückwärts.

Kapitel 20

Sie schlenderten den steinigen Weg hinter dem Haus entlang, der zum »Grünen Hügel« Moel Gwyrdd führte. Dieser mit Gras und Birken bewachsene Gipfel war der höchste Punkt im Tal, von dem aus man die üppige, sanft geschwungene Landschaft besonders gut bewundern konnte.

Dort waren sie früher oft gewesen, hatten zwischen den alten Bäumen Verstecken gespielt oder waren auf Pappkartons die Hänge hinabgerutscht. Mittlerweile tat schon Pip derlei Aktivitäten als zu kindisch ab.

»Ich muss mich für Pip entschuldigen. Sie ist manchmal reichlich frühreif.«

Rosalyn lächelte. »Mir kommt sie ganz normal vor.«

»Im Moment ist sie besessen von Freund-Freundin-Beziehungen.«

»Auch ziemlich üblich für ihr Alter.«

»Tatsächlich?«

»Ja, sicher. Besonders hier draußen, da werden die Kids doch schnell erwachsen. Weißt du nicht mehr, wie es damals war?«

Poppy runzelte die Stirn. »Was meinst du?«

»Kein Kino, keine Busse, und falls doch einmal einer fährt, dann weiß man nicht, wohin man fahren sollte. Es gibt ja nichts – außer vielleicht den Pubs im Dorf, wo sie es mit minderjährigen Gästen nicht allzu genau nehmen. Dort kann man sich dann betrinken und Sex haben.«

»Ich habe das nicht gemacht«, antwortete Poppy. »Und Pip tut es auch nicht.«

Rosalyn schaute sie ernst an. »Noch nicht. Aber wie lange noch?«

Poppy sah sie zweifelnd an, und Rosalyn fuhr fort: »Ich hab das auch nicht gemacht, aber ich habe hier ja auch nie dazugehört. Kannst du dich noch an Dafydd Evans erinnern? Der hat seine Jungfräulichkeit mit zwölf verloren.«

»Mit zwölf?« Poppy klang ungläubig. »Also, ich weiß noch, dass er weit für sein Alter war – aber zwölf?«

»Und bei ein paar der Mädchen war es nicht anders.«

»Zwölf …« Poppy war entsetzt, als ihr klar wurde, dass Pip nur noch ein Jahr davon entfernt war. Sie schüttelte den Kopf.

»Ich war mit 16 schon sehr spät dran«, meinte Rosalyn. »Und das lag nicht an einem Mangel an Gelegenheit. Ich konnte einfach nur mit den Leuten hier wenig anfangen.«

Poppy zuckte unwillkürlich zusammen. Sie erinnerte sich noch sehr genau, wann Rosalyn ihre Unschuld verloren hatte. In dem Weihnachts-Skiurlaub, nach dem Poppys Leben sich so dramatisch verändert hatte. Sie versuchte, die Erinnerung abzuschütteln.

»Mit zwölf war ich noch nicht annähernd soweit«, kehrte sie zum vorherigen Thema zurück. »Ich bin damals immer noch in Badehose herumgelaufen, weil ich kein Bikini-Oberteil brauchte.«

»Du musst aber zugeben: Nach deren Maßstäben hier warst auch du etwas sonderbar.«

Obwohl Rosalyn einen scherzhaften Ton anschlug, fühlte Poppy sich ertappt.

»Ich meine, wie alt warst du eigentlich, als du deinen ersten festen Freund hattest? Zu der Zeit hatten andere sicher schon etliche Kerben in ihren Bettpfosten.«

Poppy erschrak. Für sie hatte es niemals einen ernsthaften festen Freund gegeben. Eigentlich wäre es jetzt höchste Zeit gewesen, mit der Wahrheit herauszurücken. Ihr Lesbischsein zu umgehen, ließ sich nun beim besten Willen nicht mehr mit Gründen der Zeitersparnis rechtfertigen. Doch Poppy zögerte. Sie fürchtete, mit dem Thema wieder alles komplizierter zu machen. Rosalyn wollte doch ohnehin bald wieder abfahren. Warum also die Dinge unnötig aufwühlen?

Aber nein, dieses Verschweigen war einfach nicht ihr Stil. Poppy holte tief Luft. »Rosalyn, ich bin …«

Ein Klingelton unterbrach sie. »Sorry, Poppy, ich brauch mal eine Minute.« Rosalyn nahm ihren Rucksack ab und fischte ihr klingelndes Handy heraus. Sie trat ein paar Schritte beiseite und begann, mit großer Vertraulichkeit zu sprechen.

Poppy hielt höflich Abstand.

Rosalyn strich sich eine blonde Locke hinter das Ohr und legte den Kopf schief. Sie lächelte, während sie der Person am anderen Ende lauschte. Ihre Haltung blieb lässig, und dann setzte sie sich sogar im Schneidersitz ins Gras. Eine Freundin? Familie? Oder jemand anders? Schließlich stand sie auf.

»Alles erledigt.« Rosalyn lächelte, als sie das Handy wieder im Rucksack verstaute.

Poppy lächelte höflich zurück.

»Wieder die Geschäftsleitung«, erklärte Rosalyn.

»Aha?« Poppy war überrascht, denn der Ton des Gesprächs hatte auf eine gewisse Intimität schließen lassen. Wieder dachte sie an den gutaussehenden Mann auf dem Foto.

»Sam und ich kommen gut miteinander aus«, fuhr Rosalyn fort. Dann zögerte sie. »Wir hatten einmal etwas miteinander.«

Da war es. Das war Poppys Antwort. Sie war machtlos gegen die Enttäuschung, die sie durchfuhr, als sie unwillkürlich Rosalyn in den Armen dieses aalglatten Chefs vor sich sah. Rasch versuchte sie, das Bild aus ihrem Kopf zu verbannen.

»Sam ist echt in Ordnung«, begann Rosalyn. Einen Moment lang schaute sie Poppy unsicher an. »Sam hat mir dazu verholfen, dass ich hier arbeiten darf, solange Dad mich braucht.«

Poppys Herz tat einen schmerzhaften Satz. Würde der Ex bald wieder aktuell sein? War es das, was Rosalyn ihr damit sagen wollte?

Doch dann ermahnte sie sich innerlich. Sie war ja albern. Rosalyn konnte nichts für Poppys unpassende Schwärmerei. Es gab nicht den geringsten Grund zur Eifersucht. Also riss sie sich zusammen und lächelte Rosalyn aufrichtig an. »Gut«, sagte sie. »Darüber bin ich froh.«

Rosalyn sah sie nachdenklich an. Einen Moment lang glaubte Poppy, sie würde sich ihr anvertrauen. Doch dann räusperte sie sich nur: »Ich hab das Telefon jetzt ausgestellt. Ich muss hier nicht überall erreichbar sein. Lass uns weitergehen.« Rosalyn hakte sich bei Poppy unter, und sie wanderten gemeinsam den Hügel hinauf.

Auf der anderen Seite des Tals schickte sich die Sonne gerade an, den Horizont zu verlassen. Der River Rhiw schlängelte sich als silbernes Band zum fernen Meer hin. Das Land glühte förmlich in warmen Grüntönen und der Himmel erstrahlte im tiefsten Indigoblau, als sie den steinernen Ring des uralten Forts auf dem Hügel erreichten.

Rosalyn hatte sich dem Naturschauspiel im Tal zugewandt. Ihre Miene verriet eine Mischung aus Schmerz und Entzücken. »Sieh dir das nur an! Ich kenne dieses Stück Land in- und auswendig. Dieses Gestrüpp da auf der Anhöhe, da bin ich immer als Erstes hin, wenn wir hier gespielt haben. Das sieht noch genauso aus wie früher.«

»Mir geht es genauso«, sagte Poppy und lächelte.

Rosalyn entfuhr ein Seufzer. »Ich hatte es damals so eilig, hier wegzukommen, dass mir gar nicht klar war, wie sehr ich auch an diesem Ort hänge.«

Sie schwiegen. Im weichen Licht des Abendhimmels sah Rosalyn auf einmal bleich aus.

»Warum bist nicht zurückgekommen?«, flüsterte Poppy.

Rosalyn wandte den Blick nicht von der Aussicht ab. »Zuerst wollte ich einfach nicht über Wells nachdenken. Das wurde irgendwie zur Gewohnheit. Später kam es mir fast surreal vor, dass ich je hier gelebt hatte. Es war, als hätte eine andere Person meine Jugend hier verlebt und ich selbst hätte erst in London mein Leben übernommen.«

»Ist das immer noch so?«, fragte Poppy leise.

Rosalyn antwortete nicht gleich. Nach einer Weile sagte sie: »Eigentlich nicht. Es fällt mir tatsächlich schwer zu akzeptieren, dass ich es war, die hier aufwuchs – und die nicht immer sehr nett zu den Leuten hier war.«

Dieses Geständnis brachte Poppy durcheinander. Obwohl sie selbst so lange versucht hatte, die Erinnerung an die gemeinsame Zeit mit Rosalyn zu begraben, tat es ihr doch weh, dass diese dasselbe getan hatte.

Rosalyn wandte sich zu ihr um und lächelte sie an. »Aber all das hier ist Teil meiner DNA.« Sie setzte sich auf den Boden und vergrub ihre Finger im weichen Moos. »Ich könnte mich hier glatt zum Schlafen hinlegen, so geborgen fühle ich mich. Es riecht so gut. Und es fühlt sich an wie zu Hause. Alle Geräusche hier habe ich früher tausendmal aus meinem Zimmerfenster gehört. Wenn ich die Augen schließe, bin ich wieder zehn und spiele mit dir zwischen den Bäumen Verstecken.« Das schwindende Abendlicht glitzerte auf einer Spur aus Tränen auf ihrer Wange. »Am liebsten würde ich mich einfach nur hier hinlegen.«

Poppy setzte sich neben sie.

Rosalyns Brust hob und senkte sich unter dem Ansturm der Gefühle. Sie hatte die Augen geschlossen, und zwischen ihnen zeigte eine steile Falte, wie sehr sie gerade mit der Flut an Erinnerungen zu kämpfen hatte.

Poppy legte eine Hand auf Rosalyns Arm, wagte aber nicht, sie anzusehen. Früher hatte sie ihre Freundin immer verstanden, immer genau gewusst, wie sie tickte und was sie antrieb. Aber all das war mit der verhängnisvollen Weihnachtszeit in der zwölften Klasse aus und vorbei gewesen. Danach hatte sich Poppy mit ihr einfach nicht mehr ausgekannt. Und nun lag sie als Erwachsene neben ihr und war ihr noch immer ein Rätsel.

»Es tut mir leid.« Rosalyn drückte Poppys Hand und setzte sich auf. »Ich wollte nicht so rührselig werden.« Sie wischte sich eine Träne aus dem Auge und lachte. »Hier«, sagte sie und zog ein in ein Geschirrtuch gewickeltes Bündel aus ihrem Rucksack. »Lass uns anstoßen.«

Poppy schlug das Geschirrtuch auf und fand darin zwei Kristallgläser. »Sind die nicht …?«

Rosalyn grinste. »Aus Mutters feinster Kollektion.«

»Wie ungezogen«, kicherte Poppy.

»Mehr als eine Flasche Schlehenlikör konnte ich zuhause leider nicht abstauben.« Sie schenkte beiden eine großzügige Portion der hochprozentigen Spezialität ein. »Prost, auf dich, Poppy Jenkins. Was für eine unerwartete Freude, dich wiederzusehen.«

»Prost«, erwiderte Poppy und stieß mit Rosalyn an. Der süße, fruchtige Likör erinnerte sie an ihre Teenagerzeit, als sie sich noch an die bittere Note der erwachseneren Drinks herantastete.

»Tut mir leid, dass ich Pip von der Nacht im Fridge erzählt habe«, meinte Rosalyn zerknirscht.

»Ist schon okay. Ich schätze, es hat ihr gutgetan, einmal von meinen jugendlichen Verfehlungen zu hören.« Poppy nahm noch einen Schluck und sah Rosalyn in die Augen. »Ich war überrascht, dass du dich noch so gut an den Abend erinnerst.«

»Wie könnte ich denn je vergessen, wie du um vier Uhr morgens 100 Kondome aufgepustet hast?«

Poppy zog die Knie an und legte ihre Arme darum. »Das war der beste Abend meiner gesamten Teenagerzeit. Zumindest das, woran ich mich noch erinnern kann.«

Rosalyn lachte. »Ich weiß alles noch ganz genau. Vor allem, wie du nach diesen verdammten Cinzanos getanzt hast.« Sie sah Poppy unverwandt an. »Du hast den ganzen Saal zum Leuchten gebracht. Diese ganze düstere, versiffte Spelunke, in der überall trübsinnige Gothic-Bräute dumpf auf ihre Schuhe starrten. Und du mittendrin in der Menge, strahlend vor Glück, mit vor Entzücken geschlossenen Augen und ekstatischen Handbewegungen im Scheinwerferlicht.« Sie lächelte. »Du warst göttlich.«

Poppy erinnerte sich. So frei, ausgelassen und euphorisch hatte sich nie zuvor gefühlt. Wenn sie es recht bedachte, war es vielleicht sogar der beste Abend ihres ganzen Lebens gewesen. Und Rosalyn war er in allen Einzelheiten im Gedächtnis geblieben.

Rosalyn schenkte ihnen nach. »Übrigens finde ich Pip großartig. Sie gefällt mir sehr.« Rosalyn reichte Poppy ihr Glas. »Ich schätze, ein intelligentes Mädchen wie sie mit eurer Nain im Genick kann sich glücklich schätzen, eine so verständnisvolle große Schwester zu haben.«

Poppy nickte. »Ja, so gern sie mich auch gerade ärgert, es gibt auch andere Zeiten. Oft kommt sie mir vor wie eine Tochter. Die Tochter, die ich selbst nie haben werde.«

»Nie haben werde?«, fragte Rosalyn erstaunt.

»Ich habe die Hoffnung auf eine eigene Familie aufgegeben«, meinte Poppy leichthin. Sie war daran gewöhnt, das zu sagen.

»Warum denn?«

Poppy wollte nicht zugeben, wie lange ihre letzte Romanze bereits zurücklag. »Sagen wir mal, die Chancen stehen nicht allzu gut, eine Person zu treffen, die ihr ganzes Leben hier verbringen möchte.«

»Das stimmt wohl. Nicht viele hier könnten dir das Wasser reichen.«

»Fang nicht schon wieder davon an«, lachte Poppy und stieß Rosalyn spielerisch in die Seite. »Ich bin nur realistisch.«

»Aber du hattest doch so eine klare Vorstellung von einer eigenen Familie«, protestierte Rosalyn. »Ich weiß noch, wie du auf der Veranda der alten Jagdhütte davon erzählt hast. Erinnerst du dich?«

Und ob sich Poppy erinnerte. Die Jagdhütte im Wald hinter Rhiw Hall war Poppys Lieblingsversteck auf dem Anwesen der Thorns gewesen. Ein viktorianisches Holzhäuschen mit einem gemütlichen Wohnzimmer, einer Veranda und kuscheligen Schlafzimmerchen. Dort hatten sie stundenlang in der Sonne gesessen. Rosalyn hatte von der Ferne geträumt und Poppy von einer Zukunft an Ort und Stelle.

»Du wolltest doch genau so ein Häuschen haben, mit bullerndem Ofen im Winter, offenen Verandatüren im Sommer und zwei bis vier Kindern, stimmt's?« Rosalyn grinste breit. »Und jemandem an deiner Seite.«

Poppy errötete und hoffte, dass es Rosalyn im Dämmerlicht nicht auffallen würde. »Doch, das stimmt schon.«

»Und ich habe dich ausgelacht.«

Poppy sah Rosalyn nicht an.

»Es tut mir leid, dass ich mich über dich lustig gemacht habe. Damals erschien mir das eben viel zu bescheiden als Lebenstraum.« Sie wandte den Kopf und sah Poppy in die Augen. »Dabei ist es die schwerste Sache auf der Welt: einen Menschen zu finden, der dich ergänzt, und sich dann gegenseitig so zu lieben und zu unterstützen, dass eine Familie dabei gedeiht.«

»Ist es denn das, was du willst?«, fragte Poppy.

»Ich? Nein, ich habe solche Ideen schon vor langer Zeit aufgegeben. Aber …« Sie hielt inne und fuhr nachdenklich fort: »… vielleicht vermisse ich genau das. Die Sehnsucht nach einem persönlichen Traum dieser Art ist in letzter Zeit stärker geworden. Ich kann jetzt ganz gut nachvollziehen, was du dir damals gewünscht hast und wie es dir heute fehlen muss.«

Sie waren im Gespräch näher zusammengerückt, während es ringsum dunkel wurde und die Nachtluft kühler wehte. Ihre Beine berührten sich, und jede wärmte sich am Körper der anderen. Rosalyn seufzte und zog Poppy noch näher an sich heran. Ihre Brust ruhte nun in Poppys Armbeuge.

Poppy schloss die Augen und genoss die Intimität.

Auf einmal zog sich Rosalyn erschrocken zurück. »Oh, sorry, Poppy.«

»Aber … warum denn?«, stammelte Poppy verblüfft. Sie konnte sehen, dass Rosalyns Züge sich verhärtet hatten.

»Poppy«, begann Rosalyn mit gepresster Stimme, »ich muss dir etwas sagen.« Sie machte eine Pause. »Ich … schulde dir eine Erklärung. Seit langer Zeit schon. Es geht darum, was damals passiert ist …«

»Würde das irgendetwas ändern?« Poppy war selbst überrascht, wie ruhig ihre Stimme klang. Vielleicht war es der Alkohol, vielleicht hatte auch Rosalyns Nähe ihr mehr Gelassenheit geschenkt. »Bevor du weitersprichst, denk bitte gut darüber nach, ob es etwas ändern würde.«

»Unglücklicherweise«, murmelte Rosalyn, »würde es das wohl nicht.«

Poppy konnte Rosalyns Gesichtsausdruck in der Dämmerung nicht gut erkennen. War es Traurigkeit? Oder gar Sehnsucht? »Dann sag es mir auch nicht«, entschied Poppy. Ihr Herz klopfte wild in ihrer Brust. »Ich denke, du warst mir früher einmal eine Erklärung schuldig. Aber wenn sie jetzt nichts als traurige Erinnerungen wachruft, dann verzichte ich darauf.«

Rosalyn schwieg.

»Es ist so schön mit dir hier oben. Bleib bitte einfach bei mir und verdirb es nicht. Das ist für mich der schönste Abend seit langer Zeit.« Poppy hatte Sorge, Rosalyn könnte über ihr Geständnis lachen.

Aber sie erwiderte nur leise: »Für mich auch.«

Poppy legte sich zurück und ließ eine Hand auf Rosalyns Arm ruhen.

Einen Moment später sank Rosalyn neben ihr ins Gras. »Schauen wir uns die Sterne an«, seufzte sie.

Sie kuschelten sich aneinander, und Poppy war glücklich. Rosalyns vertrauter Duft brachte ihr auf magische Weise die Kindheit zurück. Er musste wohl einen ganz banalen Grund haben, etwa das Waschpulver oder die Seife ihrer Mutter oder den speziellen Geruch von Rhiw Hall – aber, was immer es war, der Duft hatte etwas Tröstliches für Poppy.

Sie schloss die Augen und schmiegte sich in Rosalyns Arme. Eine mächtige Welle aus Zufriedenheit und Schlaf überkam sie, und als sie zu den Sternen hinaufsah, wusste sie nicht, ob sie schon träumte.

Als sie die Augen wieder aufschlug, war es dunkel. Am Himmel leuchtete matt ein halber Mond, und kühler Tau hatte sich auf ihre Haut gelegt. Sie löste sich aus Rosalyns Umarmung, und beide rappelten sich auf.

»Wie spät ist es?«

Rosalyns verschlafenes Gesicht leuchtete kurz im Schein ihres Handy-Displays auf. »Gerade zwei Uhr durch.« Sie hakte sich bei Poppy unter. »Ich bring dich nach Hause.«

Zusammen wanderten sie durch die nächtlich glänzende Hügellandschaft. Gelegentlich erhellte eine Sternschnuppe am Himmel ihren Weg, und sie freuten sich über dieses besondere Feuerwerk der Natur.

»Ich muss auch zurück«, erklärte Rosalyn, als sie wieder am Hof angekommen waren. »Falls meine Mutter noch auf ist.« Sie lächelte und lehnte sich vor. »Gute Nacht, Poppy«, sagte sie und küsste sie mit einer leichten Liebkosung auf die Wange, die Poppy von Kopf bis Fuß und überall dazwischen erschauern ließ.

»Gute Nacht«, wisperte sie schwach.

Als sie Rosalyn nachsah, die allein in der Dunkelheit verschwand, war sie froh, dass diesmal nicht die pure Lüsternheit gesiegt hatte. Aber das war nur ein schwacher Trost angesichts ihrer überbordenden Gefühle für die Freundin. Jetzt war sie auf dem besten Weg, sich ganz fürchterlich zu verlieben.

Ein Glück nur, dass Rosalyn in wenigen Tagen wieder fort sein würde.

Kapitel 21

»Noch zwei Wochen?« Rosalyn bleibt noch zwei Wochen?«

David lächelte. Seine rechte Gesichtshälfte konnte noch nicht dieselbe Freude zeigen wie die linke, aber er gewann langsam wieder mehr Kontrolle darüber. »Ich dachte, du freust dich. Vor allem dachte ich, du wüsstest das.«

»Nein.« Poppy gelang es kaum, ihre Bestürzung zu verbergen. »Tut mir leid, gehen wir weiter.« Sie fasste ihn am Arm und marschierte entschlossen Richtung Wald. Ihm schien es viel besser zu gehen. Als sie angekommen war, hatte er schon mit dem Stock in der Hand auf der Bank hinter dem Haus gesessen. Offensichtlich konnte er den nächsten Spaziergang kaum erwarten.

»Aber ihr habt doch miteinander gesprochen?«, vergewisserte er sich.

»Ja, wir haben gestern den Abend zusammen verbracht.«

»Das ist gut.«

»Warum bleibt sie denn länger?«

»Keine Ahnung. Ich freue mich natürlich sehr, und sie soll bloß bleiben, solange sie mag. Weißt du denn nicht warum?«

Poppy schüttelte den Kopf. Dann wagte sie eine weitere Frage: »Steht ihr irgendjemand besonders nahe?«

»Wir haben mal ein oder zwei Freundinnen von ihr kennengelernt. Aber in den letzten Jahren haben wir sie kaum noch gesehen.«

»Haben Sie sie denn nicht in London besucht?«

»Nun, gelegentlich schon. Aber sie hat uns immer auf Abstand gehalten. Wir haben uns dann in einem Restaurant oder im Theater getroffen. Aber sie hat uns nicht mehr zu sich nach Haus eingeladen.«

»Seit wann nicht mehr?«

Er sah kummervoll zu Boden. »Zum letzten Mal gleich nach ihrem Umzug, als ich die Kaution für ihre erste Wohnung dort bezahlt habe. Damals konnte sie sich das selbst noch nicht leisten. Danach nie wieder«

Poppy sah ihn ungläubig an. Sie hätte es nicht geglaubt, aber es schien, als hätte Rosalyn ihre Eltern ebenso fallen lassen wie Poppy. »Wieso?«, fragte sie fassungslos.

Er schüttelt den Kopf. »Ich weiß es wirklich nicht.«

Vor ihnen erhob sich der Hügel. Nach fünf Schritten legten sie eine Pause ein. Dann zwei Schritte vor und eine Pause. Sie waren so vertieft in ihren mühsamen Aufstieg, dass beide überrascht waren, als sie tatsächlich am Gipfel angelangt waren.

»Wir haben es geschafft«, strahlte Poppy und drückte Davids Hand. Er sah sich fast ehrfürchtig um, so als sähe er diese Landschaft zum ersten Mal. Grüne Bergkämme, Wäldchen und Wiesen, soweit das Auge reichte. Dieses verborgene Tal war bisher von keiner einzigen Schnellstraße verdorben worden. Unten am Fuß des Hügels lag hinter einer blühenden Wiese die alte Jagdhütte.

»Es tut so gut, das zu sehen«, sagte er. »Jetzt ist meine Welt nicht mehr ganz so eng.«

Poppy lächelte über seine Freude ebenso wie über den Anblick der geliebten Hütte.

Als er sich schwer auf ihren Arm stützte, half sie ihm, sich ins hohe Gras zu setzen, und ließ sich neben ihm nieder. Gedankenverloren blickte er auf das Land hinaus. »Wusstest du, dass ich aus dem Black Country stamme?«

»Nein«, antwortete Poppy erstaunt. Sie hatte nie einen Midlands-Akzent bei ihm heraushören können.

»Ich bin in einem winzigen Haus beim Kanal aufgewachsen. Ein Zimmer für meine Mutter und der Dachboden für mich und meinen Bruder. Ich habe meine ganze Kindheit lang von einem besseren Leben geträumt und mich in der Schule halbtot gelernt, nur um hier herauszukommen.«

Er wandte den Kopf und sah auf die Gebäude von Rhiw Hall hinunter. »Ich konnte mein Glück kaum fassen, als wir das Herrenhaus kaufen konnten. Ich musste dafür zwar einen enormen Kredit aufnehmen, aber die Zinsen habe ich von meinem Gehalt bezahlt. Ich war so stolz, dass ich meiner kleinen Rosie so ein Traumhaus bieten konnte.« Er senkte den Blick. »Mir brach fast das Herz, als sie nie mehr zu Besuch kam. Nicht mal zu Weihnachten – dabei ist es dann immer besonders prachtvoll bei uns. Weißt du noch?«

Poppy nickte. Sie konnte sich noch sehr gut an die Weihnachtsfeste erinnern, die sie auf Rhiw Hall hatte verbringen dürfen: Mistelzweige an der Wand, das Aroma von Orangen und weihnachtlichen Gewürzen in der Luft und ein turmhoher Weihnachtsbaum in der Eingangshalle, an dessen Spitze Rosalyn nur von der Treppe zum zweiten Stock aus herangekommen war, um sie mit einem Engel zu schmücken.

»Im Vergleich zu unserem armseligen kohlschwarzen Ziegelhäuschen hielt ich es hier für das Paradies. Ich hatte mir immer vorgestellt, dass eines Tages ihre eigenen Kinder hier aufwachsen würden. Stattdessen scheint sie aber ähnliche Träume gehabt zu haben wie ich damals – nämlich hier herauszukommen.«

Poppy wollte ihn trösten, aber er winkte ab. »Ich mache mir gar keine Vorwürfe. Ich war kein guter Vater. Zwar habe ich sie geliebt, aber ich war viel zu oft weg. Ich dachte, dieses großartige Haus in diesem großartigen Landstrich zu finanzieren, sei das Beste, was ich für sie tun könnte. Und das ging nur, indem ich ständig arbeitete. Dabei habe ich ganz versäumt zu bemerken, wie unglücklich sie hier war. Bis es dann zu spät war und sie sich mir nicht mehr anvertrauen mochte.«

»Falls es Sie tröstet«, erwiderte Poppy, »ich glaube nicht, dass sie zum Schluss noch irgendjemandem hier vertraut hat.«

David nickte. »Das stimmt wohl. Und zuerst, muss ich leider sagen, haben wir – oder zumindest Lillian – dir die Schuld daran gegeben.«

Poppy erschrak. »Warum?«, fragte sie.

Er lachte leise. »Da hatten wir nun dieses großartige Anwesen, und das einzige, woran Rosalyn Interesse hatte, war, auf eurem kleinen Hof im Matsch zu spielen und bei dir zu übernachten. Das hat Lillian fertiggemacht.«

»Ach je. Das wusste ich nicht.«

»Warum solltest du auch? Du warst die beste Freundin, die Rosalyn je hatte.« Er zögerte kurz, fuhr dann aber fort: »Als sie dich plötzlich nicht mehr sehen wollte, habe ich angenommen, du hättest sie in irgendeiner Weise verletzt. Einen anderen Grund konnte ich mir beim besten Willen nicht vorstellen.«

Betroffen sah Poppy zu Boden. »Ich habe ja versucht herauszufinden, was ich falsch gemacht habe. Aber …« als sie den Blick hob, schaute David sie voller Mitgefühl an.

»Ich weiß. Du bist ja nach unserem Skiurlaub damals noch zu uns gekommen. Ich war erst wütend auf dich. Was immer du ihr angetan hattest, hatte sie noch mehr in den Rückzug getrieben. Ihre Laune war unerträglich. Aber als ich dich dann sah, wurde mir klar, dass du gar nicht wusstest, was los war.« Er griff nach Poppys Hand und schüttelte sie heftig und reuevoll. »Es tut mir leid, dass ich damals nicht mit dir geredet habe. Ich habe gehört, wie grausam Lillian zu dir war, und habe nichts dagegen unternommen. Ich hätte irgendetwas sagen müssen.«

»Es ist jetzt nicht mehr wichtig«, antwortete Poppy leise. »Das war eine furchtbare Zeit für uns alle. Und wer verletzt ist, neigt nun einmal dazu, sich unfreundlich zu benehmen.«

David lächelte grimmig. »Ja. Weißt du, ich hatte mich schon im Sommer davor gefragt, ob irgendetwas nicht stimmt. Da hat Rosalyn damit aufgehört, bei dir zu übernachten.«

Poppy nickte. Sie erinnerte sich ebenfalls. Eine Welle nagenden Zweifels überkam sie. David hatte recht, es hatte schon vor dem Skiurlaub gewisse Anzeichen gegeben. War das der Beginn von Rosalyns Rückzug gewesen?

»Immer noch im selben Bett zu schlafen, in diesem Alter. Das ist doch unnatürlich!« Lillians Stimme schallte scharf durch ihr Gedächtnis. Unwillkürlich zuckte Poppy zusammen.

»Rosalyn hat mich damals sogar gebeten, Wells High School verlassen zu dürfen. Stattdessen wollte sie schon vorzeitig aufs College gehen.«

»Das wusste ich auch nicht«, meinte Poppy tonlos.

»Ich habe das als versnobbte Angeberei abgetan. Sie hat die Menschen hier nie wirklich respektiert.« Er sah Poppy an. »Meinen Akzent mag ich losgeworden sein. Aber meine Wurzeln werde ich nie verleugnen. Ich wollte zwar bessere Lebensumstände für meine Familie, aber ich habe den Respekt vor Menschen wie meiner Mutter nie verloren. Sie hat ihr Leben lang hart gearbeitet, und das gilt für viele hier.«

»Wie hat Rosalyn das Nein aufgenommen?« Poppy versuchte, gelassen zu klingen, obwohl ihr das Herz bis zum Hals schlug.

»Schrecklich. Sie schrie herum und machte mir Vorwürfe. Danach wurde sie einfach stumm. Und seitdem haben wir über nichts davon mehr gesprochen.« Dieses Bekenntnis nahm ihn sichtlich mit.

Schweigend und grübelnd saßen sie da. Keiner von beiden konnte den Sonnenschein jetzt noch genießen.

»Tut mir leid, dass ich keine Hilfe war«, murmelte Poppy.

»Mir tut es auch leid«, erwiderte David aufrichtig. »Ich fand, ihr wart ein tolles Paar. Ihr wart immer füreinander da, weit mehr als bei einer gewöhnlichen Freundschaft. Für Rosalyn muss das ein vernichtender Verlust gewesen sein. Ich habe erst zu spät verstanden, dass sie jemanden wie dich dringend brauchte. Ich wünschte, ich hätte dir damals beigestanden.«

Poppy rang sich ein Lächeln ab. Schließlich sagte sie: »Ich denke, wir sollten zurückgehen.«

Er nickte, und Poppy half ihm auf. Er holte tief Luft und ließ seinen Blick noch einmal schweifen. »Wie ist es nur möglich, dass sie dieses Land nicht liebt?«

Sie schüttelte den Kopf. Ihr war es genauso unverständlich.

David richtete sich auf. »Danke, Poppy. Vielen Dank für deine Hilfe und deine Gesellschaft.«

»Gerne. Wenn Sie möchten, komme ich nächste Woche wieder.«

Er nickte dankbar, und sie machten sich auf den Rückweg.

Poppy fühlte sich wie gelähmt. Sie hatte nie über Rosalyns Veränderung vor dem verhängnisvollen Skiurlaub nachgedacht. Hatte Rosalyn etwa damals schon Poppys Neigung bemerkt und sich von ihrer gehässigen Mutter beeinflussen lassen? Hatte Rosalyn gewusst, dass Poppy lesbisch war, bevor sie es selbst erkannt hatte? Und was in aller Welt hielt sie jetzt davon?

Kapitel 22

Noch zwei Wochen.

Auf ihrem Weg mit Pip nach Wells blieb Poppy diesmal auffällig schweigsam. Zwei Wochen länger für Rosalyn Thorn schwärmen und dabei immer befürchten, als Lesbe abgelehnt zu werden. Keine schöne Aussicht.

An der Brücke verabschiedete sich Poppy von ihrer Schwester und marschierte entschlossen auf den Marktplatz zu. Es reichte. Sie wollte sich nicht länger quälen. Sobald sie Rosalyn das nächste Mal begegnete, würde sie ihr sagen, dass sie lesbisch war. Natürlich nicht, dass sie außerdem in sie verknallt war. Aber auf jeden Fall lesbisch.

Hoch erhobenen Hauptes schritt Poppy durch die Ladentür.

»Rosalyn ist oben«, begrüßte ihre Mutter sie.

»Was, hier? Jetzt?« Poppys Entschlossenheit schwand. So bald hatte sie mit dieser Konfrontation nicht gerechnet.

»Ja. Aber keine Eile. Sie sitzt bei einer Tasse Kaffee und liest Zeitung. Allerdings ist heute ungewöhnlich viel los. Außer Rosalyn und Geraint sind noch drei Tische besetzt.«

»Okay.« Poppy versuchte ruhig zu klingen. Als Emma im Atelier verschwunden war, holte sie tief Luft. Sie würde das schaffen.

»Rosalyn«, erklärte sie probeweise. »Ich hatte noch nie … noch nie einen festen Freund. Jedenfalls nie ernsthaft. Du weißt schon …« Hier ertappte sie sich dabei, eine sonderbare Bewegung mit den Fingern auszuführen, als würden diese irgendeine sexuelle Praktik vollführen. Poppy steckte rasch die Hände in die Hosentaschen.

»Ich hab noch nie, auch nicht ein kleines bisschen, du weißt schon … mit einem … mit einem Mann geschlafen. Also Sex gehabt.« Sie schauderte selbst über ihre eigene Unfähigkeit. Noch ein Versuch.

»Ich mag Frauen. Ich liebe Frauen. Also, ich liebe sie richtig. Sie zu küssen … und noch mehr. Also, viel mehr.« Poppy schlug die Hände vors Gesicht. Dieses Gestammel musste ein Ende haben.

Sie ballte die Fäuste und schloss die Augen. »Rosalyn, ich bin lesbisch. Jawohl, eine echte Lesbe. Die allerdings seit drei Jahren keinen Sex mehr hatte. Drei volle Jahre. Nicht einmal einen Kuss seitdem. Was vielleicht der Grund ist, warum ich dermaßen verknallt in dich bin. Deine perfekten Brüste und dein Pfirsich-Po machen es mir auch nicht eben leichter. Mich macht das ziemlich fertig, also kannst du dir vielleicht ausmalen, wie es mir in zwei Wochen gehen wird. Vergib mir also, wenn ich dich nur dumpf anstarre.«

»Sehr schön, Liebling, aber ich würde beim ersten Satz bleiben.«

»Mum!« Erschrocken riss Poppy die Augen auf. »Ich hab dich gar nicht gehört.«

»Dein erster Satz war gut.« Ihre Mutter lächelte milde. »Das wird schon.«

Poppys Wangen wurden sehr, sehr warm. Dankenswerterweise ersparte ihr das Klingeln des Telefons auf der Ladentheke jede weitere Erklärung.

Ihre Mutter nahm ab, und Poppy hastete die Treppe hinauf.

»Ist für dich, Schatz.« Emma hielt ihr den Hörer hin, und Poppy stieg zögernd wieder hinunter.

»Für mich?« Sonst rief nie jemand für sie im Laden an. Normalerweise gingen alle Anrufe über ihr Handy.

Aber Emma nickte.

»Hallo?«, fragte Poppy vorsichtig.

»Guten Tag«, meldete sich die höfliche Stimme eines Mannes. »Können Sie mir wohl sagen, ob Sie am Samstag noch einen Tisch frei haben?«

»Einen Tisch frei?«, wiederholte Poppy perplex.

»Ja, einen Tisch für vier Personen.«

Poppy war sprachlos.

Der Mann klang nun auch unsicher. »Wir hätten gerne einen Tisch für Samstagmittag. Ich weiß, das ist kurzfristig, aber ich hatte gehofft, wir hätten noch Glück.«

»Sie möchten einen Tisch reservieren?«

»Ja.«

»Zum Mittagessen?«

»Ja, für Samstag. Ist das ein Problem?«

Endlich fiel der Groschen – und zwar mit Wucht. »Nein … klar. Ich meine, natürlich kann ich einen Tisch für Sie reservieren«, plapperte Poppy drauflos. »Für vier Personen. Vielen Dank für Ihre Reservierung.« Poppy war so überwältigt, dass sie beinahe aufgelegt hätte. Aber sie fing sich: »Entschuldigung, um wie viel Uhr möchten Sie kommen? Darf ich Ihren Namen notieren?«

Sie lächelte glücklich, als ihre Mutter ihr Stift und Papier reichte. »Würden Sie mir noch verraten, wie Sie auf uns gekommen sind?«, fragte sie.

In dem Moment kam ein auffallend attraktives Paar Beine in Jeans die Treppe hinunter.

»Wie war das?«, fragte Poppy abgelenkt. »In einem Blog?«

Rosalyns Gesicht erschien und wandte sich ihr zu. »Reservierung?«, flüsterte sie.

Poppy nickte heftig.

»Wahnsinn!« Ihre Freude war so echt, dass Poppy ganz warm ums Herz wurde.

»Welcher Food-Blog? Ich muss mir das mal notieren…« Während Poppy schrieb, sah sie mit einem Auge, wie Rosalyn den Laden verließ.

In der Tür wandte sie sich noch einmal um und winkte Poppy zu. Dann war sie weg.

Als Poppy aufgelegt hatte, starrte sie ihre Mutter an. »Wir haben unsere erste Reservierung!« Sie konnte es immer noch kaum fassen.

»Gut gemacht, mein Schatz.« Emma küsste sie auf die Wange. »Endlich mal gute Nachrichten.«

Poppy strahlte vor Glück.

»Wo haben die denn von uns erfahren?«

»In so einem Blog, der Restaurants in Wales und Shropshire bewertet. Ich schau mir das mal zu Hause an.«

Ihre Mutter nickte ihr anerkennend zu.

Jetzt musste Poppy nur noch mit Rosalyn sprechen. Sich also nur noch der Frau offenbaren, die ihr junges Herz gebrochen hatte und bis heute die Macht besaß, sie in ein nervöses Bündel Hormone zu verwandeln.

»Lauf und erzähl es Rosalyn«, sagte ihre Mutter. »Ich kümmere mich solange um die Gäste.«

»Bist du sicher?«

»Aber ja. Du musst doch mit ihr reden.«

»Na gut. Ich beeil mich.« Oh Gott, jetzt wurde es ernst.

Ihre Mutter strich ihr über die Wange. »Lass dir Zeit. Ich bin hier.«

Poppy sprang zur Tür hinaus und sah sich suchend nach ihrer Freundin um. Rosalyn hatte fast das Ende des Platzes erreicht. Poppy sprintete ihr nach, verlor sie aber dennoch aus den Augen.

An der Ecke blieb Poppy keuchend stehen. Keine Spur mehr von Rosalyn. Nur ein älteres Ehepaar trippelte zum Schloss hinauf. Da ertönte die Klingel an Dais Ladentür, und ein Kunde trat heraus.

Einen Moment lang konnte Poppy Dais dröhnende Stimme im Innern hören: »Rosalyn Thorn, sieh an. Sieht man dich auch einmal wieder.«

Poppy schlüpfte rasch hinter dem Kunden hinein und verschwand unbemerkt hinter einem Regal mit Baked Beans in Dosen. Ihre Wangen glühten und ihr Körper bebte. Sie würde noch einen Moment warten müssen, bis sie sich wieder gefangen hatte. Danach würde sie in Ruhe und Würde vortreten und Rosalyn freundlich zu einem gemeinsamen Spaziergang einladen. Sie atmete aus und lauschte.

»Verheiratet? Ich und Poppy?« Dais Lachen ließ die Regale vibrieren. »Du dachtest, Poppy hätte mich geheiratet?«

Oh je.

»Nein, so viel Glück hatte ich leider nicht. Da würden mich wohl viele beneiden.«

»Wieso ist sie dann noch Single, wenn sie hier so heiß begehrt ist?« Rosalyn klang amüsiert.

»Na, sie ist eben etwas Besonderes.«

Oh je, oh je. Poppy ballte die Fäuste in Erwartung der restlichen Antwort.

»Poppy ist ein bescheidener Mensch«, fuhr Dai fort. »Sie wirkt immer glücklich und zufrieden, aber sie braucht wohl …«

Poppy schloss die Augen.

»… einen ebenso besonderen Menschen.«

Puh, das war gerade noch einmal gutgegangen. Poppy spähte hinter ihrem Regal hervor.

Dai starrte Rosalyn feindselig an, und sie erwiderte seinen Blick forschend.

»Sie weiß, denke ich, dass sie warten muss, bis alles passt. Wenn es für den Rest ihres Lebens sein soll.«

»Und bei dir passt nicht alles?«, vergewisserte sich Rosalyn.

»Natürlich nicht! Ich bin überhaupt keine gute Partie. Nein, Poppy braucht intelligenten Austausch …«

»Na, da bist du doch geradezu ideal«, unterbrach ihn Rosalyn ironisch.

»Hör mal zu, Rosalyn Thorn«, ereiferte sich Dai. »Wir waren zwar nicht alle auf der Uni, aber das heißt nicht, dass wir dumm wären!«

Poppy applaudierte ihm innerlich. Gut gemacht, Dai Edwards.

»Außerdem verdient sie viel Großzügigkeit und genauso viel Unterstützung, wie sie selbst allen anderen gewährt.«

»Gewährt? Das ist ja eine gewählte Ausdrucksweise für einen Jungen vom Lande.«

Poppy wurde wütend.

Aber Dai blieb diesmal gelassen und ignorierte die Provokation. »Und vor allem müsste es natürlich eine Frau sein.«

Oh nein, da war es. Jetzt wusste Rosalyn es also. Poppys Magen stürzte ab und drehte sich dann einmal um sich selbst. Vor ihr herrschte Stille. Ohrenbetäubende Stille. Keiner von beiden sagte ein Wort, und Rosalyn schien ihre Spottlust plötzlich abhandengekommen zu sein.

Sie war blass geworden. »Was hast du da gesagt?«

»Na, Poppy ist doch lesbisch.«

Rosalyn schwieg erschüttert.

Dai schien nun auch verwirrt. »Es gibt auch Lesben bei euch in London, oder?«

Rosalyn wandte sich ab. »Ja«, murmelte sie tonlos, »die gibt es auch in London.«

Dai richtete sich zu voller Größe auf. »Ich hoffe doch, du hast kein Problem mit Lesben. Hier jedenfalls gibt es niemanden, der damit ein Problem hätte. Wir würden uns alle sehr freuen, wenn Poppy eine nette junge Frau heiraten würde.«

Poppy wusste nicht, ob sie lachen oder weinen sollte über Dais rührende Loyalität und Rosalyns offensichtlichen Schock.

»Aber … wissen es denn alle?«, brachte Rosalyn mühsam heraus.

»Selbstverständlich.« Dais Stimmlage legte eine Oktave zu. »Und warum auch nicht? Tatsächlich würde hier niemand auch nur ein schlechtes Wort über Lesben dulden.«

»Ach ja?« Rosalyns ätzender Tonfall sagte Poppy, dass sie sich langsam erholte.

»In meinem Dorf niemals.« Dai schob stolz das Kinn vor.

»Nicht jede ist so ein Engel wie Poppy.« Rosalyn klang sarkastisch. »Es gibt auch böse Lesben.«

»Sei nicht albern«, erwiderte Dai tadelnd. »Natürlich gibt es keine bösen Lesben.«

»Ich sage ja nur, dass manche Lesben ebenso gehässig sein können wie Heteros. Alle Lesben kollektiv zu verteidigen, ist Unsinn.«

»Und ich sage nur, dass Lesben nichts grundsätzlich Böses an sich haben. Es mag ja böse Leute geben, die außerdem lesbisch sind, das schon.«

»Was stört dich dann an meiner Aussage?«, forderte Rosalyn ihn heraus.

Dai gab nicht nach. »Du kannst sagen, ein böser Mensch sei außerdem eine Lesbe. Aber anders herum wäre es diskriminierend. Dann würde es bedeuten, dass lesbisch zu sein grundsätzlich falsch wäre.«

Poppy platzte fast vor Stolz auf Dai. Wie er hier ihre Sexualität und gleichzeitig seine Intelligenz verteidigte, war bewundernswert.

Rosalyns Reaktion nicht so sehr.

»Du bist pedantisch!«, rief sie ungehalten.

»Und du bist borniert. Das ist so, als ob ein Kerl von den ›blöden Weibern‹ spricht. Der bezeichnet dann nicht nur eine Frau als blöd, sondern greift in seiner eigenen Voreingenommenheit ihr ganzes Geschlecht an.«

»Seit wann bist du denn so ein Oberschlauer, Dai Edwards?«, giftete Rosalyn.

Dai beugte sich vor und antwortete: »Seit Poppy Jenkins meine beste Freundin ist.«

Autsch. Das hatte gesessen.

Rosalyns Gesicht war aschfahl geworden. »Gut gespielt, Dai«, murmelte sie nur. »Sehr geschickt.«

Sie griff in ihre Tasche und legte zwei Münzen auf den Tresen. »Rest ist Trinkgeld«, grummelte sie und trat mit einem Laib Brot unter dem Arm den Rückzug an.

Poppy hörte die Glocke noch heftig läuten, als Rosalyn sie frustriert hinter sich zuwarf.

Dann war sie verschwunden.

Kapitel 23

Als Dai im Lager verschwand, öffnete Poppy leise die Tür und schlich hinaus. Sie fühlte sich wie gelähmt und taumelte unbeholfen auf den Marktplatz zu. Das Herz wurde ihr so schwer, als müsste es noch einmal den alten Kummer erleben.

»Was tust du denn da?«

Poppy schluckte. Die Weihnachtsfeier in der zwölften Klasse. Wer hatte das gesagt? War sie das selbst gewesen? Die Erinnerung traf sie wie ein Schlag.

Es war damals schummerig gewesen neben der Tanzfläche der Hotelbar. Der rote Teppich hatte unter den Sohlen vom Bier geklebt, und die billigen Scheinwerfer hatten die Ecke in einen grünlichen Schimmer getaucht. Poppy war betrunken. So betrunken, dass sich in ihrem Kopf alles drehte und sie sich an Rosalyns Shirt krallen musste, um nicht den Halt zu verlieren. Ein Knopf löste sich, und Poppy konnte ein Stück von Rosalyns BH erkennen – und darunter die blasse, perfekt geformte Brust. Ihre Lippen trafen auf Rosalyns. Nur einen kurzen Moment streiften sie sich. Aber sie hatten sich berührt.

Poppy erschrak und kehrte in die Gegenwart zurück. Was hatte sie damals angerichtet? Sie hatten hinter den Lautsprechern des DJs gestanden. Dazwischen hatte sie tanzende Paare erkennen können, die ungeschickt fummelten und knutschten. Hatte irgendjemand von ihnen sie bemerkt?

Poppy schloss die Augen und versuchte, sich genau an ihre und Rosalyns Lippen zu erinnern. Sie hatten sich natürlich vorher schon geküsst, jeden Tag ein Küsschen zum Abschied. Aber so noch nicht … War es nur eine betrunkene Laune gewesen? Ein achtloser Moment ohne Bedeutung?

»Was tust du denn da?«, echote es wieder in ihr.

Poppy erkannte diese Worte nur allzu klar. Kalte Angst ergriff sie. Es mussten Rosalyns Worte gewesen sein. Sie hatte wütend ausgesehen, als sie so kerzengerade vor ihr stand, während Poppy taumelte. Aber Poppy hatte gelacht, auch das wusste sie plötzlich wieder. Da hatte Rosalyn sie zu Boden gestoßen und war mit schmerzerfülltem Blick in der Dunkelheit verschwunden.

»Oh Gott!« Poppy ließ sich auf eine der Bänke am Marktplatz sinken. Sie beugte sich vornüber und vergrub ihren Kopf in den Händen. Dann konzentrierte sie sich aufs Atmen. Sie sog die kalte Luft pfeifend durch ihre Finger. Sie versuchte, keine andere Empfindung mehr zuzulassen: ein – aus – ein – aus. Schließlich beruhigte sich ihr Gedankenfluss.

Die Erinnerung hatte lange tief vergraben geruht. Es war die Weihnachtsfeier damals vor Rosalyns Skiurlaub gewesen. Das letzte Mal, dass sie als Freundinnen zusammen waren. Poppy hatte sich all die Jahre nie wirklich erlaubt, an diesen Abend zu denken. Jetzt hatte er sie völlig unvorbereitet eingeholt.

Sie atmete noch einmal tief ein und aus.

Sie hatte immer angenommen, dass Rosalyn sie damals für ihre Trunkenheit verachtet hatte. Aber es musste noch mehr passiert sein. Vielleicht war es doch ein richtiger, leidenschaftlicher Kuss gewesen. Vielleicht hatte Poppy es noch einmal probiert und konnte sich nur nicht erinnern?

Die Erkenntnis traf Poppy hart. So musste es gewesen sein. Deshalb hatte sich Rosalyn von ihr abgewandt – weil ihre Sexualität sich volltrunken Bahn gebrochen hatte. Und jetzt wusste Rosalyn, dass es sich nicht nur um ein Experiment gehandelt hatte, sondern um Poppys wahre Persönlichkeit.

Poppys Gedanken überschlugen sich. Sie sagte sich, dass die erwachsene Rosalyn eine intelligente, weltoffene Frau ohne Vorurteile war, die auf jeden Fall für die Rechte der Lesben und Schwulen eintreten würde. Aber dennoch klopfte ihr Herz furchtsam und zog sich ihr Magen ahnungsvoll zusammen. Die Vorstellung, dass Rosalyn nun wieder sang- und klanglos aus ihrem Leben verschwinden würde, war zu grausam.

Gerade, als die Verzweiflung sie zu überwältigen drohte, legte sich ein tröstender Arm um sie. Eine vertraute und willkommene Gestalt ließ sich neben ihr nieder.

»Oh, Mum!«, stieß Poppy überrascht hervor.

Emma sah sie liebevoll an und umarmte sie dann fest. »Und, was hat sie gesagt?«

»Nichts. Das musste sie auch nicht. Ihr Gesichtsausdruck sagte alles. Sie war entsetzt.«

Emma drückte sie und wiegte sie sanft hin und her. »Sie war bestimmt nur überrascht. Ich bin ganz sicher, bei eurer nächsten Begegnung hat sie sich beruhigt. Sprich einfach mit ihr. Sie wird dann schon erkennen, was für ein liebenswerter Mensch du bist – und immer schon warst.«

Poppy wusste, dass ihre Mutter sie aufbauen wollte, dennoch sank ihre Stimmung nur noch tiefer. »Ich glaube nicht, dass das passieren wird. Du hättest sie sehen sollen, Mum …« Rosalyns Miene, so bleich und fassungslos, würde nicht so schnell wieder aus ihrem Gedächtnis verschwinden.

»Wer weiß, warum sie so reagiert hat. Deshalb musst du ja mit ihr sprechen!«

Poppy schwieg. Furcht schnürte ihr die Kehle zu, als sie wieder an die Weihnachtsfeier dachte. Sie schämte sich für ihre ungeschickte, alkoholumnebelte Annährung von damals und wollte sie auf keinen Fall gegenüber ihrer Mutter erwähnen.

Emma strich ihr übers Haar. »Geh nach Hause«, sagte sie. »Hol Pip von der Schule ab, ich mach dann heute früher zu.« Allumfassende Sorge und bedingungslose Liebe sprachen aus ihren Worten.

Poppy nickte und lächelte ihrer Mutter dankbar zu. Sie hob eine Hand und berührte Emmas Wange, so wie früher, als sie noch ein kleines Mädchen gewesen war. »Danke, Mum«, sagte sie aufrichtig. »Danke, dass du immer für mich da bist.«

>~~~<

Zum Glück war Pip auf dem Heimweg schweigsam und blieb in ihrer eigenen Welt. Ausnahmsweise war Poppy froh darüber, anstatt ihr ihre Gedanken und Sorgen zu entlocken. Aber sie hielt die Hand ihrer Schwester so fest, als wollte sie damit nicht Pip, sondern eher sich selbst ein wenig trösten.

Zu Hause war Nain allerdings alles andere als schweigsam.

»Hast du den *Shropshire Express* gelesen?« Sie lag auf dem Sofa ausgestreckt und schwenkte die Wochenzeitung in der Luft. »Sie hat wieder etwas angestellt!«

Poppy war definitiv nicht in der Stimmung für Nains Tiraden. Sie warf ihrem Vater einen fragenden Blick zu, aber der verdrehte nur genervt die Augen und versteckte sich hinter seiner *Racing Post*.

Poppy zuckte müde die Achseln. »Was ist denn los, Nain?«

»Hier!« Nain zeigte mit dem Finger auf eine der Schlagzeilen. »Veruntreuung. Zwei Stadtratsmitglieder vom Dienst suspendiert.«

Poppy runzelte fragend die Stirn. Sie konnte ihrer Nain nicht recht folgen. »Kennen wir die?«

Nain deutete auf einige Namen in dem Artikel.

»Gareth Jones?«, fragte Poppy verwirrt. »Das könnten etwa dreihundert Leute sein, so oft wie der Name hier in Wales vorkommt.«

Nain erhob den Zeigefinger. »Sind es aber nicht. Es ist dieser Junge aus deiner Klasse. Rothaariger Bursche mit so vielen Sommersprossen, dass man die wenigen weißen Flecken dazwischen leichter hätte zählen können.«

Jetzt erinnerte sich Poppy. Gareth war ein mürrischer Klassenkamerad gewesen, der lieber für sich blieb und keine Freundlichkeit erwiderte.

»Und dieser hier.« Nain bohrte ihren Finger erneut in das Zeitungsblatt.

»Glyn Owen?«

»Noch einer aus deinem Jahrgang.«

»Ach ja? Wer denn?«

»Glyn Owen *Buwch*, nicht Glyn Owen *Coch*.«

»Ach ja, der Bauernjunge.« Poppy tat der arme Kerl rückblickend noch leid. Kuh-Glyn im Gegensatz zum Roten Glyn von der Post. Sie konnte sich kaum noch an ihn erinnern. Noch so einer, der keine Freundschaften pflegte. Vielleicht hatte er Gareth näher gekannt, sie wusste es nicht. »Was wirft man ihnen denn vor?«, fragte sie.

»Bestechungsgelder anzunehmen«, rief Nain empört. »Alles Lüge!«

»Du hältst die beiden also für unschuldig?«

»Natürlich!« Nains Stimme schraubte sich noch weiter in die Höhe. »Die hatten als Kinder doch Stimmen wie kleine Engel. Sie waren im Kirchenchor.«

Poppy zuckte die Achseln.

»Selbstverständlich weißt du das nicht mehr. Du warst ja auch nie in der Kirche. Nichts wie Heiden um mich herum.« Sie hatte ihre Anklage an das ganze Wohnzimmer gerichtet, und Iwan zog sich die Zeitung noch dichter vors Gesicht. »Ganz goldige Kerlchen. Ich hab damals in der Kirche saubergemacht, und die zwei haben mir immer angeboten, mir nach dem Gottesdienst zu helfen.«

»Bist du sicher, dass sie nicht einfach was aus der Kollekte klauen wollten?«, mischte sich Pip ein. Poppy musste lächeln.

»Schließ ja nicht von dir auf andere, Philippa Jenkins!«, rügte Nain sie. »Nur weil dir so ein sündhafter Unfug einfallen würde …«

»Was ist denn nun passiert?«, drängte Poppy, um von Pip abzulenken.

»Hör mal gut zu.« Nain spähte angestrengt durch ihre Brillengläser: »Die Beamten sind für die Dauer der laufenden Untersuchung vom Dienst freigestellt.

Eine Bürgerin hatte Bedenken geäußert, weil eine unangemessen hohe Zahl von Anträgen aus Welshpool mittels eines beschleunigten Verfahrens vom Planungsausschuss bewilligt wurden, während sich die Anträge aus kleineren Städten und Kommunen unbearbeitet anhäufen.«

»Und, ist das denn wahr?«, wollte Poppy wissen und fragte sich, was ihre Großmutter eigentlich so auf die Palme brachte.

Nain sah Poppy mit durchdringendem Blick an. »Eine ›Bürgerin‹.«? Und zwei Jungen aus deiner Schule? Nach wem klingt das wohl? Welche Person kennen wir, die nur allzu gerne Ärger macht?«

»Rosalyn!«, rief Pip entzückt.

Poppy konnte spüren, wie sie blass wurde. »Nain, das klingt aber weit hergeholt.«

»Sie war es. Ich sag's euch.«

»Ob sie wohl wieder etwas niederbrennt?« Aufgeregt hüpfte Pip auf und ab.

»Würde mich nicht wundern. Für den Fall, dass die beiden freikommen, plant sie bestimmt schon irgendeine Racheaktion.«

Poppy ließ sich neben ihrem Vater auf einen hölzernen Hocker sinken. Das konnte sie heute Abend nun wirklich nicht auch noch gebrauchen!

Ihr Vater fasste sie sanft an der Schulter.

»Hi Dad«, begrüßte sie ihn müde.

»Komm mal mit, *cariad*.«

Er erhob sich, und Poppy folgte ihm in die Küche. Iwan griff in seine Werkzeugkiste, die hinter der Tür stand, und zog eine dreieckige dünne Scheibe aus Birkenholz heraus.

»Ein Vögelchen hat mir zugezwitschert, dass es heute die erste Reservierung bei jemandem gab.«

Er drehte das Schild zu ihr um, sodass Poppy die Aufschrift sehen konnte. Ihre Stimmung besserte sich augenblicklich. »Ein Reserviert-Schild.« Sie lächelte.

Er reichte ihr das frisch geschliffene Stück Holz. Sie betrachtete es und strich mit den Fingern über die geschwungenen Linien der Buchstaben. Das Werkstück war ein echter kleiner Blickfang.

»Danke, Dad.« Poppy blinzelte ein paar Tränen der Rührung fort. »Ich find's toll!«

»Gut gemacht, *cariad*.« Er küsste sie auf die Stirn. »Schön, dass es dir ein bisschen Freude macht.«

Kapitel 24

Regentropfen glitzerten hinter Poppys Bullauge. Seit sie aufgewacht war, kämpften draußen Sonne und Wolken um die Vorherrschaft. Sie hatte keineswegs vor aufzustehen. Reglos beobachtete sie die Regenrinnsale an der Fensterscheibe.

Pips und Nains lärmende Morgenrituale und Iwans tiefe Stimme waren halb in ihr träges Bewusstsein gedrungen. Jetzt war nur noch Emma unten. Der Laden und das Café blieben heute geschlossen.

Poppy war froh, dass sie ihren Lieblingsschlafanzug trug. Das altvertraute Muster aus roten Baumwollkaros verschaffte ihr etwas Trost, und sie zog sich noch einmal die Decke bis zum Kinn.

Plötzlich klopfte es leise an der Tür, und der Kopf ihrer Mutter schob sich ins Zimmer. »Du hast Besuch«, sagte sie leise. Sie klang unsicher.

Poppy setzte sich auf und rieb sich die Augen.

»Ist schon in Ordnung, Emma. Ich komm später noch mal wieder.« Von unten herauf drang Rosalyns Stimme.

Emma sah Poppy fragend an.

Noch halb im Schlaf nickte Poppy. »Lass sie ruhig rauf. Sie wird eben so mit mir Vorlieb nehmen müssen.« Sie war es leid, sich Sorgen darüber zu machen, was Rosalyn von ihr hielt. Ganz besonders an diesem müden Morgen.

Ihre Mutter zog sich diskret zurück, und kurz darauf stand Rosalyn in der Tür. Sie war pitschnass, ihr Trenchcoat hatte große dunkle Flecken vom Regen und ihr Haar hing in honigfarbenen Locken herab. Ihr Make-up war hoffnungslos zerlaufen, und Poppy kam der Gedanke, dass sie sich Styling-mäßig ausnahmsweise einmal das Wasser reichen konnten.

»Du siehst ja abenteuerlich aus.« Poppy lächelte.

Rosalyn sagte nichts. Ihre Miene sprach von solch widersprüchlichen Empfindungen, dass sich ihre Stimmung nur schwer ausmachen ließ.

Poppy seufzte, stellte die Füße nacheinander auf den Boden, schwang sich aus dem Bett und durchstöberte ihre Schubladen.

»Hier.« Sie reichte Rosalyn ein Handtuch.

Dann nahm sie ihr den Mantel ab und hängte ihn auf einem Kleiderbügel an der Tür zum Trocknen auf.

Rosalyn schien sich der Sinn des Handtuchs in ihren Händen noch nicht ganz erschlossen zu haben.

Poppy nahm es ihr lächelnd wieder ab. »Du erkältest dich noch oder steckst dich mit einem von Pips fürchterlichen Schulviren an, wenn wir dich nicht ganz schnell abtrocknen.«

Poppy wand das flauschige Handtuch um Rosalyns Haare und drückte das Wasser aus. Ihre Aufmerksamkeit wanderte von dieser praktischen Aufgabe zu Rosalyns verstörtem und verletzten Blick. Sie ließ von Rosalyn ab. »Setz dich doch«, wisperte sie und nahm ihre Hand. »Ich fürchte, das Bett ist immer noch meine einzige Sitzgelegenheit.«

Rosalyn setzte sich auf eine Ecke, und Poppy wickelte fürsorglich die Bettdecke um sie beide.

Rosalyn starrte unbewegt aus dem Fenster. Schließlich entschloss sie sich zu sprechen. »Entschuldige. Ich hab deine Telefonnummer nicht. Sonst hätte ich vorher angerufen.«

Poppy fand, das konnte ihr nur recht sein. So war ihr die Aufregung erspart geblieben.

Rosalyn holte Luft und atmete aus, als wollte sie etwas sagen.

Poppys Herz klopfte erwartungsvoll.

Doch nichts geschah.

Wieder öffnete Rosalyn den Mund, doch schließlich war es Poppy, die herausplatzte: »Ich bin lesbisch.“

»Dai hat’s mir gesagt«, erwiderte Rosalyn und ergänzte hastig: »Er hat nicht etwa über dich geklatscht, wir kamen nur zufällig darauf.«

»Das weiß ich doch. Dai würde sich nie am Dorfklatsch beteiligen.« Wieder wartete sie, und wieder blieb Rosalyn stumm. Poppy blieb dennoch ruhig. Ihre Sexualität war nichts, was sie verstecken wollte. Endlich war sie bereit, Rosalyns Fragen zu beantworten.

»Seit wann …?«, fing Rosalyn an. Ihr Gesicht war angespannt. »Wann hast du es den anderen gesagt?«

»Auf der Uni. Als ich meine erste Freundin hatte. Vorher war ich noch nicht einmal sicher, ob ich wirklich lesbisch war. Dann aber schon.«

»Und wann hast du es den Leuten hier gesagt?«

»Oh, das war zur selben Zeit.«

»Und sie hatten nichts dagegen?« Rosalyn schien es kaum glauben zu können. Noch immer wirkte sie stark angespannt.

»Nein. Ein paar waren ziemlich überrascht, das schon … aber ich hatte es nicht sonderlich schwer.«

»Die Leute aus diesem Dorf? Leute wie Dai haben das sofort akzeptiert?«

»Dai hat gelacht, als ich es ihm gesagt habe. Er meinte, das wäre keine Überraschung. Er hätte immer schon geglaubt, dass ich mich für etwas ganz Besonderes aufhebe.«

»Und deine Eltern?«

»Denen musste ich es gar nicht sagen.« Poppy lächelte und sah nachdenklich aus dem Fenster. »Ich kam nach dem ersten Trimester von der Uni nach Hause und plapperte aufgeregt am Küchentisch über alles und jedes: meine Kurse, mein Zimmer, meine neuen Freunde. Da fragte Mum mich plötzlich: ›Wann stellst du sie uns denn mal vor?‹ Ich hatte keine Ahnung, was sie meinte. Sie und Dad grinsten mich an, dann sagte Dad: ›Deine feste Freundin, *bach*. Du platzt ja vor Mitteilungsdrang über sie. Dich scheint es voll erwischt zu haben. Bring sie doch Weihnachten mit nach Hause.‹«

Poppy musste schlucken bei dieser Erinnerung. »Ich fing an zu heulen wie ein Schlosshund. Mum nahm mich in den Arm und hielt mich fest. Das war schön … Also, sie waren beide sehr lieb mit mir, und nichts hat sich geändert.«

Rosalyn Miene wurde weicher. »Du hast großes Glück, Poppy. Deine Eltern sind bemerkenswerte Menschen.«

»Ich glaube eigentlich nicht, dass das viel mit Glück zu tun hatte. Alle sind gut damit klargekommen.«

»Tatsächlich?«

Poppy sah Rosalyn ernst an. »Seit ich zum ersten Mal mit meiner Freundin händchenhaltend durch Wells spazierte, sind sehr viele auf mich zugekommen. Der Pfarrer sagte mir, sein Bruder sei schwul und es sei ermutigend, wie offen ich damit umginge. Mrs Morgan Morgan klatschte buchstäblich in die Hände und erklärte, wie froh sie sei, dass man heute so unbeschwert out sein könne. Klar, manche haben mich auch angestarrt. Und andere sind vor Schreck fast umgefallen. Aber letztlich haben sich alle daran gewöhnt, und irgendwann war es dann für alle einfach normal.«

Rosalyn zögerte. Sie schien nervös. »Hast du es je versteckt? Ich meine früher. Warst du in der Schule in eine verknallt?«

Poppy konnte nicht verhindern, dass sie errötete. »Nein«, behauptete sie. Außer in Rosalyn. Vermutlich war sie schon vorher viele Jahre lang in Rosie verliebt gewesen, wenn sie es recht bedachte. Aber das wollte sie keineswegs publik machen. »Damals war mir das alles nicht ganz klar«, fuhr sie fort. »Ich war zwar nicht so scharf auf Jungs wie die meisten anderen, aber andererseits hatte ich mich im Vergleich zu Mädchen wie dir schon immer etwas unreif gefühlt. Ich dachte, eines Tages würde ich schon noch aufholen …«

»Tatsächlich?«

»Na ja, welche Vorbilder hatte ich denn schon? Ich hab nie eine Lesbe kennengelernt, als ich klein war. Und die wenigen, die mir später begegneten, haben ihre Orientierung nie offen gezeigt. Ich hab noch nicht mal gemerkt, dass Trevor Jones aus der Theater-AG schwul ist.«

Rosalyn musste kichern und entspannte sich ein wenig. »Und das war kaum zu übersehen.«

Poppy runzelte nachdenklich die Stirn. »Ich war schon über zwanzig, als ich es endlich kapiert habe.«

Rosalyn lächelte amüsiert.

»Ich war ja auch nie so cool wie du!« Poppy stieß Rosalyn spielerisch in die Seite. »Ich hab zwar *Quell der Einsamkeit* gelesen, aber damit konnte ich nichts anfangen. Ich war nun einmal keine androgyne Heldin mit einem Faible für verheiratete Frauen. Und das Ende ist auch nicht eben ermutigend. Oder die Mitte … oder der Anfang. Ich hatte dabei überhaupt nicht den Eindruck, so ein Leben würde ich mir wünschen.«

Rosalyn lächelte.

»Im Ernst. Es gibt wirklich nicht viele positive Rollenvorbilder.«

»Hm. Beth Jordache?«

»Ja klar, den Kuss haben alle gesehen, ob sie nun *Brookside*-Fans waren oder nicht. Sogar Nain hat eingeschaltet. Aber ich hatte keinerlei Ambitionen, erst zum Opfer und dann zur Mörderin zu werden.«

»Immerhin sah Anna Friel gut aus. Die hat dir doch garantiert gefallen?«

»Ja, sie war hübsch«, bestätigte Poppy. »Aber ich war nicht heimlich in sie verknallt und hatte auch kein Poster von ihr an meiner Schranktür.«

»Auch sonst keine Prominente?«

Poppy errötete leicht. »Nein. Na ja, vielleicht. Rückblickend.«

Rosalyn strahlte. Ihr seelisches Gleichgewicht schien wiederhergestellt. »Erzähl: wer?«

»Ich fand Ellen echt cool, und wenn ich Hosenanzüge tragen wollte, dann würde ich darin gern so gut aussehen wie sie.«

Rosalyn lachte laut auf.

»Ich war echt schockiert, als sie sich in ihrer Fernsehserie selbst outete. Ich hatte keine Ahnung gehabt!«

Rosalyn wollte sich ausschütten vor Lachen. »Oh Poppy«, rief sie, »das ist der beste Witz, den ich seit Monaten gehört habe. Du warst ja mehr als blauäugig.«

»Ja«, gab Poppy zu. »Das war ich wohl.«

Rosalyn wurde wieder ernst. »Und es hat dich nicht wahnsinnig gemacht, hier leben zu müssen?« Verständnislosigkeit sprach aus ihrem Tonfall.

»Meinst du, hier bei meinen Eltern oder hier in Wales?«

»Beides!«

Poppy zog die Beine an und umschlang ihre Knie. »Doch, manchmal schon.«

»Na, ein Glück – es gibt noch Hoffnung für dich.«

Poppy lächelte nur. »Das ist es aber wert. Als Pip ins Zimmer nebenan einzog und Nain unter mir, da habe ich ernsthaft erwogen auszuziehen, um nicht durchzudrehen. Aber um mir eine eigene Wohnung zu leisten, müsste erstmal das Café mehr abwerfen. Und ich wäre vermutlich ohnehin alle fünf Minuten hier zu Besuch. Ich würde ihre Gesellschaft vermissen, normale Dinge, wie Pip bei den Hausaufgaben zu helfen. Überhaupt Pip. Es wäre, als würde ich meine eigene Tochter verlassen.«

»Und Wells – bist du glücklich hier?«

»Ja. Selbst wenn Nain wieder mal herumwütet und Pip unerträglich vorpubertär ist – es bleibt doch immer noch ein Spaziergang zum Moel Gwyrdd und eine fantastische Aussicht über das Land, das ich liebe. Im Sommer, wenn es draußen schön ist, hängen Mum und ich manchmal einfach die Geschlossen-Schilder raus und fahren mit Pip zum Strand nach Aberdyfi. Wenn ich da im warmen Sand sitze oder mit Pip die Gezeitentümpel erkunde, und weit und breit ist niemand sonst in Sicht, dann fällt mir wieder ein, wie viel Glück ich habe.«

Rosalyn zog die Stirn kraus. »Ich denke nicht, dass das was mit Glück zu tun hat. Es ist einfach deine Einstellung zum Leben. Du hast schon immer nur das Gute in allem gesehen – während ich meinen Blick nicht von der Finsternis abwenden kann.«

Poppy war nicht ganz sicher, ob sie Rosalyn richtig verstanden hatte. »Irgendwas erzählst du mir gerade nicht, oder?«

Rosalyn zögerte. »Es ist einfach nicht immer alles eitel Sonnenschein. Es gibt auch ganz elende Gewittertage im Leben. Andererseits – wenn du dich nur auf die konzentrierst, dann kannst du niemals ganz die Schönheit des Gartens genießen.«

»Was für Gewittertage meinst du?« Poppy hatte ein ungutes Gefühl.

»Nicht alles in Wells ist so idyllisch, Poppy! Und nicht jeder ist so wohlmeinend wie du.«

Poppy hatte keine Ahnung, wen Rosalyn meinte, scheute sich aber zu fragen.

»Jedenfalls«, wechselte Rosalyn das Thema, »kannst du hier doch nie eine passende Partie finden!« Wann ist dir überhaupt zum letzten Mal eine attraktive Frau begegnet?«

Poppy errötete wieder.

»Schon seit Jahren nicht mehr?«

»So in etwa«, meinte Poppy ausweichend.

Rosalyn sah ihr tief in die Augen. »Bist du überhaupt offen für eine neue Beziehung?«

»Natürlich!« Poppy lachte nervös und wünschte sich, die Röte würde endlich von ihren Wangen verschwinden.

»Wirklich?« Rosalyn hielt ihren Blick standhaft auf Poppy gerichtet. Schließlich seufzte sie: »Zumindest verstehe ich jetzt besser, warum du den Gedanken an eine eigene Familie aufgegeben hast. Aber Poppy, hast du nicht das Gefühl, etwas zu verpassen?«

Poppy war vor allem dankbar, dass Rosalyn nicht mehr weiter in ihrem Liebesleben bohrte. Dennoch verspürte sie bei Rosalyns Frage eine gewisse Leere in ihrem Innern, die sie bereits kannte. Auch die würde vorbeigehen.

»Was würde ich aber hier erst alles verpassen!«, erinnerte sie Rosalyn. »Ich hab nur die eine Chance Pip aufwachsen zu sehen.« Sie lächelte Rosalyn zu. »Sieh es einmal so: Ich hoffe, ich werde einmal achtzig oder älter. Demnach habe ich noch ein knappes halbes Jahrhundert, um mein Leben zu genießen. Pip wird nicht mal mehr sieben Jahre hier bei uns zu Hause sein. Diese wertvolle Zeit möchte ich einfach nicht verpassen!«

Sie hätte erwartet, dass Rosalyn sie dafür belächeln würde. Stattdessen wirkte sie erschüttert.

»Du wirst niemals hier wegziehen, stimmt's?«, fragte Rosalyn tonlos.

»Vielleicht«, antwortete Poppy ehrlich. »Ich kann mir vorstellen, mal vorübergehend woanders zu wohnen, aber ich würde letztlich immer wieder hierher zurückwollen.«

Poppy sah ihre Freundin an. Rosalyn schien innerlich in Aufruhr. Ihr Atem ging rascher, ihre Miene wirkte angespannt.

»Poppy, ich …«, begann sie.

Poppy lehnte sich zu Rosalyn hinüber, um ihr zu zeigen, wie aufmerksam sie zuhörte.

»Ich weiß, dass du nicht … zumindest nicht auf diese Art … vielleicht auch auf gar keine Art …« Rosalyn geriet ins Stottern. »Du erinnerst dich bestimmt nicht mehr … und in der Schule hab ich ja noch nicht … Aber ich muss dir etwas sagen.« Sie holte tief Luft. »Oh je, das ist echt schwer für mich, Poppy!« Rosalyn wandte sich Poppy zu. »Ich mag …«

»Mädchen?« Emmas Stimme drang von unten zu ihnen herauf.

»Entschuldige kurz«, sagte Poppy und sprang zur Tür. »Hi Mum«, rief sie herunter.

Emma stand am Fuß der Treppe und sah hinauf. »Hättet ihr beiden gern Tee und Kuchen?«

»Das wäre schön, Mum.« Poppy lächelte. »Magst du eine Tasse?«, wandte sie sich über ihre Schulter an Rosalyn.

Rosalyn sah bleich aus, ihre Augen waren geweitet. Ihr Mund stand noch halb offen, und Poppy war nicht sicher, was genau ihr gerade entgangen war.

Rosalyn stand auf. Aufgewühlt rang sie die Hände, gewann dann aber ihre Fassung wieder und richtete sich entschlossen auf. Der Moment der Vertraulichkeit war vorüber.

»Ach, es ist nichts«, sagte Rosalyn. »Ist schon gut, ich muss ohnehin nach Hause. Danke, Poppy, für das Gespräch. Ich würde gern noch bleiben, aber

Dad kommt bald zurück von der Physiotherapie, und ich muss meine Mutter ablösen.«

»Gut, dann ein andermal«, erwiderte Poppy.

Rosalyn atmete hörbar aus und nickte. »Vielleicht vor meiner Abfahrt.« Sie beugte sich vor und küsste Poppy auf die Wange. Einen Moment später schloss sich die Haustür hinter Rosalyn.

Das war nicht schlecht gelaufen, fand Poppy. Poppy hatte sich offen als Lesbe zu erkennen gegeben und war auch weitgehend aufrichtig zu Rosalyn gewesen – mit der einen oder anderen Auslassung. Und Rosalyn hatte es alles in allem gut aufgenommen. Sonst hatten Freunde nach ihrem Bekenntnis immer noch mehr wissen wollen: wie lange, warum, wen und ob je … Eben war es schon deutlich besser gelaufen. Oder?

Poppy gratulierte sich selbst, weil sie sich ausnahmsweise nicht von dem Verlangen nach Rosalyn hatte überwältigen lassen. Keine ungewollte Lustwelle – nicht eine. Sie hatten sich als erwachsene Freundinnen verabschiedet, mit einem keuschen Küsschen auf die Wange. Poppy war stolz auf sich. Ja, ihre Schwärmerei war zweifellos unter Kontrolle!

Kapitel 25

Die Nacht war dunkel und feucht. Poppys Zimmer glomm in einem gedämpften Orange, das von der Lampe neben der Haustür heraufdrang.

Das leise Klopfen war kaum zu hören.

»Wer ist da?«, fragte Poppy.

»Rosalyn.«

Der samtweiche Ton löste in Poppy eine Welle der Erregung aus. Ihr Körper bewegte sich wie von selbst auf die verlockende Stimme zu. Sie legte die Hand an die Tür. Ihre Fingerspitzen kribbelten erwartungsvoll.

»Lass mich rein.« Rosalyn klang verzweifelt. »Ich brauche dich.«

Poppys ganzer Körper bebte vor Sehnsucht. Aufgeregt hantierte sie an der Klinke. Dann zog sie die Tür auf.

Rosalyn stand im halb erleuchteten Flur.

»Du bist ja ganz feucht«, stieß Poppy hervor.

Rosalyns Locken hingen in der dampfenden Wärme der Nacht nass und schwer herab.

»Furchtbar feucht«, murmelte Rosalyn. Ihre Augen glänzten voll dunkler Verheißung, die Pupillen waren vor Verlangen geweitet.

»Komm«, flüsterte Poppy, »ich helfe dir«.

Sie strich mit den Fingern durch die Regennässe auf dem entblößten Teil von Rosalyns Brust. Als Poppy einen Finger unter den obersten Knopf ihres Mantels schob, schloss Rosalyn die Augen. Der Knopf gab nach, und der Mantel glitt Rosalyn mit einem Seufzen von den nackten Schultern.

Poppy keuchte auf. Alles, was Rosalyn noch am Leib hatte, war ein durchscheinendes Hemdchen. Es glitt verführerisch über ihre Haut, als sie sich aufs Bett sinken ließ und auffordernd zurücklehnte.

Poppy kniete sich vor das Bett. Sie konnte den Blick nicht von Rosalyns kaum mehr verhüllten Brüsten abwenden, die sie so lange schon begehrte.

Dann ließ Rosalyn – langsam und aufreizend – ihre Schenkel auseinandergleiten.

Der hauchdünne Seidenstoff, der nun zwischen ihren Beinen Falten warf, erregte Poppys Vorstellungskraft aufs Äußerste. Sie wollte alles erkunden, was darunter lag.

»Zieh es mir aus«, wisperte Rosalyn, »ich bin klitschnass.«

Poppy streckte die Hand nach Rosalyn aus. Ihre Erregung pulsierte bis in die Fingerspitzen. Über Rosalyns Oberschenkel hielt sie inne, und ihre Atmung wurde schneller. Dann streiften ihre Finger leicht die Haut. Eine Welle heißen Verlangens schoss durch ihren Körper. Sie stöhnte leise auf.

Gierig strich sie mit der ganzen Handfläche über Rosalyns glatten, warmen Oberschenkel. Am Saum des Hemdchens angekommen zögerte sie noch kurz und schob dann ihre Hand darunter. Rosalyn strahlte eine spürbare Hitze aus. Nur noch einen Zentimeter, dann könnte sie ihre Feuchtigkeit fühlen. »Oh«, stöhnte sie laut auf.

»Oh!« Mit einem Ruck richtete sich Poppy im Bett auf, die Wangen hochrot, die Augen schreckgeweitet. Ihr ganzer Körper summte noch im Nachhall ihres Traums. Sie war pitschnass, keineswegs nur vom Schweiß – und sicher nicht vom Regen.

»Oh Gott!« Sie warf die Bettdecke von sich, und die Morgenluft strich kühl über ihren erhitzten Körper.

Diese Schwärmerei also, die so zweifellos unter Kontrolle war … zeigte sich heute Morgen doch eher zügellos. Da waren sich Poppys Körper und Unterbewusstsein einig.

Wie sehr hatte sie sich danach gesehnt, Rosalyns Körper weiter zu berühren, sie tiefer zu erforschen? Und vor allem: Wie laut war sie dabei gewesen?

Alarmiert lauschte sie, ob jemand in Hörweite war. Niemand. Eine Amsel zwitscherte vor ihrem Fenster. In der Ferne blökte ein Schaf. Aber sonst nichts.

Sie warf einen Blick auf den Wecker. Neun Uhr morgens. Kein Wunder, dass es so ruhig war. Es war Samstag; Emma öffnete gerade den Laden, Iwan arbeitete an einem Auftrag, Pip hatte bei einer Freundin übernachtet, und Poppy war sehr spät dran.

Sie sprang aus dem Bett, hüpfte kurz unter die Dusche, schlüpfte in ihr cremefarbenes Kleid, band ihre Halskette um, schnappte sich ihr Reserviert-Schild und sprintete los, immer am Fluss entlang nach Wells. Sofort bereute sie ihre Kleiderwahl, da der tiefe Ausschnitt ihren im Lauf schaukelnden Brüsten nichts entgegenzusetzen hatte. Sie wurde langsamer und zupfte BH und Brüste zu einem stabileren Ensemble zurecht.

Außer Atem und mit rosigen Wangen stürzte sie schließlich durch die Tür des Bioladens – und kam am Tresen vor einer überraschten Rosalyn Thorn zum Stehen.

Rosalyn lächelte.

Noch nie hatte Poppy einen attraktiveren Gesichtsausdruck gesehen als diesen. Leider.

Poppy musste sich eingestehen, dass sie jeden einzelnen Bestandteil dieser Frau begehrte: die verlockend geschwungenen Augenbrauen, die vollen Lippen, die Poppy gern mit unersättlichen Küssen bedeckt hätte, den faszinierenden Ausschnitt mit den bezaubernden Brüsten – und all das, was warm, weich und erregend unter Rosalyns Jeans verborgen lag.

»Morgen«, keuchte sie.

»Guten Morgen.« Auch Rosalyns Blick wanderte Poppys Körper entlang: vom glühenden Teint über die sonnengebräunten Arme bis zu den runden Brüsten, die das Kleid fast zu sprengen drohten.

»Sorry, ich bin spät dran.«

Rosalyn schüttelte langsam den Kopf »Du siehst fantastisch aus.« Ihre Augen hingen wie gebannt an Poppy. »Und dein Duft – was für ein Parfum ist das?«

Zügelloses Verlangen, dachte Poppy, das musste es wohl sein.

»Weiß nicht«, antwortete sie ausweichend.

Rosalyn starrte auf ihren Ausschnitt. »Du trägst sie noch.«

Die Halskette. Poppys Hand schoss zum Anhänger – viel zu spät, um ihn noch zu verbergen.

Rosalyn sah Poppy in die Augen. »Ich dachte, du würdest sie verkaufen oder wegwerfen.«

»Poppy, bist du das?« Emmas Stimme von oben ersparte Poppy die Antwort.

Erst dann fiel ihr die Geräuschkulisse im oberen Stockwerk auf. Es wurde geplaudert und mit Füßen und Stühlen gescharrt: die untrüglichen Zeichen einer erklecklichen Gästeschar.

Emma kam die Treppe hinunter. »Es ist schon richtig voll«, erklärte sie und fuhr mit einem Blick auf das Reserviert-Schild unter Poppys Arm fort: »Das brauchen wir nicht mehr.«

»Oh nein … haben die wieder abgesagt?«

Ihre Mutter schüttelte den Kopf. »Nein, ganz im Gegenteil. Das Telefon hat gar nicht mehr aufgehört zu läuten, seit ich hier bin.«

»Was?«

»Wir sind ausgebucht, Poppy! Fürs Mittagessen ist mittlerweile jeder einzelne Tisch reserviert.«

Poppy starrte ihre Mutter fassungslos an. »Ausgebucht?«

»Ja.« Emma reckte triumphierend eine Faust in die Höhe.

»Deshalb bin ich hier«, sagte Rosalyn. Sie schob ein Exemplar des *Guardian Food Guide* zu Poppy hinüber. »Ist heute erschienen. Seite 35.« Rosalyn strahlte.

Poppy blätterte hilflos herum, aber in ihrer Verwirrung war ihr jedes Verständnis für das arabische Zahlensystem abhandengekommen.

Rosalyn schlug den Artikel für sie auf. »Hier.«

Poppys Hände zitterten, als sie sich auf die Wörter zu konzentrieren versuchte.

»Unter Mid-Wales.« Rosalyn deutete mit dem Finger auf die Rubrik.

> »Es gibt nicht viele Empfehlungen aus dieser Region, aber hier sind wir auf eine kleine Perle gestoßen: Im Real Food Café werden Gerichte mit Liebe und Könnerschaft zubereitet. Diese Speisen haben Sie vermutlich schon lange vermisst und können sie dort nun mit herzhaftem Appetit genießen. Nach der vollendeten Mahlzeit wird das Strahlen auf den Gesichtern dem Weihnachtsbaum Konkurrenz machen.«

Poppy konnte es kaum fassen. »Wir sind im *Food Guide*?«

»Jawohl, das seid ihr.« Rosalyn lächelte sie mit einer Mischung aus Stolz und Freude an.

Die Signale ihres Körpers, die dieses Lächeln auslöste, waren gepaart mit dem euphorischen Schock der Rezension eindeutig zu viel für Poppy. »Aber, aber …«, konnte sie nur stammeln. »… Wir werden mit den vollbesetzen Tischen über Mittag doch gar nicht fertig.«

»Ach was, ich mach den Laden dicht und helfe Derek in der Küche«, erklärte Emma.

»Danke, Mum, aber …« Poppy blinzelte nervös zum Obergeschoss hinauf. »Wie soll ich denn so viele Tische allein bedienen? So verärgern wir doch unsere Gäste.«

Poppy klang mutlos. Bethan, die unter der Woche als Aushilfe bei ihnen kellnerte, musste samstags in Welshpool arbeiten. So kurzfristig eine andere kompetente Servicekraft aufzutreiben, war nicht sehr aussichtsreich.

»Ich helfe gern aus«, sagte Rosalyn.

»Du?«

»Ja, sicher. Das ist doch nicht unvorstellbar, oder?«

»Na ja, zwar ist Kellnern nicht die höchste Kunst unter der Sonne, aber wenn man es gut machen will …«

»… muss man es können. Ganz deiner Meinung. Ich hab während des Studiums gekellnert. Obwohl meine Eltern reich sind, habe ich mich drei Jahre lang selbst finanziert. Und ich muss sagen, ich hab das ganz gut hinbekommen, immer flott und aufmerksam.«

Poppy fiel fast die Kinnlade herunter.

»Dann also her mit Schürze und Speisekarte, Poppy Jenkins. Es gibt viel zu tun.« Rosalyn grinste, und Poppys Herz machte einen freudigen Satz.

> ~ ~ ~ <

Poppy und Rosalyn hockten zwischen der Kuchentheke und Edelstahlküche beieinander. Sie mussten noch dichter zusammenrücken, als Emma ein Stück Kuchen aus der Theke und Derek etwas aus der Küche holen musste.

Sie waren sich so nah, dass Poppy Rosalyns Atem auf ihrer Brust spüren konnte. Sie hielt den Atem an, bemerkte dann aber erschrocken, dass das ihre Brüste weiter nach vorn drückte. Einen Moment lang berührten sich ihre und Rosalyns Brustspitzen – einen exquisiten, elektrifizierenden Moment lang.

Der Reiz wanderte von oben in ihren Unterleib und sandte die gute Botschaft direkt zwischen ihre Beine. Poppy erschauderte. Rasch wandte sie ihren Blick der Speisekarte zu, als habe sie nichts weiter bemerkt.

»Speisekarte« sagte sie. »Das ist die Speisekarte.«

Zu ihrer Erleichterung schien Rosalyn zu sehr mit den Tagesempfehlungen beschäftigt, um ihre Reaktion zu bemerken. Rosalyns Wangen erblühten in zartem Rosé, und sie schien leicht zu schwitzen. Die Versuchung, mit dem Finger über Rosalyns Wange und den Hals hinab bis zur verheißungsvollen Grenzline ihres Ausschnitts zu streichen, war überwältigend.

»Heiß«, stieß Poppy unwillkürlich hervor und schob mit alarmiertem Blick rasch nach: »Es ist heiß hier.«

»Du auch«, antwortete Rosalyn spontan. »Äh, ich meine: Ist dir auch heiß? Das kommt sicher aus der Küche, oder?«

»Ja«, beeilte sich Poppy zu bestätigen. »Und draußen wird es auch heiß. Mit der Sonne. Sehr heiße Sonne.«

»Und es wird noch immer heißer, Mädels«, rief Derek fröhlich, während er sich mit einer Riesenkiste voller Tomaten an den beiden vorbeidrängte.

Poppy biss sich nervös auf die Lippe. »Das ist die heutige Speisekarte«, wiederholte sie. »Bis zum Mittag servieren wir aber noch Sandwiches, Kuchen und Getränke.«

»Dann mache ich mich mal auf eine Menge Brötchenhälften gefasst«, sagte Rosalyn.

Poppys Verstand brauchte eine Weile, um sich von dem Bild Rosalyns ganz spezieller Brötchenhälften zu lösen, das sich sofort vor ihrem inneren Auge eingestellt hatte.

»Stimmt … genau«, stotterte sie. »Und das hier ist die Kaffeemaschine …« Poppy gelang es, sich ohne weiteren Körperkontakt an Rosalyn vorbei zur Maschine zu schlängeln. Sie angelte nach zwei Café-au-lait-Schalen und wollte sie gerade mit einer schwungvollen Drehung unter den Dampfdüsen platzieren, als sie sich prompt wieder mit Rosalyn ins Gehege kam und die Tassen auf Höhe von deren Brüsten abrupt stoppen musste.

»Das sind die Großen«, murmelte sie mit Blick auf das Ensemble, das sich ihrem gesenkten Blick bot, und stellte hastig die Tassen unter die Maschine.

Dass auch Rosalyns Wangen Farbe annahmen, konnte Poppy nur noch aus dem Augenwinkel erahnen. Sie wagte kaum, den Blick wieder zu heben.

»Vielleicht stellst du das besser mal ab«, erklang eine sanfte Stimme hinter ihr, und Emma deutete vielsagend auf die mittlerweile pfeifenden Düsen. »Es wird langsam etwas hitzig hier drin.«

Poppy und Rosalyn beeilten sich gleichzeitig, das Weite zu suchen.

»Ich geh mal an die Theke.«

»Ich seh mal nach den Gästen.«

Trotz Poppys unkonzentrierter Einführung ins Alltagsgeschäft schlug Rosalyn sich wie ein alter Hase. Sie übernahm das gesamte zweite Obergeschoss, während Poppy sich mit der ersten Etage beschäftigen konnte. Die Gäste bestellten freudig und viel; die Zeit verging wie im Flug.

Jedes Mal, wenn sich die beiden Frauen vor der Küche oder der Kuchentheke begegneten, wenn sich Finger, Arme oder gar Schenkel berührten, fuhr Poppy ein wohliger Schauer durch den ganzen Körper.

Den hochroten Kopf, den sie dabei von Zeit zu Zeit bekam, konnte sie auf das warme Wetter draußen schieben. Schließlich, so bemerkte Poppy, erging es

Rosalyn selbst kaum besser. Die sah über alle Maßen verlockend aus mit ihrem frischen Teint, den dunkel verhangenen Augen und tiefroten Lippen. Wie sie mit den Gästen lachte und scherzte – Poppy stand wie gebannt an der Theke und sah ihr wortlos zu.

»Alles okay? Brauchst du Hilfe hier unten?«, fragte Rosalyn sie.

»Nein, alles gut.« Poppy schüttelte sich kurz und lächelte ihre Freundin mit aufrichtiger Dankbarkeit an. Ihr Blick wanderte tiefer und blieb auf Rosalyns Bluse hängen. »Oh, du bist ja aufgeknöpft!«

Rosalyn hob die Hände, auf denen sie drei Teller gleichzeitig balancierte und spähte auf ihre oberen Blusenknöpfe hinunter. Dort hatten ihre Brüste die zarte Umhüllung gesprengt, und die oberen zwei Knöpfe waren aufgesprungen. Rosalyns Spitzen-BH lugte nun für alle sichtbar hervor. Vor allem aber drängten nun die dunklen Knospen darunter ans Tageslicht – ein Anblick, den Poppy niemals vergessen würde.

»Knöpf mich zu«, wisperte Rosalyn rau. »Sonst lass ich noch die Teller fallen.«

»Was?« Poppy geriet in leichte Panik. Wie sollte sie das schaffen, ohne Rosalyn zu berühren?

»Bitte knöpf mich zu«, bat Rosalyn noch einmal und blickte nervös im Raum umher, ob jemand zusah.

Also beugte sich Poppy vor und fasste den obersten Knopf und das oberste Knopfloch mit großer Präzision jeweils zwischen Daumen und Zeigefinger. Jetzt musste sie nur noch Rosalyns Brüste zusammenpressen, damit sich die Bluse wieder schließen ließ. Was vielleicht gar nicht so schwer gewesen wäre – wenn ihr nur nicht Rosalyns Duft so betörend in die Nase gestiegen wäre, als sich deren Oberkörper schwer hob und senkte.

Poppy zog entschlossener an Rosalyns Bluse. Die Intimität des Augenblicks trieb ihren Puls an. Glücklicherweise hatte Rosalyn den Kopf von ihr abgewandt und hielt den Atem an. Vielleicht wurden ihr die Teller wirklich zu schwer.

Poppy holte tief Luft und umfasste je eine Handvoll der zarten Wölbungen mit ihren Fingern. Dann drückte sie sie beherzt aneinander und schloss die Knöpfe.

»Geschafft!« Poppy atmete auf.

»Danke.« Rosalyn musste hörbar schlucken. »Ich … bring die Teller mal besser schnell an den Tisch. Ja. Das ist besser.« Und schon war sie mitsamt der Teller entflohen.

Kapitel 26

Der Tag verlief magisch. Poppys Mutter und Derek übertrafen sich selbst, und Rosalyn widmete sich den neuen Gästen mit professioneller Hingabe. Sie flirtete mit allen, angefangen bei zwei stämmigen jungen Männern bis hin zu einem Vierertisch mit Frauen jenseits der Achtzig, die sich als die weit größere Herausforderung erwiesen.

Es hagelte Komplimente für das heimelige Ambiente und die abwechslungsreiche Speisenauswahl. Poppy kam aus dem Strahlen gar nicht mehr heraus – und strich selbst mehr als ein dickes Lob für ihren liebevollen und herzlichen Service ein.

Als sie schließlich die Tür hinter dem letzten Gast schloss, hatte sie Derek und Emma schon lange in den wohlverdienten Feierabend entlassen können. Sie gratulierte sich dazu, dass es ihr gelungen war, ihre Fassade, gegenüber Rosalyn Thorn hatte aufrechterhalten zu können. Und das, obwohl sie immer wieder auf Tuchfühlung mit den vielfältigen Verlockungen Rosalyns gekommen war.

Insgesamt war das allerdings eine Herausforderung gewesen. So vielen Tagträumereien war sie erlegen! Wie in Trance griff Poppy nach ihrem Kettenanhänger. Ein Schreck fuhr ihr in die Glieder. Sie spürte nichts außer Haut und Stoff – er war fort!

Atemlos sprintete sie die Treppe hinauf. Sie sah sich auf dem Boden des Cafés um, schaute in jede Ecke, danach unter alle Tische. Keine Spur von ihrer Kette. Sie schaute auf den Toiletten nach und ging dann zu einer frenetischen Suche in der Küche über. Dort war jede verfügbare Fläche mit benutztem Besteck, schmutzigem Geschirr, Töpfen und Pfannen bedeckt. Der Anhänger konnte versehentlich an hundert Stellen gelandet sein – unter anderem auch in einem der zahlreichen Abfallsäcke draußen oder im Ausguss eines der drei Spülbecken. Und in Rosalyns Pause hatte sie auch auf der obersten Etage serviert.

Dort machte Rosalyn gerade Ordnung, sammelte letzte Teller ein und wischte die Tische ab. Poppy nahm leise ein paar Stufen der Wendeltreppe, in der Hoffnung, sie könne dort den Boden absuchen, ohne dass Rosalyn es bemerken würde.

Bevor Poppy aber auch nur angekommen war, wurde es oben ganz still. Es war nichts zu hören, weder klappernde Teller, noch das Zischen der Sprühflasche. Zögernd reckte Poppy den Kopf und stieg höher, bis Rosalyn in ihr Blickfeld geriet.

Sie kniete in einer Ecke und untersuchte gerade voll Sorgfalt ein kleines Objekt. Dabei blitzte eine Kette auf. Poppys Halskette!

Rosalyn starrte auf den Schmuck in ihrer Hand. Sie hatte den Daumen schon in Stellung gebracht, um den Anhänger zu öffnen. Aber noch blieb sie reglos wie in banger Erwartung. Dann gab sie sich einen Ruck und drückte die beiden Hälften auseinander. Und ein Seufzer der Erleichterung entfuhr ihr.

Poppy wusste, was sie dort gefunden hatte – besser gesagt nicht gefunden hatte. Kein Bild, keine aktuelle oder verflossene Flamme, noch nicht einmal ein Familienmitglied. Der Anhänger enthielt auch nach all den Jahren noch immer nichts als den schwachen Abdruck von Rosalyns Finger.

Rosalyn klappte den Anhänger vorsichtig wieder zu und hielt ihn einen Moment lang fest in der Hand. Poppy bereute, dass sie sie heimlich beobachtete, und lief nun hör- und sichtbar die letzten Stufen hinauf.

Rosalyn wurde bei ihrem Anblick blass.

»Deine Kette«, sagte sie. »Sie lag hier.« Sie klang so weich und verletzlich wie an dem Tag, als sie Poppy damals den Anhänger überreicht hatte. »Ich bin froh, dass du sie nicht einfach weggeworfen hast.« Sie lachte freudlos auf. »Ich schätze, ich hätte das an deiner Stelle getan.« Der Blick, den sie Poppy zuwarf, barg hundert widerstreitende Gefühle. Schüchtern trat sie auf Poppy zu. Keine Spur mehr von der vorhin noch zur Schau gestellten Selbstsicherheit.

»Hier«, flüsterte sie und hielt das Silberkettchen hoch.

Poppys Herz floss über angesichts von Rosalyns verwundbarer Schönheit. Egal in welcher Stimmung Rosalyn Thorn auch sein mochte – irgendetwas daran berührte Poppy immer auf besondere Weise.

Poppy hob ihre braune Haarpracht an, damit Rosalyn ihr die Kette um den Hals legen konnte. Sie schloss die Augen, denn sie wagte nicht, Rosalyn ins Gesicht zu sehen.

Als Rosalyn ihr die Kette umlegte, konnte Poppy den Anhänger kühl auf der Haut spüren. Rosalyns Finger berührten ihren Hals, und es kribbelte spürbar.

»Fast geschafft«, wisperte Rosalyn.

Sie nahm sich Zeit, um die Kettenglieder langsam von Poppys Hals an abwärts glattzustreichen; über das Schlüsselbein, an der oberen Rundung der Brüste entlang bis zu dem vertrauten Anhänger.

Die Aufmerksamkeit, die Poppys Brüsten zuteilwurde, versetzte deren Spitzen auf der Stelle in Habachtstellung. Unwillkürlich stöhnte Poppy leise auf.

Sie hielt den Atem an. Die Reaktion ihres Körpers war unübersehbar. Ihre Wangen liefen dunkelrot an. Sie hielt die Augen fest geschlossen aus Angst vor Rosalyns ablehnender Reaktion. Sie fürchtete, diese stünde ihr bereits ins Gesicht geschrieben.

Sie spürte, wie Rosalyn ihre Hand bewegte, und erwartete bereits, dass sie sie wegziehen würde. Aber das tat sie nicht. Die Hand blieb nicht nur in Kontakt, sie kostete ihn aus. Langsam und zielstrebig wagten sich die Finger weiter vor, erforschten Poppys Dekolleté und umschlossen schließlich die ganze Brust.

Poppy keuchte entzückt auf, als Rosalyns Fingerspitze die Brustwarze umkreiste. Die Folge war selbst durch den Baumwollstoff des Kleides deutlich zu sehen: Während die Knospe sich zusammenzog und aufrecht stellte, durchströmte Poppys ganzen Körper eine ekstatische Lust.

In Sekundenschnelle hatte Rosalyn Poppys Kleid aufgeknöpft und ihre Hand unter das BH-Körbchen geschoben. Die fordernden Finger hatten jetzt ungehinderten Zugang zu dessen Zentrum und reizten es mit einem erregenden Kniff.

Mit offenem Mund stand Poppy reglos da und genoss die Berührung. Das Kleid war ihr vom Körper geglitten. Sie stand vollständig unter Rosalyns Bann, alles andere war aus ihrer Wahrnehmung gewichen. Geist und Körper bebten in sehnsüchtiger Erwartung dessen, was kommen mochte.

Als Rosalyn ihren Griff für einen Moment löste, fürchtete Poppy schon, sie würde aufhören. Aber stattdessen begegneten Rosalyns warme Lippen den ihren in einem leidenschaftlichen Kuss.

Poppy reagierte voll heißem Verlangen. Fieberhaft erkundeten ihre eigenen Hände nun Rosalyns Körper, zerrten ihr das Shirt vom Leib, den BH von den Schultern und berührten schließlich zitternd die nackte Haut der ersehnten, verheißungsvollen Brüste. Als sie den vollen Busen an beiden Handflächen spürte, ging sie stöhnend in die Knie.

Poppy ließ sich von Rosalyn zu einer der gepolsterten Sitzbänke führen. Dort lehnte sie sich weit zurück, warf den Kopf nach hinten und bot ihren Körper

Rosalyn dar. Sie hörte, wie sich Rosalyn rasch ihrer restlichen Kleidung entledigte. Dann spürte sie, wie ein Lufthauch über ihre entblößten Brüste strich und ihr Slip zu Boden gezogen wurde.

Poppy konnte Rosalyn in intimster Nähe spüren – den leichten Kontakt ihrer Brüste mit Rosalyns, den Kitzel von Rosalyns Schenkel zwischen ihren Beinen und Rosalyns erregten Atem. Eine einzige unwiderstehliche Qual.

Dann strichen zwei Finger zwischen ihren Beinen durch.

Als die Finger ihre Feuchtigkeit fanden, sog Poppy scharf die Luft ein. Rosalyn massierte Poppys Lippen mit schnellen, innigen Bewegungen. Immer und immer wieder, bis Poppy es nicht mehr aushielt und sich keuchend gegen Rosalyns Hand presste. Da glitt Rosalyn tief in sie hinein.

Beide stöhnten laut auf. Das Gefühl, ganz von Rosalyn erfüllt zu sein, war überwältigend.

Sie genoss jede erneute Welle der Lust, während Rosalyn sich in ihr zu bewegen begann und schließlich mit dem Daumen sachte ihre Klitoris umkreiste. Poppys Körper spannte sich an und drängte Rosalyn noch weiter entgegen.

Die Finger beschleunigten ihr Tempo und der Druck, den sie ausübten, wurde von Mal zu Mal stärker. Ein lustvoller Schrei entfuhr Poppy. Nach Luft ringend schlang sie ihre Arme um Rosalyns nackten Rücken. Ein köstlicher Schwindel grenzenlosen Genusses erfasste sie. Sie fühlte sich einer Ohnmacht nahe. Dann aber fanden ihre eigenen Hände den Weg zu Rosalyns glatten Hüften, zur zarten Rundung ihrer Oberschenkel und schließlich in die feuchte Hitze zwischen ihren prall geschwollenen Schamlippen.

Rosalyn bäumte sich stöhnend auf, als Poppy ihr Ziel fand und ihre Finger in sie schob. Beide Frauen suchten ihren Rhythmus und seufzten dann im Gleichklang, bis sich die Anspannung zwischen ihnen in einem fulminanten Höhepunkt entlud. Poppy versank in Ekstase.

Danach lagen sie beide ganz still. Poppy konnte ihre und Rosalyns schwere Atemzüge hören. Die Begegnung war so unerwartet und explosiv verlaufen, dass Poppy nur langsam wieder aus den dunklen Tiefen ihrer Leidenschaft zurückfand. Als sie die Sonne auf ihren Augenlidern spürte, zwang sie sich, die Augen zu öffnen. Im hellen Tageslicht fühlte sie sich auf einmal nackt und ausgeliefert.

Rosalyn starrte sie erschrocken an. »Oh, Poppy«, begann sie. »Das war … das habe ich nicht erwartet. Wirklich nicht.«

Poppy wurde bei diesen Worten noch unbehaglicher.

Bevor Rosalyn fortfahren konnte, klingelte ihr Handy.

Beide schraken auf und sahen zu dem schrillenden Gerät am Boden. Der aalglatte Chef grinste vom Display herüber.

»Nicht jetzt«, stieß Rosalyn hervor und kickte das Handy ungeduldig mit dem Fuß in die Ecke. Wo es unbeeindruckt weiterplärrte.

Rosalyn sah Poppy unsicher an. »Ich wusste nicht, dass ich dir gefalle. Jedenfalls nicht so. Ich war nicht mal sicher, ob du mich überhaupt magst.«

Das Telefon läutete ohne Unterlass. Poppy konnte an nichts anderes denken als an den intim-wissenden Blick des Mannes, der gerade anrief.

»Oh Gott, jetzt bin ich völlig verwirrt.« Rosalyn legte ratlos die Hand an die Stirn. »Ich wusste wirklich nicht, dass du mich attraktiv findest.«

Mit jedem weiteren Klingeln des Handys brannte sich das Bild des Mannes weiter in Poppys Vorstellung. Seine Gegenwart stand fast greifbar im Raum.

»Poppy, ich hätte nie gedacht …« Rosalyn versuchte, Poppys Miene zu lesen.

Die aber drehte sich weg. Ihr war kalt, und sie fühlte sich schutzlos. Rasch sammelte sie ihre Kleidung auf und zog sich an.

»Ich mach erstmal das verdammte Handy aus«, sagte Rosalyn. Mit einem Satz war sie in der Ecke und brachte das Geklingel zum Schweigen. Unbeeindruckt von ihrer eigenen Nacktheit wandte sie sich wieder Poppy zu.

Die sah die reinste Perfektion vor sich. Straffe Schultern und Arme, ein zart gerundeter Busen, kurvige Hüften, ein flacher Bauch, der wie gemacht war, um geküsst zu werden, und schlanke Beine, zwischen denen der Himmel wartete.

Poppy legte eine Hand über die Augen. Sie wollte nicht zugeben, wie unfassbar schön Rosalyn war. Dies hier konnte nur im Wahnsinn enden.

Ihre Gedanken überschlugen sich – sie stellte sich Rosalyn mit ihrem Chef vor, dachte an deren frühere pubertäre Freunde, an die Verachtung, die ihr Rosalyn damals entgegengeschleudert hatte. Sie konnte das Mädchen von damals einfach nicht mit der Frau übereinbringen, die sie gerade mit solcher Leichtigkeit verführt hatte.

Sie hob den Kopf und warf Rosalyn einen schmerzerfüllten Blick zu. »Ich weiß nicht, warum du das getan hast oder was es für dich bedeutet hat …«. Poppy hielt inne. Etwas schien ihr die Kehle zuzudrücken. »Ich kann dir schlecht vorwerfen, dass du mit jemand anderem zusammen bist, und es passiert mir auch nicht zum ersten Mal, dass ich als Seitensprung herhalte. Ich hab ja gar nichts dagegen, wenn jemand ein wenig experimentieren will. Aber *du* ...« Sie schüttelte den Kopf. »*Du* kannst mir das doch nicht antun.« Sie sah Rosalyn fest in die Augen, denn es war ihr wichtig, dass sie sie richtig verstand. »Du darfst nicht so mit mir spielen. Nicht du, niemals!«

»Aber Poppy, ich wusste ja nicht mal, dass du auf mich stehst.«

»Aha. Und da wolltest du mal ein paar Knöpfe drücken, um sicherzugehen, oder was?«

Rosalyn sah sie bestürzt an. »Aber so war es doch gar nicht. Klar, es war überraschend, aber ...« Rosalyn schnappte nach Luft, brachte aber kein Wort mehr heraus. Nervös fuhr sie sich mit den Fingern durchs Haar. »Ich muss mir wohl erst mal was anziehen.«

Rosalyn suchte ihre Sachen zusammen, streifte Slip und BH, Jeans und Bluse über. Dann zog sie einen Stuhl heran, setzte sich Poppy gegenüber und sah unglücklich aus. Ihr Blick wanderte unstet im Raum umher. »Ich weiß gar nicht ...«, begann sie schließlich, »wo ich anfangen soll.«

Kummer überwältigte Poppy. Die Tränen schossen ihr heiß in die Augen. »Vielleicht damit, wie du mir mit sechzehn das Herz gebrochen hast«, stieß sie heftig hervor. »Vielleicht damit, wie du es mir aus dem Leib gerissen und zwei Jahre lang darauf herumgetrampelt hast, so dass ich mich ein Leben lang nicht davon erholen konnte.« Sie senkte den Kopf. »Ich hab immer geglaubt, an mir wäre irgendetwas schrecklich Abstoßendes. Erst vor Kurzem wurde mir klar, dass du mich vermutlich abserviert hast, weil ich lesbisch bin. Aber dann kommst du her und willst meine Freundin sein. Und dann verführst du mich!« Ihr Herz pochte bis zum Hals. »Und jetzt verlässt du mich wieder.«

»Poppy, nein!« erwiderte Rosalyn schockiert. »So war das überhaupt nicht. Na ja, ich kann mir schon vorstellen, warum du das glaubst, aber ...« Sie machte eine hilflose Geste und seufzte schmerzerfüllt. »Oh je, was für ein Schlamassel!«

Poppy musste schlucken. Hier saß Rosalyn, die sie vergötterte und begehrte, die sie so tief berührte und der sie sich so bereitwillig hingegeben hatte. Rosalyn, die ihr eine Minute später schon wieder fremd und unbegreiflich war.

»Ich habe einen Riesenfehler gemacht, Poppy«, sagte Rosalyn leise. »Einen furchtbaren Fehler.« Ihre Hände zitterten und verkrampften sich. »Ich kann kaum fassen, was ich getan habe.«

Sie schaute Poppy flehend an.

Das Geräusch eines Schlüssels im Schloss und das vertraute Kratzen der Ladentür auf dem alten Boden hallten durchs Café.

»Poppy?«, rief Emma herauf. »Brauchst du Hilfe beim Aufräumen?«

Beide schraken zusammen und überprüften automatisch den Sitz ihrer Kleidung.

Poppy sah Rosalyn nicht an. »Du solltest gehen« sagte sie.

»Poppy, bitte! Wir müssen reden.« Rosalyn streckte die Hand nach Poppy aus, aber die drehte sich abrupt weg.

»Nun geh schon. Ich will nicht, dass Mum mich so sieht.« Poppy wischte sich die Tränen aus dem Gesicht und setzte eine steinerne Miene auf. »Verschwinde.«

»Poppy, ich muss—«

»Nein!« Sie sprang auf und hastete die Wendeltreppe hinunter, um rechtzeitig in die Küche verschwinden zu können. Über dem dampfenden Spülwasser hatte sie wenigstens einen Grund für ihr gerötetes Gesicht mit den Tränenspuren darin.

Ihr Herz klopfte so laut, dass sie nicht einmal mehr hörte, wann Rosalyn ging oder ob sie auf dem Weg hinaus noch mit Emma sprach.

Kapitel 27

Es kam nicht oft vor, dass Poppy nicht genügend guten Willen aufbrachte, um zu lächeln. Aber an diesem Tag gelang es ihr nicht mehr. Sie bemerkte, wie besorgt ihre Mutter sie ansah. Die unbeantworteten Fragen standen Emma deutlich ins Gesicht geschrieben. Aber sie drängte Poppy nicht.

Das Geschäft brummte am Sonntag ebenso wie am Vortag, und mit Bethans Unterstützung bewältigten sie eine weitere volle Auslastung zur allgemeinen Zufriedenheit. Und als am Abend dann ein Tag voller Komplimente und Zusagen für weitere Besuche hinter ihr lag, hatte Poppy schon beinahe zu ihrer natürlichen Fröhlichkeit zurückgefunden.

Nachts aber wurde es schlimm. Sie lag im Bett und starrte hinaus in die stille Landschaft im silbrigen Mondlicht. Was sie sah, erschien ihr wie ein spöttisches Gegenbild zum Aufruhr ihrer Gedankenwelt. Zum hundertsten Mal errötete sie vor Scham, als ihr wieder durch den Kopf ging, wie leicht sie Rosalyns zärtlicher Berührung erlegen war. Dann herrschte erneut Verwirrung: Warum hatte Rosalyn sie denn überhaupt gestreichelt?

Und *wie* sie es getan hatte! Poppy schloss die Augen, und die Bilder stellten sich von selbst ein. Rosalyns Duft stieg ihr wieder in der Nase, der herrliche Anblick ihres nackten Körpers drängte sich ungefragt in Poppys Vorstellung. Sie sehnte sich so sehr danach, von Rosalyn berührt zu werden – Brust an zarter Brust, Schenkel an weichem Schenkel, der unwiderstehliche Kitzel an ihren Schamlippen. Und wie dann Rosalyns Finger in sie eingedrungen waren – Poppy stöhnte auf. Die innere Rückschau wirkte so lebendig wie das Gefühl, als Rosalyn tatsächlich auf ihr gelegen hatte. Poppy wand sich unter ihrer Bettdecke und wünschte verzweifelt, sie könne ihre Sinne abstumpfen gegen all diese erregenden Eindrücke.

Am Morgen gingen ihr sofort wieder dieselben Fragen durch den Kopf. Ihre Familie machte sich für den Alltag bereit und versuchte gelegentlich, Poppy in eine Unterhaltung zu verwickeln. Die antwortete einsilbig, mechanisch, wie durch einen

Nebel. So bemerkte sie kaum, dass es um sie herum still wurde und sie das Haus an ihrem freien Tag für sich hatte.

Als sie Milch aus dem Kühlschrank holen wollte, dämmerte ihr langsam, warum Nain zweimal wiederholt hatte: »Es ist keine Milch mehr da, *cariad*. Du musst neue holen.« Verlegen machte sie sich auf den Weg über die sonnige Steinstraße.

»Rosalyn, Rosalyn …«, murmelte sie. Seit wann liebte die Kussexpertin, die altkluge Teenagerin Rosalyn wohl Frauen? Was führte sie im Schilde? Das Gedankenkarussell machte Poppy wahnsinnig. Seit Rosalyns Ankunft konnte sie an nichts anderes mehr denken, und doch war sie noch immer kein Stück schlauer, wie sie ihre Freundin verstehen sollte. Wenn überhaupt, verstand sie sie noch weniger als vorher.

Am Ende der Straße nahm sie drei Pint Milch aus dem rostigen Behälter, der dort im Gras stand. Sie drückte die Flaschen fest an die Brust und wollte sich auf den Heimweg machen. Da erklang hinter ihr ein Motorenbrummen. Ein sportliches schwarzes Cabrio hielt neben ihr an. Am Steuer saß eine magere Frau mit strengem Haarschnitt und schwarzer Sonnenbrille.

»He, Sie da!« Ihre Stimme verlangte sofortige und ausschließliche Aufmerksamkeit. »Sind Sie von hier?«

»Ja, das bin ich«, antwortete Poppy und bemerkte wieder einmal den Kontrast zwischen ihren eigenen weichen Wales-Lauten und der glasklaren Hochsprache der Großstädterin. »Kann ich Ihnen helfen?«

»Ich irre hier draußen schon eine halbe Stunde herum, um dieses komische kleine Wells zu finden, aber ich finde es nirgends. Das verdammte Navi führt mich nur zu einer großen Pfütze, und ich hab keinen Netzempfang.«

Poppy lächelte. »Ja, der Empfang kann hier in der Gegend schon mal dünn werden. Wohin möchten Sie denn?«

»Dahin.« Poppy beugte sich zu der Fahrerin hinunter, die ihr teures Handy mit einer E-Mail auf dem Bildschirm hochhielt. »Ich weiß noch nicht mal, wie man das ausspricht.«

Poppy schluckte. »Rhiw Hall«, flüsterte sie und wiederholte es etwas lauter mit Betonung auf dem lang gesprochenen »*ruu*«. Sie hatte nicht viel von der E-Mail lesen können, aber darunter hatte Rosalyns Vorname gestanden und eine Bitte an die Frau, möglichst bald nach Wells zu kommen.

»Wo ist denn dieses verdammte Haus?« Ungeduldig warf die Frau das Gerät auf den Beifahrersitz und nahm die Sonnenbrille ab. »Ich weiß überhaupt nicht, was sie hier so lange in dieser Einöde macht. Ich hab seit Stunden keinen vernünftigen Supermarkt mehr gesehen.«

Poppy starrte die Frau an. Sie kannte dieses Gesicht. Das war das Gesicht auf Rosalyns Bildschirm. Das Gesicht, das Poppy für die Assistentin des Chefs gehalten hatte. Eine Assistentin, die ein sehr teures Auto fuhr. Die nach der E-Mail zu urteilen ein enges Verhältnis zu Rosalyn hatte. Die jetzt hier persönlich vor ihr saß, um Rosalyn zu besuchen. Poppy dämmerte etwas.

»Ist es vielleicht da oben?« Die Frau deutete auf die Straße hügelaufwärts, auf der man schon die Ställe und Cottages sehen konnte.

»Nein«, entgegnete Poppy. »Es ist ein viel größeres Gebäude, ein Herrenhaus. Der Eingang liegt um die Ecke. Wenn Sie da rauffahren, sehen Sie nach der Kurve steinerne Torpfosten zu beiden Seiten einer schmalen Einfahrtstraße. Da müssen Sie hin.«

»Oh, Sie kennen die Leute wohl?!« Die Frau lehnte sich über die Tür und streckte ihr eine knochige Hand entgegen. »Ich heiße übrigens …«

»Sam«, ergänzte Poppy. »Sie müssen Sam sein.«

»Stimmt.« Die Frau klang überrascht. »Woher wissen Sie …?«

Poppy starrte sie an. Rosalyns Ex. Rosalyns Ex-Freundin. Sie suchte in ihrem Gedächtnis nach dem, was Rosalyn gesagt hatte. Hatte Rosalyn denn nicht von einem ›er‹ gesprochen? Hatte sie mit ›Sam‹ tatsächlich nie den aalglatten Schönling gemeint, der so oft anrief?

Die Frau zog die schmalen Augen interessiert zusammen. »Sie sind Poppy, stimmt's?«

»Tut mir leid«, beeilte sich Poppy zu versichern und zwang sich wieder ins Hier und Jetzt zurück. »Das kam eben falsch rüber. Ich weiß fast gar nichts über Sie.«

»Aber ich über Sie!« Sam sah sie unverwandt an. Ihre Miene ließ nur schwach erahnen, dass eine Fülle von Gefühlen unter der Oberfläche brodelte. »Natürlich nur Gutes,« meinte sie leichthin. »Und Neues. Wissen Sie, ich kenne Rosalyn seit vielen Jahren und hatte bis vor Kurzem keine Ahnung, dass jemand in ihrer Kindheit eine so wichtige Rolle gespielt hat.«

Poppy senkte den Blick. »Ich nehme an, sie spricht nicht oft über Wells.«

»Nein, in der Tat nicht.« Sam hielt den Blick unentwegt auf sie gerichtet. »Es ist schon ein kleiner Schock für uns, dass sie ihr Leben mir-nichts-dir-nichts verlässt und einfach hierbleibt. Sie hätte viel früher wieder zurückkommen sollen.« Dann setzte sie hinzu: »Ich bin aber froh, dass Sie Gelegenheit hatten, Ihre Freundschaft aufzufrischen.« Die Betonung lag auf »Freund-«.

Poppy errötete. Der Status von Sams und Rosalyns Beziehung wurde ihr schmerzhaft bewusst, und sie begann, die Begegnung im Café mehr denn je zu bereuen.

»Dann schätze ich mal, wir sehen uns wohl noch wieder«, sagte Sam. Sie setzte die Brille wieder auf und fuhr grußlos davon.

> ~ ~ ~ <

Poppy stand in der heimischen Küche und war einem ganz neuen Gefühlsansturm ausgeliefert. Diesmal dominierten Entrüstung und Verärgerung. Dass der temperamentvolle Toaster ihrer Eltern die mittlerweile dritte Scheibe Toast verbrannte, half nicht gerade.

Dai war zu Besuch gekommen, saß nun am Küchentisch und erzählte irgendetwas über seine Hochzeit.

Missmutig warf Poppy eine weitere Scheibe in den Toaster. »Hast du eben gesagt, Mary will eine Hochzeit im August?«

»Ja, Liebes – vor einer halben Stunde.« Dai lachte. »Wo warst du denn in Gedanken?«

»Sorry, Dai. In diesem August etwa?«

»Ja, ich bin wie gesagt auch nicht erfreut.«

»Im Sommer will doch alle Welt heiraten. Da ist bestimmt schon alles ausgebucht.«

»Ja, das hab ich ihr auch gesagt. Und dir.« Dai grinste.

»Warum hat sie es so eilig?«

»Sie hat tatsächlich einen guten Grund«, antwortete er in ernsterem Ton. »Ihre Nain wird alt und könnte im nächsten Sommer schon nicht mehr da sein.« Er zuckte die Achseln. »Also muss ich mich beeilen.«

»Was hast du im Sinn?«

»Alan Watkins sagt, er kann mir einen guten Preis im Hotel machen, wenn ich im Voraus zahle. Er meint, jemand hat abgesagt.«

»Wann denn?«

»An zwei Samstagen im August.«

»Zwei gleich.« Poppy verschränkte die Arme und runzelte die Stirn. »Sonderbar, dass er nicht ausgebucht ist. Und wieso gibt es da noch keine Warteliste?«

»Keine Ahnung. Er will mir eben einen Freundschaftspreis machen.«

»Ach ja? Hast du denn schon irgendwo anders geschaut? Ist es wirklich ein guter Preis?«

Dai lehnte sich zurück und verschränkte die Arme in all ihrer beträchtlichen Fülle. »Ich hab noch nirgends gesucht. Aber ich weiß schon ungefähr, was sowas kostet.«

»Viel!«, erwiderte Poppy und zögerte kurz, fuhr dann aber fort: »Kannst du ihm auch trauen?«

»Ach, komm schon, Poppy, was soll das? Das klingt verdächtig nach Rosalyn.«

Poppy zuckte bei der Erwähnung des Namens zusammen. »Ich bin Alan gegenüber einfach vorsichtig. So wie er Cerys auf der Versammlung im Rathaus behandelt hat …«

»Ach, das kann man doch nicht ernstnehmen«, wischte Dai ihre Einwände beiseite. »Das war doch nur harmloser Spaß.«

Poppy sagte nichts mehr und blickte zu Boden. An diesem Morgen gab es wohl mehrere, die ihre Gelassenheit auf die Probe stellen wollten.

Dai schnupperte. »Poppy, da brennt was an!«

»Oh nein!« Zwei weitere verkohlte Toastscheiben sprangen aus den Schlitzen. »Und ich hab kein Brot mehr!« Poppy begann, über der Spüle mit einem Messer an einer der Scheiben herumzuschaben.

»Da wir gerade von Rosalyn sprechen«, sagte Dai. »Ich hab sie vorhin in der Stadt gesehen.«

Poppy bearbeitete ihren Toast entschlossener.

»Sie ging Arm in Arm mit einer Frau. Die zwei schienen sich gut zu kennen.«

»Das war Sam«, stellte Poppy klar. »Ihre Ex.«

»Was??«

Poppy wandte sich zu Dai um. Er hatte die Augenbrauen hochgezogen und sah sie mit großen Augen an, hinter denen einiges zu arbeiten schien.

Er schüttelte den Kopf. »Du meinst Ex wie in Ex-Freundin?«

»Ja.« Poppy nahm das Schaben am Toast wieder auf.

»Also, das hab ich jetzt nicht kommen sehen. Hast du es gewusst?«

»Nein«, antwortete Poppy kurz.

»Wie sonderbar. Man sollte doch meinen, dass sie es dir gegenüber mal erwähnt hätte. Ich hätte gedacht, gerade dir sagt sie das sofort.«

»Allerdings«, knurrte Poppy und kratzte noch kräftiger.

»Poppy, Liebes?«

»Hmm?«

»Du schabst dir da gleich die Hand weg.«

Poppy spähte in den Ausguss und entdeckte die meisten der essbaren Krümel dort zusammen mit den verkohlten Teilen.

»Oh, ver…« Poppy warf den kümmerlichen Rest in den Mülleimer. »Ich geb's auf.«

Sie angelte sich einen Apfel aus der Obstschale und ließ sich neben Dai am Tisch nieder. Dann biss sie herzhaft in den saftigen Granny Smith.

»Alles in Ordnung, Poppy?« Dai sah sie halb belustigt und halb besorgt an. »Ich hab irgendwie das Gefühl, etwas stimmt nicht in deiner Welt.«

»Nein, alles in Ordnung«, murmelte Poppy, den Mund voll Apfel.

»Ich wage mal eine wilde Vermutung: Geht es um Rosalyn?«

Poppy sah zu Boden. »Ja, stimmt.«

Er seufzte übertrieben mit der Intonation von ›Ich hab's dir ja gesagt.‹

»Ich weiß«, sagte Poppy.

»Wusstest du es wirklich nicht?«

»Nein.«

»Aber hatte Rosalyn nicht schon einen festen Freund, als sie ungefähr drei war?«

»Kommt hin.«

»Das ist aber verwirrend.« Er zog die Stirn kraus. »Woher willst du dann wissen, auf wen sie als Nächstes steht?«

Poppy sah ihn strafend an, musste aber zugeben, dass sie selbst ähnlich klischeehaft gedacht hatte. Ihre vorschnelle Annahme über das Geschlecht von Rosalyns Vorgesetzten und der prompte Vorwurf, sie experimentiere nur mit ihr herum, hatten Poppy furchtbar in die Irre geführt. Poppy wurde noch im Nachhinein rot, als sie daran dachte, welche Spielchen sie Rosalyn unterstellt hatte.

Aber Rosalyn hätte ihr verdammt noch mal auch etwas über ihre Vorliebe für Frauen sagen können. Das war und blieb die Wahrheit. Vorzugsweise irgendwann bevor sie ihre Finger in sie hineingeschoben hatte. Überwältigt von dem Gedanken an diesen exquisiten Moment schloss Poppy kurz die Augen.

»Also«, sagte Dai, »dann ist sie nicht lesbisch. Ist sie dann …« Er zögerte. »… bisexuell?«

Poppy war auch nicht ganz einverstanden mit dem Begriff.

»Oder stimmt das nicht?«, fragte Dai unsicher.

»Doch, schon. Aber diese Bezeichnung bringt einen ganzen Haufen Vorurteile mit sich. Sobald dieses Wort ins Spiel kommt, sehen die Leute nur noch das Klischee und nicht den Menschen. Und sie ist ja nach wie vor Rosalyn.« Wer immer das war.

Dai versuchte sich an einer Zusammenfassung: »Dann ist Rosalyn also nach wie vor Rosalyn, die früher auf Kerle stand, aber von der sich jetzt herausstellt, dass sie auch Frauen mag. Das legt aber in keinster Weise ihre zukünftigen Vorlieben oder Verhaltensweisen fest, und sie kann weiterhin völlig frei und individuell wählen, wen sie attraktiv findet.«

»Kommt ungefähr hin. Jedenfalls soweit ich es beurteilen kann.«

Dai seufzte wieder. »Höllisch kompliziert, oder?«

Poppy lächelte. »Ja, so sind die Menschen.«

Beide sahen eine Zeitlang stumm vor sich hin.

»Und ihr beide habt nie …?«, fragte Dai dann.

»Was?«

»Du weißt schon …«

»Nein, haben wir nicht«, protestierte Poppy empört.

»Nicht mal als Teenager?«

»Nein.«

»Nicht mal einen Kuss zum Üben?«

»Oh!« Er hatte Poppy voll erwischt. Sie hielt sich die Hand vors Gesicht, sah aber noch, wie Dai den Kopf triumphierend zurückwarf.

»Hab ich's doch gewusst«, lachte er. »Hab ich's doch verdammt noch mal gewusst.«

Kapitel 28

Auch wenn Poppy mit Dai darüber gelacht hatte, hatte Rosalyns Verhalten sie doch tief verletzt. Ihr Schmerz und ihre Verwirrung ließen sich nicht so leicht vertreiben. Als ihre Familie nach Hause kam, bot sie ihr auch nicht die erhoffte Ablenkung. Die anderen merkten, dass sie etwas quälte. Ihre Stimmen waren zu leise, und häufig drehten sie sich auffällig von ihr weg, als hätten sie sie vorher unauffällig zu beobachten versucht.

Poppy lief an ihrer Mutter vorbei, die in der Küche den Abwasch machte. »Ich geh spazieren«, sagte sie.

Im Blick ihrer Mutter lagen Liebe und Mitgefühl mit der Not der Tochter. »Wenn du reden willst, komm zu mir«, sagte sie. »Du kannst mich auch aufwecken, wenn du magst.«

Poppy schüttelte den Kopf. »Ist okay, Mum. Ich komm schon klar.« Und sie schlüpfte zur Tür hinaus, bevor Pip auf die Idee kam, sie zu begleiten.

Der Himmel draußen ging in ein dunkles Indigoblau über, während die Abendsonne noch über den Hügelgipfeln brannte. Poppy wusste nicht recht, in welche Richtung sie gehen sollte. Jeder Weg führte irgendwie zu Rosalyn: Rhiw Hall, Moel Gwyrdd … Ohne weiter zu überlegen, wanderte sie zum Fluss hinunter.

Sie schlug sich durch die Büsche zu einem abgelegenen Kiesstrand. Dort setzte sie sich auf ein Stück Treibholz, das kahlgewaschen und ohne Rinde am Ufer lag. Sie zog die Schuhe aus und steckte die Füße ins Wasser. Träge und kühl umspülte es ihre Zehen.

Der Abendhimmel wurde dunkler. Die Uferkanten verschwanden in der Dämmerung.

»Poppy?«

Sie erkannte die Stimme sofort und neigte den Kopf als Zeichen, dass sie sie gehört hatte, sagte aber kein Wort.

»Kann ich mit dir reden? Bitte?«

Rosalyn kämpfte sich durchs Unterholz.

Poppy wandte sich nicht um, konnte ihre Nähe aber spüren.

»Ich habe überall nach dir gesucht. Sam hat mir erzählt, dass ihr euch begegnet seid.« Rosalyn klang gepresst.

Poppy nickte.

»Sie kann manchmal ziemlich abweisend wirken,« sagte Rosalyn vorsichtig.

Poppy lachte verbittert auf.

»Ich …« Rosalyn trat auf den Kieselsteinen verlegen von einem Bein aufs andere. »Ich wollte, dass du weißt, dass Sam nur meine Ex ist. Und meine Chefin. Wir sind noch befreundet, das ist alles.«

Poppy überfiel eine unkontrollierbare Eifersucht. Ihr Kopf war voller Bilder von Rosalyn und Sam in intimer Vertrautheit, und einen Moment lang kam Hass in ihr auf. Der verwandelte sich gleich in Scham. Was am Ende blieb, war überbordende Wut.

Poppy stand abrupt auf drehte sich zu Rosalyn um. »Es geht mich nichts an, was du für sie empfindest!«

Rosalyn sah bleich und unglücklich aus.

Doch für Mitleid war in Poppys aufgewühltem Zustand kein Raum. Die Empörung siegte. »Verrat mir nur eins …« Die Tränen stiegen ihr heiß in die Augen. »Wie lange liebst du schon Frauen?«

Rosalyn sah Poppy mit traurigem, aber festem Blick an. »Immer schon.«

»Immer?« Poppy trat erstaunt einen Schritt zurück. »Aber … wie kann das sein? Hast du es denn versteckt?«

»Ja.«

»Warum?«

»Warum wohl, was denkst du? Hier ist es nicht so idyllisch, wie du glaubst, Poppy. Die Leute in Wells sind solche Kleingeister und Heuchler!«

»Ich hatte noch nie mit jemandem Schwierigkeiten.«

»Du vielleicht nicht. Du bist hier aber auch so beliebt, Poppy, dass du einen Mord begehen könntest, und die Leute würden immer noch sagen: ›Sie hatte gewiss ihre Gründe‹.«

Poppy wollte aufbegehren, aber Rosalyn hatte sich in Rage geredet.

»Weißt du denn nicht mehr, wie es früher hier war? Wie es vor 20 Jahren war, als mir klar wurde, dass ich auf Frauen stehe?«

»Vor 20 Jahren?«, fragte Poppy ungläubig zurück. »Aber da waren wir nicht älter als zwölf!«

»Ganz genau.« Rosalyn lächelte traurig. »Weißt du noch, wie mein Zimmer aussah? Überall hingen Poster von Pop-Sängerinnen und Schauspielerinnen. Es dauerte eine Weile, bis mir klar wurde, dass ich sie nicht etwa um ihre Schönheit beneidete, sondern sie begehrte.« Sie schaute zu Boden.

»Und du hast nichts unternommen?«, fragte Poppy.

»Nein. Ich habe meine Neigung ignoriert und mir stattdessen eine Reihe fester Freunde zugelegt. Mit denen habe ich genau wie die anderen herumgeknutscht und fand es auch nicht abstoßend oder so.« Sie machte eine Pause. »Aber dann habe ich ein Mädchen geküsst.« Erst jetzt sah sie Poppy wieder an, mit einem fast furchtsamen Ausdruck in den Augen. »Alle redeten ja, als wäre das etwas Ekliges. Sogar, wenn zwei Schwule nur Händchen hielten. Aber meine Erfahrung war …« Sie zögerte. »Es war wunderschön.«

»Wann?«

»Als ich zwölf war.«

»Aber da hattest du doch schon einen Freund. Ich hab dich nie mit einem Mädchen gesehen. Ständig war irgendein gutaussehender Junge hinter dir her.«

»Poppy.« Rosalyn holte tief Luft. »Ich habe noch nie mit einem Mann geschlafen.«

»Was?« Poppy lachte ungläubig. »Und was war damals, als du aus dem Skiurlaub zurückkamst? Alle haben gesagt, dass du deine Unschuld verloren hättest.«

»Das hatte ich auch. Aber an eine Frau.«

Schock, Schmerz und Eifersucht trafen Poppy mit voller Wucht. »Aber wenn du lesbisch warst, warum wolltest du dann nichts mehr mit mir zu tun haben?«

»Weil ich in dich verliebt war.«

Poppy brach der Schweiß aus. »Das verstehe ich nicht.«

»Dieser aufregende Kuss, als ich zwölf war – das war unser Kuss.« Das Geständnis verlangte Rosalyn einiges ab, das war deutlich zu sehen. »Damals, als wir Küssen geübt haben. Ich hatte danach entsetzliche Angst, du fändest mich abstoßend, wenn du wüsstest, wie sehr ich es genossen hatte. Ich fürchtete, du könntest es jemandem sagen.«

Poppy konnte es kaum glauben. »Aber du hast mir nie gezeigt, dass du mich so attraktiv findest«, gab sie schwach zurück.

»Das mag sein. Aber ich habe dich immer geliebt. Unsere Beziehung war viel mehr als nur eine Freundschaft. Und dich zu küssen, war wundervoll. Alles in mir hat gesummt und vibriert. Genau wie in den Nächten, in denen wir uns in deinem Bett aneinander gekuschelt haben.«

Erschöpft ließ sich Rosalyn auf das Stück Treibholz nieder.

Poppy schaute sie mit großen Augen an.

»Ich dachte, ich müsste einfach damit leben. Und das habe ich auch. Ich habe mich mit Jungs verabredet, aber dich geliebt. Doch dann … bist du aufgeblüht. Und wie.«

Rosalyn sah flehend zu Poppy auf. »Mit sechzehn hatten sich all die vagen, warmen Gefühle für dich in überwältigende Lust verwandelt. Ich habe ganze Unterrichtsstunden damit verbracht, deine vollen Lippen anzustarren und mich zu fragen, wie gut es sich anfühlen würde, sie noch einmal zu küssen und wie viel weiter ich gern gehen würde. Ich habe immerzu von dir geträumt …«

Poppy wurde klar, wovon sie sprach. »Danach bist du nicht mehr über Nacht geblieben«, stellte sie tonlos fest.

Rosalyn nickte. »Ich hatte zu viel Angst, dass mir im Schlaf einmal eine falsche Berührung passieren könnte.«

Poppy sah ihre Freundin an, sprachlos angesichts all der sinnlosen Qualen, die sie beide erlitten hatten. Frustriert fasste sie sich an die Stirn. »Hättest du es mir doch nur gesagt!«

»Das habe ich.«

»Was?«

»Ich glaube nicht, dass du dich noch daran erinnerst. Du warst total betrunken.«

»Wann?«

»Auf der Weihnachtsparty.«

Verschämt wandte Rosalyn den Blick ab, und auch Poppy errötete, als sie an ihr Verhalten an diesem Abend dachte, an den sie sich nur noch schemenhaft erinnern konnte.

»Erzähl mir, was damals passiert ist«, flüsterte sie.

»Es lief nicht gut. Ich war nervös und du warst zu betrunken, um meine subtilen Anspielungen zu verstehen. Ich wollte dir meine Liebe gestehen, und du wolltest einfach nur tanzen. Du warst so strahlend schön … die Jungs standen Schlange bei dir. Schließlich habe ich die Geduld verloren und dich einfach geküsst.«

»*Du* hast *mich* geküsst?«

»Ja. Und anfangs hast du den Kuss auch erwidert. Aber ich glaube, du hast gar nicht verstanden, was da vor sich ging. Dann hast du angefangen zu lachen und gerufen: ›Was tust du denn da?‹«

Mit einem Mal stellte sich auch Poppys Erinnerung ganz klar ein. Klar und schmerzhaft. Es war nicht etwa Poppy gewesen, die Rosalyn geküsst hatte, sondern umgekehrt – und Poppy, die darüber gelacht hatte.

»Ich fühlte mich so gedemütigt und hatte auch Angst, jemand könnte uns beobachten. Vor allem aber war ich am Boden zerstört, dass du mich ausgelacht hast. Du konntest gar nicht mehr aufhören zu lachen.« Rosalyn warf Poppy einen schmerzerfüllten Blick zu. »Da habe ich dich weggestoßen und bin nach Hause gerannt. Ich konnte es einfach nicht mehr ertragen, dich zu sehen.«

Poppy schwieg. Die Wahrheit tat weh. Sie sah vor ihrem inneren Auge, wie die junge Rosie von der Party fortlief – direkt in die Arme einer anderen Frau. Sie war machtlos gegen die Eifersucht, die auf der Stelle wieder von ihr Besitz ergriff. »Wer war das?«, flüsterte Poppy. »Diese Frau im Skiurlaub?«

»Sie war eine Studentin und hatte einen Ferienjob als Barfrau im Hotel. Ich hab gelogen und behauptet, ich würde auch zur Uni gehen. Ich glaube aber, sie hat schnell gemerkt, dass ich noch gar keine Erfahrung hatte.«

Die detaillierte Schilderung war nicht eben dazu angetan, Poppys Eifersucht zu lindern. »Aber warum nur?«, rief sie frustriert. »Ich habe immer noch nicht verstanden, warum du mich abserviert hast.«

»Abserviert?« Rosalyn stieß ein freudloses Lachen aus. »Bei dir klingt das so, als sei das mal lässig nebenbei passiert. Mich von dir fernzuhalten, war ein grausam quälender Prozess für mich. Als hätte man mich gezwungen, mir den eigenen Arm abzusägen. Aber die Alternative hätte ich noch weniger ertragen.«

Poppy antwortete nicht. Sie konnte kaum glauben, was sie da hörte.

»Weißt du noch, wie es beim Ersten Mal war?« Rosalyn klang jetzt sanfter. »Weißt du noch, wie es dir danach ging? Du weißt dann, wie sich Sex anfühlt, wie er riecht und wie er klingt. Wie erregend die Berührung einer Frau sein kann. Und du willst mehr davon. Von da an ist es kein nebulöses Begehren mehr, sondern überwältigende, brennende Lust.«

Rosalyns Wangen waren gerötet. »Ich habe mir den Sex mit dir in jeder leuchtenden, lebhaften Einzelheit ausgemalt. Mein Verlangen wurde immer unerträglicher. Selbst wenn ich die Sache auf der Party hätte vergessen können, konnte ich doch nie mehr zu einer reinen Freundschaft mit dir zurück. Ich wollte dich küssen. Ich wollte dich am ganzen Körper spüren. Ich wollte dich ficken. Das habe ich nicht ausgehalten.«

Rosalyn atmete schwer. »Ich habe Dad angebettelt, mich auf eine andere Schule zu schicken. Ich dachte, wenn ich dich nur am Wochenende sehen müsste, könnte ich es besser ertragen. Jeden einzelnen Tag, das war für mich die Hölle.«

Poppy musste zugeben, dass sie Rosalyns inneren Aufruhr nachvollziehen konnte. »Hast du denn nie ein Echo davon in mir entdeckt? Nie auch nur eine Spur davon?«

»Nein, das habe ich nicht. Du warst bei allen beliebt, Poppy. Du warst warmherzig und großzügig und liebenswürdig – das ideale Mädchen von nebenan. Außerdem wollten dich alle Typen haben. Weißt du gar nicht mehr, dass dir ständig ein Tross Jungmänner mit hängender Zunge gefolgt ist?«

Poppy konnte sich daran nicht erinnern. In der Highschool hatte sie kein Interesse an Jungen gehabt. Sie war zu allen freundlich gewesen, hatte aber kaum einem besondere Aufmerksamkeit geschenkt.

»Deshalb habe ich angenommen, du hättest Dai geheiratet.«

Poppy war bestürzt. »Es tut mir so leid, dass meine Reaktion damals auf der Feier so grässlich war. Ich war einfach zu betrunken, um noch irgendwas mitzukriegen. Aber danach … Warum hast du denn nicht zu einer anderen Zeit mal was gesagt? Oder dich irgendjemand anderem anvertraut?«

»Wem denn?« Rosalyn klang verzweifelt. »Du und deine Familie, ihr wart doch die tolerantesten und fortschrittlichsten Menschen, die ich kannte. Und du hattest mich ausgelacht. Welche Chance hätte ich dann bei den Bauerntölpeln hier gehabt?«

»Das ist nicht fair!«, entgegnete Poppy scharf. »Ich bin einer dieser Bauerntölpel, genau wie meine Freunde und Familie. Auch wenn du viele von ihnen nicht magst, sind und bleiben sie doch gute Menschen.« Sie hielt inne und versuchte, sich von Rosalyns Provokation nicht aus dem Konzept bringen zu lassen. »Was war mit deinen Eltern? Denen hättest du es doch sagen können.«

»Zum Beispiel meiner lieben Mutter?«, gab Rosalyn verbittert zurück. »Meiner Mutter, die so eiskalt und von oben herab über unsere ›unnatürliche Freundschaft‹ urteilte? Ich bekam jedes Mal panische Angst, sie könnte etwas dagegen unternehmen.«

Poppy sah betreten zu Boden. Dieselbe Panik hatte auch sie damals bei Lillians Worten ergriffen.

»Und dein Vater? Weiß er es wenigstens?«

»Nein.«

»Dein armer Dad.« Deshalb hatten sich also David und Lillian von ihrer Tochter entfremdet. Wie viele Leben doch Rosalyns Geheimnis in Mitleidenschaft gezogen hatte …

»Er war nie für mich da. Auch nicht, wenn ich ihn brauchte. Er überließ mich immer meiner Mutter.«

»Und heute?«

Rosalyn verschränkte die Arme vor der Brust. »Ich bin bislang gut ohne die zwei zurechtgekommen. Dabei soll es bitte auch bleiben.«

Poppy zerriss diese Kluft zwischen Eltern und Tochter fast das Herz. Wie einsam Rosalyn gewesen sein musste! »Hättest du es doch nur jemandem gesagt«, wiederholte sie leise. »Alles hätte anders kommen können.«

»Poppy, die anderen haben mich gehasst.«

»Du hast ihnen auch nie eine Chance gegeben.«

»Ach nein? Wie oft, glaubst du, habe ich die Leute hier über ›diese hochnäsige Zicke Rosalyn Thorn‹ lästern hören? Die haben mich hier direkt als Unruhestifterin abgeschrieben, nur weil ich nicht genauso ein beschauliches Leben wie sie in diesem Hinterwäldlerdorf führen wollte. Wie hätten die mir wohl helfen sollen?«

Poppy blitzte sie entrüstet an. »Ja, wir sind hier auf dem Land, aber das sind trotzdem gute Menschen. Sie sind bereit, neue Dinge zu lernen und zu akzeptieren.«

»Sie hätten mich in Stücke gerissen«, erwiderte Rosalyn trocken. »Schlimm genug, dass ich eine Frau war. Noch dazu eine, die sich den mittelmäßigen Männern und ihren Kumpeln hier nicht unterordnen wollte. Wenn ich denen mit einem lesbischen Geständnis noch mehr Zündstoff in die Hand gegeben hätte …« Sie verstummte.

Poppy musste schlucken. Ihr Herz schlug für die charismatische, mutige Rosalyn Thorn, die sich von ihrer eigenen sexuellen Identität hatte beirren lassen. Sie atmete scharf aus. Das Gespräch drehte sich in ihrem Kopf, und ihre widersprüchlichen Gefühle drohten sie zu überwältigen. »Du hast ihnen keine Chance gegeben«, wiederholte sie. »Du hast *mir* keine Chance gegeben.«

»Du hattest mir wehgetan.«

»Und du mir.«

Beide standen reglos da und sahen sich an, ratlos und voller Kummer.

Kapitel 29

Poppy taumelte durch die Dunkelheit zurück nach Hause. Dort gelang es ihr, ans Fenster zu klopfen und solange eine gute Miene aufzusetzen, bis ihre Mutter ihr zugewunken hatte. Dann schleppte sie sich in ihr Zimmer, schloss die Tür und warf sich im Dunkeln aufs Bett.

Sie zog sich die Bettdecke über den Kopf und weinte bittere Tränen um ihr jüngeres Ich. Sie wusste noch genau, wie sie mit sechzehn schluchzend im selben Bett gelegen hatte. Sie hatte sich selbst die Schuld gegeben, dass Rosalyn sie nicht mehr wollte. All die Jahre hatte sie sich wertlos und unterlegen gefühlt. Und nun stellte sich auf einmal heraus, dass das gar nicht nötig gewesen wäre. Dass alles nur an Rosalyn selbst gelegen hatte.

»Immer schon.« Rosalyns Geständnis echote durch ihren Kopf. Ihr wurde eiskalt, als ihr die Bedeutung mit voller Wucht bewusst wurde. »Weil ich in dich verliebt war.«

Poppy fühlte sich zu gleichen Teilen gedemütigt und verzweifelt – weil das Mädchen ihrer Träume ihre Gefühle damals schon erwidert hatte, und weil sie selbst keine Chance bekommen hatte, das zu erkennen. Aber auch ein Funken Hoffnung hatte sich eingeschlichen, obwohl Poppy nicht hätte sagen können, worauf genau.

Poppy verbrachte eine unruhige Nacht und lief am nächsten Morgen neben Pip her wie in Trance. Auch bei ihrer Arbeit in der Küche neben Derek blieb sie stumm. Abends tauchte sie zumindest so weit aus ihrer quälenden Gedankenwelt auf, dass sie unten im Laden nach ihrer Mutter sah. Emma stand hinter ihrem Ladentresen und las einige ausgedruckte Seiten Papier.

»Hi Mum.«

Emma steckte die Zettel rasch weg und lächelte. »Hallo, mein Schatz.«

»Irgendein Problem, von dem ich wissen sollte?«

Ihre Mutter zögerte. »Keine große Sache, mach dir keine Gedanken.«

»Geht es um das Café?«

Emma nickte und zog die Zettel wieder hervor. Sie reichte sie Poppy. »Dai hat das für mich ausgedruckt. Er hat diese Kritiken online bei Trip Advisor gefunden. Ich wollte dich aber eigentlich nicht damit belasten.«

Auf den Ausdrucken ließen sich zwei anonyme Rezensenten kurz und äußerst negativ über das Real Food Café aus. Das hatte ihr gerade noch gefehlt. »Das verstehe ich nicht. Die schreiben, der Kuchen wäre trocken und alt gewesen. Ich achte doch fast schon fanatisch darauf, dass alles immer frisch gebacken ist.«

Emma konnte nur die Achseln zucken.

»Vielleicht hatte ich einen schlechten Tag«, meinte Poppy kleinlaut. »Ich erinnere morgen alle noch einmal an die Checkliste.«

Die Ladentür wurde aufgerissen, und Alan Watkins' breite Figur schob sich herein. Ächzend nahm er seine nassgeschwitzte Kappe ab. »Guten Abend, die Damen«, tönte er. Als er ihre Mienen sah, setzte er einen besorgten Tonfall auf: »Hoffentlich keine schlechte Nachrichten?«

Bevor Poppy etwas dagegen unternehmen konnte, hatte er sich hinter sie gedrängt und die üblen Bewertungen entdeckt.

»Das klingt ja gar nicht gut. Nur ein Stern, und dann auch noch Beschwerden über die Hygiene. Sehr schlecht fürs Geschäft.«

Poppys Laune sank unter Null.

»Es sah ja kurz so aus, als ob es mit deinem kleinen Café bergauf ginge. Aber …«

Poppy sah so niedergeschlagen aus, dass er innehielt. »Kopf hoch, Poppy! Ich habe auch schon schlechte Bewertungen von den Gästen bekommen, und bislang habe ich noch alles überstanden.«

»Danke, Alan.« Nicht gerade ein strahlender Trost, aber immerhin ein freundliches Wort.

Angesichts ihrer Dankbarkeit schaute Alan einen Moment lang unbehaglich drein. Dann wandte er sich rasch an Emma. »Jedenfalls habe ich ein paar neue Flyer für mein Hotel mitgebracht. Bei all den vielen Gästen hier in letzter Zeit sind sie euch sicher schon ausgegangen.«

Emma nahm die Flyer entgegen und legte sie wortlos unter den Tresen. Oben lag noch immer der hohe Stapel von seinem letzten Besuch.

»Aber ich möchte euch nicht aufhalten«, sagte er, ohne darauf zu achten. »Ich muss ja zu Cerys' nächster Versammlung. Hab mich mal wieder breitschlagen lassen …« Und schon war er wieder zur Tür hinaus. Im Laden roch es nach Enttäuschung und Alans Achselschweiß.

Emma seufzte. »Apropos Versammlung. Eine von uns soll zumindest hingehen.«

Poppy ließ ihr Geschirrtuch auf den Tresen fallen. »Ich weiß.« Aber sie rührte sich nicht. Allein der Gedanke an eine weitere Gemeindeversammlung machte sie müde. »Ich wollte hingehen«, murmelte sie. »Aber ich hab oben noch nichts für morgen vorbereitet.«

»Ich kann das übernehmen«, bot Emma an. »Wir können tauschen.«

Poppy schaffte es, angemessen dankbar zu lächeln und sich mit ihrem Gang zur Versammlung abzufinden. »Danke, Mum. Ach, und würdest du bitte …«

»… auf die Checkliste schauen? Aber sicher.«

> ~ ~ ~ <

Poppy schlüpfte gerade noch durch die schweren Rathaustüren, bevor sie sich zur Versammlung schlossen. Es war recht voll, fast alle Plätze waren schon belegt.

Dai tauchte hinter ihr auf. »Nicht schlecht, wie viele gekommen sind. Ich bin überrascht.«

Sie holten sich zwei Stühle, die an der hinteren Wand aufgestapelt standen, und setzten sich.

»Wie viele Stände wird es denn nun geben?«, rief Alan Watkins laut in den Saal hinein.

Cerys trippelte nach vorne und hielt sich an einem Klemmbrett fest. »Zugegeben nicht allzu viele. Aber wir haben Poppys Café, meine Strickwaren, Maris Töpfe, Emmas Gemälde, Mary Tudor's Körbe …«

Ein lautes und tiefes Gemurmel erhob sich. Poppy reckte den Hals und sah, dass sich ein kleines Grüppchen Männer um Alan herum amüsiert miteinander unterhielt. Manche lachten. Worte wie »Hausfrauenschnickschnack« fielen.

»Das ist ja immer derselbe alte Kram, Cerys«, fuhr Alan herablassend fort. »Wo sind denn nun all die neuen Unternehmen, die du uns versprochen hast?«

Cerys' Mundwinkel zuckten. »Wir arbeiten daran. Ich bin im Gespräch mit Montgomeryshire Ice Creams und Aberrhiw Cider, und ich bin immer noch optimistisch.«

Alan seufzte und verschränkt die Arme. »Ich wäre da nicht allzu hoffnungsfroh. Ich kann dir sagen, dass Rhys von Aberrhiw Cider sich nicht von einem Haufen älterer Damen beeindrucken lässt. Die stehen nicht gerade für ein trinkfreudiges Fest.«

»Denn nur so könnt ihr ja zeigen, dass ihr echte Männer seid, nicht wahr, Alan?« Rosalyns Stimme hob sich glasklar von den anderen Zwischenrufen ab. Sie schritt auf ihren hohen Absatzstiefeln nach vorn.

Alans ganze Haltung wurde angespannt und feindselig.

»Ihr müsst unbedingt zeigen, wie viele Pints ihr herunterkippen und dann auf dem Nachhauseweg wieder auskotzen könnt. Eure gehorsamen Ehefrauen werden schon alles wieder hübsch saubermachen. So lässt sich wahre Männlichkeit beweisen, oder?«

»Nein, Rosalyn«, zischte Alan böse. »Möchtest du, dass ich dir zeige, wie ich meine Männlichkeit beweise?«

»Oho!« Lautes Gejohle erklang aus allen Ecken des Saals, und Alans Kumpel schlugen ihm beifällig auf die Schulter.

Rosalyn ließ das sichtlich kalt. »Wenn du damit deinen winzigen Schwanz meinst, der in der Schule unter der kalten Dusche nicht mal mehr zu sehen war, dann würde ich dir zu einer anderen Methode raten.«

Alan wurde puterrot vor Wut.

»Vor allem irrst du dich aber, was Aberrhiw Ciders Zielgruppe angeht. Rhys betreibt eine regionale, handwerkliche Produktion. Er ist sehr erfolgreich mit Premiumbieren und Ciders für einen anspruchsvollen Kundenkreis, zu dem ganz sicher auch Frauen gehören. Darauf legt er weit mehr wert als auf euch Pegelsäufer.«

»Was willst du eigentlich, Rosalyn?« Alan war aufgestanden und schrie sie aufgebracht an. »Erst haust du ab, weil du dich für was Besseres hältst. Und jetzt kannst du es nicht ertragen, dass einige von uns erfolgreich sind, und machst ihnen mit Gerüchten und anonymen Beschwerden das Leben schwer!«

Die beiden suspendierten Mitarbeiter des Stadtrats warfen Rosalyn hasserfüllte Blicke zu.

Dai flüsterte Poppy ins Ohr: »War das etwa Rosalyn? Die sich über Gareth und Glyn beschwert hat?«

»Ich weiß nicht«, stotterte Poppy perplex. »Sie hat nichts darüber gesagt.«

»Ach ja«, erwiderte Rosalyn ungerührt. »Ich fand es ganz und gar nicht in Ordnung, dass ihr beiden schon wieder im Amt seid. Ihr müsst ja einflussreiche Freunde haben.«

Wieder erhob sich Protestgemurmel. Viele schüttelten empört den Kopf.

»Es gab aber keine Beweise«, rief Alan. »Nichts als Unterstellungen, Statistik und ein paar Indizien.«

»Ist das so, Alan? Du scheinst ja reichlich gut informiert zu sein, dafür dass du noch nicht einmal für die Stadt arbeitest!«

»Ach, halt doch den Rand«, zischte Alan. Er wandte sich demonstrativ von Rosalyn ab. »Also, Cerys, zurück zu deinem erbärmlichen Kunsthandwerksmarkt.«

Die arme Cerys war heillos überfordert. Ihre Antwort kam viel zu leise und in kaum zusammenhängenden Silben.

»Erzähl uns doch mal, wie es mit deinen Werbeanzeigen läuft!«, rief Alan höhnisch.

»Nicht … allzu gut«, stotterte Cerys.

Von den Zuschauern kam Gelächter.

Als es wieder etwas ruhiger war, fragte Rosalyn Cerys laut: »Bist du mit dem Artikel für die *County Times* vorangekommen?«

»Nein, leider nicht«, entgegnete diese zerknirscht. »Ich verstehe das gar nicht.«

»Wie sieht es mit der Anzeigenschaltung für Stände aus?«

»Die haben behauptet, ich hätte den Abgabeschluss versäumt, obwohl ich die Anzeige am richtigen Datum persönlich in der Redaktion eingereicht hatte.«

»Na, das ist ja merkwürdig«, meinte Rosalyn sarkastisch. »Ich hab auch schon von anderen Anzeigen für Geschäfte in Wells gehört, die auf die eine oder andere Weise misslungen sind. Vielleicht sollten wir uns mal beim Chefredakteur erkundigen. Wer das wohl sein könnte?«

»Das ist doch Gary Gittins«, wisperte Dai. »Der bei Alan Watkins den Trauzeugen gegeben hat.«

»Ich fürchte, darauf will sie hinaus«, sagte Poppy, die die Szene mit wachsenden Befürchtungen verfolgt hatte.

»Willst du jetzt auch noch Gary Gittins beschuldigen?«, blaffte Alan.

»Vielleicht«, entgegnete Rosalyn kühl. »Aber erst einmal möchte ich dir eine Frage stellen.« Sie legte eine Pause ein, und im Publikum wurde es mucksmäuschenstill. »Warum bist du, ein solch erfahrener Geschäftsmann, eigentlich auf dieser unbedeutenden Versammlung zu einem, wie du es nennst, ›erbärmlichen Kunsthandwerksmarkt‹ anwesend? Und welches Interesse könnten deine Handlanger hier haben? Ist es nicht bemerkenswert, wie viel Einfluss dein kleines Netzwerk aus Welshpool-Rotariern immer wieder auf die Geschäfte in kleineren Nachbargemeinden wie Wells nimmt?«

Alle schwiegen.

»Fast so, als hättet ihr einen Vorteil davon, wenn ihr Gelder und öffentliche Aufmerksamkeit von Wells ablenkt, damit Welshpool davon profitieren kann. Wäre es nicht noch bemerkenswerter, wenn besagte Rotarier nun alle eigene Unternehmen in Welshpool hätten? Was meinst du?«

Alan plusterte sich auf: »Also, dafür könnte es ganz vernünftige wirtschaftliche Gründe geben. Zum Beispiel, dass man die Ressourcen in einem Ort mit guter Infrastruktur bündeln möchte. Das ist nichts Ungewöhnliches.«

»Stimmt«, meinte Rosalyn. »Allerdings wurde das Ganze dermaßen plump ausgeführt, als sei der Drahtzieher dahinter jemand mit ziemlich durchschnittlichem Intellekt, dafür aber überdurchschnittlich großem Ego. Und seine Handlanger so unfähig beim Tricksen und Verschleiern, dass sie in den letzten fünf Jahren jeden einzelnen Antrag auf eine geschäftliche Ausdehnung oder Vergrößerung in Wells abgelehnt haben. Jeden.«

Eine ganze Gruppe Männer, die sich um Alan geschart hatte, sprang gleichzeitig auf und machte ihrem Ärger auf Rosalyn Luft. Lautstarker Protest kam aus mehreren Richtungen, und die Stimmung im Saal wurde immer gereizter. Poppy wäre am liebsten im Erdboden versunken.

»Ts-ts.« Dai schüttelte den Kopf. »Deine Freundin Rosalyn hat sich da eine ganz schöne Verschwörungstheorie zurechtgelegt.«

Poppy schwieg. Der verletzende Ton von Rosalyns Ausbruch war nur schwer zu ertragen.

»Sie scheint mir eher ein persönliches Problem mit Alan zu haben. Wenn hier jemand ein aufgeblasenes Ego hat, dann ja wohl sie!«

Poppy antwortete nicht. Rosalyns neuerliche Attacke gegen Wells schlug ihr aufs Gemüt.

»Du bist viel zu lange damit durchgekommen, Alan«, giftete Rosalyn. »Und nur, weil die Leute in diesem Ort entweder zu dumm oder zu liebenswürdig sind, um etwas zu merken. Aber sei dir nur nicht zu sicher!«

»Jetzt reicht es aber!«, rief Dai empört.

Poppy wurde rot vor Verlegenheit und Scham. Es war schwer, diesen letzten Angriff auf die Menschen in Wells nicht persönlich zu nehmen. Ohne ein weiteres Wort verließ sie den Saal und die aufgebrachten Stimmen.

Sie sprintete fast über den Platz und versuchte gerade, mit zitternden Fingern den Schlüssel im Schloss der Ladentür zu drehen, als sie schnelle Schritte hinter sich hörte.

»Poppy, es tut mir leid. Dich hab ich nicht gemeint!« Rosalyns Miene zeigte echte Reue. »Ich hab doch nicht von dir gesprochen!«

Poppy drehte sich zu ihr um. »Ach nein? Zu dumm und zu liebenswürdig?«

»Natürlich bist du das nicht!«

»Selbst wenn nicht, was erwartest du denn? Hast du ernsthaft geglaubt, das würde mich nicht treffen?« Poppy konnte und wollte ihre Entrüstung nicht verbergen. Die Enttäuschung vom Vorabend wirkte noch in ihr nach. »Du warst zu jedem im Saal und im Ort unsäglich unhöflich. Zu meinen Eltern, meiner Schwester, meinen Freunden. Wie sollte mich das nicht kränken?«

»Das tut mir leid.« Rosalyn hielt ihre Hände beschwichtigend in die Höhe. »Ich hätte nicht gleich alle über einen Kamm scheren sollen. Manche Menschen hier schätze ich sehr, auch dich. Aber andere haben wirklich nichts als ihre eigenen Interessen im Kopf und geben keinen Deut darum, was mit den anderen ist.«

»Merkst du denn gar nicht, wie das ankommt? Als ob du auf alle und jeden herabschaust. Heute schien es, als hättest du allen Männern in Wells Rache geschworen.«

»Wenn du damit Alan Watkins meinst, dann ja, das habe ich auch. Wieso willst du ihm das durchgehen lassen? Alan und seine Truppe haben diesen Ort seit Jahren betrogen und um sein Geld gebracht, um sich die eigenen Taschen zu füllen.«

»Die meisten vertrauen ihm aber.«

»Wer denn? Andere Typen wie er, die weder für Cerys noch für deine Mutter auch nur eine Spur Respekt haben! Du weißt doch recht gut, wie Alan ist, Poppy. Er ist ein rachsüchtiger kleiner frauenhassender Arsch. Vielleicht nicht wirklich kriminell, aber doch nahe dran.«

»Jetzt übertreib mal nicht. Er ist ein Wichtigtuer, sonst nichts.«

»Ein Wichtigtuer, der so von sich überzeugt ist, dass er niemanden außer sich selbst respektiert.«

»Das könnte man von dir genauso sagen.«

Rosalyn schwieg betroffen. Dann fragte sie: »Würdest *du* das von mir sagen?«

»Nein.« Poppy sah zu Boden. »Ich nicht.«

»Gut. Mehr interessiert mich auch nicht.«

»Das sollte es aber!« Poppy blitzte sie zornig an. »Das ist genau das Problem. Ich existiere hier nicht in einem Vakuum. Du kannst nicht ausschließlich mit mir befreundet sein. Du kannst nicht nur mich respektieren und alle, die mir etwas bedeuten, beleidigen.«

Ein schmerzlicher Ausdruck trat auf Rosalyns Gesicht. »Poppy, ich finde deine Eltern fabelhaft, und Pip wird eine ganz großartige junge Frau. Aber ich kann all das, was hier in Wells nicht stimmt, nicht einfach ignorieren. Und du solltest das auch nicht tun.«

Poppy seufzte. »Dass du über nichts und niemanden hier ein gutes Wort zu sagen hattest, damit hast du dir keinen Gefallen getan. Es hat uns beiden sehr geschadet.«

Es dauerte eine Weile, bis Rosalyn den Schlag verkraftet hatte, aber dann fand sie ihre Stimme wieder. »Ich bleibe dabei: Wäre ich in der Schule offen lesbisch gewesen, hätte es damals hier ein Blutbad gegeben. Die hätten mich in Stücke gerissen.«

Poppy richtete sich auf. »Dein Problem ist, dass du von allen Menschen zu schlecht denkst.«

»Und deins ist, dass du von allen zu gut denkst!«

Beide hatten einen scharfen Ton angeschlagen. Das Echo der gegenseitigen Anschuldigung hing in der Luft.

»Warum sollte ich den Menschen denn auf Teufel komm raus misstrauen?«, fuhr Poppy etwas ruhiger fort. »Gut, manche lügen, aber doch nicht alle und nicht immerzu. Ich könnte mein ganzes Leben lang alles argwöhnisch hinterfragen und würde damit öfter falsch liegen als richtig. Was wäre dadurch gewonnen?«

Rosalyn blieb stumm.

»So kann ich mich wenigstens lächelnd meines Lebens freuen.«

»Aber manchmal stimmt etwas ernsthaft nicht und überschattet alle Lebensfreude«, gab Rosalyn mit ernster Miene zu bedenken.

»Rosalyn, nach all den Jahren … Kannst du es nicht einfach mal gut sein lassen?«

»Nein, das ist mir wichtig, und ich werde nicht aufgeben.«

»Aber wieso?«, rief Poppys entnervt. »Warum bist du überhaupt noch hier?«

Rosalyn warf Poppy einen verbitterten Blick zu. »Weißt du das tatsächlich nicht? Hast du nicht einmal einen kleinen Verdacht?«

»Nein!«, beharrte Poppy.

Rosalyn ließ sich etwas Zeit, bevor sie leise weiter sprach. »Ursprünglich bin ich hergekommen, weil ich dachte, mein Vater könnte sterben. Aber das ist nicht der Grund, warum ich geblieben bin.« Der Blick, mit dem sie Poppys fixierte, ließ Nervosität und Leidenschaft erkennen. »Eine echte Freundin hat mich dazu gebracht zu bleiben. Eine, die ich sehr liebe.«

Poppy wurde rot. Eine solche Erklärung hatte sie nicht erwartet. Ihr Ärger verpuffte.

»Ich habe es so genossen, mit dir zusammen zu sein. In Erinnerungen zu schwelgen, die ich mir jahrelang versagt hatte. Alte Lieblingsorte wie Moel Gwyrdd aufzusuchen. Deine großartige Arbeit mit dem Café und dein Talent zu bewundern. Zu sehen, wie liebevoll du mit deiner kleine Schwester und deiner Familie umgehst und was für ein wunderbarer Mensch du bist. Es war mir eine Freude und eine Ehre, die unglaubliche Frau kennenzulernen, die Poppy Jenkins heute ist. Nach all den Jahren …« Rosalyn holte tief Luft. »… bin ich immer noch in dich verliebt.«

Etliche widerstreitende Gefühle drohten Poppy zu überwältigen. »Wie kannst du das nur sagen?«, fragte sie mit zitternder Stimme. »Wie kannst du in mich verliebt sein, wenn du mein Leben verabscheust? Wie kannst du in mich verliebt sein, wenn du keinen Respekt hast für meine Freunde, meine Kultur, mein Dorf?«

»Bitte, das musst du mir glauben«, flehte Rosalyn sie an. »Seit ich dich vor dem kleinen Laden hier gesehen habe, denke ich jede Sekunde an dich. Und auch davor, in den vielen Jahren, verging kaum eine Woche, in der mich nicht irgendetwas an dich erinnert hat – irgendeine gute Tat, ein liebevolles Wort … Ich habe mich so nach dir gesehnt. Und ich habe immer, immer wieder von dir geträumt. Ich bin seit über 15 Jahren in dich verliebt. Es hat nie aufgehört« Sie ließ ein verzweifeltes Lachen hören.

Poppy war perplex. »Aber wir sind das unpassendste Paar der Welt«, entgegnete sie. »Ich würde es niemals ertragen, nicht offen lesbisch zu leben, und du willst es nicht einmal deinem Vater sagen. Du hörst nicht auf, Wells und die Menschen, die ich schätze, lächerlich zu machen. Wir leben Welten voneinander entfernt – buchstäblich in verschiedenen Ländern. Was hast du dir denn von uns beiden erhofft?«

Rosalyn zögerte. »Ich weiß es nicht. So weit habe ich nicht gedacht. Ich weiß nur, dass ich mit dir zusammen sein will. Nicht nur als Freundinnen, sondern viel mehr.«

Etwas in Poppys Innern drängte sie, sich Rosalyn in die Arme zu werfen und endlich der eigenen Sehnsucht nachzugeben. Aber ihr Stolz, ihre Angst und die vielen Demütigungen der Vergangenheit standen ihr im Weg. Sie trat einen Schritt zurück. »Wie soll ich dir denn je vertrauen?«, fragte sie. »Woher soll ich wissen, dass du mir nicht wieder das Herz brichst? Du hast es so mühelos in der Hand, mich so tief zu verletzen … wenn das noch einmal passieren würde, glaube ich nicht, dass ich mich je wieder davon erholen könnte.«

Rosalyn war blass geworden.

»Wenn wir es wirklich miteinander versuchen würden«, erklärte Poppy, »dann müsste es für immer sein. Und solange du für das meiste in meinem Leben nichts als Verachtung übrig hast, habe ich große Zweifel, dass es halten würde.«

Nun hatte sie es endlich ausgesprochen. Ihr wurde klar, wie wahr und wie endgültig dieser letzte Satz war. Sie fühlte sich leer und einsam.

Beide verstummten.

Dann brach Rosalyn das Schweigen: »Ich fahre in ein paar Tagen ab.«

Poppy verschränkte die Arme und nickte kurz.

»Ich muss packen und mich um Sam kümmern. Du brauchst also keine Angst zu haben, mir noch einmal zu begegnen.« Sie sah Poppy tieftraurig an und trat einen Schritt auf sie zu.

Poppy wich noch weiter zurück, um den Abstand zu wahren.

»Dann kann ich wohl nicht mehr sagen als viel Glück, Poppy Jenkins.« Rosalyn ging mit gesenktem Kopf über den Platz. Ohne sich noch einmal umzudrehen, stieg sie in ihren Jaguar. Der Motor heulte auf, und Rosalyn Thorn war fort.

Kapitel 30

Der Sommer lief zu voller Form auf. Die Sonne schien, und das Grün der Hecken explodierte. Poppy nahm ihren Alltag wieder auf: Sie begleitete Pip nach Wells, kümmerte sich um das Café, badete Jacob im Fluss – und begegnete Rosalyn Thorn nicht mehr.

Das machte ihr Leben einfacher und ruhiger. Doch die Ruhe brachte keinen Frieden, und Poppy wurde sehr bald klar, wie furchtbar sie ihre Freundin vermisste. Wie sehr sie auch versuchte, sich zu ihrem Lebensweg zu gratulieren, etwas Entscheidendes fehlte. Und das war ihr weit schmerzlicher bewusst als noch vor wenigen Wochen.

Auf ihrem Weg nach Rhiw Hall zu David Thorn konnte sie Rosalyns Abwesenheit fast körperlich spüren. Von ganzem Herzen wünschte sie sich, sie und Rosalyn hätten irgendeine andere Lösung gefunden. Sie wünschte, Rosalyn hätte sich ihr schon vor vielen Jahren anvertraut. Sie wünschte, sie könnte ihre unterdrückte Wut hinter sich lassen und all das Schöne und Lebendige im Leben mit offenen Armen willkommen heißen. Doch sie gestand sich ein, dass das wohl nie geschehen würde.

David wartete schon auf der Veranda. An dem schmiedeeisernen Geländer rankten weiße Rosen und verströmten ihren dezenten Duft.

Rosalyns Vater sah viel besser aus. Hoch aufgerichtet stand er da und hatte seinen Gehstock einige Meter entfernt an eine der Säulen gelehnt.

Poppy strahlte ihn an. »Wie weit schaffen Sie es inzwischen?«

»Schon ziemlich weit.« Er lächelte stolz. »Ich weiß, es ist nicht vernünftig, aber es tut einfach zu gut, den verdammten Stock ab und zu mal wegzulegen.«

»Großartig. Wollen Sie dann heute ohne den Stock los?«

»Darüber wollte ich gerade mit dir reden. Hättest du vielleicht Lust, heute mit mir zu Mittag zu essen, anstatt spazieren zu gehen? Das ist nämlich meine nächste große Herausforderung. Ich will, dass Lillian endlich wieder zur Arbeit geht. Vorher muss ich aber beweisen, dass ich auch ohne sie für mich und meine Gäste sorgen kann.«

»Aber natürlich, sehr gern.«

Er wandte sich zur Tür. »Erwarte aber bloß nichts Großartiges. Oder etwa, dass du schnell etwas zu essen bekämst.« Er kicherte leise.

Poppy folgte ihm ins Haus. Drinnen war ein weißer Bistrotisch gedeckt, mit freiem Blick über die Veranda auf den Garten und die haushohen Bäume.

»Gut dass du meine Einladung angenommen hast«, erklärte David. »Hat mich eine Stunde gekostet, das ganze Zeug auf den Tisch zu bekommen.« Er deutete auf einen Glaskrug mit hausgemachter Limonade. »Bitte bedien dich. Die ist allerdings nicht von mir. Lillian hat sie heute früh gemacht.«

»Danke.«

Poppy hatte die Türschwelle zu diesem Haus seit ihrer Jugend nicht mehr überquert. Sie erinnerte sich, wie Rosalyn und sie früher auf dem glattpolierten Boden Ball gespielt und damit Lillian in den Wahnsinn getrieben hatten. Mittlerweile lag ein Juteteppich dort, der den Raum wohnlicher machte.

An jeder Wand hing ein Kunstwerk. Mitten zwischen den modernen Landschaftsgemälden bemerkte sie ein Porträt von Rosalyn.

Sie musste damals etwa fünfzehn gewesen sein. Das weißblonde Haar legte sich weich um ihre Schultern. Poppy konnte sich noch an den Tag erinnern, als das Foto in der Schule aufgenommen wurde. Sie hatte in der Schlange hinter Rosalyn gestanden, und der Schulfotograf hatte der altklugen Rosalyn partout kein freundliches Lächeln abringen können. Doch dann hatte sie Poppy angesehen, und beide hatten kichern müssen. In dem Moment hatte der Fotograf auf den Auslöser gedrückt. So hatte er Rosalyns vor Freude strahlende Augen eingefangen. Jetzt im Nachhinein konnte Poppy erkennen, wie viel Liebe in Rosalyns Blick gelegen hatte. Ihr wurde das Herz schwer. Wenn sie sie nur noch einmal so anlächeln würde!

Weitere Stationen aus Rosalyns Leben waren nicht zu sehen. Kein Foto von Rosalyns Schulabschlussfeier, keines aus dem Urlaub oder von der Familie zu Weihnachten. Schließlich entdeckte Poppy noch ein kleines Bild von der erwachsenen Rosalyn in T-Shirt und Shorts. Sie hatte den Arm um ein dunkelhäutiges kleines Kind gelegt, das grinsend in die Kamera schaute. Im Hintergrund waren majestätische grüne Berge und eine exotische Vegetation zu sehen. Es musste aus einem ihrer Hilfsprojekte stammen. Rosalyn sah darauf müde, aber zufrieden aus. Ihr Gesicht strahlte die ausgereifte Schönheit aus, die es heute besaß.

Da merkte Poppy, dass es gar keine ausgedruckten Fotografie war, kein per Post versandtes Lebenszeichen für stolze Eltern. Auf einer kleinen Bildunterschrift stand etwas über Clean Water in Bolivien zu lesen. David musste das Bild aus der Zeitung ausgeschnitten haben. Es tat ihr in der Seele weh, welch kalte Distanz zwischen David und seinem einzigen Kind entstanden war. Dass Rosalyn um ihre Identität so ein Geheimnis machte, hatte der ganzen Familie geschadet. Poppy fühlte mit ihnen.

Ein Klappern riss sie aus ihren Gedanken. David stützte sich auf einen vollen Servierwagen, den er hereinschob.

»Ich helfe Ihnen!«

»Bitte nicht«, wehrte er ab, »ich kann doch ein paar Schritte vor dem Ziel nicht aufgeben.« Es gelang ihm tatsächlich, den Wagen an den Tisch zu schieben, wo er sich schwer auf einen Stuhl fallen ließ.

Auch Poppy setzte sich.

»Geschafft«, keuchte er. »Wenn wir beide dieses Essen nun noch überleben, verbuche ich es als vollen Erfolg.«

Poppy lachte. »Das dürfen Sie auch.«

»Kann ich dir ein Gurkensandwich anbieten, oder lieber eins mit Roastbeef und Meerrettich?«

»Gern beide.«

Während David das Essen servierte, schweifte sein Blick zu den Fotos an der Wand ab. »Ich hätte wirklich ein Foto machen sollen, als Rosalyn noch hier war.«

»Ich nehme an, da hatten Sie noch anderes im Sinn.«

»Das stimmt, vor allem in den ersten Wochen. Da war ich entweder bewusstlos oder habe geschlafen.«

»War es schön für Sie, Rosalyn wieder zu Hause zu haben?«, fragte Poppy, obwohl sie den möglichen Verlauf dieses Gespräches ein wenig fürchtete.

»Oh ja! Der reinste Luxus, dass sie gleich mehrere Wochen geblieben ist. So lange war sie seit ihrer Schulzeit nicht mehr hier. Sie war eine Riesenhilfe. Vor allem war es auch für Lillian wichtig, dass sie die Last mit jemandem teilen konnte.« Er seufzte. »Aber leider bleibt Rosalyn dennoch auf Abstand. Ich glaube nicht, dass wir in der ganzen Zeit auch nur einmal über etwas wirklich Wichtiges gesprochen haben.«

Er sah sehr müde aus. »Ich denke, ich weiß jetzt auch nicht mehr über sie als vor dieser Geschichte.«

»Das tut mir leid«, sagte Poppy mitfühlend, aber ohne Rosalyns Gründe verraten zu wollen.

»Na ja …« Er setzte sich wieder auf. »Erzähl mir doch mal etwas von dir. Das Real Food Café soll ja neuerdings brummen.«

Poppy lachte. »Ja, trotz des einen oder anderen Aussetzers kann man wirklich sagen, dass es diesen Sommer sehr gut läuft. Seien Sie doch bitte einmal mein Gast dort, natürlich aufs Haus!«

»Ich würde Lillian sehr gern zu Kaffee und deinem köstlichem Kuchen einladen. Aber wir zahlen selbstverständlich. Es wird höchste Zeit, dass wir die regionalen Geschäfte unterstützen.«

»Immer eine gute Idee.« Poppy lächelte.

»Du erzählst nie etwas von dir. Hast du einen Partner? Einen festen Freund? Ich weiß, dass du wegen deiner Familie hier lebst. Aber ich hoffe doch, es gibt auch jemanden, der sich um dich kümmert?!«

Poppy machte den Mund auf, um ganz einfach mit der Wahrheit zu antworten, so wie sie es gewohnt war. Dann hielt sie inne und sah auf ihre Hände herab. »Sir«, sagte sie schließlich, »ich habe keinen festen Freund. Ich hatte auch nie einen.« Sie hob den Kopf und sah ihm in die Augen. Lügen würde sie nicht. »Ich bin lesbisch.« Poppy lächelte ohne ein Anzeichen von Bedauern.

»Oh.« David lehnte sich zurück und runzelte nachdenklich die Stirn. »Das hatte ich mich tatsächlich schon gefragt.« Er lächelte auch. »Eine so attraktive Frau wie du, also äußerlich und innerlich, hätte doch sonst Verehrer wie Sand am Meer.«

Poppy sah nervös auf ihren Schoß. David zögerte, und Poppy konnte praktisch sehen, welche Verbindungen seine Gedanken nun zogen.

»Ist denn Rosalyn …?«

»Bitte fragen Sie das nicht!«, bat ihn Poppys leise.

»Ist Rosalyn lesbisch?« Sein Ton verriet das verzweifelte Flehen um Information.

»Das dürfen Sie mich nicht fragen!« Sie schüttelte den Kopf.

»Bitte sag es mir, Poppy.«

»Sie müssen sie das selbst fragen.«

»Das wollte ich auch, glaub mir. Wenn wir sie denn überhaupt einmal sahen, weil Lillian sie ausnahmsweise hatte überreden können. Ich hätte sie fragen sollen.

Aber ich wollte sie auch nicht bedrängen, damit sie sich nicht noch weiter von uns zurückzog, als sie es ohnehin schon tat.«

Poppys Hals schnürte sich zu beim Anblick dieses liebenswerten Mannes, dem der Verlust seiner Tochter derart zusetzte.

»Bitte, Poppy!«, wiederholte er.

Sie schüttelte wieder im Kopf.

»Zwar könnten wir alle schon morgen tot sein, aber angesichts der Umstände wird es doch wahrscheinlicher mich treffen.« Sein Gesichtsausdruck war unendlich traurig. »Ich will nicht sterben, ohne meine eigene Tochter gekannt zu haben.«

Seine Verzweiflung und ihre verzwickte Lage versetzten Poppy in Aufruhr. Sie schlug die Hände vors Gesicht, damit er die Tränen nicht sah, die ungewollt ihre Wangen hinabrannen. Schließlich nahm sie die Hände vom Gesicht. »Sie müssen es mir versprechen. Versprechen Sie, dass Sie mit ihr selbst reden!«

Er nickte. »Ich halte mein Versprechen, Poppy.«

Sie holte tief Luft. »Dann ja. Rosalyn ist lesbisch.«

Er reagierte, als habe man ihm eine Ohrfeige gegeben. »Und das ist alles?«, stieß er hervor. »Nur deshalb wollte sie all die Jahre nichts mit uns zu tun haben?«

»Das … weiß ich nicht«, stotterte Poppy.

»Lebt sie in einer Beziehung? Ist sie glücklich? Bitte sag mir, wie es ihr geht.«

»Sie müssen darüber wirklich mit Rosalyn sprechen.«

»Warum hat sie es uns denn nicht gesagt?«, rief er und machte eine hilflose Geste. »Dachte sie etwa, wir wären dagegen? Hat sie wirklich geglaubt, wir wären homophob?« Er klang aufgeregt.

»Nein … ich weiß es nicht. Fragen Sie sie bitte selbst.«

»Es wäre mir doch ganz egal gewesen.«

Poppy versuchte ein beruhigendes Lächeln. »Das kann man hinterher immer leicht sagen, aber sind Sie ganz sicher, dass Sie die Nachricht nicht ein bisschen schockiert hätte?«

Seine Antwort kam prompt. »Sie ist meine Tochter. Ich hätte sie und jede ihrer Freundinnen mit offenen Armen aufgenommen.«

»Auch schon, als sie ein Teenager war?«

»Ja, ich …«

»Als viele gedacht hätten, das sei eine jugendliche Phase, die vorbeiginge? Wenn Sie nun ihre Freundin nicht hätten gutheißen können?«

Er machte den Mund auf, aber Poppy war noch nicht fertig. »Und wäre ihre Frau wohl ebenso offen gewesen?«

David lehnte sich zurück. »Ich weiß es nicht«, sagte er dann nachdenklich. »Wir werden es wohl niemals wissen.« Er schwieg einen Moment. »Aber warum hat sie sich denn niemand anderem anvertraut?«

Poppy schüttelte nur den Kopf. »Das kann ich Ihnen nicht sagen.« Ein bleierner Schmerz über ihren eigenen Verlust überfiel sie. »Ich wünschte, sie hätte es allen gesagt.«

Kapitel 31

Nach ihrem Besuch in Rhiw Hall fühlte sich Poppy nicht in der Lage, schon nach Hause zu gehen. Dort hätten sie Fragen über ihren unübersehbar aufgewühlten Zustand erwartet. Stattdessen zog es sie wieder ans Flussufer, wo sie sich auf das alte Stück Treibholz setzte. Sie schaute hinab in die Strömung, doch auch dort fand sie keine Klarheit. Das Wasser warf ihre Traurigkeit und Frustration nur zu ihr zurück.

Als hinter ihr die Zweige knackten, fuhr sie auf.

Ihre Mutter steckte den Kopf aus den Büschen. »Entschuldige, dass ich hier so eindringe. Darf ich mich zu dir setzen?«

Poppy nickte schwach.

Emma ließ sich neben ihr nieder und sah sie besorgt an.

»Tut mir leid, dass ich so trübselig bin, Mum.«

Ihre Mutter wartete ab.

Poppy seufzte. »Rosalyn ist lesbisch, und ich wusste es nicht. Ich habe das erst vor ein paar Tagen erfahren.«

»Ah«, meinte Emma. »Das erklärt ja einiges.«

»Ja, das tut es.« Poppy sah ihre Mutter an. »Hast du es gewusst? Oder vermutet? Früher?«

»Nein … na ja, vielleicht. Ich habe mir schon meine Gedanken gemacht. Und ich habe auch gemerkt, dass du auf irgendeine Art in sie verliebt warst. Vielleicht nicht romantische Liebe, aber auf jeden Fall echte Leidenschaft! Rosalyn hingegen …« Sie zuckte die Achseln. »Die war immer viel verschlossener als du. Da wusste man nie so genau.«

Poppy starrte in den rauschenden Fluss. »Rosalyn wusste es schon, als sie zwölf war.«

»So früh?«

Poppy nickte.

»Ich könnte mir vorstellen«, fuhr ihre Mutter fort und runzelte die Stirn, »dass es da einige Missverständnisse und Verletzungen gab.«

Poppy lachte freudlos. »Allerdings.«

Emma nahm ihre Hand. »Du bist eine so positive und versöhnliche Person. Es fühlt sich sicher gerade schlimm für dich an, aber du schaffst das.«

»Ich … hätte nur … *ach*!«, knurrte Poppy frustriert. »Ich denke die ganze Zeit, wenn sie es uns nur früher gesagt hätte, als ich sechzehn war. Damit hätte sie nicht nur mir viel Leid erspart, sondern auch ihren Eltern und sich selbst.«

Ihre Mutter nickte langsam.

»Ja, das wäre wohl für alle einfacher gewesen. Außer vielleicht für Rosalyn.«

»Was soll das heißen?«

»Die Menschen verleugnen die Wahrheit aus gutem Grund. Wie sollte das anders sein, wenn doch die Last ihrer Geheimnisse so groß ist?«

»Offen lesbisch zu sein, bringt doch nur Vorteile! Ich hatte hier nie irgendwelche Probleme damit.«

»Du bist auch nicht Rosalyn.« Emma drückte Poppys Hand und sah sie an. »Ich bin so froh, dass du es auf der Uni gemerkt und dass du es uns gesagt hast. Die Zeiten haben sich geändert. Nur ein paar Jahre zuvor war es noch viel schwerer. Die Wende kam mit der eingetragenen Lebenspartnerschaft.« Emma lächelte. »Ich glaube nicht, dass so ein Eingeständnis für irgendjemanden einfach ist und ganz sicher auch nicht für dich. Dass es dennoch so reibungslos ging, das hast du auch dir selbst zu verdanken, deiner eigenen Art und Persönlichkeit. Aber stell dir mal vor, es wäre eine andere Zeit gewesen. Oder ein anderer Ort. Dann hätte alles anders aussehen können. Auch wenn es sehr kränkend für dich war: Kannst du zumindest ein bisschen verstehen, warum Rosalyn geschwiegen hat?«

Poppy senkte den Kopf. »Na schön, ein bisschen. Aber sie ist so voller Hass auf alles und jeden …«

»Ich nehme an, dass es schlimme Folgen für einen Menschen hat, wenn er sich nicht eingestehen kann, wen er liebt und begehrt. Liebe und Lust können eine enorme Kraft entwickeln. Kein Wunder, dass manche daran zerbrechen, sie ständig zu unterdrücken.«

Poppy spürte einen Stich. Es quälte sie, dass Rosalyns Liebe zu ihr all die Jahre so viel Kummer ausgelöst hatte.

»Wusstest du, dass Cerys Mathews lesbisch ist?«

»Was? Nein!« Poppy lachte überrascht auf.

Emma nickte. »Doch. Sie hat daraus ihr ganzes Leben ein Geheimnis gemacht. Sie bewundert dich sehr für deine Offenheit.«

Poppy sah schuldbewusst drein. »Du hast recht. Ich hatte Glück. Ich hatte dich.« Als sie ihre Mutter ansah, überkam sie die Erkenntnis, was für ein Geschenk es war, diese geduldige, zutiefst freundliche Seele an ihrer Seit zu wissen. »Du und Dad, ihr wart so lieb mit mir. Ich hätte keinen besseren Start haben können.«

Emma lächelte dankbar. »Wir haben nur das getan, was eigentlich alle Eltern tun sollten. Cerys' Familie hingegen ging damit nicht so nett um.«

Poppy überlegte. »Ich habe Cerys nie mit einer Frau gesehen. War sie denn einmal mit einer Partnerin zusammen?«

»Oh ja«, erwiderte Emma. »Eleanor Jones. Die beiden waren in der Schule sehr verliebt ineinander.«

Der Name kam Poppy vage bekannt vor. »Mrs Morgan Morgan?«

»Ja. Sie wollten eigentlich zusammen nach London gehen. Aber dann hat Cerys' Schwester sie an ihre Eltern verraten, und Cerys konnte die ablehnende Haltung ihrer Familie nicht ertragen.«

»Haben sie sich damals getrennt?«

»Ja, und seitdem haben sie nie wieder etwas anderes ausgetauscht als höflichen Smalltalk.«

»Das ist ja furchtbar«, rief Poppy. »Im selben Ort wie die Liebe deines Lebens zu wohnen, aber nie an sie heranzukommen! Hat Cerys denn eine andere gefunden? Mrs Morgan ist ja versorgt …«

»Nein, nie. Und Eleanor auch nicht wirklich. Ich glaube, deshalb trägt sie immer Schwarz. Es heißt, sie habe nach der Heirat mit Mr Morgan nie mehr eine andere Farbe getragen.«

Dass Mrs Morgan ein ganzes Leben lang um Cerys Mathews trauerte, traf Poppy schwer. Teils aus Mitleid, teils aber auch aus Angst, ihr könne dasselbe Schicksal drohen. »Ich weiß ja, dass ich Glück hatte. Aber ich kann Rosalyn ihre herablassende Art, über Wells zu denken, einfach nicht verzeihen. Sie ist überzeugt, jeder hier sei ein Kleingeist voller Vorurteile – das ist einer der Gründe, warum sie sich niemandem anvertrauen wollte. Aber sie hat ja selbst so viele Vorurteile. Sie ist richtig arrogant, damit hat Dai schon recht. Du hättest mal hören sollen, was sie über die Leute in Wells gesagt hat.«

»Ich habe davon gehört. Aber über dich hat sie nie arrogant geurteilt. Dich respektiert sie voll und ganz.«

»Vielleicht … Wer weiß?«

»Es ist wahr, dass Rosalyn unnachgiebig ist«, fuhr Emma fort. »Sie ist eine hochintelligente Frau. Deshalb ist sie manchmal ungeduldig mit Menschen, denen mehr entgeht als ihr. Aber was sie sagt, würde ich niemals einfach als falsch abtun. Ohne es zumindest zu überprüfen. Das hättest du früher nicht getan.«

Poppy grummelte, und ihre Mutter legte ihr den Arm um die Schultern.

»Ich fand Rosalyn immer bewundernswert. Sie gehört zu den Menschen, die bei jeder Sache gleich den entscheidenden Kern erkennen können, ob es nun um eine Ungerechtigkeit geht oder darum, dass jemand schlicht Blödsinn redet. Ich habe diese Fähigkeit leider nicht. Aber ich bin klug genug, um zuzuhören, wenn jemand wie Rosalyn den Mund aufmacht. Und ich glaube, du bist auch klug genug.« Sie sah Poppy in die Augen. »Das warst du damals schon, als die zehnjährige Rosalyn die Sache mit den Scouts und den Brownies geklärt hat.«

Poppy wurde rot. In weisen Alter von 32 Jahren ergriff sie immer noch leichte Panik, sobald jemand das Inferno der Pfadfinderhütte erwähnte. »Aber Mum, das ist doch nur eine von Nains Tiraden. Du weißt doch, dass sie die Thorns nie leiden konnte. Niemand konnte je beweisen, dass es Rosalyn war.«

Emma zog die Augenbrauen hoch. »Natürlich nicht, denn sie war es ja nicht. Rosalyn saß brav in der Klavierstunde, als der Rauch in die Luft stieg.«

Poppy senkte den Kopf und lugte vorsichtig unter dem Pony hervor. »Soweit ich mich erinnern kann…«

Emma lächelte. »Weißt du, woran ich mich erinnern kann? An eine zehnjährige Tochter, die plötzlich ein verdächtiges Interesse an Streichhölzern und dem Feuer im Ofen gezeigt hat.«

Poppy blieb der Mund offen stehen. »Du hast gedacht, *ich* wäre es gewesen?«

Emmas Lächeln wurde breiter. »Ich weiß, dass du es warst.«

Poppy riss überrascht die Augen auf.

»Du hast ein solches Trara darum gemacht, dass du an dem Abend früh ins Bett gehen wolltest. Ich wusste sofort, dass du etwas im Schilde führst.« Emma kicherte. »Du, meine Süße, warst eine furchtbar schlechte Lügnerin. Ich habe beobachtet, wie du aus dem Haus geschlichen bist und später durch die Küche wieder zurückgekommen bist. Du sahst aus wie das schlechte Gewissen in Person, während hinter dir der Rauch aufstieg.«

Poppy starte ihre Mutter verblüfft an. »Du hast es gewusst? All die Jahre? Und nichts gesagt?«

Emma nickte.

»Oh Mum, und du hast mich nie dafür bestraft?«

»Ich fand nicht, dass du eine Strafe verdient hattest. Ich war stolz auf dich. Ich hätte mich das in deinem Alter nicht getraut.«

»Eigentlich war es Rosalyns Idee«, gab Poppy zu.

»Ja, diese Rosalyn war schon ein cleveres und mutiges Mädchen. Aber nur, weil du ihr Fels in der Brandung warst. Du warst immer diejenige, die ihr zugehört und die sie unterstützt hat.«

Poppy schloss verwirrt die Augen. »Ach, ich weiß nicht, Mum. Es ist so viel geschehen und es sind so viele böse Worte gefallen … ich weiß nicht.«

Ihre Mutter stand auf. »Du warst auch schon immer ein cleveres Mädchen. Du findest es noch heraus.«

Kapitel 32

Auf dem Weg nach Wells summte Poppy leise vor sich hin. Obwohl ihre Gefühle für Rosalyn nach wie vor ungeklärt waren, hatte das Gespräch mit ihrer Mutter ihr doch eine große Last von der Seele genommen.

Poppys Hauptsorge an diesem Morgen galt Pip. Die Kleine war nicht so munter wie sonst und klammerte sich fast ängstlich an ihre Hand.

»Guten Morgen, Mrs Morgan«, sagte Poppy, als sie das erste Cottage im Ort passierten.

»*Bore da, cariad.*« Mrs Morgan winkte ihnen zu. »Und wie geht es dir denn, Pip, *bach*?«

»Okay«, murmelte Pip.

»Ah. Das interpretiere ich mal als die für das Stadium des Fast-Teeanagers typische Mischung aus aufregenden und qualvollen Zeiten.«

Pip starrte Mrs Morgan überrascht an. »So in etwa.«

»Du hast ein paar unglaubliche Jahre vor dir. Wichtige Jahre. Du wirst deine erste Liebe kennenlernen und vermutlich auch die zweite. Du wirst Bücher lesen, die dich fürs Leben prägen, und Musik entdecken, die dich bis ins Herz bewegt, während der Rest der Gesellschaft sie als unterirdisch bezeichnet. Genau diese Jahre formen dich als Mensch. Egal, wie alt und runzlig du später wirst, in deinem Innern bleibt auf ewig etwas von diesem Teenager mit dem großen Herzen. Ich beneide dich, liebe Pip, und habe gleichzeitig ein wenig Sorge um dich.«

Pip nickte düster, gab diesmal aber keine unwillige Antwort.

»Bis später«, verabschiedete sich Poppy nicht ohne eine gehörige Portion Trauer um ihr eigenes jugendliches Ich, während Mrs Morgan im Haus verschwand.

Poppy fiel erst jetzt wirklich auf, dass Pip nicht nur in den letzten Tagen, sondern schon seit Wochen oft niedergeschlagen wirkte. Poppy war nicht bereit, ihre Schwester jetzt schon an die Einsamkeit und Zwänge der Pubertät zu verlieren. Sie lächelte Pip an. »Komm schon, wer als Erste beim Dorfladen ist!«

»Ach, Poppy, ich hab keine Lust zu rennen …«

»Dann wirst du wohl verlieren«, rief Poppy fröhlich und sprintete los.

Es dauerte nicht lange, bis Pip sie mit ihren langen Beinen eingeholt hatte. Sie lachte und galoppierte mit einer Leichtigkeit an der keuchenden Poppy vorbei, die man ihrer ungelenken Statur nicht unbedingt zugetraut hätte.

Als Poppy mit hochrotem Kopf die Ladentür aufstieß, schaufelte Pip bereits Zitronenbonbons in eine kleine Papiertüte.

»Oje«, kicherte Dai. »Die große Schwester hätte wohl mehr Vorsprung gebraucht!«

»Das ist leider wahr«, räumte Poppy ein und stellte sich an die Ladentheke. »Wie geht es dir, Dai?«

»Ach, ganz gut.«

»Aber? …«

Dai runzelte die Stirn. »Also, etwas wollte ich dir tatsächlich sagen. Ich hab die Hochzeit bei Alan Watkins im Hotel Bryn Mawr gebucht.«

Poppys Gedanken kehrten augenblicklich zu Rosalyns Einwänden zurück. Sie ließ die Schultern sinken. Rosalyn Thorn und Poppys vielfältige Gefühle für sie ließen sich leider nicht langfristig verdrängen.

»Du hattest ja Bedenken, aber …«

»Nein, nein, Dai. Mach nur!«, beeilte sich Poppy zu bekräftigen. »Es ist *dein* großer Tag, und wenn du ins Bryn Mawr willst, dann nur zu! Warum vergessen wir nicht alles, was ich oder irgendjemand über Alan gesagt hat?!«

»Okay.« Er nickte.

Poppy lächelte ihm aufmunternd zu. »Sag Bescheid, wenn ich dir bei irgendetwas helfen kann.«

»Danke, Poppy, kümmere du dich nur um den Junggesellenabschied.«

»Das ist schon geregelt«, erklärte sie, »Solange ihr mit einer Party vor Ort einverstanden seid.«

»Wir haben es alle nicht so dicke, um ehrlich zu sein«, gab Dai zu. »Wenn wir uns in Amsterdam die Kante geben würden, würden uns das wohl alle Freundinnen und Frauen übel nehmen.«

»Und es soll weiterhin schon lange vor der Hochzeit sein?«

»Aber ja. Ich will keiner von denen sein, die ganz grün um die Kiemen auf ihrer eigenen Hochzeit erscheinen. Mary wäre davon sicher auch nicht begeistert.«

Poppy lachte, sammelte Pip und ihre Süßigkeiten ein und verließ den Laden mit dem festen Entschluss, sich nicht weiter von Sorgen über Alan Watkins oder Rosalyn Thorn stören zu lassen.

Vor der Schule küsste Poppy ihrer Schwester auf die Wange, unter der noch ein harter, süßer Brocken lag.

»Büsch dann«, nuschelte Pip mit dem Mund voll Zucker und trollte sich.

Immerhin hielt der Aufschwung im Café weiterhin an, und die begeistert positiven Bewertungen überwogen bei weitem die wenigen negativen. Als Poppy die Treppe heraufkam, waren einige Tische bereits besetzt. Die Gäste erfreuten sich gerade an frisch gebackenen Brötchen mit Butter und Frühstücksspeck.

An den Wochenenden war weiterhin alles ausgebucht, und eine Erwähnung im *County Blog* hatte auch die Einheimischen daran erinnert, was für eine gastronomische Perle sie direkt im Ort hatten. Nun wollten sie ihren guten Geschmack beweisen und besuchten das Real Food Café unter der Woche zahlreicher.

In einem ruhigeren Moment holte Poppy sich eine Tasse Kaffee, um kurz zu Atem zu kommen.

Da huschte Cerys Mathews herein. Sie schaute drein wie eine Maus in den Fängen eines Turmfalken. Poppy sah sie über ihre blitzenden Kaffeemaschinen hinweg besorgt an.

»Alles in Ordnung, Cerys?«

»Poppy, da bist du ja!«, rief Cerys. »Hast du etwas Zeit für mich?«

»Natürlich. Setz dich, ich bring dir einen Kaffee.«

»Oh, *diolch cariad.*« Cerys hockte sich vor die Kuchentheke und blätterte hektisch in einem dicken Notizbuch.

»Was ist denn passiert?«, fragte Poppy und setzte sich neben sie.

»Es ist einfach unglaublich! Jetzt, zwei Wochen vor dem Kunsthandwerksmarkt, hat uns der Stadtrat die Genehmigung für die ganze Veranstaltung wieder entzogen!«

»Was?«

»Und ich hatte zwei richtig große Unternehmen an der Hand. Montgomeryshire Ice Creams war schon ganz überzeugt. Deren Vertreter wollte dich noch hier besuchen und fragen, ob er eine Eistruhe mit Spezialsorten bei dir im Café aufstellen darf …«

»Ja, sicher, aber …«

»Und Rhys von Aberrhiw Cider ist tatsächlich ein sehr netter junger Mann, der gern einen Ale- und Cider-Stand mieten möchte. Er konnte gar nicht sagen, warum er noch nie vorher bei uns dabei war.«

»Aber …«

»Und ich hatte auch die Lehrerin überredet, dass sie ihr Schultheaterstück am selben Tag im Rathaus aufführen würde, damit das Publikum anschließend den Markt besuchen könnte. Ich wollte doch dich und Derek bitten, den Kindern an einem Stand zu zeigen, wie man Kuchen dekoriert … oh je.« Sie ballte die knochigen Fäuste. »Es ist zum Haare raufen!«

»Aber, Cerys, was ist denn nun passiert?«

»Also die ursprüngliche Beschreibung für den Kunsthandwerksmarkt sah eine kleinere Veranstaltung ohne Catering von externen Betrieben wie deinem Café vor. Anscheinend ist es aber nun nicht erlaubt, Tische und Stühle auf den Bürgersteigen aufzustellen.«

»Aber wir haben die Lizenz für die Außenbewirtung doch schon. Mum und ich haben sie gleich am Anfang bewilligt bekommen, als wir das Real Food Café eröffnet haben.

»Ach.« Cerys reckte den Hals wie ein Emu. »Das wusste ich nicht.«

»Wir haben die Lizenz nur noch nie in Anspruch genommen, aber wir haben es fest vor. Wir sind jetzt jedes Wochenende ausgebucht, und Dad baut schon die neuen Stühle, die wir für eine Erweiterung nach draußen brauchen.«

»Hmm.« Cerys klang unschlüssig. »Und ich dachte jetzt, die fehlende Genehmigung der Außengastronomie sei der springende Punkt. Aber wenn es so ist, wie du sagst, dann weiß ich wirklich nicht, warum wir die Ablehnung bekommen haben.«

»Kannst du den Antrag nicht noch einmal stellen?«

»Ja, aber ich würde nicht mehr rechtzeitig eine Antwort bekommen. Sie haben mir schon gesagt, ich sollte es besser nächstes Jahr noch einmal probieren.«

Poppy seufzte und rieb sich die Schläfen. »Mit wem hast du denn gesprochen?«

»Ich weiß nicht genau. Sie hat wie eine Empfangsdame geklungen, die mir die Entscheidung nur ausrichtet. Sie wollte mich an keinen der Herren im Stadtrat durchstellen.«

»Aha«, murmelte Poppy. Langsam bekam sie Kopfschmerzen. »Hast du mit irgendjemandem darüber gesprochen?«

»Nur mit Alan Watkins. Dem bin ich gerade auf dem Weg hierhin begegnet.«

»Und was hatte Alan zu sagen?« Poppy konnte das Misstrauen in ihrer Stimme nicht unterdrücken.

Cerys sah sie vielsagend an. »Er hat vorgeschlagen, dass wir den ganzen Markt in seinem Hotelkomplex veranstalten.«

»Ach, tatsächlich?«

»Ja, er meinte, dort hätten wir dann auch kein Problem mit dem Catering. Aber ich will ja dein Café nicht außen vor lassen. Und es würde auch dem Zweck der Veranstaltung widersprechen. Wir wollen doch gerade die Talente und Produkte der Menschen hier in Wells vorstellen.«

Poppys Magen rebellierte, während ihr eine unangenehme Erkenntnis dämmerte. Sie ahnte, dass sie einem fatalen Irrtum erlegen war.

»Glaubst du, Rosalyn hatte recht mit Alan?«, fragte sie schließlich und nahm einen Schluck Kaffee.

»Dass er ein frauenfeindlicher Arsch mit kleinem Schwanz ist? Ja.«

Poppy prustete den Kaffee wieder aus. »Cerys«, kicherte sie, »ich danke dir. Du hast gerade meinen Tag gerettet.«

»Er ist wirklich abscheulich. Ich konnte ihn noch nie ausstehen.«

»Aber mal in Ernst. Glaubst du, Alan und seine Kompagnons sabotieren unseren Markt?«

»Glyn und Gareth vom Stadtrat, die verschlagenen kleinen Ratten?«

»Ja, die.«

»Um ehrlich zu sein, fand ich Rosalyns Anschuldigungen erst ziemlich weit hergeholt. Aber jetzt nicht mehr.«

Poppy fühlte sich, als ob ihr der Boden unter den Füßen weggezogen würde. Sie hatte Rosalyns Worte nie überprüft, aber nun wusste sie instinktiv, dass Rosalyn recht gehabt hatte.

»Oh je«, seufzte Poppy und schüttelte den Kopf. »Ich fürchte, wir können Alan Watkins und Konsorten tatsächlich nicht trauen.«

»Allerdings nicht, *cariad*. Ich habe zwar noch keine Beweise, aber eins weiß ich ganz sicher: Ich werde meinen Markt auf keinen Fall in seinem blöden Hotel veranstalten.«

Poppy lächelte schwach. »Was sollen wir nur tun?«

Cerys schüttelte den Kopf. »Ich weiß es auch nicht. Eine Menge Leute werden sehr enttäuscht sein. Und gerade, als sich alles so gut für uns angelassen hatte …«

Kapitel 33

Die Probleme mit dem Kunsthandwerksmarkt beschäftigten Poppy noch bis weit in die Nacht. Ruhelos wälzte sie sich im Bett, während sie mit schlechtem Gewissen über die harten Worte nachdachte, die sie Rosalyn zu Alans Verteidigung an den Kopf geschleudert hatte. Rosalyn hatte offenbar über zumindest einige weniger ehrenhafte Einwohner von Wells durchaus richtig gelegen.

Aber Rosalyn war fort. Was konnte Poppy schon tun?

Nach viel Grübelei sprang sie schließlich im Morgengrauen aus dem Bett, fest entschlossen, selbst etwas zu unternehmen. Sie rief vom Handy aus im Büro des Stadtrats an. »Können Sie mich bitte durchstellen? Es geht um die Genehmigung einer Veranstaltung.«

»Wer wäre da zuständig?«, flötete eine Frauenstimme.

»Äh«, erwiderte Poppy verwirrt, »ich hatte eigentlich gehofft, Sie könnten mir das sagen.«

»Einen Moment bitte.«

Die Warteschleife spielte eine scheppernde Version von »Delilah«. Poppy sah aus ihrem Bullaugenfenster auf die Hügel hinaus. Sie verschwammen vor ihren müden Augen.

»Hallo«, meldete sich schließlich die Frauenstimme zurück. »Da ist anscheinend die Lizenzstelle zuständig.«

»Gut. Würden Sie mich bitte durchstellen?«

»Also, das kann ich Ihnen nicht versprechen.« Es klickte, und schon hatte Poppy wieder Tom Jones im Ohr. Ein paar Minuten später war die Frau zurück. »Entschuldigung, wer spricht da noch?«

»Poppy Jenkins aus Wells.«

»Einen Moment bitte.« Diesmal dauerte es nicht lange, bis die Frau wieder da war.

»Er sagt, er ist heute nicht im Büro.«

»Moment mal«, protestierte Poppy, »er hat Ihnen gerade *gesagt*, dass er nicht da ist?«

»Ja. Oh …«

»Vielleicht fragen Sie ihn freundlicherweise, ob er es sich noch einmal anders überlegen würde«, sagte Poppy scharf.

»Na gut.«

Noch ein blecherner Refrain.

Dann kam die Stimme zurück. »Nein, er ist immer noch nicht da.«

»Hm«, meinte Poppy, »der zuständige Beamte ist nicht zufällig Gareth Jones?«

»Doch.« Die Frau zögerte kurz. »Nein?! Ich sollte Ihnen das eigentlich nicht sagen.«

»Richten Sie Gareth doch bitte aus, dass er den Kunsthandwerksmarkt nicht nur wegen der Bewirtungslizenzen absagen kann. Das Real Food Café hat bereits eine Genehmigung zur Außenbewirtung auf dem Marktplatz. Wenn er mir die Auskunft verweigert, werde ich mich bei seinem Vorgesetzten beschweren.«

»Gut, ich richte das aus.« Die Frau verschwand noch einmal, war aber schnell wieder am Hörer.

»Sein Vorgesetzter sagt, er ist heute auch nicht im Büro.«

Poppy knurrte und schloss die Augen. Kein Wunder, dass Cerys gegen diese Bürokratiehürden nicht angekommen war. Das könnte noch den ganzen Tag so weitergehen. Was hätte Rosalyn wohl getan?

Poppy verspürte einen Stich lang vergessen geglaubter Rebellion. »Na, das ist ja schade«, änderte sie ihren Ton. »Ich wollte die beiden nur warnen, weil es nun auch größere Unternehmen gibt, die einen wirtschaftlichen Schaden von der Absage der Veranstaltung davontragen. Ich denke, die wollen die Stadt verklagen.«

»Wirklich?« Die Frauenstimme klang erschrocken. »Warten Sie bitte einen Moment.«

In der Warteschleife rappelten jetzt die Manic Street Preachers.

»Miss Jenkins«, meldete sich eine tiefe Männerstimme. »Danke für Ihre Warnung. Würden Sie Ihren Antrag bitte noch einmal stellen? Ich kann Ihnen die Unterlagen auch zuschicken.«

»Für dieses Jahr wäre das doch schon zu spät.«

»So ist aber nun einmal das Prozedere. Vielleicht lässt sich der Vorgang beschleunigen.«

»Vielleicht beschleunigen Sie ihn, indem Sie den ersten Antrag und meine Genehmigung noch einmal lesen. Die Papiere sind alle in Ordnung.«

»Leider hat es hier ein kleines Missverständnis gegeben«, entgegnete die Stimme beflissen, »Der Antrag wurde falsch weitergeleitet.«

Poppy schlug sich mit der Hand vor die Stirn. »Sie treffen also nicht nur unprofessionelle Fehlentscheidungen, die einige als korrupt bezeichnen würden, sondern kommen auch Ihrer Dokumentationspflicht nicht nach, wie ich sehe.«

Am anderen Ende herrschte Stille.

»Danke für Ihre Mühe«, erklärte Poppy so ungerührt, wie Rosalyn es zweifellos getan hätte. »Ich werde den Interessenten der Stände eine offizielle Klage empfehlen und eine Stellungnahme in der Zeitung veröffentlichen, in der ich die genauen Gründe für die Absage des Kunsthandwerksmarktes nennen werde. Und wenn ich Zeitung sage, dann meine ich nicht etwa die *County Times*.«

Etwas rasselte im Hörer. »Miss Jenkins? Mein Kollege hat hier gerade einen Antrag gefunden, der uns weiterhelfen könnte.«

Und endlich drehten sich die Rädchen der Bürokratie. Nach einer weiteren zähen halben Stunde konnte Poppy Ihren Anruf schließlich mit einem zufriedenen Lächeln beenden.

Auf der Stelle wählte sie eine andere Nummer. »Cerys?«, meldete sie sich. »Es kann losgehen!«

>~~~<

Eine Woche später kam Poppy und Pip auf ihrem Weg nach Wells eine freudig erregte Cerys Mathews entgegen. Sie schwenkte eine Zeitung. »Wir stehen in der Zeitung«, rief sie ihnen schon von weitem zu.

Pip grunzte verächtlich. »Das ist doch bloß der *Shropshire Express*.«

»Psst«, ermahnte Poppy ihre Schwester, »verdirb ihr das nicht!«

Cerys holte sie keuchend ein. »Schaut euch das an!« Sie schlug eine farbenfrohe Doppelseite auf. Auf den Fotos waren viele bekannte Gesichter zu sehen. Die Überschrift lautete: »Wells verspricht einen Markt der Superlative«.

»Da ist ja Mum!«, bemerkte Pip und musste nun doch lächeln, als sie auf ein Foto von Emma in ihrem Atelier deutete. »Und du!« Poppy stand auf dem Bild neben ihrem ganzen Stolz, der wohl gefüllten Kuchentheke.

»Du hast ja das cremefarbene Kleid angezogen!« Pip grinste.

Poppy sah verlegen auf ihre Schuhe.

»Wenn ich so lecker aussähe wie deine Schwester, liebe Pip, würde ich es auch zeigen«, sprang Cerys ihr bei.

Poppy lachte und wies dann auf den üppig bebilderten Artikel. »Das ist toll, Cerys. Die beste Werbung zur besten Zeit vor dem Wochenende!«

Die drei machten sich gemeinsam auf den Weg.

»Ich bin so froh, dass wir es noch in dieser Woche veröffentlichen konnten«, erklärte Cerys stolz.

»Ja«, pflichtete ihr Poppy bei und erkundigte sich interessiert: »Wer ist denn ›wir‹?«

Sie passierte gerade die ersten Häuser des Ortes, und in dem Moment steckte Mrs Morgan Morgan ihren Kopf hinter ihrer Gartenmauer hervor.

»*Bore da*, Poppy und Pip, wunderschönes Wetter wieder … oh.« Sie hielt inne, als sie die Dritte im Bunde entdeckte, und fügte dann merklich kühler hinzu: »Miss Mathews.«

Cerys hob das Kinn. »Mrs Morgan«, grüßte sie und setzte hinzu: »Wunderschönes Wetter, in der Tat.«

Nun, da Poppy den Hintergrund ihrer Geschichte kannte, erschien ihr die Verkrampftheit der Begegnung umso offensichtlicher. Sie verstand gar nicht, warum ihr das vorher nie aufgefallen war.

»Ich hoffe, die Sonne bleibt uns noch viele Monate erhalten«, brachte Poppy den Austausch zu Ende, um es den beiden Frauen leichter zu machen.

»Ja, Liebes.« Mrs Morgan lächelte traurig, als sie sah, dass die drahtige kleine Cerys schon energisch weiterlief. Mrs Morgan wandte sich um und verschwand im Haus.

Als sie nicht mehr in Hörweite waren, entspannte sich Cerys wieder. Im Dorfzentrum hielt Cerys ihren Artikel noch einmal stolz in die Höhe. »Ich hab diesmal ein gutes Gefühl«, bekannte sie.

Poppy umarmte die schmale Gestalt. »Ich auch.« Sie lächelte und winkte Cerys nach, die über den Marktplatz davonhuschte.

»Okay, Pip, dann sehen wir uns heute Abend …Pip?«

Pip starrte auf die Brücke hinunter, die einige Kinder auf ihrem Weg zur Schule überquerten. Ein großer Junge hatte sich an den Brückenaufgang gestellt. Er hatte die Hände auf dem Rücken verschränkt und nickte den einzelnen

Mitschülern schuldbewusst zu. Auch Pip bedachte er mit einem kleinlauten Gruß. »Entschuldigung, ich werde es nicht wieder tun«, murmelte er, als sie vorbeigingen.

»Pip?«, fragte Poppy erstaunt, und Pip nahm freiwillig ihre Hand.

»Pip, was soll denn das heißen?«

»Ach, der da!« Hinter ihnen tauchte Mrs Morgan auf, die ihnen nachgegangen sein musste. »Der hat den Kindern in der Schule das Leben schwergemacht.« »Was ist passiert?«, fragte Poppy alarmiert, und als Pip nicht antwortete, noch dringlicher: »Hat er dir wehgetan?«

»Nee, so schlimm war's nicht«, gab Pip schließlich zu. »Er hat uns bloß Geld abgenommen.«

»Was? Wie lange geht das denn schon?«

»Bestimmt ein paar Wochen«, schaltete sich Mrs Morgan ein.

Poppy war sprachlos. Sie fasste ihre Schwester beschützend um die Schultern. »Warum hast du denn nichts gesagt, Schätzchen?«

»Zum Beispiel damit du mich nicht wie eine Zweijährige behandelst«, kam die grummelige Antwort.

»Oh …« Schuldbewusst nahm Poppy ihre Hände von Pips Schultern.

»Ich hatte auch nicht das Gefühl, dass es dich interessieren würde. Du warst ziemlich abgelenkt in letzter Zeit.«

Pip hätte Poppy ebenso gut ein glühendes Messer ins Herz stoßen können.

»Es tut mir so leid, meine liebe Pip!« Auf einmal wurde Poppy sehr bewusst, wie häufig Pip in den letzten Wochen gedrückter Stimmung gewesen war. »Ich wusste doch, dass irgendetwas nicht stimmt. Ich hätte dich gleich fragen sollen!«

Pip schwang verlegen die Arme hin und her. »Für mich war es nicht so schlimm wie für einige andere. Besonders die Grundschulkinder.«

»Aber jetzt ist ja alles wieder gut, nicht wahr, *bach*?« Mrs Morgan legte Pip tröstend die Hand auf die Schulter. »Ich hab den tückischen kleinen Mistkerl leider nie erwischt Aber sie schon! Ich weiß zwar nicht, was sie zu ihm gesagt hat, aber es hat ihm gehörig Respekt eingeflößt.«

»Wer?«, fragte Poppy bestürzt.

»Sie hat ihn am Flussufer abgepasst. Als zwei von den Kleinen gerade baden waren, hat er ihre Sachen durchwühlt. Sie hat ihn voll in flagranti erwischt.«

»Sorry, wer?«, wiederholte Poppy.

»Na, Rosalyn natürlich!«

»Was?« Poppy schnappte nach Luft. »Rosalyn?«

»Ja sicher. Sie ist heute morgen hier angekommen. Hat mir extra einen guten Morgen gewünscht und deiner Mam im Laden auch.«

Poppy starrte sie ungläubig an. »Aber … Wie …? Warum …?«, stammelte sie.

»Ich kann Rosalyn gut leiden«, erklärte Pip und grinste breit. »Ich finde sie einfach spitze.«

Poppy starrte sie mit offenem Mund an.

Pip umarmte ihre große Schwester, küsste sie großmütig aufs Kinn und verschwand dann Richtung Schule.

»Rosalyn …«, flüsterte Poppy, noch immer fassungslos. »Rosalyn ist wieder hier.«

»Sie ist ein gutes Mädchen«, bemerkte Mrs Morgan.

»Wirklich? Rosalyn Thorn?«

»Auf jeden Fall. Sie ist immer für eine Überraschung gut.« Mrs Morgans Augen blitzen. »Und was für eine schöne Überraschung!«

Poppy musste den Blick abwenden, so verwirrt war sie. Eine gehörige Portion Schuldgefühl spielte auch mit hinein.

»So, und jetzt muss ich los und Mr Morgan seine siebte Tasse Tee kochen.« Mrs Morgan winkte kurz zum Abschied.

Poppy riss sich aus ihren Gedanken und erinnerte sich an ihren eigenen Tagesplan. »Und ich muss mich mit David Thorn treffen!«

Widerstrebend machte sie sich auf den Weg nach Rhiw Hall. Ihr Herz klopfte ihr bis an den Hals. Sie war davon ausgegangen, Rosalyn niemals wiederzusehen, und war in keinster Weise auf ein Zusammentreffen vorbereitet. Vor allem aber hatte sie Angst, dass sie das ohnehin belastete Verhältnis von Rosalyn zu ihren Eltern durch das eher unfreiwillige Outing noch verschlechtert haben könnte

Sie kam nur langsam vorwärts. Am Flussufer geriet sie regelrecht ins Trödeln, blieb in den eigenen Gedankenkreisen gefangen. Der alte Groll gegen Rosalyn machte ihr ebenso zu schaffen wie die frischen Schuldgefühle. In einem Moment wollte sie zu Rosalyn laufen und sich händeringend entschuldigen, weil sie an ihr gezweifelt und sie vor ihrem Vater als lesbisch geoutet hatte; im nächsten Moment war sie nur noch von dem Gedanken beseelt, möglichst weit zu fliehen.

Als sie sich schließlich vom Flussufer und ihren widersprüchlichen Gedanken losriss, war sie unverzeihlich spät dran.

Sie passierte die Ställe, sprang über den Zaun und lief durch den Garten auf das Haus zu. Die Tür war abgeschlossen, und niemand erwartete sie. Auf der schmiedeeisernen Bank lag ein gefalteter Zettel unter einer Muschel.

Poppy nahm ihn an sich und las: »Ich hoffe, dir geht es gut und du wurdest nur im Café aufgehalten. Ich bin mit Rosalyn bei der alten Jagdhütte. Komm doch bitte nach. Gruß, David.«

Poppy ging über den Rasen Richtung Wald. Sie spähte zum Hügel hinauf, hinter dem das Jagdhäuschen lag.

Da entdeckte sie die beiden. Sehr langsam erklommen sie Schritt für Schritt die Anhöhe, der noch immer gebeugte David und seine hochgewachsene Tochter. Poppy konnte ihre Gesichter nicht erkennen. Sie trat ein paar Schritte vor und hielt den Atem an, als David stolperte, Rosalyn ihn aber auffing. Rosalyn hakte ihn fürsorglich unter. Dabei wandten sie sich einander zu, und Poppy konnte endlich ihre Mienen erkennen.

Rosalyns schönes Gesicht sah bleich und erschöpft aus, aber auch erleichtert. David lächelte seine Tochter müde an, als sei ihm ein wahrer Stein vom Herzen gefallen. Arm in Arm gingen sie weiter, offensichtlich in ein sehr persönliches Gespräch vertieft.

Poppy atmete befreit auf. »Gott sei Dank«, sagte sie leise.

Dass Rosalyn sich nun endlich ihrem Vater anvertraute, erfüllte Poppy mit großer Freude. Sie sah den beiden noch einen Moment nach und machte sich dann still wieder auf den Heimweg.

Kapitel 34

Poppy empfand es als glückliche Fügung, dass diese Woche angefüllt war mit hektisch betriebsamen Vorbereitungen für den Kunsthandwerksmarkt. Ihr Vater war nonstop im Werkschuppen anzutreffen. Wenn er nicht gerade weitere Stühle für das Café baute, dann zimmerte er Bilderrahmen für seine Frau. Emma malte Postkarten, denn Cerys hatte ihr versichert, diese würden sich spielend verkaufen. Und Poppy war vollauf mit ihrem Café beschäftigt, das immer mehr Vorräte und zusätzliches Personal für das Wochenende benötigte.

Hundertmal spähte sie ängstlich und erwartungsvoll zum Fenster hinaus auf den Marktplatz – aber Rosalyn tauchte nie auf. Als sich Poppy schließlich überwand, ihre Mutter nach Rosalyns Plänen zu fragen, konnte Emma nur mitleidig antworten, alles, was sie wisse, sei, dass Rosalyn noch einiges mit ihren Eltern bereden wollte.

Das Wetter ließ die Woche über alle zittern, da sich immer wieder Regenschauer zwischen die sonnenheißen Stunden mogelten. Doch am Samstagmorgen, als Poppy ihren Tag im Real Food Café zu unchristlich früher Stunde begann, stand die Sonne fröhlich und verlässlich am Himmel.

Cerys war bereits vor Ort, das Klemmbrett einsatzbereit in der Hand. Die Nervosität war mittlerweile ganz von ihr gewichen. Sie stand fest mit beiden Beinen im Mittelpunkt, eine selbstbewusste Frau, die sicher das Kommando übernommen hatte. »*Bore da*, Poppy«, begrüßte Cerys sie streng. »Ich gehe davon aus, dass dein Dad schnellstmöglich mit den Stühlen eintrifft?!«

»Er trinkt gerade seine zweite Tasse Kaffee. Danach stellen er und Pip sie auf.«

»*Da iawn*«, nickte Cerys und marschierte weiter, um beim Aufbau der Stände nach dem Rechten zu sehen.

Der Morgen verging wie im Flug. Poppy hatte alle Hände voll zu tun, die zahlreichen Gäste zu bedienen, und jedes Mal, wenn sie aus dem Fenster sah, war noch ein weiterer Stand hinzugekommen. Die kunsthandwerklichen Stände waren um das Rathaus platziert: die Gemälde ihrer Mutter, Cerys' Strickwaren, keltischer Schmuck und einige weitere Schätze der Region.

Zum Flussufer hin erstreckten sich die Angebote für Kinder: Montgomeryshire Ice Creams boten an einem gigantischen Tisch jede nur erdenkliche Dessertsauce und Streuselsorte zum Verzieren an. Es gab ein Kasperletheater und auch eine Wurfbude. Dereks Stand für Cupcake-Dekorationen war eben so dicht umlagert wie ein dem Mittelalter nachempfundener Pranger, an dem sich geduldige Eltern von ihren begeistert kreischenden Kindern mit Cremetörtchen bewerfen ließen.

Als Poppy ihre Tagesaushilfen gut eingearbeitet hatte, gönnte sie sich eine kleine Pause am lebhaft frequentierten Kunststand ihrer Mutter.

»Wie geht's, Mum?«

»Sehr gut!« Emma lächelte erfreut ob des unerwarteten Zulaufs. »Die Leute sagen sehr nette Dinge über meine Bilder, und ich hab schon einige Aufträge bekommen. Sogar einen großen. Und die Postkarten sind schon ausverkauft, so wie Cerys es gesagt hatte.«

»Wie schön!« Poppy strahlte und reichte ihrer Mutter einen Lachs-Bagel und einen Becher Kaffee.

»Danke dir, Liebling. Ich war so beschäftigt, dass ich noch nicht einmal gemerkt habe, wie hungrig ich bin.«

Auch die anderen Stände schienen sehr gut besucht, und nachdem die Schulaufführung zu Ende war, wimmelte es auf dem Platz nur so von Kindern und ihren Familien. Poppy fand Derek bestäubt mit buntem Puderzucker und umringt von kleinen Gesichtern im Zuckerrausch.

»Läuft gut, oder?«, tönte Dais tiefe Stimme hinter ihr.

Poppy lächelte breit. »Noch viel besser, als ich erwartet hätte.«

»Toll, was Cerys da aus dem Hut gezaubert hat, das muss ich zugeben.«

»Und es sind Leute von außerhalb hier. Fast die Hälfte der Besucher kommt nicht aus Wells, würde ich meinen.«

»Der Laden brummt auch wie nie«, fuhr Dai fort. »Ich musste schon Mary zur Hilfe holen; die hat gerade Nachtschicht. Fand sie nicht so toll.«

»Dann geh und hilf ihr, du Ei.« Poppy stupste ihn spielerisch in den Bauch.

Dai lachte. »Ich darf doch wohl auch mal eine kleine Pause machen.« Er sah über Poppys Schulter und stutzte. »Na, die hat ja Nerven, sich hier blicken zu lassen.«

»Wer?« Poppy reckte den Hals. Und da waren sie, die goldenen Locken, die hohen Wangenknochen, die vollen Lippen, die kühlen blauen Augen … Rosalyn ging nur einige Meter von ihr entfernt.

Poppys Magen schlug einen Purzelbaum. Auch andere hatten sich auch zu Rosalyn umgedreht, aber niemand hatte einen freundlichen Blick für sie.

Poppy errötete. Der Ärger der Dorfbewohner war nach Rosalyns letztem öffentlichen Auftritt allzu verständlich. Aber Poppy wusste, dass sie diese Feindseligkeit nicht verdient hatte. Die hätten andere eher verdient. Nur genossen Alan und Konsorten nach wie vor hohes Ansehen im Ort.

Rosalyn sah genauso isoliert aus wie früher in der Schule. Poppy konnte einfach nicht anders, sie bahnte sich einen Weg durch die Menge und holte Rosalyn vor dem Café ein, wo Rosalyn erwartungsvoll zum ersten Stock hinauf sah.

»Hi«, begann Poppy unsicher.

Rosalyn drehte sich überrascht zu ihr um und lächelte sie mit leuchtenden Augen an. »Hi!«, erwiderte sie leise und beugte sich ein wenig in Poppys Richtung.

»Ich … äh … wusste nicht, dass du hier bist«, log Poppy.

»Bin noch nicht so lange da«, antwortete Rosalyn unbestimmt und fast schüchtern.

»Gut.« Poppy schluckte. »Und willst du lange bleiben?«

»Vielleicht.« Rosalyn schlug die Augen zu Boden. »Das würde ich gerne. Mal sehen.«

Beide verstummten. Dann setzten sie gleichzeitig wieder an:

»Wie geht's dir?« – »Geht's dir gut?«

»Sorry.« – »Gut.« – »Ja.« – »Mir auch.«

Beide kicherten.

»Mir geht es sehr gut, danke«, wiederholte Poppy.

»Du siehst auch sehr gut aus.« Rosalyns Blick wanderte Poppys kurvenreichen Körper hinab, bevor sie ihr wieder in die Augen sah. »Die Sommersonne stand dir schon immer gut. Obwohl du auch sonst immer hinreißend bist.«

Poppy öffnete den Mund, aber verwirrt wie sie war, fielen nur einzelne Worte heraus. »Wunderschön. Du. Danke.«

Rosalyn lächelte amüsiert. »Und geht es deiner Familie auch gut?«

»Ja, sehr. Besonders Pip, seit ein vorlauter Schlägertyp in der Schule eine gehörige Abreibung erhalten hat.« Poppy lachte.

Rosalyn ließ ein kurzes Lächeln erkennen.

»Selbst Nain hatte seit einer Woche keinen Wutanfall mehr.«

»Das ist schön.« Rosalyn holte tief Luft und fuhr mit ernsterer Miene fort: »Entschuldige, dass ich nicht früher vorbeigekommen bin. Ich musste da ein paar Sachen mit meinen Eltern klären.«

»Oh Gott … ja, ich weiß.« Poppy überkam wieder das schlechte Gewissen. »Es tut mir so leid, ich wollte es gar nicht sagen, aber dein Vater …«

Eine scharfe Stimme unterbrach sie. »Schau dir bloß diese geschmacklosen kleinen Pötte an … Oh. Poppy.« Sams Gesicht tauchte neben Rosalyn auf, die Herablassung allzu deutlich darauf zu lesen.

Poppy trat automatisch einen Schritt zurück. »Oh, entschuldige. Ich wusste nicht, dass du in Begleitung bist.« Sie wich noch weiter zurück. »Ich wollte nicht stören.«

»Poppy, du störst doch nicht!« Rosalyn runzelte die Stirn.

»Tschüss dann.« Sam winkte kurz und zog Rosalyn besitzergreifend mit sich fort. Die hatte kaum eine andere Wahl, als ihr zu folgen.

Poppy sah den beiden mit klopfendem Herzen nach. Ohne nachzudenken folgte sie ihnen, und als Sam für einen Moment verschwand, griff sie beherzt nach Rosalyns Hand.

»Es tut mir so leid«, stammelte sie. »Ich hab da was zu deinem Vater gesagt …«

Rosalyn drückte Poppys Hand innig und sah sie voller Wärme an.

»Das hat er mir erzählt«, antwortete sie. »Mach dir keine Gedanken. Dad sagte, er hätte dich unter Druck gesetzt und du wärst nicht schuld.«

»Ich hätte nichts sagen sollen«, widersprach Poppy leise.

»Doch. Das war genau die Gelegenheit, die ich gebraucht habe. Es war nicht leicht, aber es war eine solche Erleichterung. Es war schon so lange überfällig, dass ich mir das endlich von der Seele rede. Jetzt habe ich es geschafft. Nur dank deiner Hilfe, Poppy!«

Rosalyn sah ihr in die Augen. »Ich muss dir auch dafür danken, dass du meinen Vater auf seinen Ausflügen begleitet und ihn so ermutigt hast. Es hätte ihm gar nichts Besseres passieren können. Deine Gesellschaft hat ihn regelrecht aus der Dunkelheit gezogen.« Sie hielt immer noch Poppys Hand. Aufrichtige Dankbarkeit sprach aus ihren Zügen.

»Das habe ich wirklich gern getan. Ich hab David sehr gern.« Poppy hätte Rosalyns Hand am liebsten nicht mehr losgelassen, aber Sams Gegenwart erlaubte das nicht.

»Ich seh dich doch noch?«, vergewisserte sich Rosalyn. »Bald?«

Poppy konnte nur noch kurz nicken, bevor Sam Rosalyn mit sich fortzog.

Poppy schnappte nach Luft. Sie konnte ihren Herzschlag bis in die Fingerspitzen spüren. Als sie wieder bei Dai stand, versuchte sie, ihren aufgewühlten Gemütszustand nach Kräften zu verbergen.

»Na, die Ex steht wohl immer noch hoch im Kurs?«, bemerkte er.

»Scheint so.« Von den wenigen Worten, die sie mit Sam gewechselt hatte, hatte Poppy keines besonders erfreulich gefunden. »Ich glaube aber, die Sache ist vorbei … wahrscheinlich.«

Dai sah sie zweifelnd an. »Warum sollte man mit der Ex-Freundin rumhängen, wenn man nicht wieder mit ihr zusammenkommen will?«

Poppy sah zu Boden. »Doch, schon, Lesben tun das häufiger.«

»Hm.« Dai klang nicht überzeugt. »Na, soll Rosalyn sie ruhig haben. Sie sieht nach einer echt eingebildeten Ziege aus.«

Er und Poppy sahen den beiden Frauen nach, die gerade am Laden vorbeigingen – Rosalyn schweigsam und Sam an ihren Arm geklammert.

»Ich werd sie beide nicht vermissen«, erklärte Dai mit Nachdruck und verabschiedete sich.

Gedankenverloren blieb Poppy allein stehen.

»Ich glaube, die Leute irren sich bei ihr.«

»Cerys!«, rief Poppy überrascht. Die ältere Frau war unbemerkt neben ihr aufgetaucht.

»Ich weiß schon, die anderen glauben, Rosalyn wäre arrogant. Aber ich hab sie ganz anders erlebt. Sie war mir eine so große Hilfe bei dem Markt.«

»Ja«, räumte Poppy ein, »Sie war bei den Versammlungen immer auf deiner Seite.«

»Nicht nur dabei«, fuhr Cerys eifrig fort. »Sie hat mir die ganze letzte Zeit beigestanden. Die Werbung und die Vergrößerung der Angebote, die Schulaufführung am selben Tag, der Artikel im *Shropshire Express* – das waren alles ihre Ideen! Wenn du mich fragst, sie ist einfach fantastisch!«

Poppy sah Cerys verblüfft an. »Davon wusste ich gar nichts …«

»Sie ist eine tolle Sparringspartnerin für Geschäftsideen, sage ich dir. Und es macht einen Riesenspaß, mit ihr zusammenzuarbeiten.«

»Ehrlich?«

»Na, das ist doch auch ihr Beruf. Eventmanagement und Marketingkampagnen …«

Poppy schwieg. Dass Rosalyn beim Aufdecken von Alan Watkins' Machenschaften richtig gelegen hatte, war eine Sache. Dass sie nun aber auch noch einer alteingesessenen Wellserin so liebenswürdig und selbstlos half, kam unerwartet.

»Sie hatte jede Menge Geduld mit mir«, schwärmte Cerys weiter. »Dabei bin ich ja eine absolute Amateurin. Ich würde ihr jederzeit voll und ganz vertrauen!«

Poppy schaute Rosalyn nach.

Als die sich aus der Ferne noch einmal umwandte, begegneten sich ihre Blicke über den Platz hinweg. Rosalyn lächelte, aber Poppy konnte nur sprachlos staunen.

Kapitel 35

»Wessen Superidee war es eigentlich, meinen Junggesellenabschied auf den gleichen Tag zu legen wie den Kunsthandwerksmarkt?«, grummelte Dai. »Ich bin jetzt schon todmüde.«

»Tja, mein lieber Schatz«, antwortete Mary und kniff ihm in die Wange. »Das warst du selbst.«

Poppy kicherte. »Da hatte wohl jemand unterschätzt, wie groß der Markt ausfallen würde.«

»Das haben wir alle«, meinte Mary. Sie warf ihre Tasche in den Wagen, den sie vor dem Dorfladen geparkt hatte.

Dai trat nervös von einem Fuß auf den anderen. Vermutlich machte ihm die Aussicht auf eine Horde Rugbyspieler zu schaffen, die nichts anderes im Sinn hatte, als den werdenden Bräutigam zu verspotten.

»Das hat er sich alles selbst zuzuschreiben«, sagte Mary streng. »Bring ihn mir bitte nur in einem Stück zurück, das wäre nett.«

»Ich versuch's«, lachte Poppy. »Aber nach Mitternacht ist er auf sich gestellt.«

»Klingt nur fair«, entgegnete Mary und betrachtete ihren Verlobten mit einer Mischung aus Belustigung und Besorgnis. »Gut, dass morgen noch nicht die Hochzeit ist. Der wird in einem schönen Zustand sein!«

»Vermutlich.« Poppy zögerte kurz, fragte dann aber doch nach der Feier in Alan Watkins' Hotel. »Wie läuft es denn mit den Vorbereitungen?«

»Super«, sagte Mary. »Meine ganze Familie hat schon Zimmer im Hotel gebucht. Die Zeremonie findet dort statt, und das Essen ist auch schon bestellt. Jetzt muss ich nur noch ein Kleid finden und den da …« Sie nickte Dai zu. »… den da noch einen Monat lang bei der Stange halten.« Sie lachte. »Ta-ra, Poppy. Und bis morgen früh, Dai. Für dich hab ich in jedem Zimmer einen Eimer aufgestellt.« Damit stieg sie ins Auto und entschwand.

»Alles klar?«, fragte Poppy.

»Ich hab Angst«, gab Dai zu.

»Das solltest du auch. Bis Mitternacht kümmere ich mich um deine Vitalzeichen. Danach haben die Jungs dich dann aber für sich.«

»Oh nein – warum machen Menschen das nur?«

Poppy hakte ihn unter. »Ach komm, die erste Hälfte des Abends wird lustig. Nur wirst du leider in der zweiten Hälfte die erste bitter bereuen!«

»Oh Mann, ich freu mich gar nicht auf morgen früh!«

»Ich bring dir ein schönes warmes Frühstück vom Café.«

»Danke. Und genau deshalb bist du auch mein bester Kumpel!« Arm in Arm machten sie sich auf den Weg.

»Pass auf, dass ich es nicht übertreibe, ja?«, bat Dai, als sie den Pub erreichten, einen Fachwerkbau am Ende der kurvenreichen Straße auf halbem Weg zwischen Wells und dem Jenkins-Haus.

»Na, wir werden sehen.«

Sie öffneten die Tür und standen direkt vor der Bar. Das Haus war alt und die Decken niedrig. Dai musste sich bücken, um nicht mit dem Kopf gegen den Deckenbalken zu stoßen. Dann begrüßten über zwanzig Rugbyspieler sie mit starker Stimme und je mindestens einem Pint Bier in der Hand. Unter allgemeinem Jubel und Pfiffen präsentierte Brenda Gethin, die muskulöse Frau hinter der Theke, Dai ein bis zum Rand gefülltes Yard-Of-Ale.

»Dai, Dai, Dai«, feuerten ihn seine Sportskameraden an – so lange, bis er der grinsenden Brenda das kindshohe Trinkglas aus der Hand genommen hatte. Dai kniete sich hin, um es in dem niedrigen Raum überhaupt trinken zu können, und drehte es so, dass der Inhalt zumindest großteils in seinem Mund landete anstatt in seinem Gesicht.

Dann erhob er sich und reckte das leergetrunkene Glas triumphierend in die Höhe. Wieder brandete ihm Jubel entgegen. »Noch eins!«, riefen alle im Chor.

»Oh nein«, murmelte Dai theatralisch.

Poppy, die ungefähr halb so groß war wie die anderen geladenen Gäste, wechselte nach dem ersten Pint Bier zu »Gin-Tonic«, von dem nur Brenda wusste, dass es nichts anderes als Wasser war.

Als es später wurde, füllte die Bar sich merklich. Ortsansässige strömten herein, und bald war fast jeder Quadratmeter besetzt mit großen Männern, die nach Schweiß und Bier rochen. Poppy rettete sich ans Ende der Theke zu Brenda. Sie lehnte sich gegen die Abtrennung vom größeren Schankraum und nippte an ihrem Drink.

»Ich muss mich mal verstecken«, wisperte ihr Dai ins Ohr. Der Hüne drängte sich neben sie und versuchte, sich möglichst klein zu machen. Mit dem Ärmel wischte er sich den Schweiß von der Stirn. »Ich brauch 'ne Pause – nach sechs Pints. Ich bin anscheinend ganz aus der Übung.«

»Ich hol dir mal was ohne Alkohol«, erklärte Brenda und begann gleichzeitig eine Runde, um die Gäste im Schankraum zu bedienen.

»Du hast schon sechs Pints getrunken?«, fragte Poppy erstaunt, denn er klang noch überraschend klar. »Die gleiche Menge würde mich vermutlich umbringen.«

Dai lachte leise. »Das war doch erst der Anfang!«

Eine schneidende Stimme drang durch das Gewirr zu Poppy durch: »Diese blöde Lesbe ist wieder zurück.«

Poppy erstarrte. Der boshafte Kommentar kam vom Schankraum um die Ecke. »Die bescheuerte Kuh sollte sich raushalten. Die hat was gegen Alan.«

Dai legte schützend seine Hand auf Poppys Arm. »Sie sprechen nicht von dir. Bestimmt von Rosalyn. Das scheint sich schon rumgesprochen zu haben.«

Poppy lehnte sich vorsichtig zurück und lugte um die Ecke. Inmitten einer Männergruppe erkannte sie Glyn Owen als den Sprecher. Er und die anderen gehörten zu Alans Gefolgschaft, der selbst aber nicht zu sehen war.

»Welches Recht hat diese Kampflesbe, sich einzumischen und hier alles durcheinanderzubringen?«, fuhr Glyn großsprecherisch fort. »Soll sie doch nach London verschwinden mit all den anderen verdammten Freaks!«

Seine Kumpanen murmelten zustimmend.

»Das hab ich ihr auch gesagt«, verkündete Glyn. »Ich bin zu ihr hin und hab ihr gesteckt, wohin sie sich verpissen soll.«

»Ach, ist das so?« Brenda hatte sich mit ihrer kraftvollen Statur vor Glyn aufgebaut und starrte ihn an. »Und was hat sie dir wohl geantwortet? Das hab ich nämlich gehört – und gesehen, wie du dich aufgeplustert und den großen Macker markiert hat. Hast versucht, sie aus dem Weg zu schubsen.«

Glyn war ob dieser unvermuteten Zeugin kurz der Wind aus den Segeln genommen. Dann wurde er wieder laut: »Na, die musste sich auf Drohungen verlegen. Hat behauptet, sie tritt mir in die Eier, wenn ich ihr nicht aus dem Weg gehe. Sie hat natürlich geschraubter geredet: *Testikel*!«

»Wenn du mich derart grob gegen die Brust gestoßen hättest, hättest du jedenfalls nicht erst eine so höfliche Warnung bekommen – sondern gleich mein Knie zwischen die Beine!«, ereiferte sich Brenda.

Die Leute um sie herum kicherten, und Glyn grummelte: »Die alte Lesbe hatte es ja nicht anders verdient.«

»Genug jetzt, Glyn Owen!«, befahl Brenda scharf. »Wenn ich noch ein Wort von diesem Mist über Lesben oder Rosalyn Thorn höre, dann schmeiße ich dich eigenhändig raus. Und das gilt für euch alle!«

Glyn verstummte beleidigt, und Brenda kam zu Poppy zurück.

»Sorry, dass du das hören musstest, Poppy«, entschuldigte sie sich. »In meinem Pub dulde ich so ein Geschwätz nicht.«

»Danke, Brenda«, erwiderte Poppy. »Es ist nicht deine Schuld.« Sie lächelte der Barfrau schwach zu, kochte aber innerlich vor Wut, weil man Rosalyn bedroht hatte. Dann wurde sie blass vor Scham: Hier ging es um genau die Art von Einschüchterung, die Rosalyn vorhergesehen hatte.

»Ich weiß, ganz furchtbar«, murmelte Dai und drückte ihr die Hand. »Aber die Jungs lassen hier doch nur ein bisschen Dampf ab. Lass dich davon nicht ärgern.«

»Es ärgert mich aber, Dai«, widersprach Poppy. Nach all den Vorträgen, die sie Rosalyn über ihre ach so tolerante Nachbarschaft gehalten hatte, schmerzte es umso mehr, jetzt deren dunklere Seite präsentiert zu bekommen. »Warum tun sie das, Dai?«, fragte sie gequält. »Warum werfen sie Rosalyn ihre Sexualität vor, wenn sie Alans Geschäfte anzweifelt? Warum befeuern sie die alten Vorurteile, nur um Zustimmung für ihr Ego zu heischen?«

Dai seufzte. »Sie meinen es nicht böse. Es ist eben am einfachsten, so zwischen ›uns‹ und ›denen‹ zu unterscheiden. Sie würden das niemals über dich sagen. Es geht bloß um Rosalyn. Die hat einfach so eine Art, die Leute gegen sich aufzubringen.«

»Warum sagen sie das dann nicht? Warum bringen sie keine Argumente gegen ihre Urteile und Vorwürfe, anstatt sie dafür anzugreifen, wer sie ist?«

»Ja, du hast ja recht … aber du weißt doch, sie war schon immer echt nervtötend. Die ganze Familie ist unbeliebt, seit sie uns Rhiw Hall gestohlen haben.«

Poppy sah ihren Freund streng an. »Dai, das hätte ich jetzt aber nicht von dir gedacht. Die Thorns haben das Herrenhaus zu einem fairen Preis erworben. Ich kann dieses ewige ›hätte eine Familie von hier sein sollen‹ nicht mehr hören. Wenn der alte Lloyd das Haus an jemanden aus Wells hätte verkaufen wollen, dann hätte ihn niemand davon abgehalten. Hat er aber nicht. Er hat es an David Thorn verkauft und gutes Geld dafür bekommen.«

»Aber sie haben sich nie angepasst«, begehrte Dai auf. »Diese Familie hat sich nie Mühe gegeben, Teil der Gemeinschaft hier zu werden. Wer hat David oder Lillian je hier gesehen, hm? Und Rosalyn, unsere Eisprinzessin aus der Schule?« Er schnaubte abfällig.

Poppy war empört. »Nicht jeder trägt auf dieselbe Weise zu einer Gemeinschaft bei. Wir beide haben Geschäfte, die der Ort und die Region brauchen, und wir führen sie so, dass sie allen nützen. Das stimmt. Aber es ist wohl kaum die einzig mögliche Art, einander zu helfen!«

»Dann sag mir doch mal, Poppy«, entgegnete Dai schärfer, »wer im Vergleich besser abschneidet: jemand wie Alan Watkins, der mir einen Freundschaftspreis für meine Hochzeitsfeier macht, der Cerys beim Kunsthandwerksmarkt helfen wollte und der immer ein offenes Ohr für Leute aus Wells hat, die geschäftliche Tipps brauchen? Oder jemand wie Rosalyn und David Thorn?«

Das machte Poppy wirklich wütend. »Was für einen Beitrag leistet ein Herzchirurg? Ist es das, was du mich fragst?«, zischte sie. »Jemand, der hier seit Jahrzehnten Hunderte von Menschenleben rettet? Oder was leistet eine Fundraiserin für soziale Projekte, die Geld für sauberes Wasser in ärmeren Ländern auftreibt und damit Tausende von Menschenleben rettet? Ernsthaft?«

Dai schaute sie zweifelnd an.

»Und …« fuhr Poppy fort, die sich in Rage geredet hatte. »Ich weiß aus verlässlicher Quelle, dass Rosalyn weit mehr als Alan zum Markt heute beigetragen hat. Tatsächlich …« Poppy unterbrach sich, um nicht noch mehr gegen Alan zu wettern. »Eins kann ich dir sagen«, fuhr sie in ruhigerem Ton fort. »Rosalyn lag bislang bei vielen Dingen genau richtig. Nein, sie hat nicht unser versöhnliches Wesen und keinerlei Geduld mit törichten Menschen – und sie stammt auch nicht von stolzen walisischen Ahnen ab. Aber wenn du Alan Watkins eher glaubst als ihr, dann irrst du dich! Und selbst wenn die Thorns auf Rhiw Hall nie irgendetwas anderes gemacht hätten als englische Rosen zu züchten, dann rechtfertigt das noch lange nicht diese idiotischen Anschuldigungen, sie würden nicht genug zur Gemeinschaft beitragen. Mir fällt auf die Schnelle ein Dutzend walisische Familien ein, die sich nirgends öffentlich engagieren, und das ist auch wirklich ihre Sache. Also ja, ich nehme es persönlich, wenn hier jemand homophob ist, insbesondere wenn du das anschließend mit Fremdenhass zu rechtfertigen versuchst!«

»Poppy?«, fragte Dai sanft.

»Ja?«

»Bist du fertig?«

»Ja.«

»Wie lange bist du schon in Rosalyn verliebt?«

Poppy schnappte kurz nach Luft. »Ich bin nicht in Rosalyn verliebt«, stieß sie dann hervor und wurde rot.

»Ganz sicher?«, fragte er ernsthaft.

»Warum fragst du das?«

»Ach, ich weiß nicht …« Er lächelte.

Poppy verschränkte die Arme und wandte den Blick ab.

»Sie ist dir immer schon unter die Haut gegangen, nicht wahr?«

»Was soll das heißen?«, fragte Poppy gereizt.

Dai lächelte sie an. »Du bist einer der liebenswertesten Menschen, die ich kenne. Du hast für jeden Zeit und ein freundliches Wort, und du vergibst jedem alles, ganz egal. Nur nicht bei Rosalyn … Die bringt dich im Handumdrehen auf die Palme. Aber wehe, irgendjemand anders wagt es, etwas gegen sie zu sagen! Der bringt deinen gerechten Zorn über sich.«

Poppy sah zu Boden. »Ich finde einfach, die Leute sind oft nicht fair zu ihr. Klar, sie tut sich auch selbst keinen Gefallen. Aber aus Bigotterie soll sie hier keiner schlechtmachen!«

»Und das ist alles?«

»Ja.«

»Na dann ist ja gut … Denn es wäre wohl die Hölle auf Erden, in eine Frau verliebt zu sein, die dich dermaßen wahnsinnig macht. Oder?«

»Ja.« Poppy schluckte. »Das wäre es.«

Kapitel 36

Poppy klopfte ans Fenster des Häuschens neben dem Dorfladen.

»Dai, bist du da?« Angestrengt spähte sie durchs Fenster. Es war neun Uhr morgens, und da Dai noch immer nicht aufgetaucht war, quälten Poppy Visionen, wie er vielleicht allein und verlassen auf einem Floß in der Nordsee trieb.

Ein schwarzer Jaguar bog um die Ecke. Poppy war nicht überrascht, Rosalyn hinter dem Steuer zu sehen. Umso erstaunter war sie, als sich Dai vom Beifahrersitz hochrappelte. Er trug ein hauchzartes Sommerkleidchen.

»Danke, Rosalyn«, knurrte Dai zähneknirschend. »Wirklich nett von dir.«

»Gern geschehen, Dai.« Rosalyn lehnte sich mit amüsierter Miene aus dem heruntergelassenen Fenster. »Und mit dem Kleid hat es keine Eile. Behalte es, solange du magst.«

Poppy starrte den nunmehr zart umwehten kolossalen Leib von Dai Edwards an, der auf sie zukam.

»Morgen«, grüßte er sie knapp. »Ms Thorn hier hat mich freundlicherweise von einem Straßenschild vor Rhiw Hall losgebunden.«

»Ach ja?« Poppy musste grinsen. Ihr fiel ein, wie man am Abend zuvor heimlich ein Paar Handschellen herumgereicht hatte. »Warst du denn gefesselt?«

»Allerdings«, antwortete Dai, »… und nackt.«

Poppy musste laut auflachen. »Entschuldige, Dai. Wie lange musstest du dort aushalten?«

»Ein paar Stunden.«, entgegnete er mit trotzig vorgerecktem Kinn. »Und auch wenn ich einige davon verschlafen habe, wäre es doch nett gewesen, wenn mir jemand etwas zügiger geholfen hätte. Und vielleicht einen Bademantel aufgetrieben hätte oder auch nur ein altes Bettlaken, in das ich mich hätte wickeln können.« Er sah Rosalyn anklagend an. »Aber scheinbar war dieses entzückende Sommerkleidchen das Einzige, was sich in ganz Rhiw Hall finden ließ.«

Poppy ließ Dais Anblick auf sich wirken. Es sah wirklich urkomisch aus.

»Und sie konnte mich natürlich auch nicht hinter dem Haus rauslassen, es musste ja hier sein, wo mich alle sehen können«, rief Dai über die Schulter zurück. »Aber das fällt voll auf sie zurück, weil mir das Kleid nämlich super steht. So!«

Poppy sah Rosalyn an, und einen Moment lang schien diese unsicher zu werden. Als Poppy aber lauthals zu lachen begann, strahlte sie wieder vergnügt über das ganze Gesicht.

»Oh nein, da kommt Mary«, murmelte Dai. »Jetzt kann ich mir wieder was anhören …«

Mary stieg gerade mit ernster Miene aus ihrem Auto. Als sie Dai sah, konnte sie ein Grinsen nicht unterdrücken »Oh, Dai.« Sie musterte ihn. »Es ist wohl besser, dass ich es jetzt erfahre. Aber bitte lass die Finger von meinem Hochzeitskleid!«

Dai lachte. Aber er hatte ihre gedrückte Stimmung bemerkt. »Was ist denn los, Schatz?«

Mary kam auf sie zu und seufzte hörbar »Alans Hotel ist pleite.«

»Was?«

»Ich hab's gerade rausgefunden. Er hat Insolvenz angemeldet. Die Insolvenzverwalter versuchen noch zu verkaufen, was sie irgend können, aber es ist höchst unwahrscheinlich, dass wir in absehbarer Zeit irgendetwas von unserer Vorauszahlung erstattet bekommen. Und falls doch, dann nur sehr wenig.«

»Aber …« Dai schien sprachlos. »Aber Alan geht es doch gut. Wie konnte denn das passieren?«

»Ich weiß es nicht.« Mary schüttelte den Kopf.

»Aber … ich habe ihm gerade erst den Rest ausgezahlt.« Dai war blass geworden. »Da musste er doch schon gewusst haben, was los war.«

Mary sah aus, als müsste sie gleich in Tränen ausbrechen. »Wirklich? Schon den ganzen Rest?«

Dai nickte schwach.

»Dann können wir dieses Jahr nicht mehr heiraten.« Mary sackte in sich zusammen. »Vermutlich haben wir auch im nächsten Jahr noch nicht genug zusammengespart.«

Keiner von beiden sagte noch etwas, aber die Enttäuschung stand beiden ins Gesicht geschrieben.

Poppy dachte an die älteren Verwandten, die diese Hochzeit noch erleben wollten.

»Oh Dai«, sagte sie leise. »Das tut mir so leid.«

»Es ist ja nicht deine Schuld, Liebes.«

Poppy sah zu Rosalyn hinüber. Sie hörte ebenfalls zu, konzentriert und mit gerunzelter Stirn. In Poppy regte sich das schlechte Gewissen. Sie hatte ihrer Warnung nicht recht glauben wollen.

»Ich hätte dich deutlicher warnen können. Es klang echt verdächtig. Keine Reservierungen? Freundschaftspreis? Ich hatte schon meine Zweifel, aber ich wollte euch die Freude nicht verderben.«

Poppy fragte sich, ob sie sich bei Rosalyn entschuldigen sollte. Sie sah noch einmal in ihre Richtung, doch Rosalyn hatte sich mit steinerner Miene abgewendet. Ohne einen weiteren Blick startete sie den Wagen und fuhr davon.

Poppy konnte ihr das nicht übelnehmen. Schließlich hatte Rosalyn die ganze Zeit über recht gehabt. Poppy spürte ein schuldbewusstes Nagen in der Magengrube.

»Tja, das war's dann wohl.« Marys Stimme bebte. »Game Over.«

»Habt ihr denn wirklich alles ausgegeben?«, hakte Poppy nach. »Ist gar nichts mehr übrig?«

»So ziemlich«, entgegnete Dai. »Nur noch das Geld für Marys Kleid, meinen Anzug und den Blumenschmuck.«

»Aber das müsste doch eine ganze Menge sein, oder?«

Dais schnaubte verächtlich. »Vielleicht reicht es noch für ein Dixie-Klo auf der grünen Wiese, wenn wir mit einem Picknick im Freien vorlieb nehmen.«

»Na, warum nicht?«, versuchte es Poppy zaghaft. »Also, kein Picknick natürlich, aber vielleicht reicht das Geld ja doch fürs Essen?! Wenn ich es mache?«

»Für 150 Leute?«

»Oh je, so viele …« Poppy rieb sich die Stirn. »Aber vielleicht ja doch … Ich kann euch natürlich keinen Kaviar versprechen, sondern es müsste ein echtes Sparmenü werden. Aber ich könnte das machen.«

»Aber wo?«, gab Dai zu bedenken. »In dein Café passen wir niemals alle hinein.«

»Irgendwo muss sich doch noch ein Plätzchen finden lassen. Und wenn es wirklich im Freien ist …«

»Das ist sehr lieb von dir, Poppy«, sagte Mary. »Aber wir brauchen doch eine Zeremonie. Und die meisten unserer Gäste hatten schon Zimmer im Hotel reserviert. Für die müssten wir noch etwas anderes finden.«

»Könnt ihr sie nicht anrufen und bitten, selbst nach Alternativen zu suchen?«

Mary blinzelte zu Dai auf. Ihr Gesichtsausdruck zeigte zögerliche Hoffnung.

Dai zuckte die Achseln. »Wir können es zumindest versuchen. Geben wir uns allen gemeinsam eine Woche, um noch etwas anderes zu finden.«

»Okay«, stimmte Mary zu. »Lass mich und Dai mal etwas nachdenken, Poppy. Wir kommen dann eventuell auf dein Angebot zurück. Danke.«

Poppy sah dem Paar nach, wie es mit hängenden Schultern im Haus verschwand. In Gedanken versunken lief sie zum Marktplatz. In ihr rumorten Mitleid mit Dai und Mary und Bedauern, dass sie nicht mehr getan hatte, um das Unglück zu verhindern. Vor allem aber Schuldbewusstsein Rosalyn gegenüber – sie wusste nicht ob und wie sie ihre Fehleinschätzung wieder gutmachen konnte.

> ~ ~ ~ <

»Hast du kurz Zeit, Poppy?«, rief Dai zu Poppy ins Café hinauf. Es war unter der Woche, die Zeit zwischen Mittagessen und Schulende, daher war das Real Food Café halb leer.

»Klar, komm rauf auf einen Kaffee«, antwortete sie.

Dai kam die Treppe hinauf und ließ sich auf einen Stuhl neben der Kuchentheke fallen.

»Oh je, da darf ich gar nicht erst hinsehen«, jammerte er mit Blick auf die köstlichen Desserts. »Mary zwingt mich abzunehmen. Ich muss ja jetzt für die Hochzeit wieder in meinen alten guten Anzug passen.«

»Ihr macht das also wirklich?« Poppy strahlte.

»Sieht so aus.«

Poppy setzte sich zu ihm und schob ihm eine Tasse Kaffee hinüber. »Habt ihr denn tatsächlich eine andere Location gefunden? Das ging ja schnell.«

»Ja, ich war genauso überrascht. Ich hatte noch gar nicht richtig angefangen zu suchen. Erst mal wollte ich diesen Mistkerl Alan Watkins aufspüren.«

»Hmm … mit Erfolg?«

»Ich bin zu ihm nach Haus«, erklärte Dai und verschränkte seine imposanten Oberarme. »Ich wusste übrigens gar nicht, dass Alan ein Fan deiner Mam ist. Aber da hingen ein paar ihrer Bilder bei ihm im Flur. Sehr schöne!«

Poppy runzelte die Stirn. »Nicht zufällig drei Gemälde von Powis Castle?«

»Doch, genau.«

»Wie unverschämt! Die sollte er schon seit Monaten im Hotel zum Verkauf anbieten.«

»Ich wette, er hat sie direkt bei sich zu Hause aufgehängt!«, brummte Dai. »Leider ist es nicht gesagt, dass ihr sie zurückbekommt. Er ist ein listiger kleiner Mistkerl.«

Poppy linste durchs Geländer nach unten. »Erzähl es Mum bitte nicht«, flüsterte sie. »Wenn wir Glück haben, vergisst sie die Bilder.«

»Klar.« Dai nickte. »Ich wollte eigentlich herausfinden, warum seine Restaurants noch immer geöffnet sind, wenn das Hotel pleite ist.«

»Stimmt, das habe ich mich auch gefragt.«

»Es stellte sich heraus, dass dieser miese Betrüger das Hotel unter dem Namen seines Vaters geführt hat, getrennt von den Restaurants. Offiziell ist Alan nur der Geschäftsführer beim Bryn Mawr Hotel, und als Angestellter nicht verantwortlich. Also kann er seelenruhig all seine anderen Geschäfte weiterführen.«

»Er muss aber doch gewusst haben, dass es Probleme gab?«

»Ja, es sieht so aus, als wäre es damit schon seit der Zeit bergab gegangen, als er vor zehn Jahren als Geschäftsführer anfing.«

»Genau wie mit Wells«, bemerkte Poppy.

»Ja«, gab Dai zu. »Alwyn denkt, Rosalyn hatte absolut recht mit ihrem Verdacht. Er geht davon aus, dass Alan und seine Freunde Fördergelder, Werbebudgets und Besucher von Wells weggelenkt und abgezweigt haben. Ich würde mich nicht wundern, wenn er auch die schlechten Bewertungen für dein Café geschrieben hätte. Das half aber seinem eigenen Hotel auch nicht weiter.«

Poppy schlug die Hände vors Gesicht. Sie hätte mehr auf Rosalyn hören sollen. Wenn sie nur nicht so wütend auf sie gewesen wäre! Wütend, weil sie sie mit sechzehn verlassen hatte. Weil sie dann plötzlich wieder hier aufgetaucht war mit diesem fantastischen Po. Weil sie auf alles herabgeblickt hatte, was Poppy liebte. Weil sie versäumt hatte, ihre sexuelle Identität zur Sprache zu bringen, und Poppy dann in solch atemberaubendem Tempo verführt hatte, dass die fast ein Schleudertrauma davongetragen hätte.

Wie immer musste Poppy kurz Luft holen bei der Erinnerung an Rosalyns weiche Brüste auf den ihren, an ihre Finger in ihr und an ihre gemeinsamen Schreie, als sie kamen. Poppy schluckte und schüttelte den Kopf. »Jedenfalls«, sagte sie hastig, »hatte ich meine Gründe, Rosalyns Verdacht nicht ernster zu nehmen. Wenn auch nicht alle Gründe korrekt waren im Nachhinein.«

Vor allem hatte Rosalyn Poppy nie gesagt, dass sie in sie verliebt war. Die Frau war einfach unverbesserlich. Aber sobald sie an Rosalyns Geständnis dachte, wurde alles in ihr weich und offen, wie so oft in letzter Zeit. Sie erinnerte sich an Rosalyns Gesichtsausdruck, als sie auf dem Kunsthandwerksmarkt ihre Hand genommen hatte, so sanft und eifrig, fast schon schüchtern. Und dann der Blick, den sie ihr über den Platz zugeworfen hatte, als sei Poppy die einzige Frau auf der Welt.

»Oh, diese Frau!«, knurrte Poppy. Ob sie sie je durchschauen würde?

»Genau darüber wollte ich mit dir sprechen«, meinte Dai unbehaglich.

»Über Rosalyn?« Poppy zog erstaunt die Augenbrauen hoch.

»Weißt du«, fuhr Dai zögernd fort, »Rosalyn hat uns die Stallungen von Rhiw Hall als Location für die Hochzeit angeboten.«

Poppy schwieg verblüfft.

Dai sah konzentriert auf seinen Kaffee und blinzelte Poppy dann schuldbewusst an. »Sie glaubt, dass 150 Leute in die große Scheune passen würden. Es ist natürlich immer noch eine Scheune, also sehr rustikal … und wir würden eine Menge Hilfe brauchen, um es dort schön zu machen.«

»Rosalyn?« Poppy starrte ihn unbewegt an. Diese mehr als überraschende Geste überforderte ihren Verstand.

»Poppy, Liebes, bist du okay?«, fragte Dai besorgt.

Sie öffnete den Mund. »Rosalyn??«

Dai lächelte. »Na, da bin ich ja froh, dass ich nicht der Einzige bin, den das überrascht. Mary meinte, sie wundere sich kein bisschen, denn sie hätte von Rosalyn nur Gutes gehört. Vermutlich weil sie mir nie zuhört … Poppy?«

Poppys Inneres war in hellem Aufruhr. Ziellos starrte sie in ihren Gastraum. Warum bot Rosalyn die Stallungen an? Warum ausgerechnet dort? Warum war sie so großzügig gegen Dai? Die beiden konnten sich doch gar nicht leiden … Wollte sie etwa selbst bis zur Hochzeit bleiben? Das wären noch mehrere Wochen. Würde Poppy ihr doch noch begegnen? Und würden sie sich wieder verstehen? Natürlich würden sie sich begegnen, Poppy würde ja das Catering übernehmen, das wusste Rosalyn inzwischen sicher. Was tat sie da nur?

»Oh«, hauchte Poppy.

»Sie sagt auch, wir können die Wiese hinter der Scheune haben, wenn Gäste dort zelten wollen«, erklärte Dai weiter. »Solange wir dabei nicht der Heuernte in die Quere kommen.«

»Aha.«

»Und nur gut, dass ihr das eingefallen ist. Denn mit deinem gut laufenden Café und unserem erfolgreichen Kunsthandwerksmarkt ist Wells mittlerweile so beliebt geworden, dass alle Bed & Breakfasts ausgebucht sind.«

»Hmm.«

Dai lächelte. »Ich merke schon, das ist alles ein bisschen viel für dich, Liebes.«

»Sorry«, sagte Poppy und versuchte, wieder in der Wirklichkeit anzukommen. »Ja, das ist wirklich großzügig von ihr.«

»Allerdings«, seufzte Dai. »Total kurzfristig, jede Menge Arbeit, ein Haufen fremde Gäste auf dem Anwesen. Ich wette, sie musste sich ordentlich anstrengen, um das ihren Eltern schmackhaft zu machen. Großzügig kannst du laut sagen.« Er hielt inne und sah Poppy in die Augen. »Das heißt aber nicht, dass ich sie jetzt mögen muss, oder?«

Kapitel 37

Als Poppy auf Rhiw Hall zulief, drehte sie gedankenverloren ihren Kettenanhänger zwischen den Fingern. Gefühlte hundertmal hatte sie die Halskette an diesem Morgen ab- und wieder angelegt. Mit der schwierigen Wahl der passenden Kleidung und Frisur hatte sie den gesamten Vormittag zugebracht. Letztlich sah sie nun fast so aus wie immer: ein leichtes Sommerkleid mit blauem Blütenmuster, widerspenstige Locken, die dem Haarknoten entflohen, und zwischen ihren Brüsten versteckt der geliebte Kettenanhänger.

Bei den Ställen angekommen spähte Poppy in die große Scheune, doch Rosalyn war noch nicht dort. Also ging sie weiter zum Herrenhaus. Sie klopfte zaghaft an die Eingangstür unter der rosenumrankten Veranda, so als solle man sie nicht wirklich hören. Insgeheim hoffte sie, David wäre da und würde ihr den Antrittsbesuch erleichtern. Dann öffnete sich die Tür.

»Mrs Thorn!« Unwillkürlich trat Poppy einen Schritt zurück, als die steinerne Miene von Rosalyns Mutter erschien. Seit ihrem unglückseligen Gespräch damals nach den Weihnachtsferien hatten die beiden kein Wort mehr gewechselt.

Lillian Thorns Züge wurden weicher, als sie Poppy erkannte. Sie lächelte. »Poppy Jenkins! Du hast dich ja kaum verändert. Wirklich gut siehst du aus.«

»Danke«, antwortete Poppy, die der freundliche Plauderton ein wenig verwirrte.

»Du wolltest sicher zu Rosalyn.«

»Ja. Entschuldigen Sie, ich bin ein wenig zu früh dran. Wir sind zum Aufräumen in der Scheune verabredet. Für die Hochzeit. Ich möchte überhaupt auch Ihnen noch danken. Anstelle von Dai. Er ist Ihnen so dankbar, und Mary auch.« Nervös presste sie die Lippen zusammen, um nicht vollends ins Stottern zu geraten.

»Gern geschehen. Rosalyn ist in der alten Jagdhütte. Sie räumt dort auch auf. Sie wird sich sicher freuen, wenn du sie dort triffst. Soll ich dir den Weg zeigen?« Lillian klang ausgesprochen liebenswürdig.

Poppy hatte sich an diese neue Lillian noch nicht recht gewöhnt. »Nein. Ich kenne den Weg. Danke.« Sie trat zögerlich den Rückzug an.

»Poppy?« Lillian ging einen Schritt auf sie zu. »Es tut mir leid, dass ich nicht immer sehr nett zu dir war. David hat mich neulich daran erinnert, wie unfreundlich meine letzten Worte an dich waren.« Sie runzelte die Stirn. »Heute schäme ich mich dafür. Erinnerst du dich noch?«

Poppy nickte.

»Ja, das dachte ich mir.« Aus ihrem Blick sprach aufrichtiges Bedauern. »Ich möchte mich wirklich entschuldigen. Ich bin sehr dankbar, dass du uns Rosalyn zurückgebracht hast, Poppy.«

Lillian streckte die Hand aus. Und selbst wenn das etwas kühl und geschäftsmäßig wirken mochte, wusste Poppy doch, wie intim diese Geste für eine Lillian Thorn war. Sie drückte der älteren Frau die Hand und nickte ihr zu.

»Ich bin froh, dass sie zu Ihnen nach Hause gekommen ist.«

»Ich würde mich sehr freuen, wenn wir dich öfter hier sehen, Poppy.« Lillian winkte zum Abschied und zog sich ins Haus zurück.

Poppy machte sich auf den Weg um den Garten herum auf den Waldpfad. Dort fanden die grünen Wiesen ihre Grenze an einem plätschernden Bach, an dessen Ufer lange Gräser und rote Blüten im Spätsommerwind schaukelten. Das viktorianische Jagdhäuschen stand dem Tal zugewandt in einem Waldkiefergehölz. Die Veranda lag den Blicken verborgen hinter dem Haus.

Vorsichtig duckte Poppy sich zwischen die Abdecktücher, die zum Auslüften über den unteren Nadelzweigen hingen. Die Türen, die zum Wohnraum und nach hinten zur Veranda führten, standen weit offen, ebenso alle Fenster. Poppy trat ein. Ihre Schritte auf den knarrenden Bodendielen klangen vertraut. Sie spähte ins Zimmer. Zwei alte Chesterfield-Sofas standen vor dem Holzofen. Ihre Lederbezüge hatten unter Jahrzehnten von Gästen und den jahrelangen Spielen der beiden Mädchen etwas gelitten. Poppy musste lächeln. Sie erkannte jedes Motiv des roten Perserläufers vor dem Ofen wieder, wusste noch genau, an welchen Stellen es handgeknüpfte Abweichungen gab. Wie viele Stunden sie hier auf dem Bauch gelegen und die Muster betrachtet hatte, während Rosalyn und sie sich über alles und nichts unterhalten hatten.

»Sieht noch genau wie früher aus, oder?« Rosalyn war aufgetaucht und lehnte im Türrahmen.

Poppy grinste. »Etwas staubiger vielleicht. Aber ja, es ist noch genau wie früher, es riecht sogar noch genauso. Das muss wohl das Holz im Ofen sein.«

Rosalyn kam ins Zimmer und lehnte sich an einen der Sofarücken. »Ich kann kaum glauben, dass die alten Dinger noch immer hier stehen.« Zärtlich strich sie mit der Hand über das rissige Leder. »Und, ist das noch immer deine Vorstellung von einem idealen Zuhause?«

»Oh ja.« Poppy sah sich um. »Mit ein bisschen weißer Wandfarbe und neuen Büchern auf den Regalen …« Sie deutete auf die langen Reihen von Wandregalen. »Und die alte Landkarte von Montgomeryshire und die Blumenbilder gefallen mir noch genauso gut wie früher.«

Neben dem Holzofen standen zwei uralte Weidenkörbe. Einer enthielt Reste von Brennholz, in dem anderen aber stapelten sich noch immer Brettspiele, Kartendecks und ein Vier-gewinnt-Spiel.

»Perfekt«, sagte Poppy.

»Wie sieht's mit den Plänen fürs Kinderzimmer aus?«

»Du meinst für meine vier Kinder? Ich bleibe dabei, dass Dad ein Zimmer zu einem Piratenschiff mit Kojen umbauen müsste. Vielleicht hätte ich selbst auch gern so eine.«

Rosalyn lachte. »Du und deine Zukunftspläne …«

Ja, die hatte Poppy genau ausgefeilt. Die Kinder sollten mit einem Jahr Abstand zur Welt kommen: Junge, Mädchen, Junge, Mädchen. Im Winter würden sie alle zusammen Schlitten fahren, im Sommer auf den Wiesen spielen und auf dem See paddeln und ansonsten endlos sonnige Tage bei selbstgemachter Limonade und frisch gebackenem Sandkuchen auf der Veranda ausklingen lassen.

»Deine Familienvision …«, meinte Rosalyn versonnen. »Ich weiß noch, mit wie vielen gruseligen Puppen vom Second-Hand-Trödel du sie immer nachstellen wolltest.«

»Du fandst meine Puppen gruselig?«

»Die Einarmige, der du als Armprothese ein Messer in den Leib gejagt hattest? Und die, der jemand mit Kugelschreiber ein blaues Auge verpasst hatte? Allerdings …«

»Ich hab sie alle lieb gehabt.«

»Ich weiß.« Rosalyn lächelte sie liebevoll an. Überhaupt wirkte sie viel sanfter als sonst. Der nachgiebige, freundliche Ausdruck auf ihrem sonst so kühlen Gesicht tat ihrer Attraktivität keinen Abbruch. Im Gegenteil …

Poppy merkte, dass sie Rosalyn anstarrte.

»Hi«, flüsterte sie.

»Hi.« Der Blick, der Rosalyns gewisperte Erwiderung begleitete, war herzerwärmend. »Möchtest du den Rest des Hauses sehen?«

Poppy nickte und folgte ihr in den holzgetäfelten Flur.

»Oh, die ist neu«, sagte sie überrascht beim Anblick einer steilen hölzernen Treppe nach oben.

Rosalyn folgte ihrem Blick. »Ja, vor ein paar Jahren haben meine Eltern das Dachgeschoss ausbauen lassen, um die Jagdhütte zu verkaufen. Aber dann wurde doch nichts daraus, und jetzt ist oben ein echt schönes Schlafzimmer entstanden. Es könnte noch etwas Licht gebrauchen, aber ich mag es.« Sie sah Poppy fragend an. »Gefällt es dir auch?«

Poppy stieg ein paar Stufen hinauf und schaute sich von der Treppe aus oben um. Sie wollte nicht gleich in das fremde Zimmer eindringen. Das Schlafzimmer war geschmackvoll und einladend eingerichtet: weiße Wände zwischen dem dunklen Fachwerk, Wiesenblumen als Farbtupfer in einer Vase, ein großes Eichenbett mit cremefarbener Decke. Alles schien nur darauf zu warten, dass ein Paar es sich darin gemütlich machte.

»Natürlich gefällt es mir. Der perfekte Rückzugsort für ein perfektes Haus.«

Rosalyn lächelte erfreut. »Dann sieh dir mal den Rest an.«

Rosalyn nahm Poppys Hand und führte sie unten eine Tür weiter.

»Oh, hier hat sich gar nichts verändert«, bemerkte Poppy entzückt, als sie in die Küche spähte.

Aus dem Küchenfenster war ein kleiner Kräutergarten zu sehen. Die tiefe Spüle, der schwere Holztisch und die hellen Schränke verströmten noch immer ihren typischen Bauernmöbel-Charme. Poppy lachte, als sie den alten Aga-Herd entdeckte, dessen cremefarbene Emaille stellenweise leicht abgeplatzt war.

»Weißt du noch, unsere grünen Lutscher?«

»Wie könnte ich die je vergessen? Und die nur allzu wahren Worte meiner Mutter: ›Welcher Idiot nimmt denn einen verdammten Meißel, um Zuckermasse von einem Aga zu kratzen?‹«

Poppys Finger schlossen sich enger um Rosalyns. Im Alter von acht Jahren hatte ihr diese Standpauke große Angst eingeflößt.

»Seitdem durfte ich hier nichts mehr kochen«, lachte Rosalyn. »Aber komm weiter.«

Als sie vor dem Bad standen, erinnerte sich Poppy: »Ich weiß noch, wie kalt es hier immer war. Ein Wunder, dass sich auf dem Klo niemand Frostbeulen geholt hat!«

»Ich schaffe auch da noch den Anschluss ans 21. Jahrhundert. Mit einer neuen Heizung.«

Dann traten sie in das große Zimmer ganz am Ende des Flurs. Dort standen zwei Betten dicht nebeneinander, so wie sie schon für Rosalyn und Poppy gestanden hatten.

»Bringen deine Eltern hier oft jemanden unter?«, wollte Poppy wissen.

»Ab und zu mal einen Gast. Aber nur noch sehr selten, seit wir hier gespielt haben.«

Poppy wusste noch genau, wie die Übernachtungen hier gewesen waren. Sie waren über beide Betten gekugelt, hatten sich vor dem Einschlafen noch einmal eng aneinander gekuschelt und auch von der eigenen Matratze aus immer noch eine Hand ausgestreckt nach der beruhigenden Nähe der anderen.

Auf einmal ergriff Poppy eine heftige Traurigkeit. All die Jahre, die sie ohne Rosalyn hatte verbringen müssen, fühlten sich plötzlich sehr einsam an. Sie griff fester nach Rosalyns Hand. Erst als Rosalyn den Druck tröstend erwiderte, wurde Poppy klar, wie stark sie sie umklammert hielt.

»Entschuldige«, sagte sie erschrocken und zog ihre Hand zurück.

»Keine Ursache«, erwiderte Rosalyn. »Überhaupt keine Ursache.« Dann hakte sie Poppy unter. »Lass uns eine Tasse Tee trinken.«

Und Poppy wünschte sich, dass Rosalyns Wärme immer an ihrer Seite bleiben würde.

Kapitel 38

Sie saßen auf den Stufen der Veranda. Poppy balancierte eine Teetasse auf den Knien, und Rosalyn lehnte mit müheloser Eleganz an einem der Pfosten. Nachdenklich sah sie ins Tal hinunter, den Kopf leicht zu Seite geneigt – eine ideale Pose für Poppys bewundernde Blicke.

Ihre blonden Haare waren vom Wind leicht zerzaust, und im Sonnenschein blitzten die eisblauen Augen noch heller. Die Konturen ihres Profils und Nackens waren der Inbegriff der Vollkommenheit und gingen in einem eleganten Bogen über in sinnliche Kurven, als die sich ihre Brüste einladend abzeichneten.

Poppy hob verlegen den Blick und räusperte sich. »Wie lange willst du bleiben?«

Rosalyn setzte sich auf und lächelte. »Ein paar Monate.«

»So lange?«, rief Poppy überrascht aus.

»Vielleicht auch noch länger«, antwortete Rosalyn und betrachtete sie nachdenklich. »Kommt darauf an.«

Poppys Gefühle gerieten in Aufruhr. Kampfhaft versuchte sie sich zu beruhigen, um nachdenken zu können. »Was ist denn mit deiner Arbeit?«

»Ich teile mir jetzt eine Stelle mit Alex, Sams Assistenten. An einem Tag der Woche arbeite ich von Zuhause aus und nur noch an zwei Tagen in London. Und in der restlichen Zeit bringe ich das Anwesen hier in Ordnung.« Sie stand auf und setzte sich neben Poppy. »Dad wird nicht wieder arbeiten.«

»Aber ich dachte, es ginge ihm viel besser.«

»Geht es auch. Aber er wird nie wieder das vorherige Niveau erreichen, um operieren zu können. Er sieht das selbst ein und ist einverstanden mit einem verfrühten Ruhestand. Aber all das hier …« Sie wies mit der Hand zum Herrenhaus und den Stallungen. »Das hier muss wirklich langsam mal selbst den nötigen Unterhalt einbringen.«

In Poppy regten sich gleichzeitig Furcht und Hoffnung. »Was willst du tun?«, fragte sie aufgeregt. »Wirst du das Anwesen aufteilen?«

»Vielleicht.« Rosalyn seufzte. »Das ist sicher nicht mein Lieblingsplan, aber die alten Cottages der Arbeiter könnte man gut zu hübschen kleinen Eigenheimen aufbereiten. Eine Baufirma aus Wells könnte das übernehmen. Aber meine Mutter und ich würden auch gerne ein paar Ferienwohnungen über den Ställen einrichten. Wenn sich das gut anlässt, könnten wir die Cottages auch zu Ferienhäusern umbauen lassen.

»Aber das dauert ja Jahre!«

»Ich habe Zeit.« Rosalyn lächelte. »Und es muss ja nicht alles auf einmal passieren.«

Poppys Herz schlug wild, als ihr klar wurde, was das bedeutete.

»Aber du hasst doch Wells«, entgegnete sie perplex.

»Ich bin nicht wie du, Poppy. Ich werde niemals morgens aufwachen und nichts als die reine Freude des Tages vor mir sehen, so wie du es tust. Aber hier gibt es vieles, was mir gut gefällt. Einiges liebe ich sogar sehr.« Ihr Blick verweilte auf Poppy.

Poppy war hin- und hergerissen zwischen Furcht und Freude. Sie war so aufgewühlt, dass sie ein paar Schritte gehen und auf der Wiese zu Atem kommen musste. Dann wandte sie sich um. »Und die Jagdhütte ist Teil deiner Pläne?« Poppy betrachtete das Häuschen.

»Ja, das ist sie.« Rosalyns Gesichtsausdruck ließ auf nichts schließen.

»Es wäre jammerschade, sie aufgeben zu müssen«, fuhr Poppy vorsichtig fort. Dann aber fragte sie direkt: »Glaubst du, du könntest hier leben und glücklich sein?«

Rosalyn sah ihr in die Augen. »Das glaube ich schon. Es hängt zwar davon ab, wie sich die Dinge entwickeln, aber hier habe ich die beste Chance auf mein Lebensglück.«

Poppy blickte rasch zu Boden, um sich ihre Verwirrung und widerstreitenden Gefühle nicht anmerken zu lassen. Sie öffnete den Mund, bekam aber kein Wort der Erklärung heraus. »Wir sollten gehen«, meinte sie schließlich. »Dai wartet sicher schon bei der Scheune.«

Rosalyn erhob sich in einer einzigen anmutigen Bewegungsfolge. Mit einem warmen Lächeln auf den Lippen ging sie auf Poppy zu und nahm ihren Arm. »Dann los«, flüsterte sie.

Poppy nickte dankbar, und Arm in Arm machten sie sich auf den Weg zur Scheune.

»Also«, sagte Rosalyn, »dann verrate mir doch mal, welche arme Frau das Pech hat, sich mit Dai Edwards verlobt zu haben.«

> ~ ~ ~ <

Dai wartete schon hinter dem letzten Rasenstück des Herrenhauses vor den Stallgebäuden. Er hatte die Hände in den Taschen und sah nicht so aus, als fühle er sich besonders wohl.

»Morgen, Dai«, begrüßte ihn Rosalyn leicht amüsiert.

»Guten Morgen, Rosalyn. Und Poppy.« Er nickte den Frauen zu. »Zuallererst wollte ich noch etwas sagen, Rosalyn.« Er hielt inne und verzog gequält das Gesicht. »Ich bin sehr dankbar für diese Möglichkeit …«

»Ach, brich dir mal keinen ab, Dai«, unterbrach ihn Rosalyn trocken. »Es ist ja auch für mich eine schöne Gelegenheit. Ich kann austesten, wie gut sich die Scheune künftig als Location für größere Feiern machen würde.« Sie lächelte Dai zu. »Ich habe also auch selbst etwas davon, und du brauchst mir nicht großartig dankbar zu sein.«

»Oh gut«, erwiderte Dai erleichtert, korrigierte sich dann aber halbherzig: »Ich meine, ich bin natürlich trotzdem dankbar.«

Rosalyn sah zu der großen Scheune hinüber. »Dann schauen wir es uns mal an.«

Die drei setzten sich in Bewegung. »Hast du vielleicht Hunger?«, fragte Poppy Dai leise, als dieser missmutig schwieg.

»Allerdings, ich verhungere bald.« Dai strich sich über den Bauch. »Diese verdammte Diät ist die reinste Tortur.«

»Na schön, sieh aber zu, dass du dir die schlechte Laune nicht zu sehr anmerken lässt. Immerhin geht es ja um die Chance auf eine Hochzeitsfeier ohne Saalmiete, da willst du es dir mit Rosalyn nicht verderben.«

»Okay«, murmelte Dai.

»Dai, du Riesen-Rindvieh, komm her und hilf mir mit diesem Tor«, rief Rosalyn, die zum Scheunentor vorausgegangen war. »Wenn du schon sonst für nichts zu gebrauchen bist!«

Dai warf Poppy einen anklagenden Blick zu, die aber hob nur warnend einen Finger und lachte.

Die beiden hölzernen Torhälften öffneten sich quietschend auf rostigen Angeln. Die blaue Lackfarbe löste sich in Spänen, die zu Boden flatterten. In den Sonnenstrahlen, die in die Scheune drangen, waren Staubwolken zu erkennen.

Rosalyn trat ein. »Meine Familie hat die Scheune nie genutzt. Und die Leute davor haben hier vor allem altes Gerümpel gelagert.«

Ein uralter Trecker rostete zusammen mit ein paar Ballen grauem Stroh in einer Ecke vor sich hin. Davor stapelten sich kaputte Reifen. Überall auf dem Boden lagen rostige Ketten verstreut.

»Das musst du mit ein paar kräftigen Kerlen hier rausräumen«, erklärte Rosalyn. »Und natürlich muss hier einmal gründlich sauber gemacht werden – der Boden, die Wände und die Decke. Wie findet ihr es ansonsten?«

Zwischen den gigantischen Deckenbalken schaukelten Spinnweben, die aussahen, als könnten sich darin größere Säugetiere verfangen. In den Rahmen der zerbrochenen Fenster hatten sich Vögel häuslich eingerichtet. Von den Wänden blätterte die Farbe, und der eigentlich blaue Steinboden war unter einer dicken Schicht Schmutz und Staub kaum noch zu sehen.

»Hier ist ja gigantisch viel Platz«, meinte Poppy. »Das könnte sehr schön werden.«

Rosalyns Miene hellte sich auf. »Ich dachte«, erklärte sie eifrig, während sie weiter voranging, »wir könnten an den Wänden hier Lichterketten aufhängen, einfache weiße. Dann hätten wir eine schön gedämpfte Beleuchtung, ideal für eine romantische Hochzeitsfeier. An einem so rustikalen Ort wäre der Kontrast vielleicht ganz charmant.«

Poppy lächelte. »Das ist eine tolle Idee. Solche Lichterketten könnten wir uns bestimmt irgendwo für den Abend ausleihen. Was sagst du, Dai?«

Dai sah sich nervös in der riesigen Scheune um. »Ich weiß nicht. Was meinst denn du, Poppy?«

»Hier könnte es ganz, ganz toll werden«, antwortete sie und lächelte ihm beruhigend zu.

»Na gut, wenn du es sagst. Dann machen wir es.«

»Dann kommt mal mit.« Rosalyn winkte ihnen.

Durch eine Tür an der hinteren Scheunenwand gelangten sie in eine Reihe kleinerer Räume.

»Diese Toiletten«, sagte Rosalyn und deutete nach links, »funktionieren alle. Kein Luxus, aber durchaus zu gebrauchen. Du, Poppy, musst hier rechts schauen.«

Sie betraten eine alte Küche mit steinerner Spüle, Gasherd und einem Bauerntisch mit zwölf Stühlen.

»Ich glaube, hier haben sie früher die Wanderarbeiter versorgt. Hier war zwar seit Jahren kein Mensch, aber die Warmwasserleitung steht, und ich habe außerdem ein paar gebrauchte Sachen fürs Catering erstanden.« Sie zog die Abdeckung von einer Kommode an der hinteren Wand. »Zwei Gaspatronen und ein Set Rechauds für den Anfang.« Rosalyn sah Poppy an. »Ich kann auch noch mehr anschaffen. Du kannst die Sachen danach gern behalten, wenn du sie brauchen kannst.«

Poppy war überrascht, aber begeistert. »Das ist klasse. Ich wollte das meiste ohnehin in meiner Küche im Café zubereiten. Hier müsste ich also vor allem aufwärmen.«

»Gut. Dann ist das ja geklärt. Und jetzt ist Dai dran.« Rosalyn fasste ihn am Arm. »Dann verrat uns mal, wie du dir die Sitzordnung vorgestellt hattest.«

Rosalyn beriet sich eine Stunde lang mit Dai, bis schließlich mithilfe einer Telefonkonferenz unter Zuschaltung von Mary alle Planungen abgeschlossen waren.

Poppy musste lächeln, während sie zusah, wie Rosalyn effektiv organisierte und Dai ihr hilflos folgte.

Dann standen die beiden Frauen am Scheunentor und sahen ihm nach, wie er so unsicheren Schrittes davonging, als habe ihn eben ein Wirbelwind von den Beinen gerissen.

»Der arme Dai«, lachte Poppy, »der weiß gar nicht, wie ihm geschieht.«

Rosalyn grinste. »Na ja, viel Zeit haben wir nicht mehr. Ich fürchte, wir müssen etwas schneller werden als Dais gewohnt lahmes Tempo, wenn wir das hier schaffen wollen.«

»Fängst du schon wieder an?«, tadelte Poppy sie.

»Weißt du was, ich verrate dir ein Geheimnis.« Rosalyn verzog einen Mundwinkel zu einem feinen Lächeln. »Ich kann Dai ganz gut leiden. Er ist überhaupt nicht wie so ein typischer Rugby-Spieler. Und er hört auf dich, das spricht für ihn.«

Poppy lächelte erfreut.

»Aber erwarte bloß nicht, dass ich jetzt nett zu ihm bin«, warnte Rosalyn sie. »Es macht viel zu viel Spaß, ihn auf die Palme zu bringen.«

Poppy sah Rosalyn nachdenklich an. »Warum machst du das eigentlich? Testlauf hin oder her, du bräuchtest das nicht alles zu tun – hier aufzuräumen und die Küche neu auszustatten!«

Rosalyn schaute verlegen zu Boden. Sie erschien auf einmal sehr verletzlich. »Für dich, Poppy«, antwortete sie leise und sah Poppy in die Augen. »Ich tu es für dich.«

Poppys Herz begann in ihrer Brust zu galoppieren. Schnell schaute sie weg.

»Weißt du noch«, fuhr Rosalyn fort, »wie du mir im Café gesagt hast, dass du dir nichts weiter wünschst, als dass das Real Food Café besser liefe und du eine Catering-Firma hättest? Hier ist deine Starthilfe, wenn du so willst.«

Poppy war überwältigt. Dass Rosalyn sich noch so gut an dieses Gespräch vor Monaten erinnerte, war an sich schon überraschend. Aber dass sie ihr dann auch noch selbst diesen Weg geebnet hatte, sprach Bände über ihre wahre Rücksichtnahme und Hilfsbereitschaft. Poppy spürte eine Welle der Dankbarkeit.

»Rosalyn?«, fragte sie zögernd. »Hast du vielleicht denen vom *Food Guide* den Tipp gegeben …?«

»Natürlich hat Dai noch einiges an Arbeit vor sich!«, unterbrach Rosalyn sie.

Poppy fragte sich, wie viel Mühe sich Rosalyn wohl bereits für sie und ihr Café gegeben hatte: der Blog, der *Guide*, der Einsatz für den Kunsthandwerksmarkt – hatte Rosalyn das alles für sie getan?

»Ja«, sagte Poppy und ließ Rosalyn das Thema wechseln. »Er muss auch noch einen passenden Ort für die Zeremonie finden.«

»Was hält er denn vom Schloss?«

»Das Schloss? Daran hat er sicher noch nicht gedacht.«

»Dann soll er mal mit Geraint sprechen. Der ist doch der Zuständige vor Ort. Stell dir nur vor …« Rosalyn sah träumerisch in die Ferne. »Eine abendliche Hochzeitsfeier. Alle haben sich in den malerischen Schlossruinen versammelt. Die Sonne geht tiefrot über dem Tal unter. Und Dai könnte mit seinem Chor für die Braut singen.«

Poppy musste unwillkürlich lachen. »Seit wann ist denn die knallharte Rosalyn Thorn eine derartige Romantikerin?«

Rosalyn errötete. »Ich weiß nicht. Das ist mir nur so eingefallen. Ich dachte, es könnte nett werden.«

Sofort bereute Poppy ihren Ausbruch. Sie schämte sich, dass sie sich über Rosalyns Idee lustig gemacht hatte. Und sie war ebenso verwirrt wie erregt, wenn sie darüber nachdachte, wer Rosalyn auf solche Träume gebracht haben könnte.

»Ich finde die Idee sehr schön«, murmelte sie. Sie wagte es nicht, den Abstand zwischen ihnen zu verringern.

Stattdessen war es Rosalyn, die sich ihr näherte. »Sehen wir uns bald? Kommst du auch zum Helfen?«

Poppy nickte stumm.

Rosalyn beugte sich vor. »Bis dann«, sagte sie leise und drückte Poppy einen unendlich zarten Kuss auf die Wange.

Poppy durchfuhr ein köstlicher Schauder. Die Stelle, an der Rosalyns weiche Lippen sie berührt hatten, strahlte eine Wärme aus, die ihren ganzen Körper mit schwereloser Leichtigkeit erfüllte.

»Auf bald«, flüsterte Poppy.

Rosalyn lief um das Herrenhaus herum am Waldrand entlang Richtung Jagdhütte. Noch einige Male wandte sie sich um und sah zurück, und jedes Mal begegnete ihr Poppys Blick.

Poppy konnte sich vom Anblick ihrer attraktiven Freundin kaum losreißen. Als Rosalyn auf dem Gipfel des Hügels noch einmal stehenblieb, spürte sie das verzweifelte Verlangen, ihre Hand auszustrecken und Rosalyn zu berühren, sie wieder zu sich heranzuzuziehen. Stattdessen hob sie die Hand zaghaft zum Abschiedsgruß. Rosalyn tat es ihr in der Ferne nach, so als bestünde zwischen ihnen ein unsichtbares Band.

Dann verschwand sie hinter dem Horizont.

Kapitel 39

Eine Woche später trat Poppy den täglichen Weg nach Wells allein an, da Pip Schulferien hatte und friedlich zu Hause schlief. Unentwegt gingen ihr die Zahlen und Kosten eines köstlichen Hochzeitsessens bei einem winzigen Budget durch den Kopf. Ohne Personal würde sie bei der Gästezahl auch nicht auskommen. Immer, wenn sie gedanklich in einer Sackgasse angekommen war, schlich sich wieder Rosalyns Bild in ihr Herz: wie sie auf dem Hügel stand und winkte, wie sich ihre nackten Brüste gegen die ihren pressten …

»Konzentrier dich«, ermahnte sich Poppy. »Wie willst du 150 Gäste satt bekommen – geschweige denn ihren Durst stillen?« Sie öffnete die Tür zum Bioladen und stand vor einem Haufen Kunststoffboxen.

Dahinter tauchte ihre Mutter auf. In der Hand hielt sie eine Rolle Kreppband und einen Kugelschreiber. »Guten Morgen, mein Schatz«, sagte Emma. »Die Sachen hier haben die Leute den ganzen Vormittag lang abgegeben. Ich muss sie jetzt mal beschriften.«

Poppy kniete sich auf den Boden und untersuchte eine der Boxen. »Lichterketten«, sagte sie und lachte.

»Es hat sich anscheinend herumgesprochen, dass ihr Hilfe brauchen könnt.«

Poppy traten vor Freude und Dankbarkeit die Tränen in die Augen. »Ich glaube, es könnte tatsächlich funktionieren. Es könnte eine wunderbare Hochzeit werden«, erklärte sie bewegt.

»Ihr schafft das, Poppy«, stimmte ihre Mutter ihr zu. »Du und Rosalyn, ihr schafft das.«

Poppy stand auf. »Vielleicht«, sagte sie. »Ich muss noch einmal alles für das Essen durchrechnen, das wird wirklich knapp.«

»Ach ja«, meinte Emma, »Dafydd von Montgomeryshire Ice Creams wartet übrigens oben auf dich. Er will mit dir reden.«

»Okay«, antwortete Poppy verwundert und lief die Treppe hinauf.

Das Café war halb voll, aber Poppy entdeckte den jungen Mann mit dem kurz gestutzten dunklen Bart sofort. »Dafydd?«, fragte sie.

»Poppy.« Er reichte ihr die Hand. »Der Kunsthandwerksmarkt neulich war ja überwältigend. Der Tag an unserem Stand lief fantastisch.«

»Ihr Eis ist aber auch etwas ganz Besonderes«, erwiderte Poppy. »Wir servieren Ihr Vanilleeis zu unseren Brownies – unser mit Abstand beliebtestes Angebot.« Sie deutete auf die Flyer zwischen Salz- und Pfefferstreuer. »Ich zeige den Kunden immer, wo diese leckere Eiscreme herkommt.«

»Danke, das wissen wir zu schätzen. Ich hab's schon gesehen.«

»Ich hoffe, das hat Ihnen ein paar mehr Kunden eingebracht.«

»Durchaus.« Er strich sich mit der Hand durch die kurzen Haare. »Deshalb bin ich auch hier. Cerys hat mir erzählt, Sie brauchen ein bisschen Hilfe bei der Hochzeit eines jungen Mannes aus Wells.«

»Ein bisschen.« Poppy lächelte.

»Ich würde mich gern dafür bedanken, dass Ihre Werbung hier in Wells dem Geschäft bei Montgomeryshire Ice Creams so gutgetan hat.« Er strahlte Poppy an. »Daher möchten wir für alle Gäste der Hochzeit Gratiseis spendieren. Wenn es Ihnen hilft …«

»Das wäre großartig«, entgegnete Poppy verblüfft. »Es wäre wirklich eine große Hilfe. Herzlichen Dank.« Sie schüttelte ihm mit Nachdruck die Hand.

»Schön. Dann geben Sie mir Ihre Bestellung telefonisch durch, und ich lass dann eine Tiefkühltruhe liefern.« Er ging zur Treppe, drehte sich aber noch einmal um. »Cerys hat übrigens auch Rhys von Aberrhiw Cider Bescheid gegeben«, meinte er. »Er will auch noch vorbeikommen. Er hat wohl eine Fuhre Cider und Ale abzugeben, die gerade bedenklich nah ans Mindesthaltbarkeitsdatum geraten ist. Und Wein vom Weingut seiner Schwester aus Hereford …«

»Machen Sie Witze?«, rief Poppy. »Oder ist das wirklich wahr?«

Dafydd nickte. »Den Hilfsbereiten helfen die Menschen immer gerne«, bemerkte er tiefgründig und verschwand die Treppe hinunter.

Poppy, die auf einen Schlag alle Getränkesorgen los war, atmete hörbar auf. Sofort kamen ihr hundert neue Ideen, wie sie mehr aus dem Essen machen könnte.

>~~~<

Kurze Zeit später stand Poppy mit ein paar Körben am Tor der großen Scheune und spähte hinein. Der Anblick, der sich ihr bot, war ein ganz anderer als noch vor einer Woche: Das Stroh, der Schmutz und die rostigen Maschinen waren verschwunden, der Boden und die Wände waren mit Hochdruckreiniger bearbeitet und die zerbrochenen Fensterscheiben sämtlich durch neue ersetzt worden. An den Wänden stapelten sich Tische und Stühle. Langsam sah es nach einem halbwegs glaubwürdigen Festsaal aus.

Rosalyn trug gerade einen der Stühle in die Mitte des Raums. Dabei bewegte sie sich rhythmisch von links nach rechts und wippte mit dem Kopf. Ein leiser metallischer Bassklang durchdrang die Stille. Offensichtlich hörte Rosalyn über Kopfhörer Musik auf voller Lautstärke und tanzte dazu. Als sie den nächsten Stuhl holte, konnte Poppy auch den Song erkennen. »Close To Me« von The Cure.

Poppy lachte leise auf, weil Rosalyn der Band treu geblieben war, die ihrer beider Herzen als Teenager erobert hatte. Wie bezaubert blieb sie stehen. Rosalyn hatte die Augen geschlossen und ein euphorisches Lächeln auf den Lippen. Ganz so, als wäre sie wieder fünfzehn und würde mit Poppy in The Fridge tanzen gehen – befreit und ohne Sorgen.

»Da bist du ja«, flüsterte Poppy. Diese Leichtigkeit hatte sie an der Freundin vermisst, die sie so gut gekannt hatte. Die Art, wie sie sich ohne jede Hemmung bewegte, war magisch. Ein beispielloses Glücksgefühl durchströmte Poppy.

Am liebsten wäre sie zu Rosalyn gelaufen, doch aus der Ferne hörte sie Dais Wagen näherkommen. Also nahm sie hastig ihre Körbe und trat hinaus vors Tor. »Hallo Dai«, rief Poppy laut. Sie hoffte, dass auch Rosalyn sie drinnen hören würde, bevor Dai sie bei ihrem träumerischen Tanz überraschen konnte.

Dai stieg aus und rieb sich die Hände. »Ich freu mich schon. Das wird meine erste richtige Mahlzeit seit Wochen.«

»Hoffentlich schmeckt es dir«, sagte Poppy. Ihr war ein wenig mulmig zumute bei dem Gedanken an Dais und Rosalyns Urteil zu ihrem Probeessen.

»Guten Tag, Poppy. Dai.« Rosalyn trat auf die beiden zu. Ihr Gesicht strahlte noch die rosige Frische des Tanzes aus. »Ich stelle gerade die Stühle für unser Mittagessen raus«, sagte sie.

»Alles klar, ich hol einen Tisch«, bot Dai bereitwillig an und lief los.

Rosalyn wandte sich Poppy zu.

»Hi«, flüsterte Poppy. »Schön dich zu sehen.«

Rosalyn sah ihr in die Augen. »Ich hab dich vermisst.«

»Und ich dich«, gab Poppy zu und fügte in Gedanken hinzu: seit so vielen Jahren schon.

Sie griff nach Rosalyns Hand und genoss die Wärme der Berührung. Einen Moment lang schlangen sich ihre und Rosalyns Finger ineinander, dann kam Dai mit einem riesigen Tisch auf dem Kopf zurück, und sie lösten den Kontakt widerwillig.

Poppy deckte den Tisch mit mitgebrachten Tellern und holte Thermobehälter aus ihren Körben. Daraus servierte sie Lammfleischscheiben, die sie bei Niedrigtemperatur im Ofen gegart hatte, knusprige Rosmarinkartoffeln und eine Gemüsebeilage aus winzigen jungen Erbsen und Lauch. Dazu gab es eine dunkle Gartenkräutersauce. Zu ihrer Erleichterung war alles noch heiß und das Fleisch saftig und zart. Gespannt sah sie zu, wie Rosalyn und Dai probierten.

»Oh, ist das gut«, schwärmte Dai und himmelte das Stück Lamm auf seiner Gabel an. »So zart und lecker – wie hast du den Geschmack nur so intensiv hinbekommen?«

»Knoblauch und Sardellen.«

»Was?« Dai verzog angewidert den Mund. »Meinst du etwa diese gammeligen kleinen Fische, die manche auf die Pizza tun, damit man nicht zu viel davon isst?«

Poppy musste lachen. »Genau die.«

»Köstlich«, sagte Rosalyn.

»Es ist ein französisches Rezept, leicht abgewandelt auf walisische Art.«

»Die Sardellen schmeckt man überhaupt nicht«, erklärte Rosalyn. »Sie machen das Fleisch nur aromatischer und das Geschmackserlebnis vielfältiger. Großartig!«

»Na gut«, gab Dai zu. »Ich bin zwar überrascht, aber ich muss sagen, es schmeckt wirklich nicht schlecht.« Er langte herzhaft zu. Anschließend spülte er seine Mahlzeit mit ein paar großen Schlucken Ale hinunter. Dann lehnte er sich zurück und strich sich zufrieden über den Bauch. »Ja, das wird Mary auch schmecken. Sehr gut.«

»Schön zu hören, dass du die Bedürfnisse deiner Partnerin so gut kennst«, stichelte Rosalyn, die manierlich wesentlich kleinere Gabelportionen verkostete.

»Das würde ich nicht gerade behaupten«, entgegnete Dai gutmütig. »Vor allem nicht in Marys Hörweite. Aber ich denke doch, dass sie ein so gutes Essen ebenso zu würdigen weiß wie ich.«

Rosalyn lächelte.

»Da wir gerade von Partnerinnen sprechen«, fuhr Dai fort und sah Rosalyn forschend an. »Ich schätze, Sam freut sich nicht gerade, dass du derart viel Zeit hier oben verbringst.«

Poppys Herz tat einen unangenehmen Satz.

Rosalyn wurde blass. Sie legte das Besteck nieder und räusperte sich. »Nein, sie war nicht erfreut, dass ich jetzt in Teilzeit arbeite. Aber als meine Chefin kann sie sich auch nicht beschweren.«

»Hat sie nicht versucht, dich dazu zu überreden, in London zu bleiben?«

Poppy tupfte sich den Mund mit einer Serviette ab und wandte den Blick ab.

»Ja, das hat sie versucht. Aber nicht sie kann das entscheiden. Jetzt entschuldigt mich, ich möchte gern noch etwas Wasser trinken.« Sie stand auf und ging zur Stallküche.

Poppy warf Dai einen warnenden Blick zu.

»Was denn?«, fragte er mit Unschuldsmiene.

»Das war eine sehr persönliche Frage.«

»Ich versuche, dir einen Gefallen zu tun. Du musst doch wissen, was mit den beiden ist.«

»Was zwischen Rosalyn und Sam ist, geht mich gar nichts an.«

»Ach nein?« Dai runzelte die Stirn. »Ich bin nicht blöd, Poppy. Ich sehe doch, wie du sie anschaust. Findest du nicht auch, sie sollte dir reinen Wein einschenken?«

»Nein. Lass sie bitte damit in Ruhe. Ich möchte mit ihr befreundet bleiben, und du brauchst diese Scheune für deine Hochzeit.«

Dai grummelte hörbar. »Also, ich finde, du solltest etwas strenger mit ihr sein.«

»Das war ich schon, glaub mir«, erwiderte Poppy, die genau das mittlerweile bereute.

»Hat sie sich je bei dir entschuldigt?« Er verschränkte die Arme. »Hat sie jemals auch nur zugegeben, dass es falsch war, was sie dir in der Schule angetan hat?«

Die Frage überraschte Poppy. Es war so viel geschehen, seit Rosalyn nach Wells zurückgekommen war, dass sie ihrer Freundin deren frühere Vergehen fast unbemerkt vergeben hatte.

»Das ist so lange her«, antwortete sie leise. »Und seitdem ist so viel passiert. Ich finde es ein bisschen übertrieben, ihr jetzt noch eine Entschuldigung abzuverlangen.«

»*Ich* finde, es ist das Mindeste, was sie tun könnte.«

Als Rosalyn zurückkam, verstummten sie. Beide nahmen einen Schluck Ale aus der Flasche und setzten ein künstliches Lächeln auf.

Dann lehnte Dai sich zurück. »Ich muss mich entschuldigen.«

»Ach ja?«, antwortete Rosalyn kühl.

»Wegen der Sache mit dem Rugby.«

Poppy verdrehte enttäuscht die Augen.

»Du weißt schon, als ich dich neulich aufgezogen habe, weil die französische Mannschaft die Engländer fertiggemacht hat.«

»Zum Mitschreiben, Dai: Mir ist englisches Rugby scheißegal«, erwiderte Rosalyn irritiert.

»Wie dem auch sei«, fuhr Dai unbeirrt fort, »jetzt haben die Franzosen auch das walisische Team vernichtend geschlagen, also sitzen wir alle im selben Boot.«

»Hmm.« Rosalyn sah ihn prüfend an. Dann erhob sie sich, nahm die Teller in die eine und ihren Stuhl in die andere Hand und entfernte sich, ein Liedchen summend.

Dai zuckte die Achseln, lauschte dann aber. »Was ist das für eine Melodie?«

Poppy hörte genauer hin, während Rosalyn immer lauter wurde.

»Das ist doch nicht die französische Nationalhymne, oder?«, fragte Dai perplex.

Poppy nickte langsam.

Rosalyn sah über die Schulter und rief ihnen zu: »Habe ich euch eigentlich mal erzählt, dass meine Großmutter Französin war?« Sie grinste Dai frech an und rief im Weitergehen triumphierend »Allez les Bleus!«

Kapitel 40

Rosalyn sah Dais Wagen nach, der die Ausfahrt herunterfuhr. Mit einem Zug leerte sie ihr Sektglas. »Bist du sicher, dass du mir noch mit den Lichterketten helfen willst?«, fragte sie Poppy.

»Ja, klar. Pip und Nain bringen später noch das Geschirr. Sie können auch ein paar übernehmen.«

»Das ist gut. Wir haben nämlich wirklich verdammt viele davon.« Rosalyn lachte.

Sie zog sich das Shirt über den Kopf und warf es auf einen Stuhlrücken. Darunter trug sie ein weißes Unterhemd, unter dem ihre leicht sonnengebräunten Arme besonders gut zur Geltung kamen. Poppys Blick wurde wie von selbst in den Ausschnitt gelenkt, in den das tief geschnittene Unterhemd großzügigen Einblick gewährte. Sie musste schlucken.

»Dann also die Lichterketten«, erinnerte Rosalyn sie.

»Hmm?«, fragte Poppy. »Ach ja. Lichter.« Sie senkte den Blick, als sie hinter Rosalyn hertrottete. Ihre Freundin hatte wirklich eine wunderschöne Figur: einen knackigen Po, athletische Schultern und Arme, sanft geschwungene Hüften und den schönsten Busen der Welt. Poppy hätte verzweifelt gern die Arme ausgestreckt und Rosalyn gestreichelt.

Oh Gott – die Flasche Ale zum Essen war wohl ein Fehler gewesen.

Rosalyn wandte sich um, und Poppys Gesicht war wieder auf einer Höhe mit den zwei zart gerundeten Objekten ihrer Begierde. Ein atemberaubender Blick.

Alkohol? – definitiv ein Fehler.

»Könntest du die mal halten?«, fragte Rosalyn und reichte Poppy eine riesige Schachtel mit Lichterketten. »Ich hole die Leiter.«

»Ja, sicher«, beeilte sich Poppy zu versichern und machte sich rasch am Inhalt der Schachtel zu schaffen.

Rosalyn kam mit der großen Trittleiter zurück und stellte sie mit einem eleganten Schwung auf. Auf ihren Wangen hatte sich ein zarter Roséton ausgebreitet. Sie lächelte Poppy zu. »Ich fürchte, ich habe zu viel Sekt getrunken. Würdest du das übernehmen?«, fragte sie und zeigte auf die Leiter.

»Klar doch«, murmelte Poppy und schaffte es, ein paar Stufen zu erklimmen, ohne Rosalyn in die Augen oder auf einen anderen Körperteil zu starren. Von oben wagte sie dann einen scheuen Blick nach unten. Scheinbar auch ein Fehler: Rosalyns Ausschnitt, einladend aus den meisten Perspektiven, wirkte von oben betrachtet schlicht göttlich, komplett mit zwei animierend prallen Brustspitzen.

»Los geht's« sagte Rosalyn und reichte ihr die erste Lichterkette.

»Danke«, krächzte Poppy und räusperte sich.

Rosalyn schien das nicht zu bemerken. Sie hielt den Blick starr auf den Boden gerichtet, während sie die Lämpchen hochhielt.

Rasch schnappte Poppy sich die Lichter und stieg höher hinauf. Die Leiter begann leicht zu schwanken. »Könntest du wohl die Leiter halten?«, bat sie ängstlich.

Rosalyn schaute zu ihr hoch. Poppys Knie unter dem schwingenden Rock befanden sich für sie jetzt auf Kopfhöhe. »Mmm«, willigte sie widerstrebend ein und umfasste die Leiter fest mit beiden Armen.

Poppy brachte die Lichterkette an einem Rohr an. Dann stieg sie sprossenweise wieder hinab und glättete dabei das Kabel an der Wand.

»Äh … Poppy?« Rosalyns Stimme klang seltsam gedämpft. »Vielleicht solltest du …«

Poppy konnte sie nirgends mehr entdecken, dann aber spürte sie ihre Wange direkt an ihrem Oberschenkel unter dem Rock.

»Oh«, keuchte sie überrascht. Die unerwartete Berührung und Rosalyns Atem zwischen ihren Schenkeln waren über die Maßen erregend. Sie konnte die warmen Lippen nur Zentimeter vom Zentrum ihrer Lust entfernt spüren und konnte ein Stöhnen nicht unterdrücken.

Sie klammerte sich an der Leiter fest, um nicht den Halt zu verlieren, aber begünstigt durch die Bewegung wurde aus der Berührung ein handfester Kuss auf ihre Oberschenkel. Oh Gott! Flammendes Verlangen schoss durch ihren Körper.

Da unterbrach Nains schneidende Stimme die intime Situation: »Pip, halt dir die Augen zu.«

Poppy erstarrte.

Nain und Pip standen am Scheunentor.

Auf Poppy hatte das dieselbe Wirkung wie ein Schwall Eiswasser. Nichts ließ sexuelles Verlangen so schnell verschwinden wie ihre Großmutter.

Rosalyn hechtete so ruckartig unter der Leiter hervor, dass die ins Wanken geriet und Poppy schnell abspringen musste, um nicht zu fallen. Sie landete direkt in Rosalyns stützenden Armen, so dass sich ihr Gesicht und Rosalyns Busen wieder auf einer Höhe begegneten.

»Wende dich ab, Pip, das ist nicht für deine Augen bestimmt«, rief Nain und hielt sich selbst die Augen zu.

Rosalyn und Poppy stoben auseinander wie zwei ertappte Teenager.

Pip schüttelte unwillig den Kopf. »Nain, ich bin elf Jahre alt. Ich weiß schon alles über die Bienchen und Blümchen und über die Bienchen und Bienchen.«

Nain verzog den Mund. »Das mag ja sein. Aber ich bin jedenfalls auf so eine Vorführung nicht scharf.«

Rosalyn fing sich als Erste wieder. »Natürlich, Mrs Jenkins. Das war nur ein Missverständnis, ein unglücklicher Leiterunfall.« Dann ging sie entschlossen auf die beiden zu. Locker plaudernd zeigte sie ihnen die Küche und Nebenräume.

Poppy stand wie paralysiert da und schaute Rosalyn nach, wie sie Pip und Nain zu ihrem alten Morris Minor begleitete. Als Rosalyn sich umwandte, war die Sehnsucht in ihrem Blick unverkennbar. Den ganzen Nachmittag hindurch spürte Poppy Rosalyns Gegenwart, sobald sie den Raum betrat. Und ihr war klar, dass Rosalyn ebenso fühlte.

Später kam auch Poppys Vater vorbei, um mit Rosalyn einen Auftrag für ihn im Jagdhäuschen zu besprechen. Die beiden sprachen vertraut wie alte Freunde miteinander; das gegenseitige Einverständnis war unübersehbar.

Am Abend hing nicht nur die Beleuchtung; auch Tische und Stühle waren aufgestellt und Geschirr und Besteck standen für den großen Tag bereit.

Nain und Pip waren am Ende so müde und reizbar, dass Poppy sie gern nach Hause geschickt hätte. Sie ging nach hinten in die kleineren Nebenräume, um Rosalyn zu fragen. Aus der Küche kam sie ihr entgegen. Poppy konnte den Blick einfach nicht von ihr abwenden, und Rosalyn starrte ebenso bezaubert zurück.

Keine von beiden sagte ein Wort. Rosalyn streckte die Hand aus, und wie von selbst schoben sich Poppys Finger in ihre. Sie standen jetzt nah beieinander; zwischen ihnen nichts als Wärme und Anziehungskraft. Rosalyn neigte den Kopf, und Poppy spürte heißen Atem auf ihren Lippen. Erwartungsvoll öffnete sie den

Mund und ließ sich in Rosalyns Umarmung fallen. Dann schloss sie die Augen und gab dem sanften Drängen der Lippen nach.

Poppy hatte noch nie einen so himmlischen Kuss erlebt. Ihr Mund kribbelte vor Lust, und die Empfindung breitete sich wellenartig in ihrem ganzen Körper aus. Sie küssten sich voller Hingabe und Zärtlichkeit, als gäbe es auf der ganzen Welt kein größeres Vergnügen. Poppy legte Rosalyn die Hand um die Hüfte und zog sie noch näher heran. Ihre beiden Körper schienen zu einem zu werden, Brüste und Schenkel miteinander zu verschmelzen. Poppy hätte Rosalyn am liebsten nie wieder losgelassen.

Doch in diesem Moment hörten sie Nain und Pip ungehalten draußen murmeln. Der Zauber verflog, und sie fuhren aufgeschreckt auseinander. Rosalyn griff nach Poppys Hand und ließ diese erst im letzten Moment los. Überwältigt und sprachlos wandte sich Poppy ab und taumelte mit den anderen beiden ins Freie.

> ~ ~ ~ <

Auf dem Heimweg fühlte Poppy die schmerzliche Entfernung mit jedem Schritt. Euphorie und Sehnsucht brannten in ihr und schürten das Verlangen, umzukehren und sich Rosalyn ganz hinzugeben. Aber noch größer war die Angst. Also lief sie weiter wie in Trance. Zu Hause begann Nain einen lautstarken Streit mit Iwan auf Walisisch. Emma leistete Poppy Gesellschaft am Küchentisch und achtete ebenso wenig auf ihren aufgeschlagenen Roman wie Poppy auf ihre unvollendete Menüplanung.

»Warum malt sie überhaupt, wenn ihre Bilder doch nichts einbringen?«, tönte Nains Stimme giftig vom Wohnzimmer herüber. Poppy fühlte sich immer unwohl, wenn sich die beiden vor Emma in einer ihr fremden Sprache unterhielten.

»Warum tut überhaupt irgendjemand irgendetwas?«, gab ihr Vater zurück. »Warum putzt du die Kirche? Warum verbringe ich Stunden damit, eine Küchentischplatte von unten zu glätten? Aus dem besten Grund der Welt, Mam: weil sie es liebt.«

Emmas Mund zuckte fast unmerklich.

Nain grummelte verärgert und erhob sich dann ächzend. »Na schön, ich gehe ins Bett. Meine Brille ist unauffindbar, deshalb muss ich wohl Radio hören.« Und auf Englisch rief sie durch die Küchentür: »Gute Nacht, ihr zwei!«

»Gute Nacht, Nain«, grüßte Poppy zurück

»Gute Nacht, Eleri«, sagte Emma.

Als die Haustür hinter Nain ins Schloss fiel, lächelte Poppy ihrer Mutter zu. Die zog kommentarlos eine Lesebrille von einem Stuhlsitz unter dem Tisch hervor und grinste zufrieden.

»Mum!«, rief Poppy überrascht. »Hast du die etwa …?« Dann kicherte sie, als ihr eine Erkenntnis dämmerte. »Seit wann kannst du die beiden schon verstehen?«

Emma zuckte die Achseln. »Seit ein paar Jahren. Natürlich nicht jedes Wort, aber doch genug. Bisher haben sie mich aber noch nie aus der Fassung bringen können.« Mit tiefer Zuneigung sah sie zu ihrem Mann im Nebenzimmer hinüber.

Iwan saß hinter seiner Zeitung, hatte die Füße hochgelegt und ein kleines Glas Whisky auf der Armlehne abgestellt.

»Aber«, fuhr ihre Mutter mit sanfter Stimme fort, »warum erzählst du mir denn nicht einfach in unserer Sprache, was dich bedrückt?«

»Ach, Mum«, seufzte Poppy. »Ich weiß überhaupt nichts mehr. Werde ich langsam wahnsinnig, oder soll ich um eine Liebe kämpfen, die für mich bestimmt ist, oder bilde ich mir nur ein, dass etwas zwischen uns ist?«

»Dass etwas zwischen euch ist, kann nun wirklich jeder sehen, der Augen im Kopf hat.«

Poppy fuhr sich mit den Händen durchs Haar. »Ich werde noch verrückt.« Sie warf ihrer Mutter einen verzweifelten Blick zu. »Sie überwältigt mich einfach. Ob sie mich nun mit dummen Vorurteilen zur Weißglut bringt oder sich kaltherzig gibt oder plötzlich als die liebste Frau der Welt herausstellt – ich habe immer nur sie im Kopf. Sobald sie auftaucht, existiert niemand anderes mehr für mich.« Sie legte die Hand auf ihr Herz. »Sie ist wie ein Teil von mir.«

»Ist das denn schlecht?«, fragte ihre Mutter.

»Es ist schrecklich und wundervoll zugleich. Eben noch bin ich so glücklich wie nie, im nächsten Moment schon ängstige ich mich zu Tode. Ich weiß einfach nicht weiter.«

Ihre Mutter neigte den Kopf zur Seite. »Ich fand immer, ihr beide wart ein tolles Paar.«

»Warum das denn?« Poppy wusste nicht, ob sie lachen oder weinen sollte.

Emma lehnte sich zurück und legte das Buch beiseite. »Ihr wart in so vieler Hinsicht grundverschieden. Das gab zwar jede Menge Anlass zur Reibung, aber es war, denke ich, auch eure größte Stärke. Rosalyn hat dich dazu gebracht, dich auch mal von deiner härteren Seite zu zeigen. So warst du denen nicht so ausgeliefert, die deine gütige Art nur schamlos ausnutzen wollten.« Sie nahm Poppys Hand und drückte sie. »Aber durch deine Freundlichkeit ist wiederum Rosalyn viel weicher geworden. Du hast ihr geholfen, die wirklich wichtigen Dinge im Leben zu erkennen. Du hast ihr beigebracht, was Menschlichkeit ist. Ich glaube, bei euch hat jede die andere perfekt ergänzt. Ihr seid so großartige Frauen geworden!« Emma lächelte. »Überleg nur einmal, wie sich dieses Dorf verändert hat, seit Rosalyn wieder da ist. Es erwacht regelrecht zum Leben.«

Poppy schwieg erschüttert.

»Vor allem aber«, fuhr ihre Mutter fort, »habt ihr fest zueinander gehalten. Nichts hat mir als Mutter mehr Freude gemacht, als zu sehen, was für eine großartige Unterstützung du in ihr hattest.« Sie sah zu Boden. »Und nichts war schmerzhafter, als zusehen zu müssen, wie sie dir genommen wurde – und nichts für dich tun zu können.«

»Oh Mum.« Gerührt drückte Poppy ihrer Mutter die Hand. »Ich habe einfach … Angst.«

»Ich weiß. So am Abgrund zu stehen, ist für uns alle beängstigend. Und du brauchst noch etwas mehr Mut als die meisten, um ins kalte Wasser zu springen.«

Poppy küsste ihre Mutter auf die Wange und gab dann auch ihrem Vater einen Gutenachtkuss. Müde und schweren Herzens stieg sie die Treppe zu ihrem Zimmer hinauf. Sie setzte sich aufs Bett und starrte aus dem Bullaugenfenster.

Einer Eingebung folgend zog sie ein hölzernes Kästchen hinter dem Kopfende des Bettes hervor. Sie pustete eine Staubschicht vom Deckel und öffnete ihn vorsichtig. Drinnen lagen Hunderte gefalteter Notizen auf teurem Briefpapier. Jede davon hatte sie als junges Mädchen einmal unter ihrem Kopfkissen gefunden. Poppy nahm die oberste Notiz heraus. Es war die letzte, die sie erhalten hatte.

»Ich bin immer für dich da«, stand da mit türkisblauer Tinte in Rosalyns geschwungener Handschrift. Poppy fuhr die Buchstaben mit dem Finger nach, faltete den Zettel dann wieder und legte ihn zurück.

Reglos saß sie im dunklen Zimmer und murmelte leise: »Warst du aber nicht.«

Kapitel 41

Poppy spähte ein letztes Mal durch die Backofentür. Im Glas spiegelte sich Dereks Grinsen.

»Es geht ihnen immer noch gut«, sagte er.

Poppy stand auf. »Bitte ruf mich an, falls irgendetwas schiefläuft – egal was!«

»Ja, mach ich«, antwortete er geduldig. »Aber es läuft nichts schief.«

Sie hatte alles doppelt und dreifach überprüft. Ihre Mutter war schon in der Scheune von Rhiw Hall, bereitete Unmengen an Erbsen und Lauch als Gemüsebeilage vor und hielt Pip davon ab, ihr Eigengewicht in Brownies zu vertilgen. Die Rechauds standen für Dereks Rosmarinkartoffeln und für die alles entscheidenden Lammkeulen bereit.

»Ich muss los«, stellte Poppy fest und blieb unentschlossen stehen.

»Du hättest schon vor einer halben Stunde gehen können.«

»Na schön,« sagte sie. »Jetzt gehe ich aber wirklich. Definitiv.«

»Nun verschwinde schon«, rief Derek, und Poppy trennte sich endlich von ihrer Küche.

Draußen überprüfte sie noch einmal ihr Spiegelbild im Schaufenster. Dem Satinkleid sah man ihren Kücheneinsatz in letzter Minute nicht an. Es fiel noch immer locker und faltenfrei, obwohl sie damit eine Knoblauchknolle unter dem Schrank hervorgeangelt hatte. Mit den ärmelfreien Schultern und der eng anliegenden Korsage fühlte sie sich zwar ungewohnt befangen, musste aber selbst zu geben, dass sie einen attraktiven Anblick bot. Selbst die widerspenstigen Haarsträhnen, die selbst gefühlten hundert Haarnadeln noch entkommen waren, sahen nach gewolltem Styling aus.

Hinter dem Rathaus sah sie schon etliche Paare in Anzug und Abendgarderobe den gewundenen Pfad zur Schlossruine erklimmen. Oben entdeckte sie an den Außenmauern Dai, der gerade ein paar Helfer ins Innere begleitete.

Die alten Mauern erglühten rötlich im Abendlicht, als Poppy die Ruine erreichte. Die tiefstehende Sonne warf lange Schatten auf die gut erhaltene Rückmauer des Schlossturms. Der längste Schatten gehörte zu Dai.

»Ist das nicht herrlich?«, fragte Poppy ihn begeistert.

Dai wandte sich zu ihr um und lächelte. »Unglaublich. Was für eine Aussicht!«

Unter ihnen erstrahlte Wells im Abendsonnenschein, umgeben von endlos grünen Hügeln.

»Leben wir nicht am schönsten Ort der Welt?«, seufzte er zufrieden.

Poppy lachte. »Ich denke schon.«

Die Stuhlreihen auf dem grasbewachsenen Burgplatz begannen sich zu füllen. Dais Chorbrüder und -schwestern in schwarzer Konzertgarderobe hatten sich zu beiden Seiten aufgestellt.

»Bist du nervös?«, fragte Poppy, die selbst immer unruhiger wurde.

»Nein«, antwortete Dai mit voller Überzeugung.

»Ehrlich nicht?«

»Kein bisschen. Ich wusste sofort, dass Mary mein Mädchen ist, schon als wir uns zum ersten Mal zusammen betrunken haben.«

»Hast du denn keine Angst, dass heute alles Mögliche schiefgehen könnte?«, fragte Poppy ungläubig.

»Das überlasse ich euch beiden.« Er lachte. »Aber ihr solltet euch auch keine Sorgen machen. Und wenn wir zum Abendessen bloß Cracker bekämen, wäre mir das auch egal. Noch vor ein paar Wochen standen wir vor dem Nichts, und jetzt sieh dir das an …« Er breitete die Arme aus. »Selbst nach jahrzehntelanger Planung könnte es doch keine schönere Hochzeit geben.«

Da musste Poppy ihm zustimmen. Wells zeigte sich von seiner allerfeinsten Seite, und die atemberaubende Umgebung verlieh dem Anlass eine natürliche Anmut und Würde, die sich auf die versammelte Gästeschar übertrug. Poppy sah sich um und erkannte bei Verwandten, Freunden und Chormitgliedern überall dieselben ehrfurchtsvollen Blicke. Dann blieb ihr fast die Luft weg.

Alle Qual, alles Zaudern und alle Zweifel lösten sich in dem Augenblick in Luft auf, als sie Rosalyn vor sich sah. Nur Rosalyn konnte aus einem einfachen cremefarbenen Kleid das eleganteste Outfit aller Zeiten machen. Die leicht gebräunten Beine unter dem knielangen Leinenstoff, die straffen Arme, der schlanke Hals, der anmutig geschwungene Nacken unter der perfekten Hochsteckfrisur und der zart angedeutete Schlitz im respektvoll angesetzten Kragen; all das reizte Poppys Vorstellungskraft aufs Äußerste. Das makellose Gesicht mit einem Hauch dezentem Make-up, die hohen Wangenknochen, vollen Lippen und strahlend blauen Augen taten ein Übriges. Wie sich die Erde einfach weiterdrehen konnte, wenn Rosalyn erschien, war Poppy ein Rätsel.

Rosalyn schlenderte lässig auf Poppy zu. Die stand wie gelähmt da und war so geblendet, dass sie kein Wort herausbekam.

»Du siehst toll aus«, murmelte sie schließlich verlegen und zupfte an ihrem Satinkleid, das ihr in Gegenwart von Rosalyns Glanz plötzlich unbedeutend vorkam.

»Und du erst!«, erwiderte Rosalyn ernst. »Aber mit diesem Lächeln hast du schon immer alle in den Schatten gestellt. Dieses unglaubliche Lächeln voll unbändiger, aufrichtiger Freude!«

Poppy errötete. Sie fragte sich noch immer, wie es möglich war, aber aus dem Blick, mit dem Rosalyn sie ansah, sprach ohne jeden Zweifel tiefe und ehrliche Bewunderung.

»Bleibst du den ganzen Abend?«, brachte Poppy heraus.

»Ja«, versicherte ihr Rosalyn mit einem liebevollen Lächeln. »Ich muss zwar gleich nach der Zeremonie los und mich um den Hochzeitsempfang kümmern, aber ja, ich bleibe.«

»Gut«, hauchte Poppy und brachte ein schiefes Lächeln zustande.

»Bis später«, verabschiedete sich Rosalyn und ging zu ihrem Sitzplatz.

Poppy gesellte sich wieder zu Dai. »Wie schön, dass ihr sie eingeladen habt«, strahlte sie.

»Ja, Mary scheint einen ziemlichen Narren an ihr gefressen zu haben«, antwortete er.

»Ach so.«

»Keine Sorge«, fuhr er gutmütig fort. »Ich wollte sie natürlich auch dabeihaben. Wer weiß, eines Tages sage ich vielleicht sogar noch etwas Nettes zu ihr.«

Der Standesbeamte war mittlerweile angekommen, und alle warteten auf den Beginn der Zeremonie. Poppy konnte einfach nicht anders, als wieder zu Rosalyn hinüberzuschielen, die völlig tiefenentspannt wirkte. Selbstbewusst plauderte sie mit den Gästen und unterhielt sich angeregt mit ihrer schick gekleideten Sitznachbarin.

»Die, mit der sie gerade spricht, ist unsere Chorleiterin«, flüsterte Dai. »Ich bin ganz geschmeichelt, dass sie auch hier ist. Eine sehr tüchtige und sehr wichtige Frau … mir jedenfalls flößt sie gehörig Respekt ein.«

Poppy lächelte. Rosalyn zeigte sich von der strengen Chorchefin keineswegs eingeschüchtert. Sie war eine so schöne, so gewandte und so fähige Frau … Wieder zupfte Poppy nervös an ihrem Kleid. »Habe ich ein nettes Lächeln?«, fragte sie leise.

»Wie bitte?«, fragte Dai nach, der gerade jemanden begrüßt hatte.

»Ach nichts. Entschuldige bitte, Dai.«

Er sah sie lange an und sagte dann in ernstem Ton: »Wie ein Feuerwerk, Poppy. Dein Lächeln ist unglaublich, da hat Rosalyn ganz recht.«

Ihr Herz tat einen Hüpfer. Wieder spähte sie zu Rosalyn hinüber, und diese erwiderte ihren Blick voller Wärme und Wertschätzung.

Auf ein Kopfnicken des Standesbeamten hin erhob sich der Chor. Nach einigem Füße scharren und Gehüstel holten alle tief Luft und schmetterten dann ein melodiöses: »Pom-pompompom, pom-pompompom!«

Die Gäste amüsierten sich über diese Acappella-Version des traditionellen Hochzeitsmarsches. Auch Poppy strahlte, und Dai klatschte begeistert in die Hände.

Dann erschien Mary am Tor des alten Schlossturms.

»Ohhh«, seufzte Dai ergriffen und legte sich seine enorme Hand aufs Herz.

Mary bot in ihrem weißen keltischen Hochzeitskleid einen bildschönen Anblick. Am einen Arm geleitete sie ihr Vater, am anderen ihre Mutter.

Poppy war bereits zu Tränen gerührt, als Mary glücklich strahlend bei ihnen ankam.

Die Zeremonie verlief zur allgemeinen Freude und Rührung. Ein Solosänger trug *Ar Hyd y Nos* vor, und Marys Schwester verzauberte alle mit ihrer Valentinus-Rezitation. Auch ein heikler Moment bei der Ringübergabe, als den beiden klar wurde, dass der Rost, auf dem sie standen, direkt in den ehemaligen Folterkeller des Schlosses führte, trug nur zur allgemeinen Erheiterung bei.

Die ganze Zeit über spürte Poppy Rosalyns Blicke auf sich wie eine liebevolle Berührung. Die Sehnsucht brannte heiß in ihr, und es fiel ihr schwer, sich auf ihr Amt als Trauzeugin zu besinnen.

»Sie dürfen die Braut jetzt küssen«, erklärte der Standesbeamte schließlich unter allgemeinem Beifall.

Nach dem Kus wandten sich Dai und Mary ihren Gästen zu. Das glückliche Strahlen auf ihren Gesichtern wirkte, als würde es noch tagelang anhalten.

Dai nickte seinem Chor zu, und ein Lied ertönte, das in jedem anklingt, der auch nur einen Bruchteil walisisches Erbe in sich trägt: *Calon Lân*. Alle erhoben sich von ihren Stühlen, und als der Refrain einsetzte, stimmte nicht nur Dai mit seinem mächtigen Bariton mit ein, sondern die gesamte Hochzeitsgesellschaft. Jeder Mann, jede Frau und jedes Kind sang die gefühlvolle walisische Hymne aus vollem Herzen. Sogar Rosalyn, die damals in der Schule nur widerwillig mitgesungen hatte, fiel jetzt freudig ein. Nachdem sie den letzten Ton so lange hinausgezögert hatten wie nur menschenmöglich, folgte schallender Applaus.

Dai und Mary liefen Hand in Hand den Gang zwischen den Stühlen der jubelnden Gäste entlang. Und der warme Sommerwind ließ die weißen Blüten der Blumenkinder über der gesamten Gästeschar tanzen.

Kapitel 42

Wer konnte, spazierte den landschaftlich reizvollen Weg vom Schloss hinab ins Tal und nach Rhiw Hall gemächlich zu Fuß. Poppy lief mit gerafftem Kleidsaum den anderen voraus, so schnell sie konnte. Als sie das Anwesen erreichte, ging sie gemessenen Schrittes weiter. Zum ersten Mal seit vielen Jahren betrat sie Rhiw Hall durch die Auffahrt am Haupteingang.

Die Dämmerung hatte eingesetzt. An den Birkenzweigen zu beiden Seiten des Weges waren Laternen aufgehängt, die sanftes Licht auf den Weg warfen. Die Wirkung war nahezu ätherisch. Auch der große Rasenplatz vor dem Herrenhaus war mit einem Kreis aus Laternen umgeben. Das Haus erschien Poppy im abendlichen Zwielicht fast so anziehend wie Rosalyn, die unter den flackernden Lichtern auf sie wartete.

»Es ist großartig geworden«, sagte Poppy. »So zauberhaft wie heute sah es hier noch nie aus.«

»Ich freue mich, dass es dir gefällt.« Rosalyn lächelte, als sie auf sie zutrat.

Poppy ergriff Rosalyns ausgestreckte Hände und kostete die Berührung lange aus. »Sie sind sicher bald da«, sagte sie dann.

»Ja. Alles ist vorbereitet. Die Getränke stehen schon ausgeschenkt in der Galerie bereit. Ich gebe die Empfangsdame und sorge dafür, dass allen so lange nachgeschenkt wird, wie sie möchten.«

»Danke. Ich sollte wohl mal rübergehen.«

Rosalyn nickte, ließ aber ihre Hände nicht los.

»Ich …« Verträumt verlor sich Poppy in Rosalyns Blick, der voller Verlangen auf ihr ruhte. Die Versuchung, sie an sich zu ziehen und zu küssen, war groß. Es wäre so leicht, Rosalyns Körper Rundung um Rundung mit den Fingern zu erkunden, eine Hand unter ihr Kleid zu schieben und ihre zarte Haut ganz nah zu spüren … Doch noch immer hielt eine Spur von Zweifel Poppy zurück.

»Ich muss gehen.« Poppy entzog sich und machte sich auf den Weg zur Scheune. Sie konnte im Rücken spüren, wie Rosalyn ihr nachsah.

Als sie das große Scheunentor öffnete, blieb Poppy wie verzaubert stehen. Die Lichterketten ließen ihren warmen Schein von den Wänden und über die Balken fließen, als stünde sie in einem Saal voller Sterne. Gestärkte Tischtücher zierten die Tische, allen voran die große Tafel für das Brautpaar. Es war ohne Zweifel ein perfekter Hochzeitssaal geworden.

Poppy lief in die Küche, die bereits vor Hitze und Aktivität dampfte. Pip half in weißer Bluse und schwarzer Hose bei den Kellern aus und stellte gerade die Servierteller bereit. Emma rührte in gigantischen Töpfen voller Erbsen, Lauch und Soße. Derek wickelte die erste Lammkeule aus und stach vorsichtig hinein.

»Jetzt gibt es eine Probeportion«, entschied Poppy.

Derek schnitt andächtig einige Scheiben von der Lammkeule auf und richtete sie auf einem Teller an. Emma fügte knusprige Kartöffelchen, Gemüse und Kräutersauce hinzu.

Poppy nahm sich als Erste eine Scheibe Fleisch, tauchte sie in die Sauce und steckte sie sich in den Mund. »Vielleicht noch eine Spur mehr Salz, aber es ist wirklich gut geworden.«

Nun probierten auch ihre Mutter und Derek, und beide nickten.

Nach dem Nachsalzen erklärte Derek: »Jetzt aber los. Das Fleisch hat lang genug geruht.«

Poppy gab das Signal: »Alle bereit?«

Die Mannschaft nickte, und rund 150 Gäste, die sich nach und nach an den Tischen versammelten, bekamen ihr Abendessen. Nach der Zeremonie und dem Sektempfang waren alle in schönster Festlaune, und das Essen kam bestens an. Wer etwas vom Kochen verstand, kommentierte die Mahlzeit lobend. Die Hungrigen ließen sich reichlich Nachschlag geben. Und bevor Poppy es sich versah, war man an der großen Tafel schon für die traditionellen Reden bereit.

Ihre Rede als Trauzeugin hatte Poppy bis dahin verdrängt. Jetzt begann sie zu hyperventilieren. »Oh nein«, krächzte sie. »Sorry, Dai, aber ich muss mich um das Dessert kümmern.«

»Geht es dir gut, Liebes?« Dai lächelte ihr beruhigend zu. »Poppy, du musst keine Rede halten. Hier wird schon noch genug gequatscht werden …«

Poppy nickte. »Ich weiß … aber es wird schon gehen«, hauchte sie, während Panik und Übelkeit in ihr aufwallten.

Rasch zog sie sich in den Gang vor den Nebenräumen zurück und versteckte sich hinter einer Tür. Sie schloss die Augen und holte tief Luft.

»Ich hatte mich schon gefragt, ob du immer noch Angst hast, vor Menschen zu sprechen.«

Poppy machte die Augen auf. Vor ihr stand Rosalyn und sah sie besorgt an.

Poppy zog ihre Stichwortkarten aus der Tasche und wollte sie Rosalyn zeigen, um ihre Befähigung zu beweisen. Stattdessen verkrampfte sich ihr Brustkorb, und sie keuchte gepresst auf.

Rosalyn nahm ihre Hand. »Sieh mich an«, forderte sie Poppy auf.

Poppy gehorchte und konzentrierte sich einen Moment lang ganz auf Rosalyns eisblaue Augen.

»Jetzt atme ganz tief ein, soweit in den Bauch hinein, wie es geht. Und dann noch einmal.«

Poppy fügte sich, und die Luft in ihrer Lunge drängte die frenetischen Spasmen tatsächlich zurück. Nach ein paar weiteren Zügen konnte sie wieder normal atmen.

Rosalyn lächelte. »Besser?«

Poppy nickte.

»Was du auch tust, stell dir bloß nicht vor, alle wären nackt. Das habe ich mal einem besonders nervösen jungen Mann bei einer Konferenz empfohlen. Der arme Kerl stand stocksteif da und starrte schockiert auf die Schöße der älteren Herren in der ersten Reihe. Man musste ihn dann vom Podium geleiten.«

Poppy musste kichern.

»Das wird schon«, tröstete Rosalyn sie. »Nach den ersten zwei Sätzen wird es leichter.«

»Ich weiß gar nicht, was mit mir los ist«, gab Poppy zu. »Ich kann doch mit allen sprechen, ich war noch nie schüchtern. Aber vor so einer Menschenmenge …«

Rosalyn schüttelte den Kopf. »Dai kann dir wirklich dankbar sein. Erst dieses grandiose Essen, und dann sollst du dich auch noch deinen größten Ängsten stellen.« Sie lächelte ihr zu. »Ich hoffe, er ist es wert. Jetzt lass mich mal deine Kärtchen sehen.«

Poppy reichte sie ihr, und Rosalyn überflog Poppys Rede.

»Hmm, wie ich mir gedacht hatte«, murmelte sie. »Du bist viel zu nett zu ihm.«

Poppy lachte. »Ich wollte mich kurz fassen.«

»Denk nicht zu viel darüber nach. Geh einfach da raus und tu es.« Rosalyn trat beiseite, und Poppy nahm gehorsam ihren Platz im Saal ein.

Dai flüsterte ihr zu: »Du zuerst. Dann hast du es hinter dir.«

Poppy nickte, aber ihre Nerven flatterten. Sie stand auf und klopfte mit ihrem Löffel gegen ein Glas. In der lärmenden Scheune wurde es etwas ruhiger, aber nicht jeder hatte sie gehört. Sie klopfte noch einmal lauter, und nun kehrte langsam Ruhe ein. Alle Gesichter wandten sich ihr zu. Rund 150 erwartungsvolle Gesichter. Sie atmete scharf ein und versuchte, sich zu bedanken. Aber ihr Hals war wie ausgetrocknet. Sie nahm einen kleinen Schluck Sekt und holte ihre Kärtchen hervor. Wieder öffnete sie den Mund, wieder drang kein Laut heraus.

Ihr Herz schlug wie wild, eine brennende Röte kroch von ihrer Brust über ihren Hals bis in die glühenden Wangen. Die Gäste sahen sie gespannt an. Die Gesichter in der Menge kamen ihr auf einmal fremd vor, obwohl sie doch die meisten von ihnen kannte. In ihrem Kopf drehte sich alles. Ihre Beine drohten nachzugeben. Kalter Schweiß lief ihr über den Rücken. Sie fühlte sich einer Ohnmacht nahe.

»Nein, nein, nein«, tönte Rosalyns Stimme entschlossen durch den Saal. »Das kommt überhaupt nicht infrage.« Wie durch einen Nebel nahm Poppy wahr, dass Rosalyn hoch erhobenen Hauptes geradewegs auf sie zuschritt. »Die liebste Frau auf der ganzen Welt soll ausgerechnet für *dich* eine Rede halten, Dai Edwards? Das passt ja wohl wie die Faust aufs Auge!«

Rosalyn stellte sich demonstrative neben Poppy, schlang den Arm um sie und zog sie dicht an sich heran.

Poppy schloss erleichtert die Augen und ließ sich von ihrer Freundin stützen.

»Ich bin hier«, flüsterte Rosalyn ihr ins Ohr.

Poppy atmete ruhiger und nahm Rosalyns Hand. »Danke«, hauchte sie und sah zu ihr auf.

Rosalyn nahm Poppy die Stichwortkarten ab, hielt sie für sie in Sichtweite hin und flüsterte: »Fang an, Poppy. Ich bleibe hier bei dir.«

Poppy zitterte noch immer, stand aber deutlich sicherer. Sie räusperte sich. »Ich weiß noch«, begann sie mit dünner Stimme, »wie ich Dai zum ersten Mal gesehen habe.«

»Er ist ja auch kaum zu übersehen«, rief Rosalyn, und die Leute lachten.

Poppy lächelte erleichtert. »Wir wollen doch nett bleiben, nicht wahr«, sagte sie laut.

»Na, ich weiß nicht.« Rosalyn zwinkerte ihr zu. »Es geht schließlich um Dai.«

Die Gäste entspannten sich und lauschten amüsiert.

Poppy wurde neben Rosalyn mutiger. »Als ich also Dai zum ersten Mal sah, war er gerade sieben Jahre alt …«

»Und schon so riesig wie ein Prop-Pfeiler«, unterbrach Rosalyn sie.

Der Witz kam besonders bei den Rugby-Spielern gut an.

»Er brachte gerade ein paar Jungs die Rugby-Regeln bei«, fuhr Poppy fort, »und ich habe gefragt, ob ich mitspielen könnte. Mir war damals nicht klar, dass Rugby als Jungensport galt. Die anderen beschwerten sich sofort, weil ich ein Mädchen war, aber Dai ließ mich in seiner Mannschaft mitspielen. Genau diese Großzügigkeit und Akzeptanz allem Andersartigen gegenüber ist es, die unsere Freundschaft seitdem so wertvoll für mich macht.«

»Was Poppy euch aber nicht sagt«, übernahm Rosalyn, »ist, dass sie damals das Spielfeld mühelos heruntersprintete, einen Try erzielte und locker fragte: ›So ungefähr?‹ Es war also von Dais Seite durchaus auch taktisches Geschick, so ungern ich das zugebe.«

Dai lachte laut und rief: »Ist alles wahr.«

Rosalyn fuhr fort: »Und dann fragte er sie: ›Könntest du vielleicht unterwegs noch ein paar von ihnen umrennen? Du weißt schon, etwas Sportsgeist beweisen?‹«

Ihre Zuhörer lachten, auch weil sie Dais Tonfall und Stimmlage so gut nachahmte.

Poppy nahm dankbar den Faden auf: »Ich war so froh, als Dai Mary begegnete. Ich wusste sofort, dass sie eine ganz besondere Frau ist, und ich war noch froher, als sie ihre Verlobung bekanntgaben.«

»Ha, wohl eher überrascht«, fiel Rosalyn ein. »Ernsthaft, Mary, was hast du dir dabei gedacht?«

Rosalyn strahlte die Braut an, die Dai kichernd einen Klaps auf dem Rücken gab.

»Und jetzt, da ich weiß, wie lieb und klug und großzügig Mary ist, …«

»… bin ich umso überraschter!«

Poppy stieß Rosalyn sanft in die Rippen, aber Rosalyn hielt sie weiterhin fest umfangen. Poppy war glücklich, tief gerührt von der freundlichen Reaktion der Gäste, von Dais und Marys Sinn für Humor und von Rosalyns beruhigender Nähe.

»Jetzt bin ich umso glücklicher, dass Dai und Mary ihr Leben hier in Wells verbringen wollen. Weil ich mir meine Heimat ohne die beiden nicht vorstellen kann. Ich möchte Dai dafür danken, dass er, solange wir uns kennen, an jedem Tag meines Lebens für mich da war.« Sie sah Dai voll aufrichtiger Dankbarkeit an, und er lächelte voller Sekt und Glück zurück.

»Ja, danke, Dai«, stimmte Rosalyn ihr laut und deutlich zu. »Danke, dass du für Poppy da warst, auch wenn andere es nicht immer waren.«

Die Worte verschlugen Poppy den Atem. Sie schaute Rosalyn an, sah das Bedauern und den Kummer in ihrem Blick, aber auch die tiefe Liebe darin.

»Es tut mir leid, Poppy«, wisperte Rosalyn. »Ich hätte dich nie verlassen dürfen. Ich hätte für dich da sein sollen.«

Poppy musterte die Freundin, die so stark und doch so verletzlich neben ihr stand. Rosalyns aufrichtige Entschuldigung hatte ihre letzten Zweifel vertrieben. Sie wünschte sich nichts anderes mehr, als Rosalyn zu küssen und ihr voller Leidenschaft ihre Liebe zu beweisen. Wenn sie nur nicht so viele Zuschauer gehabt hätten! Rosalyn ließ sich davon nicht beirren. Sie lächelte strahlend und sagte ganz leise: »Ich liebe dich, Poppy Jenkins.«

Dann hielt sie ihr Glas in die Höhe und prostete der Hochzeitsgesellschaft laut zu: »Auf Dai und Mary!«

Die anderen prosteten zurück und alle begannen zu klatschen. Poppy griff nach ihrem eigenen Glas und warf Dai einen prüfenden Blick zu. Er hatte Tränen der Rührung in den Augen. Als Poppy sich wieder umwandte, war Rosalyn verschwunden.

Während der Applaus noch anhielt, sah Poppy sich suchend um und entdeckte sie schließlich vorn am Ausgang. Einer der Kellner hatte sie angesprochen, und Rosalyn zog bei seinen Worten fragend die Augenbrauen hoch. Dann nickte sie und verschwand durch eine der Seitentüren nach draußen.

Poppy blieb beim Brautpaar am Tisch sitzen, während der Brautvater die nächste Rede hielt. Aber sie nahm kein Wort davon wahr. Sie sehnte sich nur nach Rosalyn. Jetzt konnte sie ihr ohne Vorbehalt sagen, was sie für sie fühlte, konnte die Worte endlich aussprechen. Sie konnte ihr ein Versprechen geben, das sie niemals brechen würde.

Ohne ein Wort der Erklärung sprang sie auf und stürmte nach draußen. Sie rannte über den knirschenden Kies durch die Dunkelheit und hielt dann abrupt inne. Vor dem Herrenhaus war ein Wagen vorgefahren. Sie konnte nur die Umrisse sehen und ging ein paar Schritte darauf zu. Jetzt erkannte sie im Schein der Laternen

Rosalyn. Die Stimme, die sie hörte, gehörte jedoch nicht ihr. Eine zweite Silhouette gesellte sich zu Rosalyn. Ihre dünnen Arme und fahrigen Hände schienen Rosalyn anzuflehen.

Sam.

Poppy blieb wie angewurzelt stehen. Eine bleierne Angst überfiel sie.

Sam klammerte sich an Rosalyn und redete beschwörend auf sie ein. Rosalyn versuchte nicht, sie abzuweisen. Die beiden gingen auf das Haus zu und traten dann gemeinsam ein. Einen Augenblick lang konnte Poppy die Frauen im Licht des Hauseingangs klar ausmachen. Sam hob die Hand und streichelte zärtlich über Rosalyns Gesicht. Dann schloss sich die Tür.

Zu spät. Sie kam zu spät.

Kapitel 43

In der Nacht nach der Hochzeit bereitete Poppys Fantasie ihr Höllenqualen. Die plastischsten Vorstellungen von Sam und Rosalyn peinigten sie. So spät, wie Sam aufgetaucht war, hatte sie ganz offensichtlich vorgehabt, bei Rosalyn zu übernachten. Poppy konnte an nichts anderes denken als ihre gemeinsame Nacht. Das Bild, wie sich Sam an Rosalyn gehängt, wie besitzergreifend sie sie umarmt hatte, erschien in immer verstörenderen Details vor ihrem inneren Auge. Sie hätte viel darum gegeben, diese Erinnerung auslöschen zu können.

Bei der Hochzeitsfeier hatte sich Rosalyn nicht wieder sehen lassen. Die anderen hatten, angeheitert wie sie waren, ihre Abwesenheit kaum bemerkt und den Abend sichtlich genossen. Das Fest war ein voller Erfolg. Doch Poppy erhob sich am nächsten Morgen nach kurzem, fiebrigen Schlaf müde und bleich. Mit bleiernen Gliedern schleppte sie sich zum Café. Heute war ihr dessen neue Beliebtheit ausnahmsweise einmal nicht recht. Am liebsten hätte sie sich still in eine Ecke verzogen und so getan, als existiere sie nicht.

Nach Monaten der Verwirrung über Rosalyn hatte sich jetzt eine schmerzhafte Klarheit eingestellt. Jetzt, da die Frau, die Poppy begehrte, anscheinend nicht mehr zu haben war, wurde ihr endlich bewusst, wie sehr sie sie brauchte. Die Erkenntnis, dass sie alles, was sie je ersehnt hatte, tags zuvor hätte bekommen können, quälte Poppy furchtbar.

Sie hoffte inständig, Rosalyn würde anrufen und ihr sagen, dass sich nichts geändert hatte, dass Sam nach wie vor nichts weiter als die Ex war. Zur Mittagszeit hielt Poppy es nicht mehr aus. Sie holte ihr Handy hervor und schickte Rosalyn eine Textnachricht, in der sie sie um ein Treffen bat. Bevor sie es sich anders überlegen konnte, tippte Poppy auf »Senden«.

Danach verbarrikadierte sie sich hinter der Kuchentheke und wünschte sich verzweifelt, die Zeit würde sich um 24 Stunden zurückdrehen. Die Zeit tat nichts dergleichen, also hangelte sie sich mit etwa so viel Energie wie verkochter Kohl durch den Nachmittag.

Kurz vor Feierabend saßen nur noch zwei Gäste im Obergeschoss. Mrs Morgan Morgan und Nerys Hughes, die etwas sauertöpfische Organistin der Kirchengemeinde, warteten geduldig darauf, dass Poppy ihnen Tee und *Bara Brith* zubereitete. In der Stille des fast geleerten Cafés konnte Poppy ihr angeregtes Gespräch deutlich hören, als sie mit dem gefüllten Tablett aus der Küche an den Fuß der Wendeltreppe trat.

»Auf ihre Weise ist sie eine sehr großzügige junge Frau«, sagte Nerys gerade.

»Da hast du recht«, entgegnete Mrs Morgan. »Es war gewiss kein Zufall, dass es mit Wells bergauf ging, sobald Rosalyn Thorn zurückgekehrt war.«

Poppy blieb auf den ersten Stufen stehen. Bei der Erwähnung von Rosalyns Namen hob sie unwillkürlich den Kopf, um zu lauschen.

»Hab ich dir schon erzählt, dass sie kurz nach ihrer Ankunft bei mir vorbeigeschneit ist?«, sagte Mrs Morgan. »Ganz von sich aus. Sie meinte, sie hätte von meinem Wohlfahrtsverein zur Ersatzpflege gehört und fragte mich, ob ich Unterstützung bräuchte. Das Ende vom Lied: Durch ihre Steuertipps haben wir über tausend Pfund an Steuergeldern gespart.«

»Ehrlich?«

»Ja, ich war auch ganz überrascht. Sie hat sich ein paar Stunden lang mit mir hingesetzt und ist geduldig alle Möglichkeiten durchgegangen, mehr Rückzahlung einzufordern. Das war sehr hilfreich.«

»Na sowas! Das war mir neu.«

Poppy ebenfalls. Nun tat es ihr erst recht leid, dass sie so lange blind für Rosalyns Hilfsbereitschaft gewesen war.

»Ihre hochnäsige Freundin mag ich allerdings gar nicht«, sagte Nerys.

Poppy war zwar derselben Meinung, fürchtete aber, wieder eine homophobe Bemerkung mit anhören zu müssen. Seit dem Vorfall im Pub war sie vorsichtiger geworden.

»Ich auch nicht«, antwortete Mrs Morgan. »Auf dem Kunsthandwerksmarkt ist sie mir gleich als typisch eingebildete Londonerin aufgefallen.«

»Die nimmt uns Rosalyn bestimmt wieder weg.«

»Ja, leider. Ich hätte mir gewünscht, dass sie sich hier niederlassen würde. Ihre Eltern brauchen sie doch hier zu Hause. Und …« Mrs Morgan senkte verschwörerisch die Stimme. »Ich hatte so gehofft, sie würde sich für unsere Poppy entscheiden.«

Poppy schnappte nach Luft. Was würde Nerys dazu sagen?

»Oh ja!«, erwiderte Nerys. »Das wäre zu schön. Stell dir nur vor, die beiden könnten jetzt richtig heiraten, mit Kirche und allem …«

Poppy ging das Herz auf. Sie war erleichtert und sehr froh, dass selbst eine so erzkonservative Person wie Nerys ihre Beziehung zu Rosalyn gutheißen würde. Ihr Glaube an die Akzeptanz in ihrem Dorf war zumindest teilweise wiederhergestellt. Doch dann fiel ihr wieder ein, wie unwahrscheinlich ein solches Happy End nun schien. Rosalyn lag in diesem Moment vermutlich glücklich wiedervereint in Sams Armen.

»Zwei so hübsche Bräute«, schwärmte Mrs Morgan.

»Wunderhübsch«, stimmte ihr Nerys zu. »Du hast recht, zwei Bräute wären als Brautpaar noch viel schöner anzusehen. Ich wette, die beiden würden die schicksten Brautkleider auswählen. Was für entzückende Hochzeitsfotos das geben würde!«

Poppy konnte die Tränen kaum zurückhalten. Die Teetassen begannen auf dem Tablett zu klappern, so sehr zitterten ihre Hände.

»Poppy?« Hinter ihr ertönte die Stimme ihrer Mutter voll Mitgefühl und Fürsorge. »Ist alles in Ordnung?«

»Ja, Mum, entschuldige«, schniefte Poppy. »Alles gut.« Sie konnte nicht aufhören zu zittern, inzwischen klapperte auch das Besteck. »Würdest du Mrs Morgan und Nerys bitte ihren Tee bringen?«

»Natürlich. Aber …?«

»Sorry!«, stieß Poppy gepresst hervor und drückte ihrer Mutter das Tablett in die Hand. Dann stürzte sie die Treppe hinunter. Die Tränen verschleierten ihr die Sicht, doch sie rannte weiter durch die Ladentür und auf den Marktplatz hinaus. Sie schluchzte jetzt so laut, dass sie die Frau zuerst gar nicht wahrnahm die sie am Arm packte.

»Poppy!« Es war Rosalyn. Sie klang erschrocken.

Poppy versuchte, die Tränen wegzublinzeln, doch die flossen ungehemmt weiter.

Rosalyn hielt sie sanft fest. »Was ist denn los?«

Poppy öffnete den Mund, brachte aber kein Wort heraus.

»Bitte rede mit mir! Was ist passiert?«

Durch einen Tränenschleier konnte Poppy die aufrichtige Sorge erkennen, die Rosalyn ins Gesicht geschrieben stand. Es gab so viel zu sagen, so viel zu fragen.

Die Gefühle stürmten nur so auf sie ein: verzweifelte Liebe, ehrliche Hochachtung und eine tiefe Sehnsucht, die seit über einem Jahrzehnt unerfüllt geblieben war. Zu gern hätte sie ihnen Ausdruck verliehen.

Aber hinter Rosalyn lauerte Sam. Die magere Frau im schwarzen Business-Suit knurrte ein paar Meter weiter knappe Anweisungen in ihr Handy.

Rosalyn sah Poppy fast flehend an.

Die seufzte frustriert auf. Warum konnte sie nicht mit Rosalyn allein sein?

»Ich … brauche …«, versuchte sie, ihre Emotionen in Worte zu fassen. »Ich will …« Vergeblich.

Sam schaltete ihr Handy aus und warf es energisch in ihre Handtasche. Dann fixierte sie die beiden Freundinnen mit scharfem Blick und marschierte entschlossen auf sie zu.

Poppys Herz schlug wild.

»Poppy, sag mir doch …«

»Ich bin verliebt in dich«, stieß Poppy hervor. Sie starrte Rosalyn an und rang nach Luft. »Ich bin so verliebt in dich.«

Rosalyn schwieg verblüfft, und Poppy riss sich von ihr los. Ohne einen Blick zurück rannte sie über den Marktplatz aus dem Dorf, irgendwohin …

Sie wusste später nicht mehr, wohin oder wie lange sie gelaufen war. Aber als sie zurückkehrte, wurde es schon dunkel. Emma musste wohl im Café aufgeräumt und abgeschlossen haben, denn der ganze Platz lag still und verlassen da.

Poppy taumelte nach Hause. Sie war wie betäubt. Ihr Körper führte sie wie von selbst zum Rückzug in ihr Zimmer. Sie war zu müde, um den anderen auch nur gute Nacht zu sagen. Erschöpft sank sie aufs Bett und starrte blicklos aus dem Bullaugenfenster. Aus Gewohnheit schob sie eine Hand unter das Kissen an ihrer Wange. Und hielt inne, als ihre Finger ein Stück Papier berührten.

Sie schoss hoch und warf überrascht das Kissen vom Bett. Darunter lagen ein dicker Brief und eine kleine Notiz von demselben Format wie die in ihrem Holzkästchen. »Lange Version« und »Kurze Version« stand in Rosalyns unverkennbarer Handschrift darauf geschrieben.

Poppy nahm den Brief in die eine und die Notiz in die andere Hand. Ihr Herz schlug Purzelbäume. Sie überlegte. Dann legte sie den kleinen Zettel beiseite und öffnete den langen Brief.

Meine liebste Poppy,

ich habe dich stundenlang gesucht, aber nicht finden können. Ich hoffe, wenn du das hier liest, bist du wieder froheren Mutes als bei unserer letzten Begegnung.

Nachdem du weg warst, hat Sam mir erzählt, dass du gestern Abend zugesehen hast, als ich sie am Herrenhaus in Empfang nahm. Das wusste ich nicht, und es tut mir leid, dass ich dir nicht schon früher versichert habe, dass du dir keine Sorgen zu machen brauchst.

Sam ist meine Chefin und eine alte Freundin, aber das ist auch alles. Solange sie für mich noch andere Gefühle hegt, wird sie Abstand wahren, das haben wir vereinbart. Sie ist jetzt nach London zurückgefahren. Und unabhängig davon, was sich mit dir entwickelt, werden sich meine Gefühle für Sam nicht mehr ändern.

Meine liebe Poppy, ich wünschte wirklich, ich könnte mit dir sprechen. Ich weiß gar nicht, wo und wie ich anfangen soll zu schreiben. Glaubst du immer noch, wir wären das unpassendste Paar der Welt? Auf gewisse Weise sind wir tatsächlich verschieden wie Tag und Nacht, genau das liebe ich an dir. Dass du morgens aufwachst und die Welt als etwas ganz und gar Schönes erlebst, ist für mich ein Wunder und ein Geschenk. Ich möchte einfach für dich da sein und dafür sorgen, dass die Welt tatsächlich immer so gut zu dir ist, wie du es verdienst. Und sollte es doch einmal graue Tage geben, möchte ich sie für dich bunt färben.

In einer anderen Hinsicht haben wir uns beide geirrt. Der Ort, nach dem sich mein Herz wirklich sehnt, ist hier. Früher als Kind habe ich mich hier nie zu Hause gefühlt, aber als ich fortging, wurde mir schnell klar, dass ich auch woanders nicht zu Hause bin. London war eine gute Lösung für mich, weil ich dort anonym neben vielen anderen leben konnte, die ebenfalls nirgends zu Hause waren. Eine Zeitlang genoss ich die rasch angebahnten Freundschaften, die Unmengen an Kultur und unterschiedlichen Eindrücken dort.

Aber als ich vor einiger Zeit hierher zurückkehrte, merkte ich selbst erst, wie viel mir Wells bedeutet. Und das war ein echter Schock für mich. Emmas Bioladen, in dem wir gespielt haben, ihre Küche, die deine eigenes Können so sehr beeinflusst hat, dein magisches Zimmer – und natürlich du. Das war mein Zuhause! Viel mehr als das Leben im Herrenhaus mit meinen Eltern. Erst da wurde mir klar, warum ich es so viele Jahre lang nicht über mich bringen konnte, nach Wells zurückzukommen. Hier warteten zu viele wunderbare Erinnerungen, auf die ich kein Recht mehr hatte.

Denn ich habe dich verletzt, und ich habe lang gebraucht, bis ich begreifen konnte, dass das falsch war. Ich verstehe sehr gut, warum du so gezögert hast, dich mir zu nähern. Ich weiß noch, welche Gründe du mir vor einiger Zeit auf dem Marktplatz genannt hast. Du hast gesagt, du kannst mir nicht vertrauen, weil du dich nie mehr davon erholen würdest, wenn ich dir wieder das Herz bräche. Das hat mich tief erschüttert und schmerzt jedes Mal, wenn ich daran denke.

Ich hoffe sehr, dass du mir mit der Zeit wieder vertrauen kannst. Ich werde auf dich warten, bis es soweit ist. So lange, wie du eben brauchst. Weil es außer dir niemanden für mich gibt – nie gab und nie geben wird.

Keine Freundin, keine Partnerin kam je an dich heran. Erst habe ich mich geärgert, dass ich die Messlatte überhaupt an dir anlege. Aber du bist ein Teil von mir; und zwar der Teil, den ich mehr als alle anderen schätze und liebe. Wenn wir zusammen sind, ergänzt du mich nicht nur, du machst mich zehnmal besser – und hundertmal glücklicher.

Damit wäre ich in meinem Leben vollauf zufrieden. Du bist mein Zuhause, meine Freundin, mein Gegenstück, meine Geschichte. Und ich liebe dich leidenschaftlich.

Als ich dich an meinem ersten Tag in Wells nach so vielen Jahren wiedersah, konnte ich kaum den Blick von dir abwenden. Ich hätte dich den ganzen Tag nur ansehen können: den Glanz in deinem Haar, deine zarte Haut, deine wunderschönen Haselnussaugen voller Güte und Freude. Wenn ich das Leben im Spiegel deiner Augen betrachte, erscheint es mir so herrlich und reizvoll wie nie. Es gibt für mich kein größeres Glück, als wenn du lächelst, vor allem wenn ich der Anlass für dieses zauberhafte Lächeln bin. Dein Lachen rührt mich. Deine Berührung erregt mich – immer. Dein Wohlwollen, dein Taktgefühl und dein Anstand sind schlicht unvergleichlich.

Du hast gesagt, wenn wir es miteinander versuchen würden, dann müsste es für immer sein. Ich weiß, dass es für uns heißt: alles oder nichts. Also biete ich dir alles an, was ich habe.

Deine Rosalyn

Kapitel 44

Poppy brauchte nicht einmal eine Sekunde, um die zwei Worte auf dem Notizzettel in ihrer anderen Hand zu lesen und sich für eine Antwort zu entscheiden. Sie stürzte aus dem Zimmer, polterte die Treppe hinunter und platzte drüben im Haupthaus in die Küche, wo ihre Mutter überrascht vom Tisch aufsah.

»Wann?«, rief Poppy atemlos, »Wann war sie hier?«

Ihre Mutter lächelte. »Vor ungefähr einer Stunde, Schatz. Sie hat gesagt, sie wartet zu Hause auf dich.«

Poppy war bereits auf dem Sprung, als ihr einfiel, dass sie vielleicht ein wenig mehr erklären sollte. Sie zögerte und warf ihrer Mutter einen Blick über die Schulter zu.

»Na, lauf schon.« Emma winkte. »Erlöse sie aus ihrem Elend.«

Poppy lachte vor Erleichterung, Erschöpfung und Freude und sprintete los. Die Abenddämmerung wich gerade einem samtschwarzen Nachthimmel. Nur die steingraue Straße leuchtete noch aus dem Dunkel hervor und wies Poppy den Weg. Sie folgte ihr, bog dann auf den Pfad ein, vorbei an den Cottages und weiter auf der Strecke, die ihr seit ihrer Jugend so vertraut war. Nie zuvor hatte sie sie so voller Ekstase zurückgelegt wie an diesem Abend. Ihre Sehnsucht nach Rosalyn trieb ihre Beine zu Höchstleistungen an.

Als Poppy außer Atem vor dem hell erleuchteten Herrenhaus ankam, betrachtete sie die Fenster, hinter denen Licht brannte. Sie versuchte herauszufinden, wo Rosalyn wohl auf sie wartete. Beide beleuchteten Zimmer lagen im Erdgeschoss, die Küche und ein Wohnzimmer. Oben war alles dunkel. Instinktiv drehte Poppy um und schlug den Pfad zur Jagdhütte ein. Dort näherte sie sich vom Garten her. Sie ging jetzt langsamer, fragte sich, ob sie wohl richtig lag. Doch: Aus dem Häuschen drang warmes Licht wie ein Signalfeuer durch das Kiefernwäldchen. Der Anblick hieß sie willkommen. Sie rannte über die Wiese und breitete dabei die Arme weit aus, um die langen Grashalme zwischen den Fingern zu spüren.

Auf den Stufen der Veranda hielt sie an und schnappte nach Luft. Die Türen standen offen. Rosalyn saß neben dem Ofen, den Kopf in die Hände gestützt. Ihr blondes Haar umspielte ihr blasses Gesicht. Wie schön diese Frau war! Poppy sprang die Stufen hinauf und lehnte sich an den Türrahmen.

»Hi«, flüsterte sie.

Rosalyn stand auf und sah sie mit großen Augen an. Sie rang die Hände, als sie auf sie zuging.

Poppy hatte sie noch nie so nervös erlebt. »Ich dachte schon, dass ich dich hier finde«, sagte sie. »Hierzu passt ›zu Hause‹ am besten.«

»Ja, das stimmt«, antwortete Rosalyn. »Im Jagdhäuschen bin ich viel lieber als im Herrenhaus. Immer schon. Ich habe weiter renoviert.« Sie deutete auf die Wände, die zur Hälfte weiß gestrichen waren. »Die alte Landkarte und die Blumenbilder habe ich behalten. Ich weiß ja, wie sehr sie dir gefallen. Und die Bücherregale füllen sich langsam. Ich hab schon ein paar deiner Lieblingstitel beisammen, aber es ist noch ganz viel Platz.« Sie hielt kurz inne. »Es soll ein richtiges Zuhause werden. Für mich … für uns?« Die letzte Frage kam fast furchtsam.

Poppy kam ins Zimmer. Schmetterlinge flatterten in ihrem Bauch. »Das war mir klar.«

Rosalyns Blick flackerte unruhig. »Hast du meine Nachricht bekommen?«

»Ja.« Poppy trat ganz nah an Rosalyn heran. Sie lächelte, als sie die Notiz aus der Tasche zog und in die Höhe hielt.

»Und … willst du?«

Poppys Stimme klang fest: »Alles zu seiner Zeit. Wenn sich alle wieder beruhigt haben.«

Hoffnung erhellte Rosalyns Miene. »Aber du bleibst … hier?«

Poppy hob die Hand und streichelte sachte ihre Wange. »Für immer. Und ab sofort.«

Rosalyn traten Tränen der Freude in die Augen. Mit einem seligen Lächeln auf den Lippen streckte auch sie die Hand aus und strich Poppy sanft eine Locke aus der Stirn. »Ich liebe dich, Poppy.«

Poppy lachte leise. »Und ich liebe dich.«

Rosalyn drückte einen zärtlichen Kuss auf Poppys Stirn, küsste erst Poppys linke Wange, dann die rechte und näherte sich dann langsam Poppys Mund.

Poppy schloss die Augen und genoss die intime Nähe ihrer Freundin. Als ihre Lippen sich berührten, flammte heißes Verlangen in ihr auf.

Rosalyn zog sie an sich heran, und ihre Körper schoben sich auf ganzer Länge begierig ineinander.

In Poppy drehte sich alles, als Rosalyn ihren Hals mit hungrigen Küssen bedeckte und fieberhaft ihre Brüste liebkoste. Deren Spitzen reagierten mit einer Heftigkeit, die Poppy verlegen machte. Doch als sie aufsah, konnte sie dieselbe heiße Begierde in Rosalyns Augen sehen.

»Ich will mit dir schlafen«, raunte Rosalyn.

»Ja, bitte«, wisperte Poppy.

Poppy spürte, wie schlanke Finger an ihren Armen herabglitten und ihre Hand ergriffen.

»Komm«, sagte Rosalyn und zog Poppy am Sofa vorbei in den Flur und von dort aus die Stiege zum Schlafzimmer hinauf. Die ganze Zeit über hielt sie ihren Blick auf Poppy gerichtet.

Oben standen die beiden Frauen sich vor dem Bett gegenüber.

Rosalyn seufzte: »Du hast keine Ahnung, wie sehr ich mich danach gesehnt habe.«

»Doch, habe ich«, murmelte Poppy.

Rosalyn schlang die Arme um Poppy und löste mit einer schwungvollen Bewegung die Knöpfe an ihrem Rückenteil. Sanft zog sie das Kleid zu Boden, schob Poppys Slip hinterher, hakte den BH auf und warf ihn dann in die Ecke.

Poppy sog hörbar die Luft ein, als ihre nackte Haut Rosalyns Berührungen kribbelnd erwiderte. Bebend sah sie zu, wie Rosalyn sich auszog und in all ihrer nackten Pracht vor ihr stand. Poppy spürte pulsierenden Aufruhr zwischen ihren Beinen. Sie wollte Rosalyns schmale Taille an sich ziehen und zwischen ihre zarten Schenkel gleiten.

Als Rosalyns Finger ihr an ihrer Hüfte zuvorkamen, stöhnte Poppy auf und schloss die Augen. Wie rasch sie ihrem Zauber erlag.

»Leg dich hin«, hauchte Rosalyn, und Poppy sank unter ihren Händen willig aufs Bett. Dort lag sie ganz still und wartete mit geschlossenen Augen. Zuerst spürte sie Rosalyns zarte Küsse auf den Augenlidern und kicherte leise über die unerwartete Zärtlichkeit.

Als Rosalyn aufhörte, öffnete Poppy die Augen.

Eine heiße Röte überflutete sie – Rosalyn hatte es auf ihre Brüste abgesehen.

»Ohhh«, seufzte Poppy, als sie Rosalyn an ihren Brustwarzen spürte. Die Liebkosung war köstlich erregend. Poppy wölbte den Rücken, drängte sich Rosalyn entgegen und wollte mehr. Rosalyn schob sich über ihren Körper. Zärtlich strichen ihre Brüste über Poppys. Sie spürte Rosalyns Knospen, ebenso steif wie ihre eigenen. »Mehr«, stöhnte Poppy.

Das heisere Verlangen in ihrer Stimme ließ Rosalyn nach Luft schnappen. Rosalyn schlang beide Arme um sie und küsste sie ungestüm. Poppy erwiderte die Umarmung und den Kuss voller Leidenschaft. Sie wollte Rosalyn überall spüren, konnte nicht genug bekommen von ihrem warmen Körper, ihrer zarten Berührung.

Dann tasteten sich Rosalyns Finger ihren Bauch hinab und schoben sich zwischen ihre Beine. So gern Poppy den Kuss auch fortgesetzt hätte, als sie die Hand an ihrem Unterleib fühlte, konnte sie nicht anders, als den Kopf ekstatisch zurückzuwerfen. Rosalyns Finger streichelten ihre Schamlippen, und Poppy spreizte bereitwillig die Schenkel. Ein leichtes Kitzeln, und sie keuchte auf. Ein festerer Druck, und sie drängte sich Rosalyn verzweifelt entgegen.

»Bitte«, flehte sie.

Die Finger fuhren sachte über ihre Klitoris, und Poppy erschauderte. Stöhnend zog sie Rosalyns Kopf an ihre Brust und genoss bebend den Reiz ihrer gekonnten Bewegungen.

»Fester«, keuchte Poppy. »Ich will dich spüren.«

Rosalyn schob den anderen Arm unter Poppys Nacken und küsste sie leidenschaftlich. Mit beiden Beinen umklammerte sie Poppys Oberschenkel, sodass ihre Körper ganz miteinander zu verschmelzen schienen. Immer schneller reizte sie dabei ihr Lustzentrum, und Poppys Herz schlug im Rhythmus der sich steigernden Erregung. Sie kostete die exquisiten Empfindungen aus, bis sie es nicht mehr aushielt und sich einem explosiven Crescendo der Lust ergab, das ihren ganzen Körper mit Macht durchflutete.

Danach ließ sich Poppy auf die andere Bettseite fallen und rang nach Luft. Sie lächelte selig und breitete die Arme aus.

Rosalyn schaute sie mit einer Mischung aus Stolz, Erregung und Ehrfurcht an. »Du bist so unfassbar schön«, flüsterte sie.

»Nein, du«, hauchte Poppy. »Du bist wunderschön.« Mit ausgestrecktem Arm strich sie über Rosalyns Stirn, die zart geröteten Wangen und die vollen, halb geöffneten Lippen. Poppy platzte fast vor Glück, als sie ihre hinreißende Partnerin betrachtete, die ihren Blick verliebt erwiderte. »Ich kann kaum glauben, dass wir beide hier sind.«

Rosalyn blinzelte verunsichert. »Ich weiß. Ich hatte solche Angst, dass du nein sagen könntest. Dass ich hier auf dich warte und du niemals kommst.«

Poppy schüttelte vehement den Kopf. »Nichts hätte mich jetzt noch aufhalten können. Nicht mehr … und nie wieder.« Sie zog Rosalyn an sich, küsste sie zärtlich auf den Mund, genoss die Frau und den Moment.

Dann legte sie den Kopf schief und musterte Rosalyn aufmerksam. »Heute, Rosalyn Thorn, hast du mich schon zum zweiten Mal schamlos verführt«. Als Rosalyn protestieren wollte, legte sie ihr den Finger auf den Mund. »Und zwar so gründlich, dass es mir fast peinlich wäre, wenn es sich nicht so himmlisch angefühlt hätte. Das kann ich unmöglich auf mir sitzen lassen.«

Rosalyn warf ihr einen fragenden Blick zu.

In einer schnellen Bewegung hatte Poppy sie überraschend auf den Rücken gerollt und war über ihr. Rosalyn schnappte nach Luft.

Poppy setzte sich breitbeinig auf sie und grinste zufrieden. »Jetzt bist du dran.«

Rosalyn sah offenbar keinen Grund, sich dagegen zu wehren. Genussvoll seufzte sie auf.

»Ich begehre diese Brüste seit Monaten«, erklärte Poppy und setzte die Zunge an Rosalyns Schlüsselbein an. »Und nun werde ich ihnen endlich die gebührende Wertschätzung zukommen lassen.« Langsam leckte sie abwärts, erst um Rosalyns rechte Brust, dann um die linke, hauchte einen sanften Kuss auf jede Knospe und begann sie dann mit voller Hingabe zu verschlingen.

Rosalyn wand sich stöhnend unter dieser Behandlung.

»Mach die Augen zu«, befahl Poppy und drängte Rosalyns Oberkörper sanft in die weißen Kissen zurück. Jeder Quadratzentimeter wurde ausgekostet, jede zarte Zone ihres Leibes erforscht und mit Hingabe verwöhnt, bis Rosalyn zitternd und keuchend um Erlösung bat. Erst dann glitt Poppy zwischen ihre Beine und leckte nach ein paar erregenden Küssen dort weiter, wo Rosalyn am verzweifeltesten nach ihr verlangte.

Und das war nicht das letzte Mal in dieser Nacht.

>~~~<

Am Morgen danach erwachte Poppy früh und träge. Schrittweise ließ sie die satte Befriedigung des Liebens und Geliebtwerdens auf sich einwirken. Sie rollte sich herum und umfing Rosalyns nackten Körper unter der Decke. Zufrieden kuschelte sie sich an ihren Rücken und genoss die Intimität dieser Berührung.

Dann wurde ihr trotz der noch immer geschlossenen Augen bewusst, dass es im Zimmer heller war als erwartet. Verwundert schlug sie die Augen auf und sah sich schläfrig um. Die Bodendielen zwischen den umherliegenden Kleidungsstücken waren mit feinem Holzstaub bedeckt. In den Ecken lagen Sägespäne. Poppy blinzelte und erkannte schließlich ein großes Bullaugenfenster in der Wand gegenüber. Es war noch im Rohzustand und ungeputzt. Aber es versprach schon jetzt einen wunderbaren Ausblick auf eine neue Landschaft.

Rosalyn murmelte etwas im Halbschlaf, und um sie nicht zu wecken, verzichtete Poppy darauf, vor lauter Glück laut zu lachen. Sie legte sich wieder hin und kuschelte sich noch einmal eng an Rosalyn. Sie legte den Arm um sie, sodass ihre Hand zwischen Bauch und Busen zu liegen kam. Sofort entspannte sie sich. Bevor der Schlaf sie wieder einholte, hob sie nur noch einmal den Kopf, um die Notiz zu lesen, die sie am Abend zuvor auf den Nachttisch gelegt hatte. Noch immer stand dort in geschwungener Handschrift zu lesen: »Heirate mich.«

Und so begann Poppy Jenkins' Happy End.

Für alle, die neugierig sind …

Rosalyn und Poppy bekamen ihre Traumhochzeit. Was eigentlich als kleine Feier unter Freunden geplant war, entwickelte sich zu einer Riesenparty am Schloss mit einem Großteil der Dorfbewohner als Gäste zu Ehren dieses beliebten Paars. Einer ergreifenden Zeremonie folgte ein Picknick im Grünen mit Sekt und allerlei Leckereien am sonnigsten Tag des Jahres.

Dann kamen ihre Kinder, alle zwei Jahre eines: ein großes, hochintelligentes Mädchen, das aufmerksam über ihre gutmütige und fröhliche kleine Schwester wachte, und zwei prachtvolle Jungs mit der kräftigen Statur ihres biologischen Vaters und dem guten Aussehen ihres nach wie vor schreinernden Großvaters.

Eine Urgroßmutter, vier Großeltern und Tante Pip umsorgten die wachsende Familie voller Liebe und Hingabe.

Eine dunkle Wolke brachte das Hinscheiden von Mr Morgan Morgan. Seine Frau Eleanor trug eine Woche lang Trauer, entschied sich danach aber für eine heiterere Lebenseinstellung. Poppys und Rosalyns Hochzeit rührte sie vielleicht am meisten von allen. Bei der Zeremonie saß sie ganz vorne neben Cerys Mathews, gekleidet in alle sechs Regenbogenfarben.

Danksagung

Die Monate, in denen ich ein Buch schreibe, sind für viele keine leichte Zeit. Ich vergesse Geburtstage, lasse den Haushalt im Chaos versinken, die Kinder klammern sich an mich und betteln um ein Glas Milch, während ich selbstvergessen vor mich hinträume und mich mit Leuten unterhalte, die es nicht gibt.

Bei diesem Buch muss ich mich im Besonderen bei den folgenden Menschen entschuldigen:

Bei Diana Simmonds, weil ich sie im Minutentakt um Feedback gebeten habe. Ich bin dankbar für jede Anregung zu meinem Manuskript. Jetzt verschwinde aber und schreib deinen eigenen Roman – ich will ihn lesen!

Als sehr britische Autorin mit dem erschwerenden Zusatz von walisischem Flair habe ich die Grenzen der Geduld zweier verständiger und fabelhafter Liebesromanautorinnen über dem Großen Teich getestet: Cindy Rizzo und Chris Paynter. Danke euch beiden für eure Kommentare und Unterstützung und euren scharfen Verstand, der auch vor walisischen Idiomen nicht Halt macht.

Meine Familie leidet immer am meisten. Ich danke meiner Ehefrau mit den vielen Talenten (unter anderem als Lektorin und Layouterin) für ihre Geduld mit mir, ihrer schwierigsten Kundin, und dafür, dass sie trotz meiner Schreibblockaden mit mir zusammenlebt. Meinen Schwiegereltern danke ich dafür, dass ihr besagte Ehefrau in die Welt gesetzt habt. Entschuldigt bitte ihre Partnerwahl.

Entschuldigen möchte ich mich auch für alle verbleibenden Fehler im Buch. Wenn eine der oben genannten Personen unfairerweise für einen davon verantwortlich gemacht werden sollte, dürft ihr gern folgende Passage rezitieren: Clare Ashton ist eine über alle Maßen sture Autorin, die gern Ratschläge ignoriert, welche der Rest der Welt ganz klar für gut befinden würde.

Das größte Dankeschön gebührt den Leserinnen, die mir geschrieben haben, wie gut ihnen meine Bücher gefallen. Es ist wirklich das Größte für eine Schriftstellerin, zu erfahren, dass ihre Arbeit auf Gegenliebe trifft.

Zu guter Letzt die lieben Kleinen: Ja, ich höre dir jetzt zu, Ellie, du bekommst dein Glas Milch. Und ja, Joe, wir schreiben jetzt zusammen eine Monstergeschichte.

Über Clare Ashton

Clare Ashton ist in Wales aufgewachsen, lebt aber heute mit ihrer Frau und den beiden Kindern in den Midlands (England). Sie ist jederzeit in der Lage, Trivial Pursuit zu gewinnen, da es ihr gelungen ist, im Laufe der Jahre eine Menge mehr oder weniger ›sinnvolles‹ Wissen in den verschiedensten Bereichen anzusammeln. Nach der Veröffentlichung mehrerer englischer Romane, erscheint mit *Poppy Jenkins* jetzt ihr zweites Buch auf Deutsch.

Ebenfalls im Ylva Verlag erschienen

Küsse in Amsterdam

Hazel Yeats

ISBN: 978-3-95533-938-8
Umfang: 198 Seiten (55.000 Wörter)

Als Cara auf einen Weihnachtsmann trifft, wird ihr schnell klar, dass unter dem Kostüm eine attraktive Frau steckt, die, wie sich später herausstellt, eine erfolgreiche Kinderbuchautorin ist. Das zweite Treffen zwischen den beiden endet in einem heißen Kuss. Bis Cara Panik bekommt und Judes Herz bricht.

Ist das das Ende der Beziehung oder wird es für die beiden noch mehr Küsse in Amsterdam geben?

Falling Into Place
Der Geschmack von Glück

Sheryn Munir

ISBN: 978-3-96324-137-6
Umfang: 233 Seiten (56.000 Wörter)

Tara glaubt nicht mehr an die Liebe. Nach einer gescheiterten College-Affäre schwört sie, sich nie wieder zu verlieben – besonders, weil sie glaubt, dass es in Indien keine Zukunft für gleichgeschlechtliche Liebe gibt. Dann, an einem regnerischen Abend, stolpert die quirlige Sameen in ihr Leben.

Ungebunden ins Glück
Liebe ist, wenn man's trotzdem macht

Cheyenne Blue

ISBN: 978-3-96324-078-2
Umfang: 144 Seiten (38.000 Wörter)

Nora liebt ihr wildes Singleleben in London. Ihre irische Großfamilie hat nur eine Regel, wenn es ums Daten geht: Nora kann mit jeder Frau ausgehen, solange sie keine Flannery ist.

Eines Tages passiert, womit Nora nie gerechnet hätte, sie trifft die Frau ihrer Träume und will das erste Mal mehr als nur eine Affäre. Das einzige Problem? Geraldine ist eine Flannery.

Herzklopfen und Granatäpfel

Jae

ISBN: 978-3-95533-766-7
Umfang: 317 Seiten (109.000 Wörter)

Dr. Hope Finlay hat schon als Kind gelernt, keine Bindungen einzugehen.

Laleh Samadi, die aus einer großen Familie stammt, ist das genaue Gegenteil.

Als Laleh mit Herzrasen in der Notaufnahme landet, rettet Hope ihr das Leben. Daraufhin häufen sich seltsame Vorkommnisse, bis sie erkennen, dass eine mysteriöse Verbindung zwischen ihnen besteht.

Verlieren sie den Verstand … oder ihre Herzen?

Bibliografische Information der Deutschen Bibliothek
Die Deutsche Bibliothek verzeichnet diese Publikation in der Deutschen Nationalbibliografie; detaillierte bibliografische Daten sind im Internet über www.dnb.de abrufbar.

1. Auflage
Taschenbuchausgabe April 2019 bei Ylva Verlag, e.Kfr.

ISBN: 978-3-96324-190-1

Dieser Titel ist auch als E-Book erschienen.

Übersetzung: Susanne Lück
Lektorat: Astrid Ohletz
Coverkonzept: Fereday Design

Kontakt:
Ylva Verlag, e.Kfr.
Inhaberin: Astrid Ohletz
Am Kirschgarten 2
65830 Kriftel
Tel: 06192/9615540
Fax: 06192/8076010
www.ylva-verlag.de
info@ylva-verlag.de
Amtsgericht Frankfurt am Main HRA 46713

Druck und Bindearbeiten
booksfactory
PRINT GROUP Sp. z o.o.
ul. Ks. Witolda 7-9
71-063 Szczecin
Poland
tel./fax 91 812-43-49
NIP/USt-IdNr.: PL8522520116